21 世纪阿拉伯语系列教材　　　大连外国语学院科研基金项目

阿拉伯文化选读

المطالعة العامة للحضارة العربية

主编： 王德新
编者： 董 琦　李 珮

北京大学出版社
PEKING UNIVERSITY PRESS

图书在版编目(CIP)数据

阿拉伯文化选读/王德新主编. —北京：北京大学出版社，2012.9
（21 世纪阿拉伯语系列教材）
ISBN 978-7-301-16723-6

Ⅰ．阿…　Ⅱ．王…　Ⅲ．阿拉伯语-高等学校-教材　Ⅳ．H37

中国版本图书馆 CIP 数据核字（2012）第 205545 号

书　　　名：	阿拉伯文化选读
著作责任者：	王德新　主编
责任编辑：	李　哲
标准书号：	ISBN 978-7-301-16723-6/H·3124
出版发行：	北京大学出版社
地　　　址：	北京市海淀区成府路 205 号　100871
网　　　址：	http://www.pup.cn
电　　　话：	邮购部 010-62752015　发行部 010-62750672
	编辑部 010-62759634　出版部 010-62754962
电子邮箱：	zbing@pup.pku.edu.cn
印　刷　者：	北京虎彩文化传播有限公司
经　销　者：	新华书店
	787 毫米×1092 毫米　16 开本　13.75 印张　330 千字
	2012 年 9 月第 1 版　2023 年 6 月第 3 次印刷
定　　　价：	39.00 元

未经许可，不得以任何方式复制或抄袭本书之部分或全部内容。
版权所有，侵权必究　举报电话：010-62752024
　　　　　　　　　　电子邮箱：fd@pup.pku.edu.cn

编者的话

《阿拉伯文化选读》是为高等学校阿拉伯语专业高年级本科生编写的教材。全书共二十一篇，一篇一个专题，比较全面、系统地介绍了阿拉伯伊斯兰文化的方方面面。它同时可作为阿语专业高年级泛读或概况课教材使用。

本书每篇都配以中文解题，进而针对其中的阅读难点进行释疑，同时配以详尽的人物介绍和词语解释，并附有补充阅读。每篇后都配有关于此篇专题的讨论思考题，任课教师可据此引导学生展开讨论，或书写专题论文。

本书每篇后的中文解题并不是阿文原文本身的简译或中文缩写，而是有关这一专题的理解要点和概述。它言简意赅，独立成章。学生应将阿文原文和中文解题结合起来阅读思考，才能更好地理解此专题的内容。

每篇后的释疑部分重在难句理解和正确翻译，而并不过多顾及个别词汇的用法和个别语法现象的解释。这部分的目的在于引导学生在内容理解上下功夫，而不要把文章当成精读教材或语法教材。

阿拉伯古代的历史文化名人、学者众多，其中很多人为世界科技文化的发展做出了重要贡献。认识、了解这些历史文化名人的功绩和作用，是编写此选读教材的目的之一。因此，注释中对每篇专题所涉及的历史人物进行了集中独立的介绍，而不是把它混杂于词语注释中，以使学生能够对这些历史人物产生深刻的印象。同时，本书对于所涉及的重大历史事件的介绍也做了类似的处理。前篇提到过的人物后篇再出现时原则上不再介绍，只提及曾在第几篇出现，但个别对该篇特别重要的人物仍重复介绍。

词语注释包括地名、专业用语和特殊词汇。动词和一般常用词不注，名词一般都给出单复数。

本教材由大连外国语学院王德新教授带领董琦、李珮两位年轻教师编选。

编者
2012 年 2 月

目录
الفهرس

الدرس الأول التراث العلمي العربي ....(阿拉伯文化遗产) 1
الدرس الثاني الحضارة المصرية القديمة ....(古埃及文明) 9
الدرس الثالث الحضارة فيما بين النهرين ....(古两河文明) 18
الدرس الرابع اللغة العربية ....(阿拉伯语的起源和发展) 25
الدرس الخامس الاسلام والإمبراطورية العربية ....(伊斯兰教和阿拉伯帝国) 32
الدرس السادس العلوم الاسلامية والطوائف الدينية ....(伊斯兰教法学派和教义学派) 41
الدرس السابع الأدب العربي ....(阿拉伯文学) 55
الدرس الثامن الخط العربي ....(阿拉伯书法) 65
الدرس التاسع الفلسفة العربية ....(阿拉伯哲学) 72
الدرس العاشر علماء التاريخ والجغرافية ....(阿拉伯历史学家和地理学家) 81
الدرس الحادي عشر التربية الاسلامية ....(伊斯兰教育) 90
الدرس الثاني عشر المراكز العلمية والتعليمية ....(伊斯兰文化教育中心) 99
الدرس الثالث عشر الرياضيات عند العرب ....(阿拉伯数学) 110
الدرس الرابع عشر الفلك عند العرب ....(阿拉伯天文学) 120
الدرس الخامس عشر الطب عند العرب ....(阿拉伯医学) 129
الدرس السادس عشر الكيمياء والفيزياء عند العرب ....(阿拉伯物理与化学) 140
الدرس السابع عشر الغناء والموسيقى عند العرب ....(阿拉伯音乐) 148
الدرس الثامن عشر فن العمارة عند العرب ....(阿拉伯建筑艺术) 162
الدرس التاسع عشر فن الزخرفة عند العرب ....(阿拉伯装饰艺术) 172
الدرس العشرون الكساء والغذاء عند العرب ....(阿拉伯服饰与饮食) 182
الدرس الحادي والعشرون الأعياد وعادات الزواج والمآتم عند العرب ... (阿拉伯节日与婚丧习俗) 194

الدرس الاول   التراث العلمي العربي

يعتبر كثير من مؤرخي العلم أن عصر الإغريق كان نقطة الابتداء أو مرحلة الانطلاق للعلوم ، حيث ازدهى هذا العصر بأعلام كان لهم شأن أى شأن ،و ما زال صوتهم يدوي في الخافقين عبرالقرون منذ بضع مئات من السنين قبل الميلاد حتي الوقت الحاضر. فما زالت أسماء طاليس وأبقراط وفيثاغورس وسقراط وأفلاطون وأرسطو ومن إليهم من علماء الإغريق ترن في آذان الدهر دالة على فضلهم على العلم وعلى الحضارة الانسانية، كأنما كانوا هم اول من أضاء الشعلة وظلت الأيام تنقلها من يد الى أخرى حتي وصلت أيدي علماء العصر الحاضر وإنها لتزداد توهجا واشتعالا كما يزداد نورها قوة وسطوعا. ولكن على أن الباحث المنصف لا يمكن أن يغفل أمر المدنيات القديمة التي سبقت العصر الإغريقي وتقدمت عليه في التاريخ، اذ لا يمكن أن تكون المدنية الإغريقية قد نشأت فجأة، وبمعزل عن المدنيات الأخرى من بابلية وآشورية ومصرية فرعونية، وقد كانت بين الاغريق والمصريين القدماء صلات وتجارات وحروب، وقد ترك المصريون من الآثار والبرديات ما يدل على تفوقهم في كثير من العلوم و الفنون من هندسة وتحنيط وتعدين وفلك ، كذلك ترك البابليون من الآثار والقوالب ما يدل على إلمامهم بكثير من المعارف في الرياضيات والفلك ونظرية الأعداد والمعدلات الجبرية والهندسة. ومع أن تاريخ العلم عند البابليين ناقص لتفتت القوالب وضياع كثير منها فضلا عن أن الذين درسوه أغلبهم من الغربيين ولا تخلو كتاباتهم من تحيز ضد الحضارات السامية، ومنهم من أغفل الحضارتين البابلية والمصرية القديمة إغفالا تاما .

وبموت الإسكندر وموت أرسطو بعده بعام واحد عام 322 ق.م تفرق خلفاء الإسكندر في أرجاء إمبراطوريتهم ، ولعب الاضطهاد السياسي دوره في تفرق العلماء الإغريق وهجرتهم وانتقل منهم عدد كبير الى الاسكندرية، وكانت مصر من نصيب البطالمة وكان هؤلاء يحبون العلم و يرعون العلماء فأنشئت جامعة الاسكندرية القديمة ، وازدهرت الاسكندرية بعدد من العلماء منهم بطليموس وإقليدس وأرشميدس وجالينوس ، كان لهم في العلم شأن أى شأن ، وردد العلماء العرب أسماءهم كثيرا وحققوا كتبهم ونقدوها وشرحوها بعد أن ترجمت الى العربية. وقد اشتهر بطليموس بالفلك ووضع كتابه المشهور" المجسطى" الذي حققه ونقده كثير من العلماء العرب، كما وضع اقليدس كتابه المشهور في الهندسة "الأصول" الذي نال من عناية العلماء الشئ الكثير تحقيقا وتحريرا ونقدا وحلا لمسائله وتمريناته، وكذلك ظلت مؤلفات جالينوس في الطب مرجعا للعلماء العرب ينهلون منه، وكثيرا ما لقب النابغ منهم في الطب أنه جالينوس العرب .

وظلت الاسكندرية منارة للعلم عدة قرون يشع منها نور العلم والعرفان، وبقيت جامعتها ومكتبتها كعبة القصاد حيث أقبل عليهما طلاب العلم من كل حدب وصوب الى أن لعب الاضطهاد دوره مرة أخرى، وكان هذه المرة اضطهادا دينيا وقع بين المسيحيين والوثنيين. فهاجر العلماء مرة أخرى، ولكنهم اتجهوا هذه المرة نحو الشرق وكان الاسلام قد ظهر وسطعت الحضارة العلمية الاسلامية واتسعت رقعة الامبراطورية العربية وكانت بغداد حاضرتها ومنها امتد نور العلم نحو الحواضر العربية في دمشق والقاهرة والقيروان وقرطبة وعن طريق الاندلس انتقل العلم الى أوربا وأنشئت الجامعات و المعاهد العلمية في عصر النهضة الأوربية.

وكذلك تمت أعظم دورة في تاريخ العلم انها دورة فذة في التاريخ. لعب فيها الاضطهاد السياسي والديني دوره وخسرت أوطان العلماء ولم يخسر العلم. وسارت الانسانية في طريقها نحوالحضارة والرقى والتقدم. وكان الاسلام يحث بعنف على طلب العلم ويوصي بإمعان النظر في ملكوت السموات والأرض والتفكر في خلقها والإمعان في معرفة الكون والكائنات، وتتابعت الآيات والأحاديث الشريفة التي تعلى من شأن العلم والعلماء. فما ان استقرت الدولة العربية الاسلامية حتي أخذ المسلمون ينهلون من موارد العلم وترجموا الكتب الاغريقية والسريانية والفارسية ونقلوا الذخائر العلمية الى اللغة العربية، وأنشئت المدارس والمكتبات ودور العلم. وبلغ عهد الترجمة أوجه في عصرالمأمون، لأن الخليفة نفسه كان عالما وتنافس الخلفاء والأمراء والحكام في تقديرالعلم والعلماء والإنفاق بسخاء على دور العلم ومكتباته والإغداق على العلماء ورعاياتهم وكان الخلفاء يحضرون مجالس العلم والعلماء وتعقد المناظرات والندوات بين أيديهم وأوقفت الأوقاف السخية على دور العلم والمكتبات، وكان بيت الحكمة في بغداد ودارالحكمة في القاهرة ودار العلم في الموصل وكذلك الجامع المنصور في بغداد والجامع الأموي بدمشق والجامع الأزهر بالقاهرة وجامع القيروان بتونس وجامع القرويين بالمغرب والجامع الكبير بصنعاء وجامع قرطبة بالأندلس كلها بمثابة جامعات يحج إليها طلاب العلم من كل الجهات. وكان هؤلاء يقومون برحلات علمية جبارة، إنها أقرب الى الأساطير، وإن أحدهم ليقطع آلاف الأميال وليس له من دابة تحمله سوى رجليه، وما ذلك الا ليلقي عالما أويحقق مسألة علمية أو يطلع على كتاب ثم يعودون الى أوطانهم.

في هذا الجو العلمي العارم نشأ عدد من العلماء العرب يزدهى بهم العلم في كل عصر وآن شاركوا مشاركة فعالة في بناء نهضة العلمية وخطوا بالإنسانية خطوات فسيحة في سبيل الرقى والتقدم. نستطيع أن نعد منهم عشرات بل مئات يمكن أن يقرنوا الى علماء العصر الحاضر. ومنهم من يوضع مع جاليليو وباكون ونيوتن وديكارت في كفة ومنهم من يرجح هؤلاء جميعا حتي قيل بحق إنه لولا أعمال ابن الهثم والبيروني وابن سينا والخوارزمي والكندي والرازي والبيطار والزهراوي وابن رشد وغيرهم لاضطر علماء النهضة الأوربية أن يبدأوا من حيث بدأ هؤلاء، ولتأخرسير المدنية عدة قرون.

ويعترف المنصفون من المستشرقين بأن الرومان لم يحسنوا القيام على التراث الإغريقي وأن العرب كانوا على خلاف ذلك فقد حفظوه وأتقنوه، ولم يقفوا عند هذا الحد بل تعدوه الى ترقية ما أخذوه وتطبيقه باذلين الجهد في إنمائه حتي سلموه للعصرالحديث. ويقول بعضهم " لا نبالغ اذا قلنا إن أوربا مدينة للعرب بخدمتهم العلمية"، تلك الخدمة التي كانت العامل الأكبر في النهضة العلمية الأوربية في القرنين الثالث عشر والرابع عشر. لقد كانت الحضارة العلمية الإسلامية بمثابة حلقة الاتصال بين الحضارة الإغريقية والحضارة الحديثة. ونحن لا نستطيع أن نلم بالإنجازات الهائلة التي حققها العلماء العرب في ميادين العلوم والطبيعة، ولعلنا نذكر

أن العرب نقلوا لنا نظام الترقيم عن الهند، فقد وجدوا أنه أيسر من حساب الجمل الذي كانوا يستعملونه. فاختاروا سلسلتين عرفت إحداهما باسم الأرقام الهندية (١ ٢ ٣ ...) وهى المستعملة في معظم البلاد العربية وعرفت الأخرى باسم الأرقام الغبارية وهى التي انتشرت في بلاد المغرب والأندلس و منها دخلت أوربا حيث تعرف باسم الأرقام العربية (1,2,3...) وما زالت هى المستعملة في المغرب العربي. وكان الخوارزمي اول من استعمل الأرقام الهندية في مؤلفاته و كتابه في الحساب الاول من نوعه من حيث الترتيب والتبويب و المادة. وقد نقل الى اللاتينية وظل زمنا طويلا مرجع العلماء، وبقى الحساب معروفا عدة قرون باسم "الغوريثمي" نسبة الى عالمنا الخوارزمي. وكذلك كان الخوارزمي اول من ألف في علم الجبر حيث يمكن أن يقال إن الخوارزمي واضع علمي الحساب والجبر. وظل اللفظ الذي استعمله العرب للدلالة على هذا العلم مستعملا حتي الآن وكان العرب اول من أطلقه.

كذلك يرجع الفضل في وضع علم حساب المثلثات بطريقة منظمة الى بعض العلماء العرب. وبفضلهم اعتبر هذا العلم عربيا كما اعتبرت الهندسة إغريقيا. أما الفلك فقد كان له رواد كثيرون من العلماء العرب وضعوا أزياجا وعملوا أرصادا وأقاموا المراصد وسجلوا رصدات على جانب عظيم من الأهمية، قاسوا محيط الأرض وقدروا أبعاد بعض النجوم والكواكب وقالوا باستدارة الأرض وحسبوا طول السنة الشمسية وحققوا مواقع كثيرة من النجوم ورصدوا الاعتدالين وكتبوا عن البقع الشمسية وعن الكسوف والخسوف وانتقدوا كتاب المجسطى ووضعوا أسماء كثير من الكواكب والكوكبات، وما زال كثير منها مستعملا حتي الوقت الحاضر مثل الدب الأكبر والدب الأصغر والحوت والعقرب ... الخ

و كذلك كانت إضافات العلماء العرب في الطب والتشريح والكيمياء والمعادن والنبات والحيوان من أمثال جابربن حيان والزهراوي والرازي وابن النفيس وابن البيطار والجاحظ وغيرهم، وإن مؤلفاتهم ظلت المراجع المعتمدة في أوربا حتي القرن السابع عشر. ولقد سبق العلماء العرب الى كثير من النظريات والآراء وإنها لتنسب في الوقت الحاضر الى علماء النهضة الأوربية دون إشارة الى هؤلاء الرواد الذين تكلموا في التطور قبل داروين وفي الجاذبية قبل نيوتن وفي انكسار الضوء قبل ديكارت وفي الدورة الدموية قبل هارفي. وأعمال ابن الهيثم وابن النفيس والرازي وغيرهم كثير تشهد بالفضل لذويه.

وخلاصة القول أن العلماء العرب قد قاموا بواجبهم خير قيام فأدوا للنهضة العلمية أعظم الخدمات وقادوا الإنسانية في مدارج التقدم والرقى ورعوا أمانة العلم وحفظوا التراث العلمي وعملوا على إنمائه وزيادته وأنهم في الحقيقة كانوا أساتذة أهل أوربا.

本课解题：

阿拉伯文化遗产

人类文明公认有四个主要源头，即中华文明、古印度文明、古埃及文明和古两河文明。阿拉伯文化正是在古埃及和古两河文明的基础上发展起来的。

在公元七世纪前很长一段历史时期，阿拉伯民族的祖先们都是在异族的统治下生活的。希腊人、罗马人、波斯人都曾经把他们的土地置于自己的控制之下。伊斯兰教统一了阿拉伯民族，使他们迅速觉醒、壮大，于公元七世纪建立起了强大的伊斯兰阿拉伯帝国，

其疆土不仅包括自己及其祖先的世居之地，还包括了西亚、北非那些曾经统治过他们的人的土地，并把所有这些人都改造、同化成自己本民族的一部分，说同样的语言，信仰同样的宗教。

阿拉伯民族是一个善于学习的民族，他们明白，在他们被异族统治的漫长年代里，他们祖先的文化遗产已经被他们原来的统治者所继承，而他们自己则沦为知识匮乏的游牧民。他们必须从头学起，把祖先的荣耀追补回来。

很长时期，一部分欧洲人认为，自己自古以来就是先进人种，比亚洲人和非洲人优越。他们偏执地把公元前五至四世纪的古希腊文化当作他们文化的源头。那个时期出现的一些文化巨匠，如泰里斯、希波格拉底、毕达哥拉斯、苏格拉底、柏拉图、亚里士多德，被认为是他们的科学之父。西方的科学就是从他们那里发展壮大起来的。

岂不知，这仅是一种历史偏见。事实上，古希腊文化并非真正的源头，她只是从古埃及和古两河文化之源流淌过来的中游河段而已。古希腊人正是在汲取、继承了这两种文化的营养后，才铺就了自己的文化土壤，进而孕育出了上述文化巨人。历史上，古希腊的很多著名科学家的科学活动都是在埃及完成的。公元前三世纪，埃及亚历山大城是当时世界的文化中心，亚历山大大学和图书馆是当时世界最大的知识库，它培养出了众多的知名学者和科学家，如天文学家托勒密、数学家欧几里德、物理学家阿基米德、医学家盖仑等。

阿拉伯人追补祖先荣耀的具体行动是从公元八世纪开始的。他们发起了百年翻译运动，把巴格达变成了继亚历山大后西方最大的文化中心和科学基地，建起了世界最大、存书最多的智慧宫（国家图书馆）。古希腊的文化遗产全部被翻译成了阿拉伯文，并被认真地加以研究、消化，进而推陈出新，有创见地推出自己新的理论和学说，培养出了阿拉伯民族自己的文化巨人和科学巨匠，如物理学家伊本·海赛姆、天文学家比鲁尼、数学家花拉子密、医学家兼哲学家伊本·西那、化学家贾比尔、医学家兼化学家拉齐、哲学家兼物理学家肯迪、数学家兼天文学家布兹加尼、外科之父扎赫拉维、医学家伊本·纳菲斯、植物学家伊本·贝塔尔、历史学家伊本·海顿、地理学家伊德里斯等等。

在阿拉伯科学大放异彩的时候，当时的欧洲正在中世纪的漫漫黑夜中摸索。而带领欧洲人走出黑暗的，正是阿拉伯人。从公元十二世纪开始，欧洲人在西班牙安达卢西亚地区发起了西方的“百年翻译运动”。众多的西方学子从欧洲各地赶到阿拉伯人开办的大学学习，众多的学者收集、整理、翻译阿拉伯语的经典著作。这些著作的希腊文原著早已逸失，他们只能从阿拉伯人那里再重新将其翻译成拉丁文，正是阿拉伯人为他们保存了古希腊的优秀文化遗产。这一翻译运动，给当时尚未走出中世纪基督教思想禁锢的欧洲带来了光明，重新燃起了西方人对科学和哲学的兴趣，沟通了把经过东方文明加工过的希腊古典文明送回西方的渠道。它将阿拉伯人的创造、阿拉伯人在学术和思想上的贡献，以及阿拉伯—伊斯兰文明的生活方式、信仰和习俗介绍给了西方，为欧洲新时代的到来铺平了道路。否则，

不可能有欧洲的文艺复兴和科技的巨大进步，也不可能出现众多如伽利略、培根、牛顿、笛卡尔那样的科学家。

难点释疑：

ازدهى هذا العصر بأعلام كان لهم شأن أى شأن وما زال صوتهم يدوي في الخافقين عبر القرون منذ بضع مئات من السنين قبل الميلاد حتى الوقت الحاضر.

　　古希腊时代以她的众多伟人而自豪，这些伟人都具有举足轻重的地位，他们的声音从公元前几百年直到今天都一直响彻于东西方。

على أن الباحث المنصف لا يمكن أن يغفل أمر المدنيات القديمة التي سبقت العصر الإغريقي وتقدمت عليه في التاريخ ، اذ لا يمكن أن تكون المدنية الإغريقية قد نشأت فجأة وبمعزل عن المدنيات الأخرى من بابلية وآشورية ومصرية فرعونية.

　　但是公正的研究者不应无视早于古希腊时代的古代文明。古希腊文明并不是脱离其他文明而突然产生出来的。包括巴比伦文明、亚述文明、古埃及法老文明。

وبموت الإسكندر وموت أرسطو بعده بعام واحد عام 322 ق.م تفرق خلفاء الإسكندر في أرجاء امبراطوريتهم ولعب الاضطهاد السياسي دوره في تفرق العلماء الإغريق وهجرتهم ، وانتقل منهم عدد كبير الى الإسكندرية.

　　当公元前322年亚历山大去世和一年后亚里士多德也去世后，亚历山大的继承人们就分散到帝国各地割据起来，政治迫害也迫使古希腊的科学家们四处逃亡，其中很大一部分人逃到了亚历山大城。

وظلت الإسكندرية منارة للعلم عدة قرون يشع منها نور العلم والعرفان وبقيت جامعتها ومكتبتها كعبة القصاد حيث أقبل عليهما وطلاب العلم من كل حدب وصوب الى أن لعب الاضطهاد دوره مرة أخرى.

　　亚历山大城几个世纪以来一直是科学的灯塔，发出知识的光芒，她的大学和图书馆仍然是来自四面八方的求知者的圣地，直到出现又一次迫害。

في هذا الجو العلمي العارم نشأ عدد من العلماء العرب يزدهى بهم العلم في كل عصر وآن شاركوا مشاركة فعالة في بناء النهضة العلمية وخطوا بالإنسانية خطوات فسيحة في سبيل الرقى والتقدم.

　　在这种科学气氛中，涌现出无数阿拉伯自己的科学家，令科学事业世代因之而自豪，他们有效地参加了文化复兴的建设工作，大踏步地推动人类迈向更高和更加进步的前途。

主要人物：

泰利斯（公元前636~546），古希腊七君子之一，第一位哲学家。	طاليس
希波格拉底（公元前460~370），古希腊医学之父。	إبقراط
毕达哥拉斯（公元前582~507），古希腊哲学家。	فيثاغورس

الدرس الأول التراث العلمي العربي

苏格拉底（公元前469~399），古希腊哲学家。	سقراط
柏拉图（公元前427~347），古希腊哲学家。	إفلاطون
亚里士多德（公元前384~322），古希腊哲学家。	أرسطو
亚历山大（公元前356~323），古希腊马其顿国王。	الاسكندر
托勒密王朝家族，公元前323~30年间统治埃及的马其顿王朝的统治者。	البطالمة
托勒密（公元前约168~90），天文学家。	بطليموس
欧几里德（公元前约330~275），生活于托勒密王朝一世时，伟大的数学家。	اقليدس
阿基米德（公元前287~212），托勒密王朝时伟大的物理学家。	ارشميدس
盖伦（公元前201~131），托勒密王朝时伟大的医学家。	جالينوس
伽利略（公元1564~1642），意大利天文学家。	جاليليو
培根（公元1561~1626），英国哲学家。	باكون
牛顿（公元1642~1727），英国物理学家。	نيوتن
笛卡尔（公元1596~1650），法国哲学家、物理学家、数学家、生理学家、解析几何的创始人。	ديكارت
伊本·海赛姆（公元965~1039），阿拉伯物理学家、光学家。	ابن الهيثم
比鲁尼（公元973~1048），阿拉伯天文学家。	البيروني
伊本·西那（公元980~1036），阿拉伯医学之父和哲学之父。	ابن سينا
花拉子密（公元780~850），阿拉伯数学家。	الخوارزمي
肯迪（公元801~865），阿拉伯哲学家、光学家。	الكندي
布兹贾尼（公元940~998），阿拉伯数学家、天文学家。	البوزجاني
贾比尔·本·哈扬（公元?~815），阿拉伯化学家。	جابر بن حيان
扎赫拉维（公元936~1013）阿拉伯医学家、外科手术家。	الزهراوي
拉齐（公元860~925），阿拉伯医学家、化学家。	الرازي
伊本·纳菲斯（公元?~1288），阿拉伯医学家，最早发现血液循环的人。	ابن النفيس

重点词语：

古希腊时代	عصر الإغريق	巴比伦	بابلية
亚述	آشورية	古叙利亚	سريانية
法老	فرعونية	古埃及纸草书	بردي ج برديات
制干尸	تحنيط	楔形文字泥版	قالب ج قوالب
数论	نظريات الأعداد	代数方程式	معادلات جبرية

المجسطي	《天论》, 托勒密的天文著作。	حضارة سامية	闪语族地区文化
آية ج آيات	经文	الأصول	《几何原理》, 欧几里德著。
الأرقام الهندية	印度数字	حديث ج أحاديث	圣训
معادلات من الدرجة الثانية	二次方程	الأرقام الغبارية (العربية)	阿拉伯数字
اللوغاريثمات	对数	الهندسة التحليلية	解析几何
المتواليات العددية	级数	التفاضل والتكامل	微积分
حساب المثلثات	三角学	النسبة العددية	数比
القيروان	凯鲁万（开旺）, 突尼斯古城。	ملكوت السموات	天国
الموصل	摩苏尔, 伊拉克古城。	قرطبة	科尔多瓦, 西班牙古城。

讨论思考题:

一、如何看待阿拉伯文明与西方文明的关系？

二、历史上西方人是如何向阿拉伯人学习的？

补充阅读：

1- الحضارة تجسيد للنشاط العقلي عند الانسان، وتاريخ الحضارة سجل لتطور هذا العقل ومدى فعليته في مختلف نواحي الحياة السياسية والاجتماعية والاقتصادية والادارية والحربية والعمرانية. ودراسة هذا التاريخ تتناول الي جانب ذلك وسائل انتاج الانسان ومستوى معيشته وفنونه الجميلة ومعتقداته الدينية وأساطيره وعلومه وآدابه ووسائل كفاحه المستمر مع الطبيعة من أجل البقاء.

وفي كل حضارة بدرة بقاء هى التراث الحضارى الذي تتركه وراءها، وهذا التراث مشاع كالهواء يمكن لكل أمة أن تفيد منه، كما يمكن لكل حضارة نامية أن تتفاعل معه وتجعله لبنة في بنيانها.

والحضارة العربية واحدة من تلك الحضارات المنفتحة علي التاريخ، انها من الحضارات الشاملة التي تأثرت بها شعوب مختلفة، ولعبت دورها المجيد في سير الحضارة البشرية، وهى، عدا عن كونها امتدادا لحضارة اليونان والرومان ذات الشخصية المتميزة مدت ظلها علي الشرقيين، الأدنى والأوسط، وتجاوزتهما الي بعض أوربا، وكان لها أثرها الفعال في بعث النهضة الأوربية الحديثة.

لقد أتيح للعرب أن ينشئوا دولة امتدت من حدود الصين الي ساحل الأطلسي، ضمت في أرجائها الشاسعة شعوبا أسيوية وافريقية وأوربية مختلفة الأجناس والحضارات.

وأية حضارة قبل الحضارة العربية نجحت في جمع شعوب من قارات العالم القديم، في ظل كيان ثقافي واحد وتراث علمي وفكري مترابط ومثل عليا تعد من أسمى ما عرفته الانسانية في تاريخها الطويل. انها

حضارة حفظت ما وصل إليها من حضارات العالم القديم، وأضافت إليه ما أسفرت عنه جهود أبنائها، ثم قدمته الي العالم، فكان ما قدمته أساسا للحضارة الحديثة.

ونحن أبناء الشعب العربي نهتم بهذه الحضارة، لأنها عنصر قوي من عناصر وحدتنا، عشناها خلال عصور التاريخ فوحدت قلوبنا وآمالنا ومثلنا العليا. ولا تزال لها مكانتها وآثارها القوية في تقرير مصيرنا وتوجيه مستقبلنا.

2- ان الحضارة العربية الاسلامية هى الحضارة المعبرة عن هوية الأمة العربية وفلسفتها ونظرتها الكلية الي الوجود والي المعرفة والقيم. والحضارة العربية الاسلامية التي نعنيها ليست مجرد الحضارة الدينية كما يتوهم بعض الناس، بل هى أوسع مما هو ديني باعتبار أن الاسلام دين ودنيا .

تعود الحضارة العربية في التاريخ الي ما قبل الاسلام. فالأرض العربية بقيت فترة طويلة تحت سيطرة الامبراطورية الرومانية. ومع القرن الرابع حلت القسطنطينية محل روما في حكم تلك المنطقة، فيما كان الفرس يحكمون الجزء الشرقي الممتد من العراق الي ايران وآسيا الوسطي. غير أن فجر الحضارة العربية الحقيقية لم يظهر الا مع الدعوة الاسلامية عام 622 م ذلك أن محمد نبي الاسلام بني أسس دولة حضارية متينة مستمدة من روح القرآن الكريم. ومع الدعوة الجديدة والفتح الاسلامي اتجه الناس نحوعبادة الإله الو احد، فبدأ العرب يتحدون تحت لواء الاسلام .

ومع وفاة الرسول محمد جاء الخلفاء الراشدون الأربعة الذين وسعوا فتوحات البلدان لنشر رسالة الاسلام، وفي عام 663 م انتقلت الخلافة الي دمشق مع الخلفاء الأمويين. واتسعت رقعة العالم الاسلامي في عصرهم صوب مشارق الأرض ومغاربها، وعرف عهدهم تراثا عربيا مزدهرا. وقد بلغت فتوحاتهم افريقيا الشمالية، ثم عبروا الي اسبانيا (الأندلس) ، فأنشأوا فيها حضارة اسلامية لا تزال آثارها باقية حتي اليوم.

وفي عام 754 م انتقلت الخلافة من دمشق الي بغداد مع الخلفاء العباسيين. وفي العصرالعباسي اتخذت الدولة شكلا متطورا، وعرف المجتمع الاسلامي عصره الذهبي، ومن أبرز مآثر ذلك العهد تأسيس بيت الحكمة علي يد الخليفة مأمون. وقد كان تجمعا لكبارالمفكرين والمترجمين والعلماء، وفيه بدأت عمليات الترجمة من اليونانية والفارسية والهندية الي العربية التدفئة والتبريد وبناء الجسور والحمامات العامة وأبراج المراقبة والتحصينات العسكرية وسواها من المنشآت والابتكارات والاكتشافات. وبهذا تكون الحضارة العربية الاسلامية قد قدمت للحضارة الانسانية اسهامات عظيمة ما يزال العالم يستخدمها اليوم.

أصيب العصرالعباسي بنكبة حضارية كبرى حين أقدم الفاتح المغولي هولاكو علي احراق مكتبة بغداد عام 1258 م، فدخلت الحضارة العربية عصرا أطلق عليه العلماء عصر الانحطاط الذي استمر طوال الحكم حيث تمت ترجمة وتأليف الكثير من كتب الفكر والعلوم مما أهل العرب لاستقبال الفكر الانساني في أبلغ مصادره. هكذا نجد في مكتبات العالم اليوم كمية هائلة من الوثائق التي تشهد بالفضل للمنجزات الحضارية الاسلامية في حقول كثيرة: منها الأدب وفقه اللغة والعلوم الدينية والفلسفية والتاريخ والجغرافيا والفلك والرياضيات والفيزياء والكيمياء والطب والصيدلة والعمارة والموسيقي. وكان للعرب شهرة كبيرة أيضا في تصنيع النسيج والورق والدهان والصابون والحبر والشمع والسكر والزيوت النباتية والعطور والبارود، وكذلك في جر المياه والعثماني لأكثر من ستة قرون، وبعده شهد الوطن العربي بداية النهضة الحديثة وفتحت صفحة جديدة للحضارة العربية الاسلامية.

الدرس الثاني   الحضارة المصرية القديمة

يجرى في افريقيا نهر من أطول الأنهار في الدنيا وهب لها أعرق الحضارات الانسانية، وكان فيضانه يجعل الأرض في ضفافه خصبة موّحلة لا تحتاج الاّ الي القليل من الحراثة كما ان الشتاء لا يتخلله أمطار أو برد ليحدّا من نشاط الانسان وبذلك تكون قد توافرت لأوائل أبنائه أفضل شروط السكن والانتاج. وهذا النهر هو النيل وأرضه مصر.

كانت مصر سحرية المنظر مزدهرة الحضارة منذ أقدم التاريخ ولكنها لم تكن واضحة منذ زمن بعيد، ولا نقدرعلى رفع سترها حتى اليوم لولا عدم معرفتنا بلغتها الهيروغليفية بل وتأخرت معرفتنا بفك رموزها الى عهد قريب حيث عثرشمبليون أحد ضباط الحملة الفرنسية على حجر رشيد المكتوب بلغات ثلاث إحداها الهيروغليفية وثانيتها الديموطيقية وثالثتها القبطية. ومنذئذ أمكن قراءة ما سجّله المصريون القدماء من نقوش ورسوم على جدران المعابد والهياكل، فضلا عن آلاف المخطوطات والبرديات التي حفظها جو مصر الجاف، كما أن اعتقاد المصريين في الحياة بعد الموت وتجهيزهم موتاهم بكل ما يلزم لتلك الحياة فاحتفظوا بالأدوات التي كان يستعملها المتوفي. وحوالى سنة 6000 قبل الميلاد جلب المهاجرون الآسيويون معهم بعض النباتات والحيوانات المستأنسة والوسائل التقنية التي كانوا يمارسونها، وكانوا يستخدمون مناجل خشبية ذات حواف ثبتوا فيها شطفات من حجر الصوان، واستخدموها في حصاد القمح الذي كانوا يخزنونه في صوامع مضفورة من الحصير، وكانت أوانيهم فخارية منها ما هو بسيط مزخرف يستعمل لطهو الطعام ومنها ما هو دقيق الصنع ملون بالأحمر أو الأسود، وكانوا يصنعون الفئوس الحجرية المصقولة والسكاكين المتقنة والسهام المصنوعة من الصوان وشصوص الصيد ومخارز من العظم. وحوالى سنة 4500 ق.م بدأوا في صنع آنية النحاس. واتحدت مصر السفلى والعليا تحت إمرة حاكم واحد سنة 4245 ق.م إلا أن كلا من القسمين عاد الى استقلاله سنة 4000 ق.م. ومنذ ذلك التاريخ حتى بداية عصر الأسرات سنة 3200 ق.م لا يعرف الا القليل عن حضارة مصر السفلى وإن ازدهرت في مصر العليا حضارة غنية هى حضارة البداري. وقد عرف المصريون القدامى منذ ذلك التاريخ كيف يبنون المنازل من مواد تبقى على الزمن، وكيف ينسجون الكتان وكيف يصهرون النحاس وعمل المينا الزخرفية وظهرت فيما بعد صناعة الزجاج، وتقدمت صناعة الأدوات المصنوعة من العظم والعاج وصنعوا تماثيل صغيرة للآدميين مصنوعة من تلك المواد، وتقدمت صناعة ألواح الأردواز، وعرفوا تحنيط الجثث وقد ساعدت الرمال الجافة على حفظها من البلى.

وقبل سنة 3200 ق.م كان لكل من شطرى مصر ملكه وتاجه، وكان لمصر العليا التاج الأبيض تحرسه الآلهة التي على هيئة" النسر" و كان نبات "الأسل" هو الرمز الخاص بها، وكان لمصر السفلى التاج الأحمر تحرسه الآلهة التي كانت على صورة الثعبان وشعارها البردى. وكان سكان مصر العليا جادين محافظين كثيري الاحتمال للآلام ولا يميلون للترف، أما سكان مصر السفلى فكانوا مرحين مهرة يميلون الى اللهو وينزعون الى التجديد، و كانوا أكثر ميلا لمعارك الفكر من معارك السلاح، ينظرون الى سكان الصعيد على أنهم أقلّ مدنية. وكانت الفترة التى أعقبت توحيد شطري مصر على يدي " مينيس" حافلة بالتقدم الحضارى الحديث، وكانت مصر فيما بين 3200 و 2560 ق.م مركزا لإحدى القفزات الحضارية الهائلة وبلغت التقنية المصرية أوجّها، وأنتج الصنّاع المصريون الأوانى النحاسية والحلى الذهبية وتلك المصنوعة من أحجار اللازورد والفيروز وعرف المحراث الذى خفف مشاق العمليات الزراعية، وأخذت الكتابة الهيروغليفية صورتها النهائية، كما عرف المصريون القدامى النشاط العلمي الذي تناول تشخيص ومعالجة الأمراض. وفي هذا الوقت شيدت الأهرامات التي تعتبر أضخم و أعظم ما شيده الإنسان ويعتبر عملا هندسيا رائعا. كذلك برع المصريون في التعدين وكان الذهب متوفرا وصنعوا منه حليا فائقة الدقة والجمال، وتفوقوا في صناعة المينا وعرفوا صناعة الزجاج الملوّن، واشتهروا في نجارة الخشب وتطعيمه بالصدف والعاج، وكانوا أول من دبغ الجلود وأول من رسم على الجلد ونسجوا الملابس الكتانية بمهارة. وتذكر البرديات الطبية وصفات لإزالة التجاعيد وصبغ الشعر والكحل والروائح العطرية والأصباغ. كان معظم المدارس التي كانت تدرس فيها العلوم المتقدمة ملحقة بالمعابد، إذ كانت العادة السائدة بين ذوي المهن والأطباء وغيرهم أن يحصلوا على إذن خاص وأن تكون لهم الصلة بأحد المعابد، وكان المصريون القدماء يسمون معاهد العلم " دور الحياة".

وقد كان المصريون الفراعنة من أول من اكتشف الصفات العلاجية للأعشاب الطبية حيث نشأت صناعة العقاقير النباتية وأول من فصل بين علمي الطب والصيدلة وتوارثه أحفادهم، فالإغريق فالقبط ثم العرب ومن بعدهم الأوربيون. كما كانوا أول من وضع دستورا للأدوية مدوّنا على أوراق البردي ويضم مجموعة كبيرة من التركيبات الدوائية مع تسمية كل عقار وتحديد الجرعة المناسبة وطريقة تناولها، ويرجع تاريخ هذه البردية الى سنة 1550 ق.م، كذلك توجد برديات أخرى زاخرة بالمعلومات الصيدلية المتقدمة التي تضم أكثر من 2000 وصفة دوائية مع تعليمات تناول الدواء سواء أ كان ليلا أم نهارا قبل الأكل أو بعده.

كان المصريون أول من قسم السنة الى اثني عشر شهرا وجعل اليوم أربعا وعشرين ساعة يقيسونها بواسطة الساعات المائية ليلا والشمسية نهارا فقد لاحظوا ان فيضان النيل يتكرّر بانتظام مدهش فأخذوا يعدّون الايام التي تفصل بين فيضانين حتى استقر رأيهم على العدد 365 يوما، فكانت " السنة النيلية". وقسموا هذه السنة الى أربعة فصول أوّلها " فصل الفيضانات"، وانتبه علماؤهم فيما بعد ان نجم " الشعرى اليمانية" يظهر قبل حدوث الفيضانات مباشرة فاعتمدوا على ظهوره ليصحّحوا الفارق الذي يصل الى يوم كامل كل أربع سنوات، و لكنهم أغفلوا زيادة هذا اليوم الى السنة الرابعة التي نسميها اليوم " سنة كبيس" وعدد أيامها 366 يوما.

و برع المصريون في هندسة المساحة لحاجتهم اليها في تحديد الممتلكات، لأن النيل كلّما فاض بدّل المعالم فيقتضي إذا بعد كل فيضان أن تعاد الحدود الى ما كانت عليه سابقا، وفي أعمال هندسة البناء لم يعجزوا

عن وضع التصاميم مع قياساتها اللازمة، فقد عرفوا الطريقة الصحيحة لحساب المساحة في المستطيلات والمثلّثات والدوائر حيث توصّلوا الى النتيجة $\pi = 3.16$.

لقد لاحظنا انه تكاد لا تخلو منطقة في مصر من الآثار الموضوعونية وأكثرها من المعابد والمقابر. اما الهياكل فأشهرها " الكرنك" و" الأقصر" و" إدفو" و" دنداره" ، وبعضها محفور في شاهق صخري كمعبد " أبي سنبل" في النوبه ومعبد " ديرالبحري"، ونظرا لاهميته وضخامته يغدو الهيكل منذ انشائه نواة لمدينة صغيرة فيها الكهنة والموظفون والعمال والحرس والفلاحون للاعتناء بالهيكل وأملاكه. أما المقابر فكانت متنوعة المظاهر متفاوتة الأحجام كأن تكون عادية بشكل مصطبة أو تكون هرما مدرّجا أو هرما ضخما أو تكون منحوتة في شاهق صخري بعيد المنال. واهتمّ الأغنياء بجعل موميات موتاهم في حرز حريز حتى لا يعبث بها اللصوص. ففي الجيزة بالقرب من القاهرة اليوم أو بالقرب من " ممفيس" عاصمة الدولة القديمة بنى الفراعنة " خوفو" و" خفرع" و" منكرع" ثلاثة اهرامات لتكون قبورا لهم. والشكل الأخير للمقابر هي المحفورة في الشواهق الصخرية المطلّة على وادي النيل حيث انتشرت مقابر الملوك القدماء.

شغف المصريون بالرسم والنقش والنحت فرسموا ونقشوا آلهتهم وملوكهم على جدران المقابر والمعابد كما رسموا ونقشوا الطبيعة والحيوانات والحياة الشعبية فتشهد رسومهم ونقوشهم براعة عالية، كذلك نحتوا التماثيل فتركوا لنا أعظم الأعمال الفنية في العالم ومن أروعها أبو الهول وتماثيل الفراعنة والمسلات.

ومن بين جميع الحضارات الانسانية التى ظهرت واندثرت عبر آلاف السنين من التاريخ المكتوب أو المعروف تبوأت الحضارة المصرية مكان الصدارة واعتبرت بكل المقاييس العلمية حضارة رائدة أنارت الطريق أمام الانسان الحى ليبلغ أقصى درجات الرقى، وليس من قبيل المبالغة أن بعض العلماء المؤرخين يطلقون على الحضارة المصرية القديمة اسما شهيرا هو "أم الحضارات".

本课解题：

古埃及文明

古埃及是人类四大文明发祥地之一，也是阿拉伯文化的源头之一。她那令人叹为观止的以金字塔、狮身人面像为代表的古代文化遗产仍然对阿拉伯乃至整个人类保持着巨大的冲击力。

古埃及文字是古埃及文化的集中体现，也是她的载体。今人对这一伟大文化宝库的开启，是通过破译古埃及象形文字这把钥匙实现的。这一伟大功绩要归于法国学者商伯良，他于1822年成功解读出了产生于公元前3500年前的这一文字。

古代埃及人用纸草书写。纸草是下埃及的特产，这种纸草后来成为古代地中海地区通用的纸。希腊人、罗马人以及往后的阿拉伯人都曾用它书写。古埃及的笔用芦管制成，墨汁用菜汁加烟渣调和而成。

古埃及是人类最先产生宗教崇拜的地区之一。他们所崇拜的太阳神阿蒙、生命之神俄赛里斯、医疗婚姻之神伊西斯、天神战神荷拉斯等九神，成为后来希腊神话的来源。

古埃及文学遗产非常丰富，如古王国时期刻在金字塔墓壁上祷祝法老死后升天获福的

诗歌和大臣墓地上的碑传、中王国时期的民间故事、新王国时期的旅行记和写在长卷纸草上的《亡灵书》等。

古埃及的诗歌创作也达到了一定的水平。它体裁丰富，有对国王的赞美歌，有世俗诗，也有宗教哲理诗。古埃及的王公贵族喜欢以诗歌的形式书写自己的传记，然后刻石埋入坟墓或竖于地面。这些自传体诗歌用词讲究，字句优美，结构整齐，风格各异，具有珍贵的史料价值。

古埃及文化留给我们最实在的遗产，就是她的建筑、雕刻和壁画。古埃及人擅长巨大宏伟的石材建筑，很多仍然屹立至今。第四王朝的大金字塔在十九世纪巴黎铁塔建成前，曾是世界上最高的建筑，被誉为古代世界的奇观。其他如卢克索神庙、拉美西斯二世墓、伊德福神庙，都是屹立至今，令人赞叹不已的奇迹。古代埃及统治者兴建这些巨大的建筑，目的是为了体现神权法老的无上威力。在陵墓和神庙的墙壁上，到处都装饰着绘画和浮雕。这些绘画和浮雕的题材有不少是反映社会生活和各种劳动场面的，这为研究当时的社会情况提供了极其宝贵的材料。

古埃及人很早便积累了天文知识。他们根据尼罗河水每年定期泛滥的时间与星辰的位置，制定出世界最早的太阳历。尼罗河两岸上地的测量和金字塔建筑的精密计算，也使他们的数学知识达到很高的成就。他们采用十进制记数，能求出长方形、三角形、梯形甚至圆的面积，已算出圆周率为3.16。为保存尸体，古埃及人发明了制作木乃伊——即干尸的技术，是世界上最早发明防腐技术的民族。它因此而推动了古埃及医学的发展，使他们较正确地认识了人体结构和对人体一些常见疾病的防治。保留下来的古埃及纸草医学文献中，记述着许多病状及其疗法，并已分出内、外、妇诸科，还记述了很多草药的药方和服用方法。

难点释疑：

ولا نقدرعلى رفع سترها حتى اليوم لولا عدم معرفتنا باللغة الهيروغليفية بل وتأخرت معرفتنا بفك رموزها الى عهد قريب حيث عثر شمبليون أحد ضباط الحملة الفرنسية على حجر رشيد المكتوب بلغات ثلاث إحداها الهيروغليفية و ثانيتها الديموطيقية و ثالثتها القبطية.

假如不懂古埃及象形文字，我们直到今天也不能揭开古埃及文明的面纱。我们破解这种文字符号是迟至近期的事，一位名叫商伯良的法国远征军的军官发现了写有三种文字的拉施德石碑：古埃及圣书体文、古埃及世俗体文及古希腊文（科卜特文）。

واتحدت مصر السفلى و العليا تحت إمرة حاكم واحد سنة 4245 ق.م إلا أن كلا من القسمين عاد الى استقلاله سنة 4000 ق.م و منذ ذلك التاريخ حتى بداية عصر الأسرات سنة 3200 ق.م لا يعرف إلا القليل عن حضارة مصر السفلى وإن ازدهرت في مصر العليا حضارة غنية هى حضارة البداري.

公元前4245年下埃及与上埃及统一在一位统治者的权威之下，但是到公元前4000年

两地又各自独立，直到公元前 3200 年王国时期开始。这期间虽然上埃及的原始文明兴盛起来，但对下埃及的文明发展却知之甚少。

وقبل سنة 3200 ق.م كان لكل من شطرى مصر ملكه و تاجه وكان لمصر العليا التاج الأبيض تحرسه الآلهة التي كانت على هيئة النسر وكان نبات الأسل هو الرمز الخاص بها وكان لمصر السفلى التاج الأحمر تحرسه الآلهة التى على صورة الثعبان و شعارها البردى.

到将近公元前 3200 年前，当时上下埃及各有自己的国王，各戴自己的王冠。上埃及戴白冠，以鹰神为保护神，以芦草为国徽；下埃及戴红冠，以蛇神为保护神，以纸草为国徽。

كانوا أول من وضع دستورا للأدوية مدوّنا على أوراق البردي ويضّم مجموعة كبيرة من التركيبات الدوائية مع تسمية كل عقار وتحديد الجرعة المناسبة وطريقة تناولها.

古埃及人是人类最早制定药法的民族，它书写在多卷纸草上，包括大量药品配方。每剂药都注有名称、饮用时间和服用方法。

فقد لاحظوا أن فيضان النيل يتكرّر بانتظام مدهش فأخذوا يعدّون الأيام التي تفصل بين فيضانين حتى استقر رأيهم على العدد 365 يوما فكانت "السنة النيلية" وقسموا هذه السنة الى أربعة فصول أوّلها " فصل الفيضانات" وانتبه علمائهم فيما بعد أن نجم الشعري اليمانية يظهر قبل حدوث الفيضانات مباشرة فاعتمدوا على ظهوره ليصحّحوا الفارق الذي يصل الى يوم كامل كل أربع سنوات ولكنهم أغفلوا زيادة هذا اليوم الى السنة الرابعة التى نسميها اليوم سنة كبيس وعدد أيامها 366 يوما.

他们发现，每年的尼罗河水泛滥非常有规律，就开始计算两次泛滥之间相隔的天数，最后确定为 365 天，由此制定了“尼罗河历”。他们把一年分为四季，第一季为泛滥季。后来，他们的科学家们注意到每当泛滥时天狼星就会出现，于是，他们根据天狼星的出现时间来修正“尼罗河历”的误差，修正结果为每四年差一天，但是他们忽略了把这一天补在第四年里。我们今天把这一年称为闰年，为 366 天。

وبرع المصريون في هندسة المساحة لحاجتهم اليها في تحديد الممتلكات لأن النيل كلّما فاض بدّل المعالم فيقتضي إذا بعد كل فيضان أن تعاد الحدود الى ما كانت عليه سابقا.

古埃及人精通几何面积计算，这归于他们对确定私产的需要。因为每当尼罗河泛滥，两岸地貌就发生变化，泛滥过后，就需要重新划定各家地界。

أما المقابر فكانت متنوعة المظاهر متفاوتة الأحجام كأن تكون عادية بشكل مصطبة أو تكون هرما مدرّجا أو هرما ضخما أو تكون منحوتة في شاهق صخري بعيد المنال، واهتمّ الأغنياء بجعل موميات موتاهم في حرز حريز حتى لا يعبث بها اللصوص.

古埃及人的坟墓形状、面积各异，如一般的平顶石墓、梯形石墓或大金字塔墓，或在人难以到达的地方凿石窟做墓。富人们都要把死者的木乃伊埋放在戒备严密如堡的坚固体里，以使盗贼难以光顾。

主要人物：

商伯良（公元1790~1832），出生于法国洛特省菲热克，16岁就读格勒诺布大学，18岁成为该大学的历史学教授，22岁获语言博士学位。从1808年起，他开始研究拉施德碑，通过石碑上古希腊文和古埃及文的对照，于1822年成功解读出了古埃及文，同年9月29日，他在巴黎科学院会议上宣读了自己的研究成果，这一天被公认为埃及学的诞生之日。1828至1829年，他随法国远征军亲往埃及，调查印证自己的成果。 شمبليون

美尼斯，原上埃及国王，公元前3200年灭下埃及，建立统一的第一王朝。 مينيس

法老，古埃及国王称号。 فرعون ج فراعنة

胡夫（公元前约2600），古埃及第四王朝法老，开罗吉萨大金字塔的建造者。 خوفو

海夫拉（公元前约2800），胡夫之子，古埃及第四王朝法老，吉萨中金字塔的建造者。 خفرع

孟卡拉，胡夫之孙，古埃及第四王朝法老，吉萨小金字塔的建造者。 منكرع

重点词语：

古埃及圣书体象形文字	اللغة الهيروغليفية
古埃及世俗体文字	اللغة الديموطيقية
科卜特文（古希腊文之埃及变体）	اللغة القبطية
科卜特人（古埃及希腊人）	قبط ج أقباط
拉施德碑，1799年8月，由拿破仑率领的法国军队占领埃及后，于尼罗河西出海口的拉施德城挖掘出的一块托勒密王朝时的石碑，内容为公元前196年埃及祭司为托勒密五世刻写的颂词，由古埃及圣书体、世俗体和古希腊文三种文字刻写。	حجر الرشيد

原始文明	حضارة البداري	花岗岩，燧石	حجر الصوان
青石板	ألواح الاردواز	青金石，天青石	حجر اللازورد
绿松石	الفيروز	釉	مينا
草药	عقّار ج عقاقير	下埃及	مصر السفلى
上埃及	مصر العليا (الصعيد)	王国时代	عصر الأسرات
原稿，手抄本	مخطوط ج مخطوطات	芦草	أسل

مومية ج موميات	木乃伊（干尸）	بردي ج برديات	纸莎草
النيل	尼罗河	تحنيط الجثث	制干尸
		الجيزة	吉萨

ممفيس 孟菲斯（埃及古城），曾为古埃及法老王都，位于开罗近郊。

الكرنك 卡尔纳克（上埃及古城），以建有太阳神阿蒙神庙闻名。

الأقصر 卢克索（上埃及名城），建在卡尔纳克废墟上，以古城及阿蒙神庙和数座拉蒙西斯二世法老巨型雕像闻名。

إدفو 伊德富（上埃及古城），建于托勒密王朝时代，以荷拉斯神庙闻名。

دنداره 但达拉村，位于上埃及，以哈托尔神庙和科卜特教堂遗迹闻名。

أبو سنبل 艾卜·辛伯村，位于埃及南部边境，以巨大的拉蒙西斯二世法老神像及神庙闻名。修建纳赛尔水库时，此古迹整体搬迁重建于水库边。

النوبة 努比亚，埃及南部与苏丹北部沿尼罗河岸地区总称，分为下努比亚（在埃及）和上努比亚（在苏丹），是古埃及历史上征战频繁、王国更替的重要地区。

دير البحري 代尔伯哈里村（上埃及古城），位于卡尔纳克城近郊，以十八王朝女王哈特谢普苏特享殿遗址闻名，1881 年，从此地发掘出拉蒙西斯二世的木乃伊。

كاهن ج كهنة 古埃及祭司

مصطبة 马斯塔巴，古埃及早期法老墓室，为方形石屋。

هرم مدرّج 梯形金字塔，古埃及早期法老墓室，现存最早的为位于开罗近郊萨卡拉村的第一王朝时期六层梯塔。

الشعري اليمانية 天狼星

وادي الملوك 帝王谷

مسلّة ج مسلات 方尖碑，为尖顶方身的巨大石柱，古埃及法老华标，多建于其神庙前。

讨论思考题：

一、古埃及人对人类的主要贡献是什么？

二、我们今天仍能见到的古埃及文明的遗产有哪些？

补充阅读：

1- شعر المصريون بالحاجة الي تدوين أفكارهم خوفا عليها من الضياع فتهدر الفائدة من استمرار المعرفة. ولما كان الفكر مسخرا للدين بدا طبيعيا أن تتخذ الكتابة صبغة مقدسة فتسمي باسم "الهيروغليفية" أي الصور المقدسة.

ومعرفتنا بالكتابة الهيروغليفية عائدة الي القرن التاسع عشر (1822 م) حين اهتدي العالم الفرنسي " شامبوليون " الي قراءة " حجر الرشيد " وهو حجر وجده أحد جنود حملة بونابرت علي مصر عام 1799 م. فقرأ علي هذا الحجر كتابة باليونانية تقابلها كتابة بالهيروغليفية. فخطر له أن يكون النص اليوناني ترجمة للنص الهيروغليفي. وبعد بحث وتدقيق طويلين صحت نظريته، فقرأ بعض الأحرف والعبارات. ومن هذا المنطلق تمكن من حل معظم رموز هذه الكتابة .

وقد مرت الهيروغليفية شأن كل الكتابات بمرحلة أولية تصويرية حيث الصورة تعبر عن الفكرة. فصورة القدم تعطي فكرة المشي، وصورة العصفور تعطي فكرة الطيران. ولكن هذه الصور غير دقيقة من حيث أداؤها المعني، اذ الصورة الواحدة قد تعطي أكثر من تأويل أو تعجز أحيانا عن التعبير، فكيف يعبر مثلا عن الكذب ؟ إلا أنهم لتمييز الاسم من الفعل جعلوا اشارة خاصة تتبع الفعل دائما .

أما المرحلة الثانية فكانت الكتابة المقطعية الصوتية والمقصود بها أن تعبر الصورة عن مقطع كلمة فتحتفظ بقيمتها الصوتية فقط. ولم ينتقل المصريون من مرحلة الي أخرى بصورة نهائية بل كانوا يخلطون بين كلتيهما، مما يزيد في مشقة الكتابة والقراءة. وشامبوليون الذي كان أول من مر في هذه التجربة بين المعاصرين قال : " انها طريقة معقدة، فهي في الوقت ذاته تصويرية ورمزية ومقطعية " ولا نستغرب بعد ذلك اذا رأينا أن عدد رموزها وأشكالها وحروفها قد وصل الي السبعمائة. واذا كان الفنانون والفراعنة قد سروا بهذه الكتابة لما تضفيه من رونق الزخرف علي الأعمدة والجدران فان الكهنة عمدوا الي اختزالها فكانت الكتابة " الهيراتيقية " ومثلهم اختزلها العلمانيون منذ 700 ق.م فكانت " الدوميتيقية " التي ظلت حية في الكتابة القبطية.

2- كان المصريون أهل وادي النيل مركز الثقل الحضارى والطبي بعد انهيار مملكة سومر ولعل المومياءات (الجثث المحنطة) التي تركوها في أهراماتهم وغيرها من المقابر خير دليل علي ذلك، لأن سرها لا يزال لغزا مغلقا يستعصي علي علم الطب الي اليوم. وقد عثر المنقبون علي أكثر من مومياء يعود تاريخها الي ما بين سنتي 4000 و600 ق.م عرف العلماء من فحصها أن المصريين كانوا يصابون بأمراض المناطق الحارة المعروفة اليوم كالسل وتصلب الشرايين. وقد عثر العلماء سنة 1862 م علي كتاب الطب المصرى القديم وهو عبارة عن لفافة من ورق البردي يربو طولها علي خمسة أمتار ويعود عهدها الي 1500 سنة ق.م وهي تحتوي علي أوصاف لأعراض أمراض مختلفة مع ذكر الأدوية المناسبة لمعالجتها. أما أعظم أطباء العالم القديم فعلا فهو امحوتب وزير الملك زوسرباني هرم سقارة ومؤسس الأسرة الثالثة في القرن الثلاثين ق.م كان امحوتب فيلسوفا وفلكيا ومهندسا معماريا، وهو بالاضافة الي ذلك طبيب عالج بنجاح شتي الأمراض الطفيلية التي كانت معروفة في زمانه، واشتهر باستزراع النباتات الطبية وحفر الأسنان وتتويجها بالذهب ومعالجة الجروح والقروح وتجبيرالكسور كما عالج أيضا لدغ الثعابين بمراهم مستخلصة من الزيت. وقد بلغ من تقدير المصريين له أنهم رفعوه في العصور التالية الي مقام الألوهية، وناهيك بهذا دليلا علي عظمته في الطب وعلو

كعبه. هذا وأول جامعة في العالم كانت مصرية وآية ذلك آثار جامعتي هليوبوليس وممفيس التي ما تزال أقدم آثار مراكز العلم المكتشفة في العالم، ومن المؤرخين من يعتقد أن كتاب الطب المكتشف ليس إلا نسخة واحدة من كتب طبية مصرية أقدم عصرا ضاعت وعفت آثارها بعد طوفان النيل الشهير الذي أتي علي مظاهر هامة من الحضارة المصرية العريقة في القدم. وقد أدرك المصريون أهمية النبض والصلة بين النبض والقلب وكان لهم ادراك عام مبهم بجهاز القلب – لا دورة الدموية – لكن معرفتهم بالجهاز الدموى ظلت مشوشة جدا، فقد كانوا يظنون أن الأدوية الدموية تحمل هواء وماء ونفايات من السوائل وأن القلب هو مركز العقل وأنه القوة الدافعة في الكائنات الحية، كما عرفوا تلافيف المخ وأنه مركز الجسم وأن أنواعا خاصة من الرقابة تنحصر في أجزاء خاصة من المخ، كما اهتموا أيضا بتشريح الجثث مما ساعدهم في عصور موغلة في القدم علي تحنيط أجساد الموتي في الانسان والحيوان. وكانت التمائم أكثر شيوعا بين الناس من حبوب الدواء لشفاء الأمراض أو الوقاية منها، إذ كان المرض في اعتقادهم نتيجة للعنة شريرة وتقمص الشياطين للجسم وعلاجه انما يكون بالوسائل السحرية وتلاوة الرقي وحمل التمائم. وانتشرت في مصر عادة اللجوء الي المعابد طلبا للشفاء منذ الزمان الأول، فكان المرضي يقضون الليل في المعبد لهذه الغاية وقد يقضون أياما وليالي في بعض الأحيان، فكان الكهان يعنون بهم ويبتهلون الي الآلهة معهم بشتي الأدعية والتعاويذ، وكثيرا ما أدت الاقامة الطويلة في المعبد الي تهدئة نفوس المرضي واصلاح بالهم بل والي شفائهم شفاء تاما أحيانا. وعلي العموم يتضح من النصوص القديمة التي وصلت الينا أن الطبيب المصرى كان رجلا مجربا حكيما، وكانت له نظريات تشف عن أطياف عابرة من كتابات ابقراط. ولئن دل ذلك علي شيء فانما يدل علي تقدم الطب والتشخيص والتشريح وعلي وظائف الأعضاء عند المصريين القدماء وعلي تأثراليونان ولا سيما ابقراط بالطب القديم الذي سبق اليونان بألفي سنة علي الأقل.

الدرس الثالث   الحضارة فيما بين النهرين

بين بادية الشام ومرتفعات ايران منخفض صحراوي يعبره نهرا دجلة والفرات فيحولانه الى سهل خصيب، وهذا السهل الذي نسميه اليوم العراق عرف اقدم الحضارات في العالم.

ويتعرض جنوب " ما بين النهرين" لفيضانات سنوية أقلّ انتظاما ولكنها أشدّ خطرا من فيضانات النيل، وكان أحدها سببا في ما روته التوراة عن "نوح" وفلكه. أما في الشمال حيث تأثير النهرين أقلّ فقد امتدّت بلاد "أشور"، ومعظم أرضها هضاب صخرية وجبال قاحلة لا منفذ لها على الخارج، ففرضت قسوة الطبيعة على السكان نمطا قاسيا من العيش أدّي الى تبلور الذهنية العسكرية القاسية. والغرب بالنسبة للفرات اليوم هو بلاد سوريا وسمّاها الأقدمون " أمورو"، وكانت مصدر معظم الهجرات السامية نحو بلاد الرافدين (دجلة والفرات).

وكانت الحياة في البدء تتركزعند الطرف الجنوبي من البلاد وهنالك أنشأ " السومريون" أقدم حضارات العالم قبل 4000 ق.م، ثم تتالت هجرات القبائل السامية من بلاد " أمورو" و شادت " أكّاد" ثم " بابل" و" نينوي"، و بعد البابليين سيطر "الأشوريون" على " نينوي" واتخذوها عاصمة لهم، وأخيرا انتقلت مقاليد الأمور الى " الكلدانيين" فأعادوا " بابل" الى سابق مجدها. فتكون خمس دول قد تعاقبت على بلاد " ما بين النهرين" وهى السومرية والأكادية والبابلية والأشورية والكلدانية، وكانت شعوب هذه الدول كلها منتسبة الى قبائل سامية ما عدا السومريين الذين أصلهم مجهول.

وكان السومريون يشيدون أول حضارة في بلاد ما بين النهرين و تركوا تراثا فنيا وفكريا ودينيا اقتبسته عنهم الشعوب السامية التي خلفتهم، وتجاوز تأثيرهم بلاد الرافدين الى منطقة البحر المتوسط. وكانت القبائل السامية الضاربة في بلاد أمورو أوغيرها ممن تعاطت التجارة معهم قد نقلت الكثير من هذه التأثيرات الى بلاد مصر ورجعت بالتأثيرات المصرية.

وأحسّ السومريون بالحاجة الى تدوين أفكارهم فوضعوا أسس كتابة أوّلية أخذها عنهم الأكاديون وطوّروها فأضحت أيسر استعمالا وأوفى أداء وعرفت باسم الكتابة المسمارية. والناظر الى هذه الكتابة لا يرى صورا أو أحرفا بل أشكالا لأن التصوير صعب على ألواح الدلغان فلجأوا الى الاصطلاح، وهذا الاصطلاح قد يدلّ على شئ أو يدلّ على عمل أوفكرة أو يدلّ على مقطع صوتي فتشتبك المعاني كما يحصل في الكتابة الهيروغليفية. وبدأت الكتابة المسمارية لدى السومريين من اليمين الى الشمال كما تكتب العربية ومن فوق الى تحت كما تكتب اللغة الصينية ولكن التطور الذي لحقها جعلها تكتب أفقيا ومن الشمال الى اليمين حتى لا يمحى

تحت يد الكاتب ما انطبع على ألواح الدلغان. وكانت تسميتها بالمسمارية عائدة الى اعتماد الطبع بآلة دقيقة تشبه المسمار على ألواح طريئة من الدلغان ثم تجفف في الشمس أو تشوى على النار حتى تقسو. و قد تبجّح الملك " أشوربانيبال" بانه ترك مكتبة ضخمة احتوت على آلاف الألواح الدلغانية المحفوظة ضمن غلافات من الدلغان أيضا، واذا تكلمنا عن الرسائل التي كان يرسلها "حمورابي" الى موظفيه فعلى هذا الشكل يجب ان نتمثل الرسائل. وكانت هذه الألواح الدلغانية عبارة عن أدبهم البدائي الذي تشعبت فيه الفرعات فتناولت القضايا الدينية والفكرية وتناولت الرثاء بشكل أناشيد، فليس ثمة أدب قديم وأدب حديث كما اعتدنا ان نصنّف الآداب اليوم فكل الآثار الأدبية خليط كل دولة تأخذ عن سابقتها وكل شعب يأخذ عن سلفه دونما اهتمام بالتطوير.

وكان البابليون شرعوا أول قانون مدوّن في التاريخ سنة 1704 ق.م، والفضل في تدوين هذا القانون يعود بشكل خاص الى ملكهم العظيم "حمورابي" وقد اندفع في عمله هذا من اقتناعه بمهمته كملك فهو يمثل الاله مردوك على الأرض، وهو بالتالي مسؤول عن تنظيم البلاد وإقامة العدل فجمع 282 مادة تشريعية اقتبسها من التقاليد والقوانين المعمول بها حتى أيامه، ولكنه جعلها أكثر ملائمة لمجتمعه وعصره. والمبدأ الأساسي المعتمد في قانون حمورابي هو: الطبقية والمعاملة بالمثل أوما يسمّى بمبدأ السن بالسن والعين بالعين. اذا كان المتقاضيان من طبقة واحدة والتفاوت الطبقي بين أحرار ومساكين وعبيد فلا يعطى امتيازات عفو فالقصاص واجب وانما على درجات وحسب المركز الاجتماعي. وكان تجاوب هذا القانون مع المجتمع البابلي أتاح له امكانية الاستمرار. ولما تسلمت الحكم دولة الأشوريين تبنّت قانون حمورابي ومبادئه، انما الأشوريون كانوا أقسى وأدق من البابليين في تطبيقه لأن عقليتهم القاسية يلائمها التشدد والعنف.

وكان البابليون أول من اخترع النظام الستيني في الحساب فقسموا اليوم الى اثنتي عشرة فترة، مدة كل فترة ساعتان، وقسموا الساعة الى ستين دقيقة والدقيقة الى ستين ثانية. وكذلك المثقال يساوي ستين وزنة والوزنة ستين حبّة. على أن النظام الستيني جاء مكمّلا للنظام الإثني عشري ونحن اليوم نستخدم الدزينات (12 وحدة) والرطل (12 أوقية) في الشراء انما نطبق هذا النظام. وكان الحساب عندهم يتطور تطورا مدهشا فقد وضعوا جداول الضرب التي لم يعرفها المصريون حينذاك، كما طوّروا الجبر حتي عرفوا المعادلات الجبرية. ومن حيث الهندسة فقد استنتجوا نظرية فيثاغورس في حساب المثلثات، وأوجدوا طريقة حساب أحجام المستطيلات المقطوعة.

وبرع السومريون بالحفر والتطعيم بالعاج على ألواح من الحمر وأتقنوا صناعة الخزف، وعنهم أخذت الشعوب السامية التي حلت محلهم فيما بعد، واختلفت الموضوعات لدى كل من هذه الشعوب فالشكل المحبّب لدى السومريين لا يظهر في التماثيل البابلية وجسّد الأشوريون في نماذجهم كل ما يمثل القوة كالأسد والثيران المجنحة وكان خير مثال على هذا " اللبؤة الجريح". وكان فنّانوهم دائما يمثلون ملكهم في أثناء الحرب أو الصيد فيبرزوا تفاصيل وجهه وعضلاته المفتولة لدلالتها على قوّته بينما يسترون بقية الجسم برداء فضفاض.

لقد ترك لنا شعوب ما بين النهرين آثارا من الأعمال المعمارية الرائعة أشهرها "بابل" وقصورها، وهى أقيمت على نهر الفرات يحيط بها صفان من الأسوار ديارها عالية متعددة الطبقات وشوارعها مستقيمة وجنائنها منتشرة في كل مكان. وأبرزما فيها قصر" نبوخذنصّر" و" برج بابل" بجنائنه المعلقة. وكان برج بابل في الأصل عند السومريين من خمس طبقات متدرجة يعلوه المعبد ليكون قريبا من السماء فيسهل الاتصال بالآلهة. وقد جعله الأشوريون بعد ذلك من سبع طبقات ليعمل كمرصد تراقب منه الكواكب والنجوم نظرا لعلمهم بأهمية

الدرس الثالث الحضارة فيما بين النهرين

الفلك ولحاجتهم اليه في الحياة اليومية والدينية. وللوصول الى الطبقات العليا من البرج أقيم درج ضخم مواجه يلتقي بدرجين جانبين عند طبقته الثانية، كما أقيم درج لولبي يلتف حوله لتسهيل الوصول الى اعلاه. وكانت الجنائن المعلقة تأخذ شكل تلة في أدناها أعمدة شديدة الضخامة تحمل من فوقها قناطر وهذه القناطر تحمل مدرّجات مغروسة تتخللها أدراج عديدة يسلكها المتنزهون. وما زرع في هذه المدرجات من أشجار وأزهار وسواها أعطى صورة الجنائن المعلقة شهرة عالية منذ القدم في الدنيا. وقيل ان نبوخذنصر بناها لاسعاد احدى زوجاته التي جاءت الى بابل من بلدة على سفح جبل. وكانت مياه دجلة تصلها بانتظام مما ساعد على ازدهار أشجارها ونباتاتها.

وكانت التيارات التجارية أوّلا ثم الغزوات العسكرية ثانيا تلعبان دورا في الاتصال الفكري والعلمي بين شعوب ما بين النهرين والشعب المصري القديم حتي تختلط الحضارتان بعضها ببعض والتي تدفعان التاريخ الى أن تظهر الحضارة العربية.

本课解题：

古两河文明

古两河流域是人类文明的又一摇篮，也是阿拉伯文化的另一源头。

底格里斯河和幼发拉底河是西亚仅有的两条最长的入海大河，流域面积近40万平方公里，相当于现在的伊拉克共和国及其周边地区。它的自然条件和埃及尼罗河流域十分相似，每年定期泛滥。自远古起，南部地区就已经有了依靠河水灌溉的农业。

早在公元前四千年前，苏美尔人已经是两河流域南部地区的主要居民。到公元前四十世纪中叶，他们已经有了文字。和古埃及一样，古代两河流域最早的文字也是图形符号，后来发展为表音符号和指义符号，一起组成词组。这种文字用芦管刻在泥板上，晒干后成为可以长久保存的文书。芦管刻成的笔划如楔形，因此称为楔形文字。楔形文字后来为古代西亚各国所采用。巴比伦、亚述、古叙利亚、古伊朗都曾用它作为表达自己语言的工具。

和古埃及一样，两河流域最早的文学作品多是宗教神话和传说。他们关于洪水的传说是《旧约》中诺亚方舟传说的渊源。古巴比伦时的史诗体现了当时两河流域文学发展的最高成就。古尔伽美什史诗是巴比伦文学的代表作，也是已知的世界文学最早的史诗。它共有三千余行，书写在十二块泥板上。

古巴比伦最著名的国王是汉谟拉比。他在位时制定了世界最早的成文法典，共282条，用楔形文字刻于玄武石柱上。在用法制治理国家方面，两河流域人民走在了世界前列。

由于农业生产的需要，古巴比伦的数学和天文学知识也达到了一定的水平。他们最早发明了六十进位法计算周天的度数和天时，至今为全世界所沿袭；他们在几何计算上能运用勾股定理，并能计算截头方体的体积；他们在代数学上能解含有三个未知数的方程式。古巴比伦人在长期的天体观测中积累了许多准确的天文知识。他们已经知道区别恒星和行星，给五个行星起了专门的名称，给恒星划分星座，并确定了黄道；他们的天象家甚至能

够预测日月食和行星会冲现象；他们制定了太阳历，分一年为十二个月，一昼夜为十二时，一年为354日，并知道设置闰月。在此后的几个世纪中，巴比伦的天文知识一直保持世界领先地位。今天世界通行的七日一周以及用日月五星命名七曜日之制皆源于此。

古两河流域的建筑艺术和雕刻艺术也达到了很高的水平。和古埃及人一样，他们也非常擅长修建规模宏伟的神庙和王宫，如亚述国王萨尔贡的王宫就有211间大厅和30个庭院，入口处也有埃及狮身人面像那样的人面牛和人面狮做守护神，内部墙壁柱廊遍布浮雕装饰，其中巴尼帕宫墙浮雕中的受伤牝狮是亚述艺术的杰出代表。

新巴比伦的尼布甲尼撒二世所建的空中花园是古两河流域建筑艺术的最高成就。它位于新巴比伦城的王宫之中，高达九十米，遍种奇花异树，如似天宫，被誉为世界七大奇迹之一。

古两河流域文化成就辉煌，后来的希腊文化和罗马文化有很大一部分是受其影响发展起来的。曾有西方学者提出世界文化皆源于巴比伦之说，其对世界文明影响之大，可见一斑。

难点释疑：

أحس السومريون بالحاجة الى تدوين أفكارهم فوضعوا أسس كتابة أولية أخذها عنهم الأكاديون وطوروها فأضحت أيسر استعمالا وأوفى أداء وعرفت باسم الكتابة المسمارية والناظر الى هذه الكتابة لا يرى صورا أوأحرفا بل أشكالا لأن التصوير صعب على ألواح الدلغان فلجأوا الى الاصطلاح وهذا الاصطلاح قد يدل على شيء أو يدل على عمل أو فكرة أو يدل على مقطع صوتي فتشتبه المعاني كما يحصل في الكتابة الهيروغليفية.

当时苏美尔人感到，他们需要将他们的思想记录下来，便创造出了文字书写。后来，阿卡德人把他们的书写符号加以发展，使之更易写易表达，这就是楔形文字。这种文字看不到图形和字母，它是由各种术符组成的。因为胶泥板上难以画图，只能使用术符。它可能表示一件物品，或表示一件事、一个想法，也可能表示一种发音，就像古埃及文字那样，各种意思混杂在一起。

وكان البابليون شرعوا أول قانون مدون في التاريخ سنة 1704 ق.م والفضل في تدوين هذا القانون يعود بشكل خاص الى ملكهم العظيم "حمورابي" وقد اندفع الملك البابلي في عمله هذا من اقتناعه بمهمته كملك فهو يمثل الإله مردوك على الأرض وهو بالتالي مسئول عن تنظيم البلاد واقامة العدل فجمع 282 مادة تشريعية اقتبسها من التقاليد والقوانين المعمول بها حتى أيامه ولكنه جعلها أكثر ملائمة لمجتمعه وعصره والمبدأ الأساسي المعتمد في قانون حمورابي هو الطبقية والمعاملة بالمثل.

公元前1704年，巴比伦人制定了第一部成文法典，此法典的制定应归功于他们伟大的国王汉谟拉比。促使他完成这件工作的，是他对自己作为国王的使命心满意足。他既代表主神马都克主宰人间，又对公正治国负有责任。于是，他借用当时已流行的传统和约定

俗成的做法制定了282条法律条文，但他使这些法律条文更符合当时的社会和时代。汉谟拉比法典的基本原则是按阶级身份定罪和以眼还眼、以牙还牙。

لقد ترك لنا شعوب ما بين النهرين آثارا من الأعمال المعمارية الرائعة وأشهرها " بابل" وقصورها وهى أقيمت على نهر الفرات يحيط بها صفان من الأسوار ديارها عالية متعددة الطبقات وشوارعها مستقيمة وجنائنها منتشرة في كل مكان وأبرز ما فيها قصر " نبوخذنصّر" و" برج بابل" بجنائنه المعلقة.

两河流域的古代人民给我们留下了大量精美绝伦的建筑遗迹，其中最著名的是巴比伦城宫殿群。巴比伦城建在幼发拉底河岸，双道城墙环绕，城内道路纵横笔直，房屋多层，花园遍布。城内宫殿群中最突出的一座就是尼布甲尼撒王宫和巴比伦神坛及其悬园（空中花园）。

主要人物：

汉谟拉比（公元前1792~1750），统一两河流域的古巴比伦国王，制定了著名的汉谟拉比法典。	حمورابي
尼布甲尼撒二世（公元前605~562），新巴比伦王国著名国王。	نبوخذنصّر
亚速巴尼帕（公元前669~630），末代亚述国王，在位时曾侵略埃及，攻占孟菲斯，自称上下埃及之王，建立了囊括当时西亚、北非所有文明地区的大帝国。	أشوربانيبال
诺亚方舟	نوح وفلكه
马都克神，古巴比伦崇拜的主神，认其为天与地的君主。	الإله مردوك

重点词语：

底格里斯河和幼发拉底河（两河流域）	دجلة والفرات (الرافدان)
阿姆鲁人，史前古迦南人一支，祖居现叙利亚、巴勒斯坦地区，后与两河流域居民混血同化，为阿拉伯人祖先。	أمورو (أموريون)
巴比伦城，两河流域古城，位于现伊拉克巴格达附近。	بابل
尼尼微城，两河流域古城，位于底格里斯河上游，现伊拉克摩苏尔附近。	نينوي
苏美尔人，生活在公元前三十世纪，最早建立两河文明的部族。	السومرية
阿卡德人，生活在公元前二十世纪，继苏美尔人后统治两河流域的部族。	الأكادية
巴比伦人，生活在公元前十八世纪，继阿卡德人后统治两河流域的部族。	البابلية

الأشورية	亚述人，生活在公元前十四世纪，继巴比伦人后统治两河流域的部族。
الكلدانية	库提人，公元前十九世纪统治两河流域的部族。
الدلغان	胶泥
الكتابة المسمارية	楔形文字
النظام الستيني	六十进位制
الحمر	赤粘土
المعاملة الجبرية	代数方程式
جدول الضرب	乘法表
نظرية فيثاغورس	毕达哥拉斯定理，即勾股定理。
الجنائن المعلقة	空中花园
اللبؤة الجريح	受伤的牝狮

讨论思考题：

一、古两河文明与古埃及文明有哪些相似之处？她的主要特点是什么？

二、古两河文明、古埃及文明与阿拉伯文明之间有什么继承关系？

补充阅读：

1- كان السومريون والأكاديون فيما بين النهرين شعبا من المزارعين وتوفرت لهم بعض اليد العاملة من العبيد وانصرف الميسورون منهم للتجارة نظرا لموقع البلاد وتعدد الأقنية كخطوط مواصلات . وبعد أن اتسعت الفتوحات في الخارج برزت مشاكل اجتماعية جديدة، ودخلت في طاعة شعوب ما بين النهرين بلاد مجاورة وعديدة. فكان لا بد اذا من ظهور فوارق اجتماعية تبلورت أيام البابليين. وجاء قانون حمورابي يكرس هذا التقسيم الطبقي.

وكان الملك هو رأس المجتمع وصاحب السلطة الزمنية التي يمثل الإله علي الأرض دون أن يتخذ صفة الألوهية . فسلطته الدينية غامضة ليست كالتي لفرعون مصر تختاره الآلهة بواسطة الكهنة. وكانت استشارة الكهنة واجب عند انتقال الحكم فتفسح المجال للخروج علي مبدأ الوراثة في العرش. فقد يتحزب الكهنة لشخص دون الآخر مبررين ذلك بالاستجابة لمشية الآلهة .

كان المجتمع ينقسم الي ثلاث طبقات : طبقة الأحرار أو النبلاء وهي تضم الكهنة والكتبة والموظفين . ثم طبقة المساكين وأخيرا طبقة العبيد. وقد اعتبر قانون حمورابي الأحرار العنصر الرئيسي في البلاد والعائلة لديهم نواة المجتمع وتأسيس العائلة يمر بنفس المراحل التي نعرفها اليوم كالخطوبة تسبق الزواج والانجاب غاية الزواج وينتج عنه سلطة مطلقة للزوج أو الوالد. وكان المساكين أى الفقراء يعيشون في فاقة لهم حقوقهم يضمنها القانون ولكن العوز أحيانا يدفعهم الي بيع أنفسهم فينحدرون الي طبقة العبيد. والمساكين بالكاد يقومون بأود أنفسهم يكتفون بالخضار والثمر ونادرا اللحوم، بيوتهم من اللبن والغزار لا فراغ في حياتهم اليومية بل عمل مستمر في الحقول والرى والعناية بالأقنية معرضين للسخرة من قبل المتنفذين الأحرار. أما العبيد فهم طبقة الدنيا والأخيرة ملك لأسيادهم لا حرية لهم يميزون باشارة أو بقلادة عليها اسم صاحبهم. وصلوا الي هذا الوضع نتيجة لأحد أمرين : بعضهم قد ولد عبدا والبعض الآخر استعبد عن طريق الأسر أو البيع. فيفقدون علي كل حال صفتهم الانسانية ليعاملوا كالسلعة أو الحيوان.

الدرس الثالث الحضارة فيما بين النهرين

2- كان البابليون مثل المصريين متفوقين في الرياضيات وهو من المخترعي النظام العشرى للأرقام، وكان سارطون يؤكد أن البابليين قد اكتشفوا مبدأ المرتبة في الأعداد (آحاد ، عشرات ، مئات ، ألوف ...) فليس للعدد عندهم قيمة مطلقة بل لقد كانت ثيمته انما تحدد بحسب منزلته. والي جانب النظام العشري استعمل سكان ما بين النهرين السلم الستيني الذي ترقي فيه الأعداد كما ترقي وحدات الزمن عندنا من ثوان الى دقائق : فالساعة 60 دقيقة، والدقيقة 60 ثانية. وهو ايضا السلم الذي نشأت منه فيما بعد النظم الاثنا عشرية ومضاعفاتها. ولذلك كانت علومهم الرياضية مبنية علي تقسيم الدائرة الي 360 درجة، والسنة الي 360 يوما (أو اثني عشر شهرا) . وقد انحدر هذا النظام الي الاغريق والروم البيزنطيين والفرس. وفي هذا الانتقال طرأ تعديل كبير علي نظام الأعداد. وفضلا علي ذلك فقد وصلوا الي درجة عظيمة من التجريد الحسابي، إذ تحتوي أقدم الألواح السومرية علي جميع أنواع الجداول العددية كجداول الضرب وجداول التربيع والتعكيب وجداول عكسية للجذور التربيعية، كما عرفوا نظام الكسور ووضعوا جداول لا تقتصر علي ضرب الأعداد الصحيحة وقسمتها وانما تشمل أيضا أنصاف الأعداد الأساسية وأثلاثها وأرباعها الخ ... كما أحرز البابليون تقدما كبيرا في علم الجبر حتي ليمكن القول أن عبقريتهم في الجبر تضاهي عبقرية الاغريق في الهندسة، فقد عرفوا حل معادلات من الدرجة الأولى والثانية وبعض أنواع معادلات الدرجة الثالثة. علي الرغم من أنه لم تكن لديهم معادلات ولا رموز من أي نوع بل لم يكن لديهم رمز للكمية المجهولة كان عارفا بالمطابقة التي نعبر عنها بالمعادلة، وكان يعرف الواسطة الجبرية لايجاد القيم التقريبية المتتابعة لجذر العدد التربيعي وهذه الجهود عجيبة يصعب تصديقها. وللبابليين أيضا قدم راسخة في علم الهندسة فقد عرفوا منذ ألفي سنة قبل الميلاد كيف يقسمون مساحة المستطيلات والمثلثات المتساوية الساقين والقائمة الزاوية، وأدركوا أن الزاوية المرسومة في نصف الدائرة هي زاوية قائمة كما كان في وسعهم أيضا أن يقدروا المساحات المعقدة ومساحات الأشكال غير المنتظمة كما عرفوا نظرية فيثاغورس رعض المعرفة، وكانوا يقدرون النسبة التقريبية بين محيط الدائرة وقطرها بالعدد 3 وهو عدد تقريبي فكانوا بذلك أقل مرتبة من معاصريهم المصريين الذين جعلوها 16. 3.

لقد كان المصريون القدماء في علم الفلك أقل رقيا من معاصريهم البابليين أو علي الأقل هذا ما يبدو من الشذرات القليلة التي وصلت الينا عن قدماء المصريين، فقد كان الفلك هو علم الذي امتاز به البابليون وهو الذي اشتهروا به في العالم القديم كله. فعلي الرغم من أن المصريين قد درسوا أيضا الأجرام السماوية المختلفة وعرفوا الطول الحقيقي للسنة واكتشفوا الدورة التي تستغرق 1460 عاما والتي تفصل بين وقت ظهور النجم الشعري اليمانية في نقطة معينة من السماء ثم عودة النجم نفسه الي هذه النقطة مرة أخرى فإن سكان ما بين النهرين قد تفوقوا عليهم كثيرا. فنحن انما ندين لهم بنظرية دائرة البروج كما ندين لهم أيضا بمعرفة الفرق بين الكواكب السيارة وبين النجوم الثابتة، ومن الأمور الهامة التي يجب التنويه بفضلهم فيها أنهم كانوا يذكرون الأرض والقمربين الكواكب السيارة. وقد احتفظ راصدو النجوم من سكان ما بين النهرين علي مر الزمن وتعاقب العصور والدهور بأزياج دونت فيها حركات الكواكب والخسوف والكسوف، وبمضي الزمن تعلموا كيف يتنبأون بدقة تامة بخسوف القمر علي الأقل وتمكنوا من أن يفيدوا من معلوماتهم هذه في تنبؤاتهم .

الدرس الرابع اللغة العربية

لا يستطيع المؤرّخون أن يجزموا برأي قاطع أو يأخذوا بدليل علمي يبيّنون به الأصل اللغوي الذي انشعبت منه اللغة العربية، وغاية ما توّصل اليه الباحثون أن اللغة العربية هى احدى " اللغات السامية " أى المنسوبة الى سام بن نوح معتمدا على جدول أنساب النبي نوح المذكور في التوراة. ومن هذه اللغات السامية : البابلية والآشورية والحميرية والعبرية والفينيقية والآرامية والسريانية والنبطية والحبشية، وقد انقرض جّل هذه اللغات.

كان الجذر الأول للغة العربية هو الهيروغليفية. فقد أخذ الفنيقيون عن المصريين رموزهم نتيجة اتصالهم بهم واشتغالهم بالتجارة، إذ انهم كانوا اكثر الناس اشتغالا بالتجارة ومخالطة للمصريين فنشروا هذه الرموز في أرض كنعان على ساحل البحر الأبيض بمحاذاة جبل لبنان. وكانوا أخذوا من المصريين خمسة عشر رمزا مع تعديل قليل وأضافوا اليها باقي الرموز فكوّنوا كتابة سهلة اشتهرت بوساطتهم في أوساط الحضارات القائمة آنذاك في آسيا وأوربا وافريقيا فكانت بذلك مصدر الكتابة السامية. فقد امتدّت هذه الرموز لتصل الى ما بين النهرين وبذلك أصبحت كتابة اللغة البابلية، هى اللغة التي يتكلّمها أول من تسلّط من الساميين في العراق وأخذوا يكتبون أوامرهم ويدوّنون أخبارهم بها بالخط المسماري الذي اقتبسوه من السومريين وظلوا كذلك أكثر من ألفي سنة. ولما انقضى العصر البابلي والأشوري احتلت اللغة الآرامية محل اللغة البابلية في السياسة والتجارة، وهى اللغة التي كانت تتكلم بها الأمم الحية في القرون الأولى قبل الميلاد في بابل وأشور وفارس ومصر وفلسطين، وبعد ذلك جعل الأنباط الذين يقيمون دولتهم في الشام وجنوبي فلسطين والذين يعتبرون قوما بدويا عربيا أوّليا هذه اللغة الى ما أقرب من اللغة العربية، وهو اللغة النبطية التي انتشرت بعد ذلك الى ربوع الجزيرة العربية عن طريق التجارة وتحوّلت الى اللغة العربية الأم في القرن الرابع بعد الميلاد. فلا يبعد عن الحقيقة أن هذه اللغة كانت منسوجة من تعبير سامى الأصل وكتابة هيروغليفية الأصل.

واللغة العربية كسائر اللغات لم تخلق كاملة بل كانت تتكوّن من كلمات الارتجال والمحاكاة حتى تبلغ حالة من الحياة تجعلها أداة صالحة للتفاهم الضرورى ثم تتناولها بعد ذلك من دواعي الارتقاء وعوامل النمو أساليب كثيرة من القلب والإبدال والنحت والاشتقاق والمجاز وغير ذلك من العوامل المختلفة. وبالنسبة لبقية اللغات العالمية أن نموّ اللغة العربية محدود، لأن العرب بعد ما ظهر الإسلام حافظوا على صورتها لفهم الشريعة وحرصها على سلامة الكتاب والسنّة ففاتها شيء من التطور، فقد عوّضته باستعمال الاشتقاق

والمجاز.

وقد عمل كثير من النحاة على إفصاح وإنضاج هذه اللغة، منهم أبو الأسود الدولي الذي كان أول من وضع علامات الشكل على حروفها لتمييز حركاتها ونصر بن عاصم الذي كان أول من أعجم حروفها لمنع لبسها، وخليل بن احمد وهو أكمل تشكيل حروفها تماما، ومنهم سيبويه وهو قدم أول كتاب النحو العربي الكبير.

ومن خصائص اللغة العربية الإعراب ودقة التعبير، فقد استوعب العرب كل ما أحاط بهم فأطلقوا عليه اسما يميّزه كأنواع الرياح والمطر والحيوان ونحو ذلك. والحق أن العرب قد استوعبوا ما أحاط بهم كل الاستيعاب ولكن ينبغى ألا ننسى من جانب آخر أن بيئة العرب كانت قليلة التنوّع فهذه الدقة محدودة في نطاق ضيق حتى لقد اضطرّ العرب منذ الإسلام الى أن يعربوا كثيرا من الألفاظ التى لا عهد لهم بمسمّياتها.

ومن خصائصها أيضا خصب المفردات وكثرة المترادفات ووجود الألفاظ المضادة والجموع المتعدّدة. الحق أن اللغة إذا ارتفعت استغنت عن المترادفات وأصبح لكل لفظ مدلوله الخاص الذي لا يشاركه فيه أى لفظ آخر. ونحن نستطيع أن نستغنى عن كثير من هذه المترادفات التى لا طائل تحتها ولا غناء فيها، و قد ألغيت في الاستعمال منذ عهد بعيد وبقيت صورا جامدة في كتب اللغة والمعاجم، كما نستطيع الاستغناء عن كثير من الجموع التى تعقد اللغة أكثر مما تبسّطها.

ومن خصائصها أيضا الإيجاز، والعرب أقدر على هذا النوع من البيان من غيرهم من الأمم التى لا تخلوا بلاغتها من شيء منه. وقد تصل العبارة من القصر الى حد الإيماء والارشاة مع اشتمالها على المعنى ووفائها بالغرض كالمثل والحكمة، وقلما تكون لغة من لغات العالم كالعربية في هاتين الناحيتين.

هذا واللغة العربية قد مرّت بأطوار مختلفة وبلهجات عدّة، فكانت هناك لغة عرب الشمال آي لغة عدنان وكانت هناك لغة عرب الجنوب أى لغة قحطان وكانت هناك اللهجات العربية المتعدّدة، ثم أخذت تتقارب هذه اللهجات وتتوحّد بتأثير اجتماع العرب في مكة واجتماعهم في الأسواق والمواسم حتى جاء الإسلام ونزل القرآن الكريم بلغة قريش، فتمت بذلك سيطرة لغة الشماليين وقريش خاصة على سائر اللهجات العربية فى لغة قريش وهو الذى صان اللغة العربية ووحّدها. ولا تزال لغة العرب حتى اليوم ثابتة مشرقة بفضل القرآن الكريم وأثبتت على أنها حية باقية، ومن علامات حياة اللغة العربية استمرار نموها وتطورها. فقد اتسع صدرها لكثير من الألفاظ الفارسية والهندية واليونانية وغيرها. وفى القرون الوسطى كانت المؤلفات العربية فى الفلسفة والطب والرياضيات مراجع يعتدّ بها لدى الأوروبيين وكانت اللغة العربية أداة التفكير ونشر الثقافة فى الأندلس التى أشرقت منها الحضارة العربية على أوربا، فبددت ظلمات جهالتها ودفعتها الى التطور والنهوض.

وفي العصور الحديثة تهيأت للغة العربية عوامل جديدة للنمو والتطور، فقد ارتفعت الصحافة وانتشر التعليم ونشطت حركة الترجمة وأنشئت المجامع اللغوية في العواصم العربية الكبرى وتعدّدت الجامعات، كل هذا ساعد على تطور اللغة العربية ونهوضها. وهي اليوم اللغة الرسمية في جميع الأقطار العربية كما أنها إحدى لغات العمل في مؤتمرات دولية والأمم المتحدة. فمن حق هذه اللغة علينا اذا أن نخلص لها ونعنى بتعليمها لأطفالنا وشبابنا وأن نتعهّدها بالدراسة ونتعرّف على ما يكتنفها من صعاب ونسعى لتذليلها ونضع الأساليب الحديثة لتعليمها كسائر اللغات الحية في العالم.

本课解题：

阿拉伯语的起源和发展

阿拉伯语属于闪含语系闪语族，是此语族使用人数最多、最富有生命力的一个语支。古代巴比伦语、亚述语、希伯来语、腓尼基语、埃塞俄比亚语，都属于此语族。

根据考古发掘出来的古代碑志材料推断，阿拉伯语当产生于公元四、五世纪，其来源主要有两个——奈伯特语和古叙利亚语。这两种文字皆由阿拉马文演变而来，其源头则为世界上最古老的字母文字腓尼基文，而腓尼基字母则由古埃及象形文字演变而来。伊斯兰教产生前，阿拉伯人使用的两种主要字体——纳斯赫体和库法体，就分别是从奈伯特文和古叙利亚文发展而成。据说，六世纪前后，安巴尔城的阿拉伯人首先学会使用一种被称为"萨特尔·纳吉利"的古叙利亚文，后传至阿拉伯半岛的希贾兹，故又被称为希贾兹文，这便是库法体的前身。伊斯兰教诞生后最初二三百年间，阿拉伯人继续使用纳斯赫体和库法体，前者为日常书写之用，后者起先多用于誊抄经文，继而被用作装饰文字。

最初的阿拉伯文简单粗糙，没有带点的字母，也没有标音，给书写和朗读，尤其是诵经带来很大的困难。语法学家艾布·阿斯沃德·杜瓦里首先提出在单词的上下和前方用黑点标出发音，以免误读。后来，语言学家奈斯尔·本·阿绥姆进一步创造出在一些字母上下加点，以防止混淆。另一位语言学家哈里勒·本·艾哈迈德对前两位的贡献做进一步的调整改进，完善了所有的标音符号，才使阿拉伯字母体系最后定型。

阿拉伯语开始时由于地域不同，方言众多。伊斯兰教的产生使古莱氏部族方言成为阿拉伯语的标准方言，而《古兰经》的神圣地位则使它取代所有方言而成为标准正规语。公元八世纪语法学家西伯威的阿拉伯语语法著作《西伯威书》的问世，是它最终定型完善的标志。

随着伊斯兰教的对外扩张，阿拉伯语逐渐传播到西亚、北非的大部分地区，逐步同化被征服地区的原有语言，包括古希腊语、古波斯语、古叙利亚语等。到公元十二世纪，这些地区的原有语言都已被阿拉伯语取代。

今天，阿拉伯语已是西亚、北非所有阿拉伯国家的官方书面语和口语，它不仅是宗教语言和政治语言，而且是学术、教育和文化语言，是公认的世界上重要的大语种之一。

难点释疑：

اللغة العربية كسائر اللغات لم تخلق كاملة بل كانت تتكون من كلمات الارتجال و المحاكاة حتى تبلغ حالة من الحياة تجعلها أداة صالحة للتفاهم الضروري ثم تتناولها بعد ذلك من دواعي الارتقاء وعوامل النمو أساليب كثيرة من القلب والإبدال والنحت والاشتقاق والمجاز وغير ذلك من العوامل المختلفة.

像其他语言一样，阿拉伯语开始并不完善，而只是随用随说、相互模仿的零散语句。由于生活的需要，她逐渐变成了能使人相互理解的工具。后来，在发展和提高的推动下，

الدرس الرابع اللغة العربية

她进行了众多形式的改进，包括前后移动字母、变换字母、简化造新词、派生新词、增添新义及其他一些改进。

وفي القرون الوسطى كانت المؤلفات العربية في الفلسفة والطب والرياضيات مراجع يعتدّ بها لدى الأوربيين وكانت اللغة العربية أداة التفكير ونشر الثقافة في الأندلس التي أشرقت منها الحضارة العربية على أوربا فبددت ظلمات جهالتها ودفعتها الى التطور والنهوض.

中世纪时，用阿拉伯语编写的哲学、医学和数学著作已经成为欧洲人最重要的参考书。在安达卢西亚，阿拉伯语已经变成思想和文化普及的工具。阿拉伯文明之光普照了欧洲，驱散了欧洲愚昧的荫翳，推动她走上了发展和复兴之路。

主要人物：

萨姆·伊本·诺亚（《圣经》中诺亚的长子）	سام بن نوح
先知，伊斯兰教信仰之一，指被真主指引、授知、显迹之人。穆罕默德是众先知中最卓越者，是最后一位先知。	نبي ج أنبياء
艾布·阿斯沃德·杜瓦里（公元 605~688），阿拉伯诗人、语言学家，他最先为阿语标音。	أبو الأسود الدولي
奈斯尔·本·阿绥姆（公元 ?~708），阿拉伯语言学家，他最先为字母加点。	نصر بن عاصم
哈里勒·本·艾哈迈德（公元 718~791），阿拉伯著名语言学家，他最后完善了阿语的所有音标，著有第一部阿语辞书。	خليل بن أحمد
西伯威（公元 760~796），阿拉伯著名语法学家，他编著了第一部系统全面的阿拉伯语语法——《西伯威书》。	سيبويه
东方学家	مستشرق ج مستشرقون

重点词语：

家谱	جدول أنساب	闪语族	اللغة السامية
旧约（摩西五经）和新约	التوراة والإنجيل	古巴比伦语	البابلية
古亚述语	الآشورية	希木叶尔语	الحميرية
希伯来语	العبرية	阿拉米语	الآرامية
古叙利亚语	السريانية	奈伯特语	النبطية
埃塞俄比亚语	الحبشية	古埃及象形文字	الهيروغليفية
两河流域	ما بين النهرين	腓尼基语	الفنيقية

الخط المسماري	楔形文字	كنعان	迦南地区（巴勒斯坦及其毗连腓尼基一带的古称）
لغة عدنان	阿德南语（北方阿拉伯语）	السومرية	苏美尔语
لغة قريش	古来氏语	لغة قحطان	盖哈坦语(南方阿拉伯语)
الهندية	印地语	الفارسية	波斯语
الأندلس	安达卢西亚（西班牙南部地区，自公元八世纪起阿拉伯人统治该地近八百年）	اليونانية	希腊语
الإبدال	字母转换	القلب	字母前移或后移
الاشتقاق	派生新词	النحت	简化造新词
الشريعة	伊斯兰教律	المجاز	转用新义
		الكتاب و السنة	古兰经与圣训

讨论思考题：

一、阿语属于哪一语族？此语族包括那些语种？

二、阿书面语是什么时候、通过什么途径统一定型的？

三、试叙述阿语的发展过程。

补充阅读：

1- عندما اتسع نطاق الفتوح الاسلامية أصبحت الدولة الاسلامية تضم شعوبا كثيرة واختلط العرب بغيرهم فتفشت العجمة وبدت الحاجة ماسة الي ضوابط تعصم الناس من الخطأ في فهم الكتاب والسنة فنشأت لذلك علوم اللغة العربية منها النحو الذي يعتبر قانونها وميزان تقويمها. وكان الدافع الي وضعه الحرص علي أن ينطق القرآن بلسان عربي صحيح بعد أن كادت اللغة العربية السليمة تنوء بما لحق بها من الأعاجم. وكان الواضع لعلم النحو هو أبو الأسود الدؤلي باشارة من علي بن أبي طالب. وقد تطور واكتمل بسرعة خاصة في عهد العباسي. وكانت له مدرستان البصرة والكوفة.ومن أشهر نحويي مدرسة البصرة : أبو الأسود الدؤلي ونصربن عاصم والخليل بن أحمد وسيبويه والمازني، أما نحويو الكوفة فمنهم : الرؤاسي والكسائي. وبفضل علم النحو أصبحت اللغة العربية لغة المنطق والقياس. وقد زاد في غناها بالمفردات ما وضع لها من معاجم وموسوعات ومختصرات منظمة بدقة .

ومن علوم اللغة العربية الفقه وهو علم الشريعة أي دراسة الحلال والحرام والشرائع والأحكام من خلال الكتاب والسنة. وقد مر الفقه في أربعة أطوار : أ ـ طورالنشأة أي طورالتشريع في حياة الرسول، وكان

يعتمد علي الوحي الذي بلغه محمد للناس. ب - طور الشباب وبدأ مع عهد الخلفاء الراشدين، وقد قضت ضرورات كثيرة باللجوء الي الاجتهاد من قبل الصحابة التي عايشت الرسول، ثم واجهت قضايا يحتاج اصدار الحكم فيها الي الاجتهاد لعدم وجود نصوص صريحة بشأنها. ج - طور النضج والكمال وبدأ في مطلع القرن الثاني للهجرة ودام الي منتصف القرن الرابع وفيه ظهرت المذاهب الفقهية الأربعة : الحنفية والمالكية والشافعية والحنبلية. ويتميز هذا الطور بتدوين السنة والفقه تلافيا للتضارب في الآراء، حيث أخذ الناس ولا يزالون يقلدون المذاهب الأربعة المعروفة ويتولون شرحها واختصارها ووضع حواش لها .

2- المعروف عن اللغة العربية أنها أغني اللغات السامية وأرقاها ذلك أنها تتصف بكثرة المترادفات فضلا عن المرونة والقدرة علي صياغة المشتقات من ألفاظها مع سهولة التعبيرالدقيق داخل اطار من سمو البلاغة وسحر البيان .وحسب اللغة العربية أنها لغة القرآن الكريم الذي وصف لسانه بأنه لسان عربي مبين وبفضل قوة اللغة العربية وغناها وقدرتها علي النحت واشتقاق اللفظ المعبر استطاعت أن تكون أداة صالحة للتعبير عن أعظم حضارة عرفها العالم أجمع في العصور الوسطي. ذلك أنها لم تقف عاجزة أمام علوم اليونان والفرس والهند وغيرهم من أصحاب الحضارات السابقة وانما عبرت عن علومهم بما فيها من معان ومصطلحات لم يكن للعرب معرفة بها من قبل تعبيرا علميا دقيقا وهكذا ذبلت اللغات السريانية واليونانية والقبطية وغيرها أمام اللغة العربية في حين انكمشت اللغة الفارسية ولم تعد أكثر من لغة الكلام والنقاش في فارس بعد أن استخدم أدباء الفرس وعلمائهم العربية في الكتابة والتأليف وتدوين ما تفتقت عنه قرائحهم في ظل الاسلام . وقد حاول بعض الباحثين تعليل سرعة انتشاراللغة العربية في ضوء اتساع الدولة الاسلامية وما ترتب علي ذلك من أن العرب غدوا حكام هذه الدولة وأن الشعوب في البلاد المفتوحة صار عليها أن تحاكي السادة الحكام في لسانهم فبالاضافة الي أن المغلوب مولع غالبا بمحاكاة الغالب، فان المفروض في المحكوم ان يرتفع الي مستوى الحاكم ليعبر له عن آماله وآلامه وليس مفروضا في الحاكم أن ينزل دائما الي مستوى المحكوم، ومهما يكن في هذا الرأي من الصحة فان العامل الأساسي في انتشار اللغة العربية يرتبط في رأينا بانتشار الاسلام . ذلك أن دخول أهالي البلاد المفتوحة في الاسلام ترتب عليه حرصهم علي الوقوف علي أحكام هذا الدين الجديد والاحاطة بسيرة نبيهم والرجوع الي القرآن وتلاوته بلسانه العربي المبين. وبعبارة أخرى فان انتشار الاسلام سبق انتشار اللغة العربية حتى البلاد التي وصل اليها الاسلام عن طريق التجارة والتي لم تطأها أقدام جيوش الاسلام مثل بلاد جنوب آسيا وشرقها يندر أن نجد مسلما فيها لا يعرف العديد من مفردات اللغة العربية. ومن الطبيعي أن يهتم المسلمون منذ وقت مبكر بعلم اللغة فاتجه العلماء الي البادية يجمعون الكلمات والمفردات التي استعملها العرب في الوقت الذي رحل بعض عرب البادية الي الخضر ليأخذ العلماء عنهم، وعلي الرغم من أن علماء اللغة نحوا نحو علماء الحديث فكانوا يذكرون السند ويرتبون الأفصح بالفصيح إلا أن هناك صعوبات عديدة اعترضت عملية جمع اللغة من ذلك أن بعض علماء اللغة لم يكن ثقة فيما يرويه وأن اللغة في ذلك الدور الأول لم تكن مشكولة أو منقوطة فضلا عن قلة معرفة العلماء الأوائل بلغات من حولهم من الشعوب كالفرس والروم والسريان. وكان القرآن الكريم هو أول مصدر جمع منه العلماء مفردات اللغة العربية وذلك بحكم أنه يمثل قمة البيان في اللغة من ناحية ونظرا لما حواه من ثروة لغوية دسمة من ناحية أخرى. وبعد ذلك أتي الشعر الموثوق بصحته ونسبته، وتمت عملية الجمع في أول الأحر علي أساس جمع الكلمات حيثما اتفق فهذه كلمة في النبات والزرع وأخرى في السلاح والسيف وثالثة في الحيوان والإبل وهكذا وبعد ذلك

جاءت المرحلة التالية وهي جمع الكلمات المتعلقة بموضوع واحد في كتاب أو صعيد واحد فهذا كتاب في النخل وآخر في العسل وثالث في المطر ... وأخيرا جاءت الخطوة الثالثة وهي وضع معجم شامل للكلمات العربية، وكان أول من فكر في اتخاذ هذه الخطوة هو الخليل بن أحمد في القرن الثاني الهجرى وقد رتب الخليل بن أحمد الكلمات علي حسب أوائلها مراعيا ترتيب مخارج الحروف فبدأ بحروف الحلق ثم أتت حروف الحنك وتتبعها حروف الشفاه وأخيرا الحروف الهوائية، وقد سمي الخليل كتابه كتاب العين باعتباره بدأ بحرف العين، ومن الطبيعي أن يكون بهذا الكتاب بعض العيوب بوصفه محاولة أولي علي طريق المعجم العربي، ومن هذه العيوب صعوبة الكشف علي الكلمات فيه نظرا لأن ترتيبه حسب مخارج الحروف جعل الأخذ منه غير سهل فضلا عما جاء فيه من تصحيف بسبب عدم استخدام التنقيط في ذلك العصر، ولكن مهما يؤخذ علي كتاب العين من عيوب فإن العمل الذي نهض به الخليل بن أحمد كان كبيرا خلاقا مبتكرا ويكفي أنه يعبر عن أول محاولة في تاريخ اللغة العربية لوضع معجم لمفرداتها.

الدرس الخامس   الاسلام والإمبراطورية العربية

كان في 20 نيسان 570 م ولد من أبوين فقيرين في قبيلة قريش بمكة عيال اسمه محمد وقد مات والده عبد الله قبل أن يولد وماتت أمه وهو لا يزال صبيا فكفله جده عبد المطلّب وما لبث هذا أن مات ومحمد لا يزال في التاسعة فكفله عمه أبو طالب ورعاه ودرّبه على شؤون الحياة.

كان محمد يرعى الغنم وهو فتى ثم اشتغل بالتجارة وسافر الى بلاد الشام مع القوافل وامتاز بين أقرانه بالذكاء والأمانة والإخلاص والنشاط فأعجبت به السيدة خديجة بنت خويلد صاحبة المكانة المرموقة بين أشراف قريش، وانتهى هذا الإعجاب بالزواج على الرغم من أن محمدا كان يصغرها بخمس عشرة سنة.

عاش محمد عيشة النسّاك والمتعبّدين فكان يتردّد على غار حراء بالقرب من مكة ليصلّى لإله لا تعرفه قبيلته، و لما بلغ الأربعين من عمره نزل عليه الوحي وبشره جبريل بأنه رسول الله، و من ثم بدأت الآيات تهبط عليه وراح ينشر دعوته سرّا في أقرب الناس اليه، فكانت زوجته أول من آمن به من النساء وأما المؤمنون الأوائل من الرجال فكانوا : على بن أبى طالب، زيد بن حارثة، أبو بكر الصديق، عثمان بن عفان، الزبير بن العوام... و بعد ثلاث سنوات جهر بالدعوة بالإسلام، و كان عليه أن يرشد الناس الى عبادة إله واحد لا شريك له و يحملهم على الاعتقاد بأنه رسول الله و بأن هناك بعثا وثوابا وعقابا كما كان عليه أن يصلح من شأن مجتمعه العربي. دعا محمد بنى قومه الى نبذ عبادة الأوثان التى كانت مصدر ثروة قريش فوجد القرشيون في دعوته خطرا يهدّد مصالحهم، ولذلك قرّروا القضاء على دعوته عن طريق الهزء به وبأصحابه في بادئ الأمر، ثم بواسطة التنكيل والتعذيب. وعندما اشتدّت الوطأة على المسلمين في مكة أمرهم الرسول بالهجرة الى الحبشة ليكون هناك في مأمن، وقد أحسن النجاشي وفادتهم وكان ذلك في السنة الخامسة للدعوة.

وأما الرسول فقد مكث في مكة يواجه بصبر مقاومة القرشيين لدعوته وإعلانهم المقاطعة التامّة لبنى هاشم آل الرسول. وكان الرسول في هذه الأثناء قد فقد أهم دعامتين له : عمه أبو طالب وزوجته خديجة. فانتهزت قبيلته بزعامة عمه أبى لهب هذه الفرصة، وضاعفت محاولاتها لايذاء الرسول وصحبه الذين ازدادوا تمسّكا بدينهم. ولما اشتدت عليهم وطأة الاضطهاد أمر الرسول أتباعه بالهجرة الى يثرب ثم هاجر اليها شخصيا بعد أن تآمر القرشيون على قتله. ووصل اليها في 20 أيلول سنة 622 م، فتحوّلت يثرب الى مدينة الرسول. وتعدّ الهجرة أول حدث تاريخى عظيم في الإسلام، ولذلك جعلت هذه الحادثة في عهد عمر بن الخطاب بداية للتاريخ الهجري الذى يؤرّخ به المسلمون.

أصبحت المدينة بعد وصول الرسول اليها ملجأ لجميع المسلمين فعمد محمد الى إرساء قواعد المؤاخاة

بين المهاجرين والأنصار وإحلال الوحدة الدينية محلّ الشعور القبلي. ثم عقد مع اليهود باسم المسلمين حلفا ليأمن شرّهم، ومنح كل فرد حرية اختيار الدين وحرية الرأي.

وضع الرسول لهذه الدولة الإسلامية الجديدة الأسس العامة لسياستها وشرع لها القوانين جاعلا من القرآن دستورا لها، واحتفظ الى جانب سلطته الدينية بكل مظاهر الحكومة السياسية. فكان يقود الجيش ويفصل في الخصومات ويجبى الأموال. ولكنه في الأمور التى يتعرض لها الوحى يستشير كبار المهاجرين والأنصار.

عندما انتهى الرسول من تنظيم شؤون المسلمين في المدينة انصرف الى نشر الدين الاسلامى، وقد اعتمد في بادئ الأمر على الحجّة والإقناع، ولكن تمادى قريش في اضطهاد المسلمين وايذائهم ونقض اليهود للعهود وبثهم بذور الشقاق بين القبائل كل ذلك حمل الرسول على تغيير نهجه، وأمر المسلمين بالقتال والجهاد في سبيل الدين. فكان انتصار بدر أولى ثمرات هذا الجهاد (624 م) ، عقبه معارك مع اليهود وقريش الى أن تم فتح مكة سنة 630 م، فأزال منها الرسول التماثيل والصور وجعل الكعبة قبلة المسلمين.

وما إن تهادت الى القبائل أخبار هذا الانتصار حتى هرعت وفودها الى الرسول تعلن إسلامها وولائها. وهكذا في أقلّ من عشر سنوات على الهجرة أصبحت الجزيرة العربية بكاملها تدين بالإسلام وتخضع لحكومة واحدة لأول مرة في تاريخها. وكان الرسول في هذه الأثناء قد أوفد رسله الى ملوك الأرض يدعوهم الى الإسلام.

تتلخّص الدعوة الاسلامية التى أبلغها الرسول الى الناس في عقائد خمس تقابلها أركان خمسة:

أ ـ العقائد:

1 ـ الإيمان بوحدانية الله مبدع الكائنات وخالق الوجود.

2 ـ الإيمان بأن محمدا هو رسول الله ونذيره الى أمته وخاتمة الأنبياء و بأن القرآن هو كلام الله وآخر الكتب المنزلة.

3 ـ الإيمان بالملائكة.

4 ـ الإيمان بالرسل الذين أرسلهم الله لهداية البشر كعيسى (المسيح) و موسى، وبالكتب المقدمة مثل الإنجيل والتوراة.

5 ـ الإيمان باليوم الآخر الذى تحاسب فيه كل نفس عما فعلت وتثاب على ذلك أو تعاقب.

ب ـ الأركان:

1 ـ الشهادة بأن " لا اله الا الله وأن محمدا رسول الله " وهي كافية لاعلان اسلام المرء.

2 ـ الصلاة خمس مرات في اليوم على أن يولى المصلّى وجهه شطر مكة مردّدا " الكلام المفروض".

3 ـ الصوم طوال شهر رمضان المبارك من الفجر الى الغروب والامتناع عن كل مأكل ومشرب.

4 ـ الزكاة وهي بذل مقدار معيّن من المال سنويا حسب الطاقة وانفاقه على الفقراء.

5 ـ الحجّ وهو فرض على كل مسلم ومسلمة يستطيعان اليه سبيلا ويستدعى زيارة

الأماكن المقدسة مرة في العمر على الأقل في شهر ذي الحجة.

في السنة العاشرة للهجرة (632 م) خرج الرسول في حوالي مائتي ألف من المسلمين الى المسجد الحرام، وعند جبل عرفات ألقى على الجموع خطبته الشهيرة التى تعتبر دستور الاسلام. فقد أوضح فيها الرسول أصول الدين الاسلامى وشرعه. ونادى بالمساواة التامة بين الناس بقطع النظر عن اللون والجنس والعنصر، ودعا المسلمين الى نشر تعاليمه وحمل لواء دعوته والجهاد في سبيلها. وفي 8 حزيران سنة 632 م انتقل الرسول الى جوار ربه بعد أن بلغ رسالته وأرسى قواعد دولة عربية إسلامية موحّدة.

وأدرك خلفاء الرسول أن عليهم حمل تعاليم الإسلام الى جهات العالم الأربع وانطلقت بناء على توجيهاتهم جيوش العرب الى الفتح ونشر التعاليم تحدوها حماسة الإيمان الشديد. واستطاعت هذه الجيوش أن تقيم للعرب دولة من أوسع الدول في التاريخ. وقد تم ذلك على مراحل وفي عهود ثلاثة هي:

أولا : عهد الخلفاء الراشدين. دام حكمهم من سنة 632 م الى سنة 661 م وكان عددهم أربعة : أبو بكر الصديق، عمر بن الخطاب، عثمان بن عفان، علي بن أبي طالب. استطاعت جيوش العرب في هذه الفترة أن تقهر الروم في موقعة اليرموك (636 م) وتهزم الفرس في معركة القادسية (638 م) وقد هبت لنجدتها العناصر العربية في بلاد الشام والعراق. وبذلك تم توسيع رقعة الدولة العربية الإسلامية، فشملت الى جانب الجزيرة العربية بلاد فارس والعراق وبلاد الشام ومصر وافريقيا حتى طرابلس الغرب، وكذلك أواسط آسيا حتى نهر جيحون.

ثانيا : عهد الخلفاء الأمويين. دام حكمهم من سنة 661 م الى سنة 750 م، وبلغ عددهم أربعة عشر خليفة، كان من أبرزهم معاوية مؤسّس الدولة الأموية وعبد الملك بن مروان معربها ومرسخ دعائمها والوليد وسليمان، وقد وصلت الدولة في عهدهما الى التركستان شرقا والأندلس وأواسط فرنسا غربا وأسوار القسطنطينية شمالا وشملت بلاد السند وكل الشمال الافريقى وجزيرتى قبرص ورودوس.

ثالثا : عهد الخلفاء العباسيين. وقد دام حكمهم من سنة 750 م الى سنة 1258م وبلغ عدد خلفائه سبعة وثلاثين أشهرهم أبو جعفر المنصور المؤسّس الحقيقي للدولة العباسية وهارون الرشيد وابنه المأمون، وفي عهدهما بلغ التاريخ العربي ازهي عصوره على الاطلاق ازدهارا اقتصاديا وتقدّما حضاريا. ومنذ عهد الخليفة العاشر المتوكل تسرّب الضعف الى جسم الدولة، وخضع خلفاؤها للنفوذ الفارسي تارّة وللنفوذ التركي تارّة أخرى، واستقلّت الولايات وقامت الدويلات في الأمصار وانقسمت كلمة العرب والمسلمين، فتساقطت أقسام امبراطور يتهم في أيدي الأعداء. فقد أغار المغول بقيادة هولاكو على بغداد العاصمة سنة 1258م وقضوا على الخلافة العباسية.

أما في الأندلس فقد استطاعت الدولة العربية أن تستمرّ حتى 1492 م وتساهم في بناء الحضارة العربية مساهمة فعالة.

本课解题：

伊斯兰教和阿拉伯帝国

阿拉伯民族的确立、阿拉伯语的定型、阿拉伯文化的发展、阿拉伯民族国家的建立都是和伊斯兰教的出现分不开的。伊斯兰教是穆罕默德创建的，他于公元570年生于阿拉伯

半岛的麦加，于公元610年40岁时开始传教，为逃避迫害，于公元622年率信徒从麦加迁往麦地那。在麦地那他制定了伊斯兰教的基本教义和教规，奠定了建立阿拉伯伊斯兰统一国家的基础。公元630年，穆罕默德亲率一万穆斯林大军攻克了麦加，各部族纷纷来归，宣布皈依伊斯兰教，整个阿拉伯半岛终于统一在伊斯兰的旗帜下。因此，公元622年被确定为伊斯兰纪元的开始。公元632年，穆罕默德病逝于麦地那。

穆罕默德无子，死后经民主推选，先后有四位亲属成为他的合法继承人（哈里发），史称四大正统哈里发时期。在此期间，阿拉伯人迅速向外扩张，消灭了波斯帝国和拜占庭帝国，建立了横跨亚非的阿拉伯大帝国。公元661年，原麦加倭马亚部族人穆阿威叶自称哈里发，建立了世袭的倭马亚王朝。倭马亚王朝继续向外进行军事扩张，向西征服了西班牙，向东征服了帕米尔高原和印度河以西地区，使阿拉伯帝国的版图扩大到亚非欧三大洲。

公元749年，穆罕默德叔父之孙阿巴斯取代了倭马亚王朝，建立了阿巴斯王朝。在阿巴斯王朝时代，阿拉伯的科技文化发展达到了顶峰。在前期几位哈里发的亲自倡导下，兴起了百年翻译运动，古希腊、波斯、印度的大量文化成果被介绍和吸收，并进一步被发展，涌现了一大批阿拉伯文学家和科学家，王朝的首都巴格达成为当时世界的文化中心。随着公元1258年蒙古人攻陷巴格达，阿拉伯文化的辉煌时代宣告结束。

《古兰经》是穆罕默德传教时传达给穆斯林的真主的教诲，是伊斯兰教的经典。她于第二位正统哈里发艾布·伯克尔时开始收集整理，在第三位正统哈里发奥斯曼时定型成书，传播四方。穆斯林认为，她是真主的言语，是天使伽伯利默示给穆罕默德的。《古兰经》规定了伊斯兰的教义和教规，她的基本思想是五个信仰（信真主、信天使、信经典、信先知、信末日）和履行五功（念功：诵证言；拜功：每日五次礼拜；戒功：每年伊历九月斋戒一月；课功：交纳余财作为天课；朝功：到麦加天房朝觐）。

难点释疑：

穆罕默德过着虔诚信徒的生活。	عاش محمد عيشة النساك والمتعبدين
他得到了天启。	نزل عليه الوحي
天使伽伯利传福音于他，他已为真主之使。	بشره جبريل بأنه رسول الله
开始向他降示经文。	بدأت الآيات تهبط عليه
他开始秘密传教。	وراح ينشر دعوته سرا

他指引人们拜主归一，认其为主使，相信复活、酬罚。	كان عليه أن يرشد الناس الى عبادة الله واحد لا شريك له ويحملهم على الاعتقاد بأنه رسول الله و بأن هناك بعثا و ثوابا وعقابا
但是在涉及与真主启示有关的事务上，他会和迁士与辅士的要人协商解决。	ولكنه في الأمور التي يتعرض لها الوحي يستشير كبار المهاجرين والأنصار
开始时，他依靠驳辩和说服。	وقد اعتمد في بادئ الأمر على الحجة والاقناع

主要人物：

穆罕默德（公元570~632），生于麦加古来氏部族哈希姆家族，伊斯兰教创始人。	محمد
皈依伊斯兰教的信徒	مؤمن ج مؤمنون
哈希姆圣裔家族	بنو هاشم آل الرسول
迁士（从麦加迁往麦地那的穆斯林的称号）	مهاجر ج مهاجرون
辅士（麦地那穆斯林的称号）	نصير ج أنصار
哈里发（早期穆斯林国王称号，意为"继承人"）	خليفة ج خلفاء
穆罕默德死后的四位正统哈里发	الخلفاء الراشدون
倭马亚王朝的哈里发	الخلفاء الأمويون
阿巴斯王朝的哈里发	الخلفاء العباسيون
伽伯利（天使名）	جبريل
艾布·伯克尔·绥迪格（公元632~634），第一位正统哈里发。	أبو بكر الصديق
欧麦尔·本·赫塔卜（公元634~644），第二位正统哈里发。	عمر بن الخطاب
奥斯曼·本·阿凡（公元644~656），第三位正统哈里发。	عثمان بن عفان
阿里·本·艾比·塔里布（公元656~661），第四位正统哈里发。	علي بن أبي طالب
穆阿威叶（公元661~680），倭马亚王朝的创建者，第一位哈里发，出生于麦加古莱氏部族倭马亚家族。	معاوية
阿卜杜勒·马立克·本·麦尔旺（公元685~705），倭马亚王朝第五位哈里发。	عبد الملك بن مروان
瓦立德（公元705~715），倭马亚王朝第六位哈里发。	الوليد

苏莱曼（公元715~717），倭马亚王朝第七位哈里发。	سليمان
艾布·贾法尔·曼苏尔（公元754~775），阿巴斯王朝第二位哈里发。	أبو جعفر المنصور
哈伦·拉施德（公元786~809），阿巴斯王朝第五位哈里发。	هارون الرشيد
麦蒙（公元813~833），阿巴斯王朝第七位哈里发。	المأمون
穆泰瓦基勒（公元847~861），阿巴斯王朝第十位哈里发。	المتوكل
旭烈兀	هولاكو

重点词语：

古来氏部族	قبيلة قريش ج قبائل
哈拉洞（穆氏修行并获天启的山洞）	غار حراء
偶像	وثن ج أوثان
古代埃赛俄比亚国王称号	النجاشي
叶什里卜（圣城麦地那旧称）	يثرب
圣战	جهاد
白德尔之战，穆圣迁移麦地那后，与麦加贵族进行的第一次武装战役。白德尔位于麦地那西南80英里处，是通往麦加商路的必经之地。发生于公元624年3月。	انتصار بدر
叶尔穆克之战，公元636年8月发生于今叙利亚和约旦交界处的叶尔穆克河畔，为阿拉伯穆斯林军与拜占庭军队之间的一次重要决战。	موقعة اليرموك
卡迪西亚战役，公元638年5月发生于伊拉克南部纳贾夫以西的卡迪西亚，为伊斯兰教发展初期继叶尔穆克战役之后的又一著名重大战役。此役为阿拉伯穆斯林军全面占领伊拉克并最后灭亡波斯萨珊王朝奠定了基础。	معركة القادسية

五信	العقائد الخمس	五功	الأركان الخمسة
禁寺（在麦加）	المسجد الحرام	阿拉法特山（在麦加）	جبل عرفات
君士坦丁堡（今伊斯坦布尔）	القسطنطينية	阿姆河	جيحون
印度河	السند	塞浦路斯岛	قبرص
罗德斯岛（希腊）	رودوس	蒙古	المغول

讨论思考题：

一、 简述穆罕默德的生平及传教经过。

二、 伊斯兰教的基本信仰和义务是什么？

三、 阿拉伯帝国是如何扩张的？她是如何由盛而衰的？

补充阅读：

1- ظهر الاسلام في الجزيرة العربية في القرن السابع الميلادي، فألغي كثيرا مما يعوق تطورا لعرب فكريا وسياسيا واجتماعيا ليخلق مجتمعا جديدا، وحطم كثيرا من العادات والتقاليد القديمة، لذلك يقال ان الدعوة الاسلامية تعد الي حد كبير ثورة شاملة نقضت البنيان القديم وشيدت بنيانا جديدا، وهي ثورة دينية وسياسية واجتماعية في آن واجد .

وكان العرب قبل الاسلام يختلفون في الدين والعقيدة، فمنهم من كان وثنيا يعبد الأصنام، ومنهم من كان نصرانيا يدين بالنصرانية، ومنهم من كان يهوديا يدين باليهودية. ومع أنه كان من أهل مكة من يؤمن بالله واليوم الآخر لكنهم كانوا قلائل يعدون علي الأصابع . وعندما جاء الاسلام فدعا الي الايمان بالله الوحيد وذلك يعتبر تطورا عظيما لعقيلة العرب. وقد حذر الاسلام من عقاب الله لمن ضل في دنياه وارتكب الجرائم، وفي نفس الوقت وعد الذين يسلكون سبيل الخير والاستقامة بالجنة. اضافة الي ذلك فان الاسلام حض علي العلم : " وقل رب زدني علما" " اطلبوا العلم من المهد الي اللحد " ، ورفع من شأن أصحابه : " يرفع الله الذين آمنوا منكم والذين أوتوا العلم درجات " .

والاسلام ثروة سياسية لأنه قضي علي تسلط الطبقة الغنية من وجهاء قريش التي احتكرت الحكم ووجهته لمصلحتها، وحرمت الطبقات الفقيرة حقوقها السياسية، فأعاد الاسلام الي الطبقة المستضعفة والعاملة حقوقها السياسية، حتي صار أفرادها يتولون المناصب المختلفة كقيادة الجيوش أسامة بن زيد وولاية المقاطعات كولاية عماربن ياسر للكوفة. وقد قرر الاسلام مبدأ الشورى ومسؤولية الحاكم أمام الشعب والعدل بين الناس، كما أوجب معاملة الذميين من أهل الكتاب معاملة حسنة. وكذلك ألف الاسلام بين القبائل العربية، فقد كان محمد يبعث بالوفود الي مختلف القبائل مزودين بالسلطات للفصل في المنازعات الداخلية والقبيلية، فكانوا أشبه بموظفين يثبتون سلطة الدولة وينفذون قوانينها. وهكذا أصبحت القبائل العربية المختلفة التي كانت منقسمة فيما بينها بالعصبية يغزو بعضها بعضا ويثأر الأخ فيها من أخيه أصبحت أمة واحدة يحكمها رئيس واحد وقانون عام موحد، فانتقل المجتمع العربي من شكله القبيلي الي شكل الدولة .

والاسلام ثورة اجتماعية علي ما كان عليه المجتمع القريشي من تمييز طبقي ومن استبداد الأغنياء بالفقراء والمستضعفين، ومن استثمار لجهودهم في العمل ومن هضم لحقوقهم، ذلك أن الطبقة الغنية احتكرت التجارة وربحت منها ربحا فاحشا، فساءت حالة الفقراء فاضطروا الي استدانة المال ليضمنوا معيشتهم، وكان الأغنياء يتقاضون منهم الربا بنسبة كبيرة. فلما جاء الاسلام حرم الربا وأنصف الفقراء واليتامي والمساكين والأرقاء والضعفاء، وحررهم من تسلط الأغنياء وأوصي بمساعدتهم والاحسان اليهم ومعاملتهم معاملة كريمة وحفظ حقوقهم وجعل لهم حصة في الغنائم التي ينعمها المسلمون في الحرب وفرض علي الأغنياء الزكاة عن أموالهم. ودعا الاسلام الي المساواة والأخاء " انما المؤمنون اخوة " ، وجعل جميع أفراد المجتمع متساوين في

الحقوق والواجبات، ودعا الاسلام أيضا الي التمسك بالأخلاق الفاضلة والفضائل الكريمة، ودعا الي تقوية الروابط ضمن الأسر ومعاملة أفرادها بالمحبة والعطف والحنان. وفضلا عن ذلك أوجب الاسلام حسن معاملة الرقيق وحبب الي المالك العتق وجعله كفارة عن كثير من الجرائم والذنوب .

2- انه لم يكن للعرب قوانين معروفة قبل الاسلام فقد كانوا يرجعون الي رؤسائهم فيما ينشأ بينهم من خلاف حتي جاء الاسلام بقانون السماوي هو القرآن الكريم الذي لا يأتيه الباطل من بين يديه ولا من خلفه تنزيل من حكيم حميد فنظم المعادلات، كما شرع المسلمين العبادات كالصلاة والصوم والزكاة والحج لتوجههم نحو الخير ولتكون صلة بين العبد وربه. شرعت الصلاة لتكون رمزا لشكر المنعم علي بعض آلائه وليلتمس بها المسلم العون من الله سبحانه خالق الكون وبارئه وشرع الصوم لتقوي به الروح علي كبح جماح النفس اذا طغت المادة لما فيه من كسر حدة الشهوات الجسمية التي تعوق الروح عن السمو اللائق بالانسان.ولا غرو فإن النفس لا تكاد تقارب الكمال من تلك الرياضة حتي تحس ألم الجوع والحرمان فتعطف علي الفقير والمحروم وتتجاوز عن اليسير من المال للعائل والعاني وهذه هي حكمة مشروعية الزكاة فاذا اطمأنت نفس المسلم وآمن بما عليه من حق نحو بني جنسه وبذل هذا الحق عن حب ورضي علم أن هذا الحق ليس مقصورا علي المال بل ثمة أنواع أخرى من التعاون ليست دون المال نفعا، ولما كان الاسلام دين وحدة وتعارف وإلفة شرع لهم الحج يجتمع فيه القادرون من المسلمين.

حرم الاسلام سفك الدماء ومنع أن يأخذ صاحب الثأر ثأره بنفسه بل جعل ذلك الي الإمام وحده وأوصي الامام وحثه علي القصاص من القاتل كما حث علي العفو كما جعل الدية لولي المقتول خطأ وكذلك نهي الاسلام عن الربا حتي لا تضيع المروءة بين الناس ويفرق الشره والتكالب علي المادة كلمتهم كما نهي عن أكل أموال الناس بالباطل. كما وضع الاسلام الكثير من الأسس المبادئ العامة التي تنظم المعاملات بين أفراد جماعة المسلمين كالبيع والشراء وعني عناية كبيرة بالأسرة فشرع الزواج والطلاق وفرض النفقة للزوجة علي زوجها وللإبن علي ابيه وللأب علي ابنه وسمي عقد الزواج ميثاقا غليظا كما وصفه بأنه علاقة مودة ورحمة وجعل للمرأة علي زوجها المهر والنفقة ولم يحدد نهايته ونهي عن الزواج بالمشركات وحرم التزوج بلأم والأخت ومن يشبههما، وأباح الاسلام التزوج بأكثر من واحدة الي أربع ولكنه اشترط العدل كما بين أن العدل بينهن من أصعب الأمور، كذلك حرص الاسلام علي أواصر القرابة من أن تعبث بها الغيرة كما حث علي التمسك بالفضائل والآداب العالية كالاستئذان والتحية إذ أمر برد التحية بمثلها أو بأحسن منها وأمر كلا من الرجال والنساء بغض الطرف، وكذلك اهتم الاسلام كثيرا بمسألة العهد والميثاق وجعل القتيل من القوم المعاهدين للمسلمين في درجة المقتول من المسلمين أنفسهم وهذه دية المسلم نفسه .

وجعل الاسلام الطلاق بيد الرجل لأن الرجل هو المسؤول عن الأسرة وتدبير معاشها وتربية الأبناء ورباط الزوجية هو أساس هذا كله فمن الخطر أن يوضع في يد غير مسؤولة ذلك الي ما يعرف في طبيعة النساء من سرعة الانفعال والتأثر بأوهي الأسباب فلو وضعت العصمة في يدها لتعرضت للخطر عند حدوث أقل المؤثرات. علي أن هذا الدين قد عوض المرأة ما عسي أن تخسره من جعل الطلاق بيد الرجل فوضع الاسلام للرجل قيودا ورسم له خطة من شأنها أن تحول بينه وبين العبث برباط الزوجية والتخلص منه لسبب غير معقول فكلفه أن يدفع للمرأة صداقها ومنعه أن يأخذ من ذلك الصداق شيئا عند الفراق حتي يكون في هذه الخسارة المالية وما سوف يحتاج الي بذله للزوجة الجديدة ما يحول بينه وبين الطلاق إن كانت له مندوحة كما

نصحه أن يعرض ما بينه وبينها من خلاف علي حكمين من أهله وأهلها وجاء التوفيق كما أمره باحسان معاملتها ورعايتها وخوفه من الاقدام علي فسخ عقدة الزواج أو التفريط في شأنها تخويفا دينيا وماديا ، كما جعل الاسلام للمرأة الحق في المطالبة بالتفريقة بينها وبين زوجها اذا وجدت ضرورة تدعو الي ذلك وأجاز لها أن تتفق مع زوجها علي أن يكون من حقها حل رباط الزوجية ولو فاتتها كل هذه الفرصة فانها تستطيع أن تتفق معه بعد الزواج علي الفرقة بشرط أن تعوضه عما يتعرض له من خسارة، علي أن القرآن قد حذر الرجل من مساومة المرأة واساءة معاملتها لكي يبتزمالها. واما أن الرجل يصح له التزوج بأكثر من واحدة فيرجع الي أن هذا خير طريق للإكثار من النسل وخاصة في البيئات التي تحتاج الي كثرة الأيدي للحرب أو العمل، وكان الرسول يعلم أن المسلمين مكلفون بالجهاد في سبيل الدعوة فزواج بعض العرب بأكثر من واحدة كفيل بأن يعوض علي المسلمين ما يفقدونه في جهادهم ويعوض الكثير من النساء عن أزواجهن الذين فقدوا في الحرب وهو سبيل لتلافي زيادة عدد البنات اللاتي بلغن سن الزواج ولم يتزوجن، أضف الي ذلك أن المرأة قد تكون عاقرا أو مصابة بمرض ولكن مصلحتها تقتضي بقاءها مع زوجها علي أن الاسلام وإن كان قد أجاز التزوج بأكثر من واحدة فقد أجازه بشرط ليس من اليسير تحقيقه علي أكمل وجه وهو العدل بين الزوجات.

الدرس السادس   العلوم الاسلامية والطوائف الدينية

لم يكم العرب في جاهليتهم ما يصح ان يسمي علما. فالروح العلمية الصحيحة تولدت في العرب بمجئ الاسلام. وبحكم التطورات العميقة التي طرأت علي شبه الجزيرة العربية بعد انتصار الدعوة الجديدة فيها.

وقد كان لتقرير الاسلام هذا الحق الثابت لجميع الناس علي اختلاف احوالهم وطبقاتهم أثار بعيدة المدى في المجتمع الاسلامي، فقد نتج عن ذلك ان العلم كان مشاعا في المجتمع يشمل كل الفئات ميسرا لكل انسان، فالاسلام لم يعرف أرستقراطية العلم أبدا. وكان المسجد دارا للعلم بقدر ما كان دارا للعبادة. وبذلك فقد سارت الحضارة والعلم مع الناس جنبا الي جنب في تاريخ الاسلام. وهذا ما يفسر لنا تلك القفزة الرائعة التي قفزها العرب بسرعة لا مثيل لها أبدا في تاريخ الحضارات والشعوب .

تشمل علوم الاسلام علوم القرآن والحديث والفقه وعلم الكلام

اهتم المسلمون بعلوم القرآن، فتنافس الصحابة في حفظ الآيات ومعرفة أسباب نزولها. وقد تم جمع القرآن وترتيب سوره في عهد الخليفة عثمان. وبعد انتشار الاسلام في الأمصار المختلفة ظهر علم قراءة القرآن والتفسير لحاجة المسلمين اليهما.

يعتبر علم القراءات المرحلة الأولي لتفسير القرآن، وهذا العلم يدور حول قراءة نصوص القرآن لاختلاف بعض المسلمين في قراءة آياته بعد الفتوحات الاسلامية في العهد الراشدي فقام الخليفة عثمان بنسخ القرآن وتوزيعه علي الأمصار في الكوفة والبصرة والشام ومصر والمدينة حتي لا يختلف المسلمون في قراءاتهم لنصوص القرآن الكريم.

نزل القرآن بلغة العرب إلا أنهم كانوا متفاوتين في درجة استيعابهم لمفردات اللغة وتركيبها. وعندما دخل الاسلام فيما بعد كثير من غبر العرب احتاجوا الي من يفسر لهم معاني القرآن ليدركوا معناها فنشأ علم التفسير. وقد اعتمد علي النقل والاجتهاد والكتب السماوية في تفسيره.

يعتبر علم الحديث من أهم العلوم الدينية عند المسلمين لأنه عبارة عما ورد عن الرسول (ص) من قول أو فعل أو تقرير، فكانوا يجتهدون في جمعه مهتمين به لتوضيح حياة الرسول (ص) وسنته ونشرها بين الناس وتنظيمها في مختلف نواحيها. وكان العلماء ممن أكثر اجتهادا من غيرهم في جمع الحديث فقاموا برحلات كثيرة بين أواسط آسيا والأندلس ينتقلون من بلدة لأخرى لسماع الحديث أو الإصغاء الي المحدثين لإستقصاء الأحاديث الصحيحة. فكانت هذه الرحلات في طلب العلم بالغة الأهمية.

أما علم الفقه فهو العلم الذي يبحث في استنباط الأحكام الشرعية من مصادرها : الكتاب والسنة والقياس

والاجماع. ارتبط علم الفقه بقضايا الناس، فكان الخلفاء الراشدين يحلون هذه المشاكل في المدينة، وعندما اتسعت الدولة الاسلامية احتاج المسلمون الي تنظيم حياة الناس وعلاقاتهم في البيئة الجديدة. وكان الناس يعتمدون في حل مشاكلهم علي كبار العلماء المشهورين في العلوم الدينية، وكان لكل واحد منهم أسلوب خاص في حل هذه القضايا فظهرت المذاهب ومن أشهرها : المذهب الحنفي والمذهب المالكي والمذهب الشافعي والمذهب الحنبلي. والمذهب الحنفي نسبة الي الإمام أبي حنيفة النعمان. وقد نشأ المذهب في الكوفة وانتشر في العراق والشام وآسيا الصغرى. وكان هو مذهب الحكومة العثمانية الرسمي. والمذهب المالكي نسبة الي الإمام مالك بن أنس صاحب كتاب الموطأ، وأتباع هذا المذهب ينتشرون في السودان وشمال افريقيا. والمذهب الشافعي نسبة الي محمد بن إدريس الشافعي، ويكثر مذهبه في مصر واندونيسيا. أما المذهب الحنبلي فهو ينسب الي الإمام أحمد بن حنبل، ومن أتباعه تقي الدين بن تيمية وينتشر في نجد والحجاز.

وقد اعتمد أصحاب المذاهب في استقاء أحكامهم من مصادر التشريع الاسلامي الأربعة : الكتاب والسنة والقياس والإجماع، فأخذ مالك بطريقة أهل الحديث وأخذ أبو حنيفة بطريقة الرأى والقياس وأخذ أحمد بن حنبل بالكتاب، أما الشافعي فكان وسطا بين الحديث والقياس. وبهذا ظهرت مدرستان للفقه مدرسة أهل الحديث في المدينة ومدرسة اهل الرأى في العراق. واليوم يتبع المسلمون السنيون أحد المذاهب الأربعة ويعتمدون في أحكامهم الشرعية علي أحد منها ولكن جميع هذه المذاهب تستنبط أحكامها من مصادر الشريعة الاسلامية ولا خلاف بينها في الجوهر.

أما علم الكلام فهو للبحث في امور العقيدة الاسلامية مثل توحيد الله، والكلام في ذاته وصفاته وأفعاله ثم الكلام في الأنبياء والرسل. ويتناول كثير من كتب علم الكلام مسائل عصمة الرسل والإمامة، وقد يعرض هذا العلم لمسائل غيبية كالبعث والحساب والجنة والنار وغير ذلك، ثم يعرض هذه المسائل علي مقاييس العقل والمنطق في معرض جدلي كلامي منطقي. ويعد علم الكلام أساس الفلسفة الاسلامية بل لقد تميزت به هذه الفلسفة الكلامية عند المسلمين عن الفلسفة اليونانية. وكان علم الكلام وليد النهضة الثقافية الاسلامية التي تأثرت بثقافات اليونان والفرس والسريان في العصر العباسي الأول. وقد حملت المعتزلة لواء علم الكلام الذي سيطر علي الفكر الاسلامي حينا من الدهر، وكان له أثربعيد في دفع العقلية العربية خاصة والاسلامية عامة في ميدان التفكير الاسلامي العام. وكان المشتغلون بهذا العلم يسمون المتكلمين.

ولم يتمكن الاسلام من الصمود أمام أسباب الفرقة التي واجهته, كما واجهت غيره من الأديان. وقد برزت بذور الفرقة عند وفاة الرسول. ويمكن ارجاع هذا التفرق الي أسباب رئيسية ثلاثة :

أولها النزعة الي ادعاء النبوة عند الشرقيين. وقد اضطر الخليفة الأول أبو بكر أن يستعمل القوة لانقاذ الاسلام من أولئك الأدعياء أمثال طليحة ومسيلمة والأسود. ثانيها تباين وجهات النظر بشأن الخلافة ومستحقيها, وقد أدى ذلك الي ظهو رالخوارج والشيعة. ثالثها الاختلاف في النظرة الي الألوهية بين العقلانيين والصوفيين وقد نتج عنه مذاهب فلسفية متعددة منها : القدرية والجبرية والمعتزلة والاشعرية. ولهذه الأسباب ولدت الفرقة الدينية في الاسلام وخرجت علي الاجماع وصاغت لنفسها مبادئ مميزة تعرضت بسببها الي الانقسام من جديد. وكان لبعضها دور بارز في التاريخ.

والخلافة هي المسألة الأولي التي اشتد حولها الخلاف بين المسلمين وتباينت فيها آراؤهم. وكان من نتائج هذا الخلاف أن نشأت الفرق في الاسلام أهمها آنذاك الشيعة والخوارج

أ – الشيعة هم أصحاب الرأى القائل بأولوية علي بن أبي طالب بالخلافة. وقد أبدو هذا الرأي عقب وفاة الرسول مباشرة، وكانوا بذلك أول فرقة في الاسلام. خمد هذا الرأي في عهد أبي بكر وعمر، ولكنه برز علي نطاق واسع في أواخر عهد عثمان وحمل عليا الي الخلافة من بعده. إلا أن الأمويين تمكنوا من انتزاع الخلافة والتنكيل بالشيعة. غيرأن هؤلاء استبسلوا في الدفاع عن آرائهم، وقضي الكثيرون منهم شهداء، وكان مقتل الحسين في كربلاء (680 م) أعلى مراتب الشهادة عندهم. وتحولت الشيعة فيما بعد الي حركة دينية استقطبت أعدادا كبيرة من الموالي الناقمين علي العرب وخاصة الفرس، وحصرت الشرعية في علي وذريته وسمتهم " الأئمة " المعصومين عن الخطأ. ولكن هؤلاء المتشيعين لعلي عادوا فاختلفوا حول عدد الأئمة وحول شخص الإمام الغائب " المهدي المنتظر". ولهذا كانت الشيعة أرضا خصبة لنشوء العديد من الفرق وهي :

1 – الإمامية الاثني عشرية : بالنسبة للاماميين الاثني عشريين الذين يشكلون أكثرية الشيعة، والإمام الغائب أو الثاني عشر – هو محمد بن الحسن العسكرى الذي اختفي في كهف بجامع سامراء سنة 878 م. وسيعود ثانيا ليقوم بدور المهدي ويحكم العالم. وقد أصبحت هذه الإمامية دين الدولة الرسمي في ايران منذ عهد الشاه اسماعيل الصفوى سنة 1501 م.

2 – الزيدية : نسبة الي زيد حفيد حسين خامس الأئمة. وفي نظر مؤيديه يجب أن تكون الامامة انتخابية بعده. وهم أكثر فرق الشيعة اعتدالا، لا يعتقدون بعصمة الامام واختفائه وعودته ولا يقرون التقية أو الكتمان ويجيزون امامة المفضول (أبو بكر، عمر) مع وجود الفاضل (علي) اذا اتفقت علي ذلك كلمة المسلمين. ولا يزال للزيدية أنصار في اليمن الي الآن.

3 – الاسماعيلية : كان للامام السادس جعفر الصادق ولدان : اسماعيل وموسي، وبما أن اسماعيل هو البكر فقد اختاره جعفر خلفا له و إلا أن طريقة حياة اسماعيل وتعاطيه الشراب جعلت والده يغير رأيه ويختار شقيقه موسي لخلافته. وافقت أكثرية الشيعة علي هذا التغير ما عدا فئة أصرت علي أن عصمة الامام تحول دون مؤاخذته علي تصرفاته وبقيت علي ولائها لاسماعيل واعتبرته الامام السابع والأخير بل المهدي المستور. ونظم الاسماعيليون لدعوتهم الدينية طريقة متقنة جدا لنشر العقيدة وتشويق الناس لانتظار المهدي الوشيك العودة وقالوا بالعقيدة الباطنية أي بامكانية تفسير القرآن علي سبيل المجاز. كانت البصرة مقرا للاسماعيليين في البدء لكنهم نقلوا هذا المقر الي السلمية في شمالي سورية ومن هناك كانوا يبثون دعاتهم في شتي أنحاء العالم الاسلامي. واضحت الاسماعيلية بدورها فرصة لنشوء فرق جديدة متفرعة منها حيث أتاحت الباطنية لبعض الدعاة أن يستأثروا بالدعوة لأنفسهم. وأما أهم تلك الفرق فهي : القرمطة والفاطميون والنصيرية. ومن الفاطميين انبثق الدروز والحشاشون.

ب – القرامطة: في منتصف القرن التاسع ظهر من بين رجال الدعوة الاسماعيلية داع واسع الأطماح هو حمدان قرمط. وبعد أن لمس قبولا من الناس للدعوة الباطنية شذ عن الاسماعيلية وأخذ يدعو لنفسه متخذا من جنوبي العراق مقرا له ومن الفلاحين والفقراء أنصارا. وقد اتخذت حركته شكل منظمة سرية ذات طابع اشتراكي. وقال القرامطة بتفسير القرآن تفسيرا رمزيا بتكيف مع مقتضيات كل الأديان والأجناس. وأباحوا سفك دماء خصومهم حتي ولو كانوا مسلمين. وقد استطاعت هذه الحركة أن تكسب جماعة اخوان الصفاء الي جانبها. وساهم القرامطة في ثورة الزنج في البصرة وكادوا يقوضون أركان الخلافة في الفترة ما بين 868 و883 م. وأقاموا دولة قرمطية قاعدتها الإحساء. ومن هناك أخذوا يغيرون علي البلدان المجاورة فقطعوا طريق الحج

وخربوا سورية ثم احتلوا مكة سنة 930 م وأخذوا الحجر الأسود معهم الي عاصمتهم. وبهذا زرع القرامطة الرعب في أنحاء العالم الاسلامي وهددوا الخلافة، فما كان من الفاطميين إلا أن تعقبوهم وقضوا علي حركتهم وشتتوا أتباعها.

ج – الفاطميون : فيما كان حمدان قرمط يبث دعايته في العراق استطاع داع آخر أبو عبدا الله الشيعي من اهل صنعاء في اليمن أن يكسب للدعوة الباطنية أنصارا كثيرين من بربر شمالي افريقيا وخاصة في قبيلة كتامة. وكان قد تعرف الي بعض أفرادها في موسم الحج وذهب معهم الي تونس وهناك حرص أبوعبدا الله علي أن يثير حماسة الأهالى ويحرك فضولهم بالإعلان عن قرب ظهور المهدي، فالتف حوله الجميع وقضوا علي دولة الأغالبة السنية. وعندئذ أرسل أبوعبدا الله الشيعي في طلب عبيد الله (المنتسب الي فاطمة والذي ادعى أنه المهدي المنتظر) من السلمية في سورية ومهد له كل السبل لإعلانه إماما للمسلمين بصفته من نسل علي وفاطمة بنت الرسول، ولذلك عرف أتباعه بالفاطميين. أقام عبيد الله في ضاحية القيروان ثم ابتنى لنفسه مدينة المهدية واتخذها عاصمة له، ومن هناك بسط الفاطميون نفوذهم علي كل الشمال الافريقي، واحتلوا صقلية ثم مصر وابتنوا فيها القاهرة عاصمتهم الجديدة. وأقاموا خلافة فاطمية شيعية دامت أكثر من قرنين من الزمن وتنافست مع العباسيين وأمويي الأندلس علي خلافة المسلمين. واستخدم الفاطميون الدعوة الاسماعيلية لتحقيق مآربهم السياسية غير أن مبادئ الدعوة عرفت في عهدهم تشعبات جديدة أدت الي قيام فرق دينية لها مميزاتها الخاصة أهمها الدروز الموحدون والحشاشون.

د – النصيرية : هي إحدى الفرق الاسماعيلية أخذت اسمها من محمد بن نصير الذي عاش في النصف الثاني من القرن التاسع، وتحزب للامام الحادي عشر الحسن العسكرى. غالي النصيريون في تشيعهم فقالوا بتجسد الألوهية في علي ولذلك شاعت تسميتهم فيما بعد بالعلويين. تأثروا ببعض المبادئ الوثنية والمسيحية الي جانب المبادئ الاسلامية فأصبحت مبادئهم خليطا، جعلت في طقوسهم ما يشبه القداس وجعلت من علي إلاها للرعد ومن دم الحسين لونا للشفق. يتشدد النصيريون في كتمان دينهم ويعيدون الميلاد والفصح ويولون قبور أوليائهم الكثير من التقديس. كانت النصيرية منتشرة في جبال لبنان عندما بدأت الدعوة الدرزية التغلغل في ربوعه ولم يتمكن النصيريون من الصمود في وجه الدروز فنزحوا عن لبنان الي شمال واستقروا في الجبال السورية الواقعة عند اللاذقية والتي حملت اسمهم وما زالت مقرهم منذ ذلك الوقت.

ه – الخوارج : علي إثر قبول علي بن أبي طالب التحكيم بينه وبين معاوية في معركة صفين (657 م) رفض قسم من جنوده التحكيم وأعلنوا : " لاحكم إلا الله " ثم خرجوا علي ارادة علي واعتصموا في قرية حر وراء قرب الكوفة وسموا لذلك بالخوارج. وانضم الكثيرون من أهالى جنوبي العراق الي الخوارج علي إثر انفضاح خدعة التحكيم، فخرج علي عليهم وحاربهم في موقعة النهروان وهزمهم، غير أنهم ثأروا منه واغتالوه سنة 661 م. ناصب الخوارج الأمويين العداء وكانوا من أشد معارضيهم ومثيري الاضطرابات في عهدهم. وقد أولى الخوارج شهدائهم كل تكريم وتقديس. وفي مطلع عهد مروان بن الحكم بدأت رياح الفرقة تعصف بالخوارج فانقسموا الي فئات كان أهمها : الأزارقة والصفريون والاباضيون. وكانت المبادئ التي استندت اليها حركة الخوارج هي :

ـ القول بأن الخلافة يجب أن تكون باختيار حر من المسلمين وجعلوها حقا لكل مسلم وليست وقفا علي آل قريش.

- القول بطاعة الامام طاعة كلية إلا اذا خرج علي كلمة الله وعندئذ من الواجب الثورة عليه وخلعه.
- القول بأن الايمان ليس اعتقادا فقط بل اعتقاد وعمل، فمن لا يعمل بفروض الدين هو كافر في نظرهم أيا كانت درجة ايمانه.
- التشدد في العبادة واشتراط النقاء الوجداني قبل الوضوء الجسدي.
- رفض كل مظاهر البذخ والترف وتحريم الميسر والمسكرات.

本课解题：

伊斯兰教的教法学派和教义学派

　　伊斯兰教学说博大精深，随着历史的发展，形成独立的、具有鲜明特色的思想体系。它包括以经注学和诵经学为基础的古兰经学、圣训学、教法学、教义学。

　　前伊斯兰时期，部族成员的是非曲直，由本族的风俗习惯来判断，无法律可言。伊斯兰教产生后，《古兰经》和《圣训》成为立法的两大根据。穆罕默德逝世不久，阿拉伯人征服了伊拉克、叙利亚和埃及等广大地区，遇到了政治、经济、军事、宗教、民事、刑事等一系列繁难的问题，《古兰经》和《圣训》的法令，远不足以应付社会的需要，于是出现了所谓"推理的法律"。即在《古兰经》和《圣训》里没有明文可循时，穆罕默德的弟子们便以他们的意见来处理法律上的问题。由此产生两种新的立法根据：类比和公议。所谓类比，就是无明文规定的法律问题，如发生问题的原因与明文规定的法律问题类似，则按明文规定的法律条文办理。所谓公议，就是教法权威们关于法律的一致意见。这样，《古兰经》、《圣训》、类比和公议便成为伊斯兰教法律学的四大基本原则。

　　从倭马亚朝末期到阿巴斯朝，在伊斯兰教法学家中，形成许多派别，其中最主要的派别为正统派（逊尼派）的哈奈斐派、马立克派、沙斐仪派和罕伯里派。这四个教派的首创者都是博大精深、地位很高的宗教学者，他们建立的学派一直传到现在。这四个教派都承认伊斯兰教立法的四大原则，只是各有侧重而已。

　　哈奈斐派：其创始人为库法人艾卜·哈尼法教长（699～767），故被称为库法教派。这一派坚决认为法学上的推理是正确的，与麦地那学派特别重视《圣训》形成鲜明对照。此派强调类比，坚持个人判断的必要性，其法学体系被认为是伊斯兰教所能达到的最高成就，现在盛行于土耳其、叙利亚、伊拉克、阿富汗、巴基斯坦及中亚诸国。中国穆斯林多属此派。

　　马立克派：其创始人为麦地那教长马立克·伊本·艾奈斯（715～795）。该派重视《圣训》，故有"圣训派"之称。马立克认为，麦地那人受穆罕默德的直接教化，他们的风俗习惯和传统，比传述的圣训更为可靠。该派现流行于阿尔及利亚、突尼斯、利比亚、苏丹、上埃及和阿拉伯半岛东部一带。

　　沙斐仪派：其创始人为加沙人伊本·伊德里斯·沙斐仪教长（767～820）。该派兼重

《圣训》与类比,是伊拉克自由派和麦地那保守派之间的一个中间学派。它比马立克派更广泛地应用公议,比哈奈斐派更严谨地运用类比,强调《圣训》为仅次于《古兰经》的第二法源。该派现盛行于下埃及、巴勒斯坦、叙利亚、伊拉克、阿拉伯半岛的西部和南部、印度尼西亚、马来西亚和东部非洲。

罕伯里派:其创始人为巴格达人艾哈迈德·伊本·罕伯勒教长(780~855)。该派严格遵循《古兰经》和《圣训》,很少运用公议和类比,反对以个人意见推断教法问题,认为出自理性判断的间接知识是不可信的。该派素以经典派著称,有时亦被称为"原教旨主义派"。此派今仅盛行于沙特阿拉伯。

伊斯兰教义学派别很多,其中最有影响的是互相对立的两大派别:逊尼派(正统派)和什叶派。逊尼派承认一切非穆罕默德直系后裔的哈里发合法地位,而什叶派只承认其女婿阿里及其后裔的哈里发继承权。

一、什叶派的基本信条是伊玛目及其隐蔽说。该派主张,穆罕默德逝世后,他的堂弟和女婿阿里应为哈里发。阿里死后,哈里发的地位应由其后代继承,阿里及其十一个直系后裔才是真正的哈里发,或真正的伊玛目。阿里和他的后代被剥夺伊玛目的职位是不公正的。什叶派的主流派承认有十二个伊玛目,即所谓"十二伊玛目派",因其最后一位伊玛目878年失踪,没留下后代,为其思想家制造隐蔽说提供了条件。他们断言,他并没有死,而是隐蔽在一个不为人知的地方,他将在末日来临之前的千年内以"救世主"身份出现,征服全世界。他是被期待的伊玛目,未出现前,在暗地领导什叶派。伊玛目救世主信条是什叶派的基本教义理论,也是它跟逊尼派的主要分界线。

什叶派又分若干支派,其中比较重要的有伊司马仪派和宰德派。

二、另一和逊尼派对立,也和什叶派针锋相对的是哈瓦立及派。此派成员原为拥护阿里的下层民众,因反对阿里与穆阿威叶议和而脱离他。他们拥护阿里是为了反对倭马亚贵族的统治,一旦看清阿里的目的仅为争夺哈里发之位时,断然与其决裂。此派的政治观点反映了当时民众对统治者的不满情绪和要求政治清明的愿望,对阿拉伯社会产生了很大影响。逊尼派主张,只有古莱氏人才可以做哈里发。什叶派主张,除阿里及其子孙外,任何人都无资格当哈里发。哈瓦立及派认为,所有穆斯林都是平等的,哈里发或伊玛目应由选举产生,任何一个正常的穆斯林,哪怕是一个黑奴,只要笃信伊斯兰教,都可以被推举为哈里发。如果选出的哈里发,违背真主旨意,不再为人信任,即应撤换。他们认为,只有信仰的表白,而无信仰的真诚实践,如礼拜、斋戒、忠实、公正等,决不能享受来世幸福。他们禁止崇拜圣徒和朝拜陵墓,反对一切奢侈行为。

阿巴斯王朝初期,许多学者和作家都受哈瓦立及派思想的影响。哈瓦立及派中也出现过不少诗人和演说家,如著名的文字学家和文学家艾布·欧拜德。

三、另一重大派别是穆阿泰齐赖派。此派之名义为"避开,隔离",即排除其它教派

学说，独具己见。此派自称为“认主公正和认主唯一之人”。所谓“认主公正”，是因为他们反对宿命论，否认真主前定罪人犯罪，然后又惩罚他们。所谓“认主唯一”，是因为他们否认真主具有本体以外的德性。该派的思想家，多是统治阶级中文化修养最高之人，他们最早精通希腊哲学，受其影响较深。

穆阿泰齐赖派对逊尼派和什叶派采取“不偏不倚”的态度。他们能够提出评论，做出是非判断，并对两派都有所批评，但即不过分严厉，也不过分宽大。他们反对逊尼派的善恶标准真主前定说，认为善恶是事物原属属性，真主只是按其本来属性令行禁止。他们主张人类的意志是自由的，是自己行为的创造者，真主的赏罚是根据人的功过而定的。他们否认真主具有本体以外的能力，以及智慧、生命等永恒的德性，反对把真主人格化。他们认为《古兰经》是被造之物，并非是永恒的存在。此派主张运用希腊哲学和逻辑学理性观察事物，判断是非。被西方伊斯兰学者称为最具有自由思想的唯理论者。

四、在穆阿泰齐赖派的攻势面前，正统派的教义学家为了保持自己的社会地位和政治影响，也积极研究希腊哲学和逻辑学，把它与伊斯兰教义结合起来，形成与穆阿泰齐赖派对立的新正统教义学派。此派由巴格达人艾什耳里创建，呼罗珊人阿萨里最后定型，史称艾什耳里派。此派一方面反对穆阿泰齐赖派的唯理论，一方面也反对正统派信仰的极端形式主义，综合众义，调和折中。他们反对神人同形说，反对用与物和人有关的属性来叙述真主。但同时主张，真主是万能的，是万物的创造者，具有一切完全的永恒的美德。专凭理性，不可能获得真理，必须以纯粹的直觉去接近真主，才可获得启示，得到完全的真理。此派采用穆阿泰齐赖派同样的论证方法，为当时现实社会提供了更加完备的理论根据，维护了正统派的统治地位。

五、从八世纪中叶开始，穆斯林社会中出现了主张禁欲主义和神秘主义的小团体。此团体的成员受基督教和印度教的影响，穿粗羊毛衣，过苦行生活，提倡独身修行，徒步朝觐，忍欲安贫。他们往往建立一些类似修道院的教会组织，作为他们的生活和活动中心。他们还建立各级分支机构，进行人身控制，宣扬神人相通，圣徒崇拜。此即伊斯兰教中的极端教义派：苏菲派。他们与什叶派一样，把阿里奉为神圣的领袖，尽管什叶派也反对他们。

难点释疑：

أما علم الفقه فهو العلم الذي يبحث في استنباط الأحكام الشرعية من مصادرها : الكتاب والسنة والقياس والاجماع. ارتبط علم الفقه بقضايا الناس، فكان الخلفاء الراشدين يحلون هذه المشاكل في المدينة، وعندما اتسعت الدولة الاسلامية احتاج المسلمون الي تنظيم حياة الناس وعلاقاتهم في البيئة الجديدة. وكان الناس يعتمدون في حل مشاكلهم علي كبار العلماء المشهورين في العلوم الدينية، وكان لكل واحد منهم أسلوب خاص في حل هذه القضايا فظهرت المذاهب ومن أشهرها: المذهب الحنفي والمذهب المالكي والمذهب الشافعي والمذهب الحنبلي.

所谓教法学，是研究如何通过《古兰经》、《圣训》、类比和公议四项立法基础进行断法的学问，它与国民诉讼密切相关。在四大正统哈里发时期，在麦地那城就能解决一切民事纠纷，而当国家扩张后，就需要重新安排民众生活，处理新环境下的各种关系。人们开始依靠有名望的宗教学者受理各类诉讼。当时每一位这样的教法学家都有区别于他人的判案方式，由此导致教法派别的产生。这些派别中最著名的有四家：哈奈斐派、马立克派、沙斐仪派和罕伯里派。

أما علم الكلام فهو للبحث في أمور العقيدة الاسلامية مثل توحيد الله والكلام في ذاته وصفاته وأفعاله ثم الكلام في الأنبياء والرسل. ويتناول كثير من كتب علم الكلام مسائل عصمة الرسل والإمامة، وقد يعرض هذا العلم لمسائل غيبية كالبعث والحساب والجنة والنار وغير ذلك، ثم يعرض هذه المسائل علي مقاييس العقل والمنطق في معرض جدلي كلامي منطقي. ويعد علم الكلام أساس الفلسفة الاسلامية بل لقد تميزت به هذه الفلسفة الكلامية عند المسلمين عن الفلسفة اليونانية. وكان علم الكلام وليد النهضة الثقافية الاسلامية التي تأثرت بثقافات اليونان والفرس والسريان في العصر العباسي الأول، وقد حملت المعتزلة لواء علم الكلام الذي سيطر علي الفكر الاسلامي حينا من الدهر، وكان له أثر بعيد في دفع العقلية العربية خاصة والاسلامية عامة في ميدان التفكير الاسلامي العام.

至于教义学，则是研究伊斯兰信仰的学问。譬如，研究认主独一及其言行和其属性，以及先知、天使们的言行。很多教义学著作都涉及先知及伊玛目们先天无罪问题，还可能涉及来世问题，诸如复活、清算、天堂、火狱等等，并就这些问题进行哲学和逻辑标准的理性辩论。教义学是伊斯兰哲学的基础，其教义哲学的特色使它区别于希腊哲学。教义学是文化复兴的产物，此复兴是在阿巴斯王朝初期在希腊、波斯、前叙利亚文化的影响下出现的。当时，穆阿泰齐赖派人举起了教义理性大旗，在相当一段历史时期主导了伊斯兰思想界，对教义理性研究的发展产生过深远的影响，无论是对阿拉伯思想界，还是整个穆斯林思想界。

ولم يتمكن الاسلام من الصمود أمام أسباب الفرقة التي واجهته , كما واجهت غيره من الأديان. وقد برزت بذورالفر قة عند وفاة الرسول. ويمكن ارجاع هذا التفرق الي أسباب رئيسية ثلاثة :أولها النزعة الي ادعاء النبوة عند الشرقيين . وقد اضطر الخليفة الأول أبو بكر أن يستعمل القوة لانقاذ الاسلام من أولئك الأدعياء أمثال طليحة ومسيلمة والأسود. ثانيها تباين وجهات النظر بشأن الخلافة ومستحقيها، وقد أدى ذلك الي ظهور الخوارج والشيعة. ثالثها الاختلاف في النظرة الي الألوهية بين العقلانيين والصوفيين وقد نتج عنه مذاهب فلسفية متعددة منها : القدرية والجبرية والمعتزلة والاشعرية. ولهذه الأسباب ولدت الفرقة الدينية في الاسلام وخرجت علي الاجماع وصاغت لنفسها مبادئ مميز تعرضت بسببها الي الانقسام من جديد. وكان لبعضها دور بارز في التاريخ.

像其他宗教一样，伊斯兰教也未能避免分裂。实际上分裂的种子在先知去世时已经种下了。以下三个主要原因导致了分裂：第一，东部地区的伪先知思潮。第一位正统哈里发艾卜·伯克尔上任后不得不采用武力拯救伊斯兰教，消灭那些伪称先知的逆子图莱哈、穆

塞利迈、艾斯沃德之流领导的叛乱活动。第二，对哈里发继承权的观点分歧。此分歧导致了哈瓦立及派和什叶派的产生。第三，唯理派和神秘派之间的教义学分歧。此分歧导致了众多哲理思潮的出现，包括反宿命论、唯宿命论、穆阿泰齐赖主义、艾什耳里主义等等。这些不同的派别都反对公议的原则，都为自己涂上原则性的色彩，由此导致了进一步的分裂。其中一些派别曾在历史上有突出作用。

الشيعة هم أصحاب الرأي القائل بأولوية علي بن أبي طالب بالخلافة. وقد أبدو هذا الرأي عقب وفاة الرسول مباشرة، وكانوا بذلك أول فرقة في الاسلام. خمد هذا الرأي في عهد أبي بكر وعمر، ولكنه برز علي نطاق واسع في أواخر عهد عثمان وحمل عليا الي الخلافة من بعده. إلا أن الأمويين تمكنوا من انتزاع الخلافة والتنكيل بالشيعة. غير أن هؤلاء استبسلوا في الدفاع عن آرائهم، وقضي الكثيرون منهم شهداء، وكان مقتل الحسين في كربلاء (680 م) أعلى مراتب الشهادة عندهم. وتحولت الشيعة فيما بعد الي حركة دينية استقطبت أعدادا كبيرة من الموالي الناقمين علي العرب وخاصة الفرس، وحصرت الشرعية في علي وذريته وسمتهم " الأئمة " المعصومين عن الخطأ. ولكن هؤلاء المتشيعين لعلي عادوا فاختلفوا حول عدد الأئمة وحول شخص الإمام الغائب " المهدي المنتظر". ولهذا كانت الشيعة أرضا خصبة

什叶派人即主张阿里为哈里发优先继承人的拥护者。此主张在先知一去世即出现，因此，它是伊斯兰教史上第一派。在伯克尔和欧麦尔任哈里发时期此主张暂时息声，但在奥斯曼哈里发后期又凸显出来，最终把阿里推上哈里发位上，可是倭马亚人又夺取了哈里发之位，并追捕他们。但是什叶派人坚守主张，很多人为此而死。公元680年，阿里之子侯赛因在卡尔巴拉被杀成为此派牺牲者的最高级人物。此后，此派成为吸引大批仇视阿拉伯人的平民参加的宗教运动，以波斯人为主。他们只承认阿里及其后裔为哈里发合法继承人，把他们称为先天免罪的伊玛目。但他们又在伊玛目的数目和谁为隐蔽救世主伊玛目问题上出现了分歧，使什叶派成为产生大量新派别的沃土。

主要人物：

先知穆罕默德的圣们弟子，最早追随先知的人。	الصحابة
先知去世后继承他的四位正统哈里发艾卜·伯克尔、欧麦尔、奥斯曼、阿里	الخلفاء الراشدون
圣训学家	المحدثون
艾卜·哈尼法（699~767），库法人。哈奈斐教法学派创始人。强调类比和个人判断的必要性。	أبو حنيفة النعمان

مالك بن أنس	马立克·本·艾奈斯（715~795），麦地那人，马立克教法学派创始人。此派重视《圣训》，有"圣训派"之称。
محمد بن ادريس الشافعي	伊本·伊德里斯·沙斐仪（767~820），加沙人，沙斐仪教法学派创始人。兼重《圣训》与类比，是伊拉克自由学派和麦地那保守学派之间的中间派。
أحمد بن حنبل	艾哈迈德·本·罕伯勒（780~855），巴格达人，罕伯里教法学派创始人。严守《古兰经》的字面意思，广泛引用《圣训》，极少使用类比，是四派中的保守派。
المعتزليون	穆阿泰齐赖派人，8~12世纪伊斯兰唯理主义宗教哲学派别，由巴士拉伊教著名学者瓦绥勒·本·阿塔和阿穆尔·本·欧拜德所创立。该派崇尚理性权威和意志自由，反对盲目相信含混的概念，反对宿命论，认为《古兰经》不是真主的属性，为被造之物。该派于十一世纪消亡。
المتكلمون	伊斯兰正统派教义学家，以巴格达人哈桑·阿里·艾什耳里（873~935）奠基，呼罗珊人穆罕默德·图西·安萨里（1058~1111）集其大成。
الأشعريون	艾什耳里派人，由哈桑·阿里·艾什耳里创建的正统派教义学者。
علي بن أبي طالب مع ابنيه حسن وحسين	阿里·本·艾比·塔里布（600~661），先知堂弟和女婿。先知去世后第四位正统哈里发。661年被哈瓦立及人杀害。
	哈桑（624~670），阿里长子，曾被拥为第五任哈里发合法继承人，后被穆阿维叶以重金换其让位，隐居麦地那。46岁遭毒害身亡。
	侯赛因（625~680），阿里次子，什叶派尊其为第三伊玛目。680年在卡尔巴拉被倭马亚王朝军队所杀。他的牺牲成为什叶派的起源，他的殉难日1月10日从哀悼日演变成后来的阿舒拉节。
الأمويون	倭马亚王朝人，由阿里哈里发时任叙利亚总督的倭马亚家族人穆阿维叶建立的第一个世袭阿拉伯王朝（661~750）。

图莱哈（？~642），七世纪阿拉伯半岛中部地区部落叛乱首领。 穆赛里姆（？~633），七世纪阿拉伯半岛中部地区部落叛乱首领。 艾斯沃德（？~632），七世纪也门部落叛乱首领。三人皆在先知去世后，伪称“先知”，率众反叛，先后被艾卜·伯克尔哈里发剿灭。	طليحة ومسيلمة والأسود
哈桑·阿斯凯里（846~873），什叶派尊奉的第十一任伊玛目，麦地那人。	محمد بن الحسن العسكري
伊斯玛仪一世（1487~1524），中世纪伊朗萨法维王朝的缔造者，确立什叶派十二伊玛目派在伊朗统治地位之人。	الشاه اسماعيل الصفوى
栽德·本·阿里（699~740），什叶派第五伊玛目，第三伊玛目侯赛因之孙，栽德派创始人。亦称五伊玛目派。	زيد حفيد حسين
贾法尔·萨迪格（699~765），麦地那人。什叶派第六伊玛目，贾法里教法学派创始人。八世纪中叶，他以其长子伊斯玛仪酗酒为由，将其继承伊玛目的权利转给次子穆萨·卡兹姆，造成伊斯玛仪的追随者分裂形成伊斯玛仪支派。 伊斯玛仪（？~760），什叶派伊斯玛仪支派尊奉的最后一位伊玛目，亦是主流派第七伊玛目。也称七伊玛目派。 穆萨（745~799），什叶派尊奉的第七伊玛目，被阿巴斯王朝第五任哈里发哈伦·拉希德处死。1502年，波斯萨法维王朝将十二伊玛目派奉为国教，自称是其后裔。	جعفر الصادق مع ولديه اسماعيل وموسى
哈姆丹·盖尔麦特（？~约900），库法农民出身，从伊斯玛仪派分裂出来的盖尔麦特派创始人。领导追随此派的农民，手工业者发动反抗阿巴斯王朝统治的起义，失败后被杀。	حمدان قرمط
麦尔旺一世（623~685），倭马亚王朝第四任哈里发。	مروان بن الحكم

重点词语：

伊斯兰传教	الدعوة الاسلامية	古兰经学	علوم القرآن
圣训学	علم الحديث	教法学	علم الفقه
教义学	علم الكلام	古兰经的节和章	أية وسورة من القرآن
诵经学	علم قراءة القرآن	经注学	علم تفسير القرآن
伊斯兰教的扩张	الفتوحات الاسلامية	四大正统哈里发时期	العهد الراشدي

古兰经、圣训、类比、公议（伊斯兰教四大立法基础）	الكتاب والحديث والقياس والاجماع
四大教法学派：哈奈斐派、马立克派、沙斐仪派、罕伯里派。	المذاهب الفقهية الأربعة : الحنفي والمالكي والشافعي والحنبلي
伊玛目无罪说	عصمة الامامة
伊玛目隐蔽说	غيبة الامامة
来世问题：复活、清算、天堂、火狱。	المسألة الغيبية : البعث والحساب والجنة والنار

穆阿泰齐赖派	المعتزلة	哈瓦立及派	الخوارج
什叶派	الشيعة	苏菲派	الصوفية
艾什耳里派	الأشعرية	十二伊玛目派	الامامية الاثني عشرية
隐蔽的伊玛目	الامام الغائب	被期待的救世主	المهدي المنتظر
栽德派	الزيدية	伊司马仪派	الاسماعيلية
盖尔麦特派	القرامطي	法特梅王朝人	الفاطمي
努塞尔派	النصيري	德鲁兹派	الدروزي
阿萨辛派	الحشاشي	艾兹赖格派	الأزارقي
苏福利亚派	الصفري	伊巴迪亚派	الاباضي
内学派（相信古兰经隐意说）			الباطني

卡尔巴拉（伊拉克古城，位于库法北。阿里之子侯赛因被害之地）	كربلاء
萨马腊清真寺（伊拉克巴格达北），878年，什叶派尊奉的第十二个伊玛目穆罕默德·孟特宰尔在此失踪。	جامع سامراء
绥芬战役。657年7月26日，阿里在此与穆阿维叶决战，中穆假议和之计，兵败。反议和派脱离阿里，成为哈瓦立及派。	معركة صفين
哈鲁拉（伊拉克库法附近，哈瓦立及派在此地推举阿卜杜勒·拉希比为首领，正式建派）	قرية حروراء
塞莱米耶（叙利亚古城，法特梅王朝奠基者奥贝德拉出生地，伊司马仪派根据地之一）	السلمية
纳赫拉万战役（伊拉克巴格达与瓦希特之间运河沿岸，659年阿里在此地曾大败哈瓦立及派人）	موقعة النهروان

讨论思考题：

一、 伊斯兰教主要的教法学派有哪些？创建人是谁？每派的特点是什么？

二、 伊斯兰教主要的教义学派有哪些？产生的原因是什么？主要主张是什么？

补充阅读：

1- من المعلوم أن الطوائف الاسلامية بدأت في الظهور إبان الفتنة الكبرى لأسباب سياسية تعكس عللا اقتصادية – اجتماعية وإن اتخذت لبوسا دينيا. ومن المعلوم أن أهل السنة كانوا يمثلون التيار الأقوى والدائم الذي كان يستهدف الحفاظ علي تراث عصر الرسول والخلفاء الراشدين بعد ظهور الفرق والطوائف، لذلك لم يكن لهم مذهب واضح ومحدد وفكر نظري متميز، اللهم إلا الإلتزام بظاهر الكتاب والسنة أما عن رأيهم في الإمامة فهو القول بأنها حكر علي قريش من ناحية ورفض مبدأ التوريث من ناحية أخرى تأسيسا علي ما جرى في خلافة عصر الراشدين، وبرغم اجماعهم علي الأصول اختلفوا في الفروع فكان ظهور الفقهاء الأربعة مالك و أبي حنيفة والشافعي وابن حنبل دليلا علي هذا الاختلاف الذي يفسر بأنه اجتهاد، ومعلوم أن الإمامين مالك وابن حنبل لم يفتحا باب الاجتهاد علي مصر اعيه كما فعل أبو حنيفة أما الشافعي فقد اتخذ في فقهه موقفا وسطا. ولما أقامت الفرق الأخرى أبنيتها النظرية في الأصول اضطر أهل السنة الي تحديد موقفهم فكان ظهور أبي الحسن الأشعري بمثابة تعبيرعن مذهب أهل السنة في علم الكلام. وكان الأشعريون ومدرستهم رغم حرصهم علي الانطلاق في آرائهم النظرية من النصوص القرآنية والحديث النبوي لم يجدوا مناصا من الاجتهاد العقلي لكن حصاد مذهبهم يجعلهم في التحليل الأخير نصيين محافظين، وحين تحول علم الكلام أو علم التوحيد الي فلسفة تصدي الإمام الغزالي للدفاع عن موقف أهل السنة وتنظيره وهو ما سطره في كتابيه " تهافت الفلاسفة " الذي تحامل فيه علي الفلسفة و" الاقتصاد في الاعتقاد " الذي طرح فيه آراء أهل السنة وأكد ضرورة الانطلاق من القرأن والحديث، وإن مزج أفكاره بالتصوف وعلي غراره نسج شيوخ المذهب كالفخر الرازي وغيره. وعلي يد ابن تيمية تمت دفعة قوية لمذهب أهل السنة إذ عول علي تنقية الاسلام من الآراء والفلسفات التي لحقت به علي يد الفلاسفة والمتكلمين فضلا عن ازالة الشوائب والتهويمات التي اختلطت بتعاليمه ابان عصور الانحطاط ودعا للعودة الي عصر السلف الصالح الذي اعتمد أساسا علي ظاهر الكتاب والسنة، لذلك عرف أصحابه بالسلفيين. ونعتقد أنه رغم ذلك كان مجددا وأصبح رائدا لمدرسة عولت علي تحويل فكره الي ايديولوجية سياسية اصلاحية .

2- الحديث : مضي القرن الأول من الهجرة ولم يدون من الحديث إلا قليل، دونه أفراد الصحابة لأنفسهم حتي لا ينسوه. وعندما اتسعت الدولة الاسلامية وكثرت الأحاديث المروية عن الرسول (ص) أصبح من الضروري التأكد من صحنها، ولذا كان لا بد من ذكر سلسلة الرواة الذين قاموا بنقل الحديث. وقد عرفت سلسلة الرواة باسم السند أو الأسناد، بينما عرف نص الحديث باسم المتن، كما بدأ المسلمون بجمع الحديث ومعرفة الحديث الصحيح. وكان القرن الثاني والثالث الهجري يشهد نشاطا كبيرا في جمع الحديث، علي أساس مدى صدق رواتها اعتمادا علي الأسناد أي الرجوع الي المصدر الأول الذى أخذ عنه الحديث. وبهذا جمعت مصنفات كثيرة في الحديث صنفت المواضيع التي تتصل بها وخصصت أبواب المواضيع شملت الايمان والعبادات والمعاملات والعلم ... الخ. وكان للنساء دورمهم في الحديث، فقد اشتغلن بدرسه وروايته وحصلن

علي اجازات للتدريس. وقد تفوقت بعضهن مثل أم المؤمنين عائشة وكان لها حظ وافر في الرواية. وقد برزت في العصر العباسي كريمة بنت أحمد، وكان العلماء الأفاضل يحضرون دروسها منهم الخطيب البغدادي المؤرخ المعروف.

3- ما هي الطائفة الدرزية في الاسلام ؟ نشأت الدرزية في عهد الخليفة الفاطمي السادس، الحاكم بأمره (996 – 1021 م) ، أخذت اسمها من اسم داعية فارسي من دعاة الباطنية هو محمد بن اسماعيل الدرزي. وقد جاهر هذا بتقديس الحاكم بأمره وقال بأن " مولانا " قد تجسد بصورة انسان وبأن الحاكم بأمره يمثل أهم مراحل هذا التجسد ومنتهى غايته. رفض المصريون تقبل هذه المعتقدات الاسماعيلية الباطنية فوجه الحاكم دعاته نحو بلاد الشام فلاقت الدعوة آذانا صاغية في وادي التيم من لبنان وكثر أتباعها فدب الطمع في نفس محمد الدرزي فأعلن استئثاره بالدعوة لنفسه فثار عليه الأتباع وقتلوه سنة 1019 م وأصروا علي أن يبقوا موحدين موالين للحاكم.

ويعود الفضل الي داعية فارسي آخر هو حمزة بن علي، مساعد الخليفة في ترسيخ دعائم الدعوة وصيانتها، واقناع أتباعها بأن الحاكم قد " غاب " عنهم مؤقتا (سنة 1021 م) ويجب انتظار عودته المظفرة. وقد عمد حمزة بن علي الملقب بالهادي بمساعدة بهاء الدين المقتني مساعده الي توجيه عدد من الرسائل لدعاته تحدد أسس المذهب التوحيدي الدرزي . ومن أبرز المبادئ والتعاليم التي جاءت في هذه الرسائل الاعتماد علي السرية والكتمان في المحافظة علي مذهبهم الذي أقفلت أبوابه علي الناس منذ " غيبة " الحاكم، فلم يعد بمستطاع أي مريد أن يصبح درزيا بعد ذلك التاريخ إلا بالتوالد من والد درزي. وقد حل حمزة أتباعه من فرائض الاسلام الكبرى فيما عدا الشهادتين وسن مكانها شرائع أوجب فيها الصدق في القول والعون المتبادل بين أبناء المذهب، ونبذ العقائد الباطلة في مختلف أشكالها والخضوع التام للارادة الالهية والايمان بالقضاء وبتناسخ الأرواح (التقمص).

يقسم الدروز الي قسمين : العقال والجهال، وكتبهم المقدسة مباحة فقط لفئة العقال القليلة العدد وجميعها مخطوطة حرصا علي سريتها. ويستطيع الجاهل أن ينتقل الي فئة العقال اذا برهن عن سلوك حسن وأخلاق حميدة وقدرة علي الكتمان. ويقيم الدروز صلواتهم ليلة الجمعة من كل أسبوع في المجالس أو الخلوات وأرفعها مقاما عندهم خلوات البياضة قرب حاصبيا .

وانتشرت الدرزية في جبال لبنان حيث اعتنقها كثيرون من أبناء القبائل العربية والمستعربة. ومن لبنان انتقل الدروز الي فلسطين وجبل العرب في سورية الجنوبية. وللعائلات الدرزية دور بارز في تاريخ لبنان وسوريا الحديث، وقد ناضل الدروز باستمرار في سبيل استقلال بلادهم وحريتها .

الدرس السابع   الأدب العربي

إن العرب إهتمَوا بلغتهم بعد اختلاطهم بالأعاجم، فأخذ العلماء يجوبون البادية لجمع مفردات اللغة من أفواه العرب الخلص وسؤال البدو عن معاني الألفاظ والأشعار والأمثال وسموّا الاشتغال بذلك مع ما يتبعه من نحو وبلاغة بعلم الأدب.

الشعر : إن الشعر العربي من أعظم تراث العرب الفكري لقدمه عندهم. و نظمه العرب بأنواعه المختلفة الرجز والهزج والقريض والمقبوض والمبسوط. وكان العرب في الجاهلية يهتمّون بالشعراء لأنهم الألسنة المعبرة عن مآثر القبائل، وكان إذا نبغ في إحدى القبائل شاعر أتت القبائل فهنّأتها بذلك. والشعر الجاهلي يصوّر لنا الكثير من أحوال العرب الاجتماعية والدينية كما يصوّر لنا طبائعهم وأخلاقهم وهو لذلك ديوان العرب، لأنه سجّل أخلاقهم وعاداتهم، به حفظت الأنساب وعرفت المآثر وفيه ذكر لأيام العرب ووقائعهم، وهو لذلك السبب مرآة تنعكس عليها صور حياتهم في السلم والحرب. وعلي الرغم من أن الشعر الجاهلي تعرّض للضياع إذ ترك يتنقل علي ألسنة الرواة نحو قرنين من الزمان الى أن دوّن في تاريخ متأخّر وعلي الرغم من أن ما وصلنا منه علي قلته مشكوك في أصالته منحول عليه لعوامل دينية وسياسية وجنسية فإن ما وصلنا من الشعر الجاهلي منحولا كان أو أصيلا يعتبر مصدرا أساسيا لتصوير حياة العرب في الجاهلية.

ولعل المعلّقات السبع هي أفضل ما انتقل إلينا من الشعر الجاهلي. ومن أشهر شعراء الجاهلية : امرئ القيس وطرفة بن العبد وزهير بن أبي سلمي ولبيد بن ربيعه وعمرو بن كلثوم وعنترة بن شداد والحارث بن حلزة والخنساء والنابغة الذبياني وأعشي قيس.

وقد تأثّر الشعراء المسلمون في صدر الإسلام بالشعر الجاهلي، وكان بعضهم مخضر ما عاصر الجاهلية فترة من الوقت حتى ظهور الإسلام. وقد نظم بعضهم القصائد في مدح الرسول أو رثاء قتلي المسلمين أو هجاء المشركين، ومن أمثال هؤلاء الشعراء :حسان بن ثابت وكعب بن زهير والحطيئة. غير أنه حدث في المجتمع الإسلامي تطوّر كبير في النصف الأول من القرن الهجري الأول نتيجة لتدفّق الأموال علي الحجاز والأمصار الإسلامية وقيام نوع من حياة الترف والعودة الى حياة الحواضر القديمة، فظهر نوع من الشعر يتناول موضوعات الغزل العفيف أو العشق أو النسيب بتأثير من المغنين والمغنيات الفرس والغزل في نساء الحجاز أو العراق القادمات للحجّ. ومن أشهر شعراء هذا النوع من الشعر عمر بن أبي ربيعة.

وظهر في العصر الأموي الشعر السياسي نتيجة لقيام الحزبية التي هي من متطلبات الحياة السياسية. فظهرت أحزاب سياسية معارضة للدولة الأموية وأخرى مؤيدة لها، فمن شعراء هذا العصر : جرير والفرزدق

والأخطل، و كلهم من العراق. وكان الفرزدق شاعر عبد الملك بن مروان، وجرير شاعر الحجاج والأخطل شاعر معاوية ويزيد. وقد تهاجي جرير والفرزدق بالمربد فيما يسمي بالنقائض، واشترك الشعراء الثلاثة في الصراع بين العصبيتين النزارية واليمنية.

وفي العصر العباسي ظهرت أغراض جديدة في الشعر مثل الخمر والأنس والزندقة والتصوّف والغزل نتيجة لانبعاث الشعوبية الفكرية والدينية. ومن أشهر شعراء العصر العباسي بشار بن برد وأبوالعتاهية وأبونواس والبحتري وابن رومي وأبو العلاء المعري وأبو تمام وابن المعتز وأبو الطيب المتنبي وأبو الفراس الحمداني وبهاء الدين زهير.

أما في الأندلس فقد كان للشعر تاريخ خاصّ حيث تيسّرت له العناية بعد أن إنشغل عنه الجميع في المشرق. إمتاز الشعر الأندلسي بأنه جاء متحررا من قيود التقليد، مهذّبا في مناحيه وفنونه، نشأت فيه أوزان جديدة أبرزها الموشّح والزجل. وأما أبرز شعراء الأندلس فكانوا : ابن عبد ربه وابن الخطيب وابن زيدون وابن خفاجة.

الخطابة : هي السباقة في الارتقاء. وبعد الإسلام كان العرب المسلمون يشعرون بأنهم بحاجة ماسة الي الخطابة في ميادين كثيرة : الصلاة، الفتوحات، قمع الاضطرابات. فالخطيب هو الذي يستنهض الهمم ويجمع الكلمة ويرهب الأعداء.

وأصبحت الخطبة في الإسلام أكثر بلاغة وأعمق حكمة مما كانت عليه في الجاهلية، والسبب في ذلك عائد الي كون الخطيب يحرص علي مجاراة أسلوب القرآن واقتباس آياته في خطبته، وقد زادت الفتوحات والانتصارات العرب أنفة فأصبحت خطبهم أكثر بلاغة وأشد وقعا في النفوس.

وللخطابة العربية دور بارز في نشر الإسلام وتحقيق الكثير من الانتصارات خاصّة، وأن معظم الخلفاء والأمراء والقوّاد كانوا في صدر الاسلام يجيدون الخطابة ويستخدمونها لتحقيق الكثير من الأغراض.

وتجدر الاشارة الي أن خطبة أبي بكر في جماهير المسلمين الغاضبة لدى سماعها بخبر وفاة الرسول قد حالت دون انتشار الفوضى وحفظت وحدة الاسلام، حيث قال : " أيها الناس ! إن يكن محمد قد مات فإن الله حي لم يمت. وقد علمتم أني أكثركم قنبا في برّ وجارية في بحر! فأقرّوا أميركم وأنا ضامن إن لم يتم الأمر أن أردّها عليكم ! ".

وكان أكثر الخلفاء يخطبون، غير أن بلاغتهم الخطابية كانت شديدة التفاوت وليس هناك ريب بأن أخطب الخلفاء هو علي بن أبي طالب صاحب نهج البلاغة. وبعد انتهاء عصر الفتوح والانغماس في الترف والبذخ تحوّلت الخطابة عن الحماسة لتصبح مواعظ وبالتالى شكايات، وتداعى من الخطابة بتداعي دولة العرب في الشرق، وبعثت من جديد في الأندلس ولكن كوسيلة للترحيب والتبجيل.

النثر: لم يكن عرب الحجاز حين ظهر الاسلام يجيدون في جاهليتهم الكتابة ولذلك تجلّت عبقريتهم في الشعر ينشدونه فيحفظه الحافظون و يروونه عنهم. وعندما أصبح القرآن مثال البلاغة والفصاحة عند العرب نموذجا يحتذي زاد اهتمام العرب بالكتابة وجاءت عبارتهم بليغة وفصيحة، خصوصا وقد زوّدها علماء اللغة بكل ما يلزمها من قواعد في الصرف والنحو والمعانى والبيان والاشتقاق ... و تجلّت عبقرية العرب نثرا في كتابة الرسائل ووضع الكتب.

توخَى العرب في صدر الاسلام من الرسالة أن تكون عبارتها قادرة علي تصوير التهديد أو الوعيد أو

النصح أو الاستنهاض أو الاستعطاف بأجلى صورة وبأدقّ معنى. وكان المسلمون الأوائل يتوخّون الاختصار في رسائلهم ويسعون لجعل الكلام القليل يعبر عن المعنى الكبير فغدا لتلك الرسائل تأثير لا يقلّ عن تأثير الخطب البليغة. ومن أمثلة الرسائل المختصرة البليغة رسالة عمر بن الخطاب الى عامله في مصر عمرو بن العاصي:" من عبد الله، عمر سلام عليك، أما بعد، فلعمري يا عمرو ما تبالي، اذا شبعت أنت ومن معك أن أهلك أنا ومن معي ... فيا غوثاه ثم يا غوثاه !".

واختار الخلفاء كتابهم من البلغاء الذين يتوخّون جهدهم في الاختصار مع البلاغة. من ذلك رسالة عمر بن عبد العزيز الى عامل شكاه الناس:" كثر شاكوك وقلّ شاكروك، فإما اعتدلت وإما اعتزلت، والسلام !".

وبقي الاختصار مع البلاغة معمولا به حتى بدأ اختلاطهم بالفرس يفعل فعله وعنهم أخذ العرب عادة التفخيم والمبالغة والتوسّع في كتابة الرسائل. وكان عبد الحميد الكاتب أول من أطال الرسائل واستعمل التحميدات والتفخيم وذلك في عهد آخر خلفاء بني أمية. وقد سار الكتاب على خطته وقلدوه في العهد العباسي لأن أكثرهم من غير العرب. ومنهم ابن العميد وعماد الدين الكاتب.

إنشاء الكتب: والمقصود بها الكتب المؤلّفة في الموضوعات الأدبية والعلمية وهي تختلف بلاغة وفصاحة باختلاف موضوعاتها. ومما لا ريب فيه أن كتب الأدب أحوج من غيرها الى البلاغة نظرا لما تقتضيه الموضوعات الأدبية من التخيّلات الشعرية والكنايات ونحوها. وقد تأثّر النثر هنا أيضا بالفرس فجاء الكلام متناسقا مرسلا. ولعلّ أفضل من كتب بهذا الأسلوب هو ابن المقفّع في كتاب " كليلة و دمنة " حيث جاءت عبارته بليغة رغم سهولتها. وممن جاروه في البراعة من الناثرين الجاحظ كاتب "البخلاء" وأبو الفرج الاصفهاني كاتب " الآغاني".

ومع الزمن شاع الشعر على الألسنة وألف الناس التلذّذ برّنة القافية فاستحسنوا إدخالها في المراسلات وسمّوا ذلك التسجيع، ثم أدخلوا ذلك في إنشاء الكتب وولدت المقامة على يد "بديع الزمان الهمذاني" واتّسع نطاقها على يد"الحريري". وأما أبرز الكتب العربية التي اكتسبت شهرة عالمية فهو كتاب" ألف ليلة وليلة " بفضل سهولته والحكايات الواردة فيه والنوادر والنكات والأوصاف الرائعة.

本课解题:

阿拉伯文学

阿拉伯的文学史是以伊斯兰教的出现为分水岭的，在那以前被称作“蒙昧时代”，那个时代的主要文学形式是诗歌。那时候的诗歌创作已经相当繁荣，涌现了很多著名诗人和不朽的作品。诗歌的形式、格律、主题及艺术手法都已经相当成熟，奠定了伊斯兰教兴起后阿拉伯诗歌发展的基础。“蒙昧时代”阿拉伯诗歌的主要成就是七首“悬诗”(一说十首)，其中以乌姆鲁·盖斯的悬诗最为著名。

伊斯兰教的诞生打断了阿拉伯以诗歌为主流的发展过程，在真主至高无上的权威面前，诗人的地位急剧下降，诗歌创作一度走入低谷。那时的最大文学成就就是宗教散文《古兰经》的整理成书。

倭马亚时代，诗歌重新抬头，其成就主要表现在两个方面：情诗和政治诗。最杰出的

情诗诗人是本·艾比·拉比亚。政治诗是这一时代诗歌创作的主流，成就最大的是当时被称为"文学三杰"的艾赫泰勒、法拉兹德格和哲利尔。这三位诗人之间曾使用诗歌为武器进行大辩论，发展了"辩驳诗"这一文学形式。

阿巴斯时代是阿拉伯诗歌创作的黄金时代。各种诗歌形式，包括抒情诗、赞颂诗、悼念讽喻诗等，都有很大的发展，取得了很高的成就，还产生了哲理诗、苏菲诗和苦行诗等新的诗歌形式。诗歌创作的题材大大拓宽了，出现了大量反映社会现实的题材，造就了一大批风格独具的大诗人，如放荡不羁的咏酒诗人艾布·努瓦斯、悲观厌世的哲理诗人艾布·阿拉、典雅堂皇的天才诗人穆泰纳比、才华横溢的激情诗人艾布·泰玛姆。

伴随着诗歌的发展，阿拉伯的散文也取得了巨大的成就。《古兰经》被认为是阿拉伯散文的最高典范，其影响巨大而深远。它的文学价值主要表现在：

一、《古兰经》包含着大量优美的神话和传说故事；

二、《古兰经》创造了一种优美的文体，既不是诗，又不是一般的散文，既自由洒脱，又富有美妙的节奏和抑扬顿挫的音韵，这种文体成为后世阿拉伯文学创作的风范；

三、《古兰经》的语言成为阿拉伯语言的权威典范，事实上，阿拉伯语本身就是由于《古兰经》的出现而规范和定型的；

四、《古兰经》包含的文学内容和社会内容成为后世作家写作素材的重要来源，对阿拉伯文学、非洲文学和东方文学起了巨大的推动作用。

阿巴斯时期，阿拉伯的散文有了更大的发展，涌现出一大批杰出的散文作家，其中最著名的有伊本·穆加发和查希兹。公元750年，伊本·穆加发以印度古代寓言集《五卷书》为蓝本改写成了《卡里莱和迪木乃》一书。它以深刻动人的故事、优美典雅的风格、生动流畅的文笔开创了阿拉伯艺术散文的先河。而查希兹则被认为是阿拉伯艺术散文和讽刺文学的奠基人。他一生著述近二百部，大部分逸失了，流传至今的只有三四十部，其中最著名的作品是讽刺文学《吝人传》，书中描述了公元九世纪前叶城市居民的生活情景。

阿巴斯时期，小说和故事创作也走向了繁荣。白迪亚和哈利里两人的短篇小说创作是其中成就最著者。他们的短篇小说以"麦卡麦"骈文体闻名于世。

《一千零一夜》是阿拉伯文学的最大收获。她最初是民间口头文学，经过文人学士和艺人几百年的提炼加工，至公元十六世纪才基本定型。她以朴素的现实描写和浪漫的幻想相互交织的表现手法，生动地反映了广大人民群众对于美好生活的憧憬，着力抒发他们憎恨恶势力的感情，反映他们高尚的品质、朴素的愿望和通情达理的是非标准，从而使这部书成为深受世界各国人民喜爱的优秀作品。

除此以外，阿拉伯人还给后人留下了大量优秀的演说词、传记、书信和文书，充实了世界文学宝库。

难点释疑：

الرجز والهزج والقريض والمقبوض والمبسوط	抑扬顿挫、痛苦忧伤和兴奋
مشكوك في أصالته منحول عليه	对其真伪表示怀疑

كان بعضهم مخضرما عاصر الجاهلية فترة من الزمن.
其中一部分人是跨时代的诗人（生活在"蒙昧时期"和伊斯兰教初期之间）。

وفي العصر العباسي ظهرت أغراض جديدة في الشعر مثل الخمر والأنس والزندقة والتصوّف والغزل نتيجة لانبعاث الشعوبية الفكرية والدينية.
在阿巴斯时代，由于反阿拉伯民族主义在思想和宗教上的复活，出现了新的诗歌题材，如描写饮酒、交友、伪善、异端、调情等内容的诗歌。

كان الخطيب يحرص على مجاراة أسلوب القرآن واقتباس آياته في خطبته.
演说家太在意如何与《古兰经》的风格保持一致，如何在演说中引用经文。

وقد زادت الفتوحات والانتصارات العرب أنفة فأصبحت خطبهم أكثر بلاغة وأشدّ وقعا في النفوس.
征服与胜利增强了阿拉伯人的自尊心，使他们的演说变得更加雄辩、震撼人心。

主要人物：

一、蒙昧时期的诗人：

امرئ القيس	乌姆鲁勒·盖斯（公元500~540），蒙昧时期最著名的诗人，第一首悬诗的作者。
طرفة بن العبد	塔拉法·本·阿布德（约公元538~569）
زهير بن أبي سلمى	祖海尔·本·艾比·苏勒玛（约公元520~610）
لبيد بن ربيعه	拉比德·本·拉比尔（约公元540~661）
عمرو بن كلثوم	阿穆尔·本·库勒苏姆（约公元?~584）
عنترة بن شدّاد	昂泰拉·本·舍达德（约公元525~615）
الحارث بن حلزة	哈里斯·本·希利宰（约公元?~580）
الخنساء	汉莎（公元575~646），蒙昧时期最著名的女诗人。
النابغة الذبياني	纳比埃·朱布亚尼（公元?~604）
الأعشى	艾尔萨（公元530~629）

二、伊斯兰教初期和倭马亚时代的诗人：

حسّان بن ثابت	哈散·本·萨比特（约公元563~674）
كعب بن زهير	卡尔布·本·祖海尔（约公元?~662）

侯特埃（公元?~650） الحطيئة
欧默尔·本·艾比·拉比亚（公元644~718） عمر بن أبي ربيعه
哲利尔（公元640~728） جرير
法拉兹达格（公元641~733） الفرزدق
艾赫塔勒（公元640~710） الأخطل
伊本·阿卜杜·拉比（公元860~940）（安达卢西亚诗人） ابن عبد ربه
伊本·海退布（公元1313~1374）（安达卢西亚诗人） ابن الخطيب
伊本·泽頓（公元1003~1071）（安达卢西亚诗人） ابن زيدون
伊本·哈发杰（公元1035~1138）（安达卢西亚诗人） ابن خفاجه

三、阿巴斯时期的诗人：

柏萨尔·本·布尔德（公元714~784） بشار بن برد
艾布·阿塔希叶（公元748~825） أبو العتاهية
艾布·努瓦斯（公元757~814） أبو نواس
布赫图利（公元820~897） البحتري
伊本·鲁米（公元835~?） ابن رومي
艾布·阿莱·穆阿里（公元973~1058） أبو العلاء المعري
艾布·泰玛姆（约公元788~843） أبو تمام
伊本·穆阿塔兹（公元861~908） ابن المعتز
艾布·塔伊布·穆泰纳比（公元915~965） أبو الطيب المتنبي
艾布·菲拉斯·哈姆达尼（公元932~968） أبو الفراس الحمداني
白哈伍丁·祖海尔（公元1185~1285） بهاء الدين زهير

四、其他人物：

阿卜杜·哈米德·卡提卜（公元?~750），阿拉伯文学史上第一位书信体的散文家。 عبد الحميد الكاتب

伊本·阿米德（公元?~970），著名散文家，与阿卜杜·哈米德齐名。当时民谣曰：文章起于哈米德，止于阿米德。 ابن العميد

伊曼德丁·卡提卜（公元1125~1200），著名作家、历史学家。 عماد الدين الكاتب

伊本·穆格发（公元724~759），阿拉伯中世纪著名文学家，《卡里拉和迪木乃》作者。 ابن المقفّع

贾希兹（公元775~869），阿拉伯中世纪著名文学家，《吝人传》作者。 الجاحظ

أبو الفرج الاصفهاني	艾布·法拉吉·伊斯法哈尼（公元?~967），阿拉伯中世纪著名文学家、音乐史家、《天方诗坛记》作者。
بديع الزمان الهمذاني	白迪亚·兹曼·哈姆扎尼（公元 969~1007），阿拉伯中世纪著名韵文小说作家。
الحريري	哈里利（公元 1054~1122），阿拉伯中世纪著名韵文小说作家。
معاوية	穆阿威叶三世，倭马亚王朝第三任哈里发。
يزيد	叶齐德，倭马亚王朝第二任哈里发。
عبد الملك بن مروان	阿卜杜勒·马里克，倭马亚王朝第五任哈里发。
الحجاج	哈查只，倭马亚王朝著名将领，先后任汉志总督和伊拉克总督，征服中亚和印度西北部。

重点词语：

العصر الجاهلي	蒙昧时期	تراث العرب الفكري	阿拉伯文化遗产
ديوان العرب	阿拉伯人的百科全书	الشعر الجاهلي	蒙昧时期诗歌
راوٍ ج رواة	讲故事的人，传述者	أيام العرب	阿拉伯人的战争岁月
المعلّقات السبع	七首悬诗：伊斯兰教产生前，阿拉伯各部族的优秀诗人每年朝觐季节都要在麦加附近的欧卡兹市场举行赛诗会，优胜者的诗被用金水书写，悬挂在卡尔白的墙壁上，它被认为是本部族的极大荣誉，这便是悬诗的由来。有七首（一说十首）悬诗被认为是阿拉伯诗歌的不朽作品，奠定了阿拉伯古典诗歌的基础。		
غزل عفيف أو العشق أو النسيب	情诗，恋诗	مشرك ج مشركون	多神教徒，偶像崇拜者
العصر العباسي	阿巴斯时代	العصر الأموي	倭马亚时代
نقيضة ج نقائض	辩驳诗	الحزبية	派性，政治偏见
		عصبية	宗派
النزارية	尼扎里耶派：伊斯兰教什叶派的伊斯玛伊派分支，又称阿萨辛派，曾在公元十一世纪在今叙利亚地区割据建国，中国史称"木乃伊国"。		
كليلة و دمنة	《卡里拉和迪木乃》，阿拉伯著名寓言小说。		
البخلاء	《吝人传》，阿拉伯著名讽刺小说。		
الأغاني	《天方诗坛记》，阿拉伯中世纪著名音乐史著作。		
التسجيع	有韵脚的散文，骈体文		

المقامة	麦卡麦，阿拉伯古典骈文小说文体。
ألف ليلة و ليلة	《一千零一夜》

讨论思考题：

一、阿拉伯古典文学分哪几个时期？它的主要文学形式是什么？

二、阿拉伯古典文学的著名诗人、作家和作品有哪些？

补充阅读：

1— اشتهر الأدب العربي بالثراء والقوة منذ الجاهلية وبخاصة في مجال الشعر ذلك أن طبيعة شبه الجزيرة العربية وصفاتها ساعدت علي انتاج نوع من الشعر الرقيق في الغزل والفخر والمدح والهجاء وغيرها ومن جهة أخرى فأن ثراء اللغة العربية وغناها بالألفاظ والمترادفات كل ذلك ساعد علي نظم القصائد الطويلة ، وفي مقدمتها تأتي المعلقات التي جمعت بين البلاغة وجزالة اللفظ من ناحية والقدرة علي حسن التعبير من ناحية أخرى هذا فضلا عن أحاديث أهل البادية وحكمهم وقصصهم الذي تناول أيامهم وما كان فيها من أحداث. ثم جاء الاسلام كظاهرة حضارية ليساعد علي انتعاش الأدب العربي وليس من الواقع في شيء ما ردده بعض المستشرقين من أن الدين الاسلامي قلل من أهمية الشعر حتي لا تغطي علي القرآن ذلك أن القرآن الكريم ليس من الشعر في شيء وقد نفي القرآن الكريم عن النبي أن يكون شاعرا حقيقة إن القرآن قلل من شأن المنافقين من الشعراء وهم أعداء الاصلاح ودعاة الفوضي، ولكن من الواضح أن هذا القول يعني فئة محدودة من الشعراء المنافقين وهم الذين يقولون ما لا يفعلون ولم يتعرض الاسلام لغيرهم من المؤمنين الصادقين. واشتهر من شعراء الاسلام حسان بن ثابت وكعب بن زهير وكان للأول مكانة خاصة عند الرسول، والواقع أن المنافقين والمشركين دأبوا علي معارضة القرآن الكريم والايتان بكلام يشبهه في صورته ولكن القرآن تحداهم أن يأتوا بسورة من مثله. ونظرا لارتباط اللغة بالأدب فان العلماء الذين رحلوا الي البادية في صدر الحركة العلمية لجمع لغة العرب جمعوا أيضا أدبهم وبخاصة من الشعر والقصص والأمثال والحكم والأخبار والأيام وكان من المستحيل عليهم جمع كل تراث العرب الأدبي شعرا ونثرا – نظرا لضخامة هذا التراث، ولذا اكتفوا بجمع مختارات من الشعر بصفة خاصة ومن أمثلة هذه المختار ات جمهرة أشعارالعرب والمفضليات نسبة الي المفضل والأصمعيات نسبة الي الأصمعي وكلها مجموعات من القصائد لمشاهير الشعراء في الجاهلية وصدر الاسلام .

ثم كان أن تطور الأدب العربي مع تطورالدولة الاسلامية ونموها، فكان من الطبيعي في صدر الاسلام أن يعالج الأدب موضوع الجهاد والثواب والعقاب والجنة والنار. وبقيام الدولة الأموية أخذ الخلفاء الأمويون يبحثون عن دعامة تبرر قيامهم في الحكم وبقائهم فيه وتوارثهم للخلافة وتضفي عليهم هالة تحقق لهم قدرا من المجد الذي أحسوا بأنهم يفتقرون إليه فشجعوا المادحين من الشعراء، وفي الوقت نفسه أدَى ارتقاء مستوى المعيشة وظهور دور الاماء الي تطور في الحياة الاجتماعية الأمر الذي انعكست صورته في الشعر فظهرت ألوان جديدة منه لم تكن معروفة من قبل، وبعبارة أخرى فان الرخاء المادي واتصال العرب بغيرهم من الشعوب ذات الحضارات العريقة كالروم والفرس أدي الي تشكيل الحياة الاجتماعية في العصر الأموي فانتشر

الغناء والموسيقى، ووصف بعض الخلفاء الأمويين بالاقبال علي مجالس الشراب والطرب، ومن الطبيعي أن تترك هذه الاتجاهات أثرها في الأدب والشعر ولا شك في أن ما عرف عن الأمويين من نزعة بدوية تحب الشعر ولا تميل الي الفلسفة هذه النزعة كان لها أثرها في ارتقاء الشعر في العصر الأموي، واشتهر من بني أمية أنفسهم بعض الشعراء مثل يزيد بن معاوية حتي قيل : " بديء الشعر بملك وختم بملك " يعنون بديء بامريء القيس وختم بيزيد. وساعد علي ارتقاء الشعر ووفرته في ذلك العصر ظهور أحزاب سياسية وفرق مذهبية متطاحنة ودخولها جميعا في مساجلات ومنازعات ومناظرات استخدم غيها الشعر علي نطاق واسع هذا فضلا عما كان من منافسات بين الشعراء أنفسهم وبخاصة ما كان بين جرير والفرزدق والأخطل مما أدي الي ظهور نوع من الهجاء العنيف المقذع وقد عرفت المساجلات بينهم باسم النقائض.

ثم كان أن شهدت الدولة الاسلامية نقلة أخرى علي طريق التطور الفكري والاجتماعي في العصر العباسي مما انعكست صورته في الأدب ذلك أن الأدب العربي شهد ثورة ضخمة واسعة النطاق في العصر العباسي إذ نهج شعراء ذلك العصر مناهج جديدة في معانى الشعر وموضوعاته وأساليبه، ومن أشهر هؤلاء الشعراء أبو نواس الذي نظم في الخمر والغزل والصيد وأبو تمام الطائي الذي اشتهر بمزعته العقلية والفلسفية في الشعر والبحتري صاحب الأوصاف البديعة والمدائح الخالدة وابن الرومي صاحب المعانى النادرة في شعره الغزير وأبو العتاهية صاحب قصائد الغزل والحكمة والموعظة وغيرهم كثيرون. ولا شك في أن هناك أسبابا معينة ساعدت علي ارتقاء الشعر وتطوره في العصر العباسي فضلا عن ظهور مفاهيم جديدة فيه ومن هذه الأسباب اختلاف صور الحياة في العصر العباسي واختلاف قيم الأشياء عما كانت عليه من قبل في العصور السابقة، ومن هذه الأسباب أيضا أثر الثقافة الأجنبية عامة والفارسية خاصة في الشعر والأدب وانتشار الشعوبية التي قامت علي الحط من شأن العرب ونقد أشعارهم، ومنها كذلك اعتماد الشعراء طوال العصر العباسي علي تشجيع الخلفاء والوزراء والأمراء وكبار رجال الدولة لهم هذا فضلا عما كان من خلافات بين الفرق المختلفة كالشيعة والمعتزلة واستعانة كل فريق بالشعر والشعراء للدفاع عن مبادئه والتغلب علي خصومه.

ولم يكن النثر أقل ثراء وخصبا من الشعر في العصر العباسي فظهر في هذا المجال عبدا لله ابن المقفع الذي نقل كثيرا من الكتب الفهلوية الي العربية منها كتاب كليلة ودمنة .وعبد الحميد الكاتب الذي يعتبر شيخ صناعة الكتابة وابن قتيبة الذي نادي بالتجديد في الكتابة والجاحظ البصري الذي اتصف بحرية الفكر وغير هؤلاء كثيرون .

2— وكانت نزعة الأمويين عربية جاهلية لا تميل الي الفلسفة بل كان يؤثر عليها الشعر الجيد والخطبة البليغة فأجاد بعض خلفائهم نظم الشعر كيزيد بن معاوية حتي قالوا بدئ الشعر بملك ختم بملك ، يعنون امرأ القيس ويزيد . وكان عبد الملك بن مروان شاعرا فصيحا، وقد نبغ في عهده من الشعراء جرير والأخطل والفرزدق. أما في العصر العباسي فقد ظهر كثيرمن الشعراء الذين نهجوا بالشعرمناهج جديدة في المعاني والموضوعات والأساليب حتي فاقوا في كل ذلك من سبقهم من الشعراء الاسلاميين والمخضرمين والجاهلين. ومن أشهر هؤلاء الشعراء أبو نواس وهو ممن أذاع القول في الخمر والغزل والصيد وغير ذلك من فنون الشعر التي تناسب ما انتشر في العصر العباسي من حضارة وترف وسخر من الأطلال التي جري الشعراء علي الاشادة بذكرها في مطلع قصائدهم. وقد حذا ابن قتيبة حذو أبي نواس في القول بالتجديد وكان أول من

اشتهربالنقد وأعلن أن الحكم علي القدامي والمحدثين يبنى أن يبني علي المواهب دون سواها بغض النظر عن الزمن الذي عاشوا فيه. حذا حذو ابن قتيبة من جاء بعده من الكتاب كالثعالبي وابن خلدون الذي نادى بأن الشعراء يجب أن يتغنوا بذكر الطبيعة وأن ينشدوا الحقيقة لا أن يصفوا أسفارا علي ظهور جمال لم يركبوها ويقطعوا صحراوات لم يشاهدوها بدلا من أن ينظموا قصائدهم في أحد أنصار الأدب ممن يقيمون في نفس المدينة التي يقيمون فيها. ويتبين ذلك من عبارات ابن قتيبة في مقدمة كتابه " الشعر والشعراء ". ومن هؤلاء الشعراء أبو تمام الطائي الأكبر المشهور بنزعته العقلية والفلسفية في الشعر وتلميذه أبو عبادة البحتري صاحب الأوصاف البديعة والمدائح الخالدة، وابن الرومي المعروف بطول نفسه وغزارة شعره وغوصه علي نادر المعانى وعجيب التصورات، وأبو العتاهية الذي برع في فنون الشعر فاشتهر بالغزل الرقيق وعلي الأخص في عتبة جارية المهدي كما انتاز شعره بالحكمة والموعظة. قال الثعالبي في كتابه " يتيمة الدهر" : إن الشعراء المحدثين فاقوا شعراء الجاهلية في رقة اللفظ وعذوبة المعنى.

ومن العوامل التي ساعدت في العصر العباسي علي ظهور المناهج الجديدة في الشعر ومعانيه وأخيلته وأساليبه وفي الأدب عامة :

- اختلاف صور الحياة وقيم الأشياء في الدولة العباسية عن نظائرها في الحياة الجاهلية.
- تطور الحياة المادية التي كانت في أيام الجاهلية تقوم علي السذاجة وذلك بسبب تعدد أعمال الناس وزيادة تجارتهم في العصر العباسي.
- انتشار الشعوبية التي قامت علي حط شأن العرب ونقد أشعارهم ومعانيهم .
- أثر الثقافة الأجنبية والفارسية خاصة في الشعر والأدب العباسي .
- اعتماد الشعراء طوال أيام العباسيين علي تشجيع الخلفاء والأمراء وكبار رجال الدولة

أما بالنسبة الي النثر فيمثل الأدب وتاريخه في العصر العباسي طائفة من الأدباء نخص بالذكر منهم عبد الله بن المقفع الذي يرجع إليه الفضل في نقل كثير من الكتب عن الفهلوية وهي الفارسية القديمة. ومن هذه الكتب كتاب " كليلة ودمنة " الذي ترجمه عن أقاصيص بيدبا التي كتبت بالسنسكريتية وهي اللغة الهندية القديمة. ويعد هذا الكتاب من أقدم كتب النثر في الأدب العربي كما يعد مثلا أعلى في سلامة الأسلوب وسلامة العبارة. ومن أدباء هذا العصر عبد الحميد الكاتب الذي يعتبر شيخ صناعة الكتابة والذي قيل فيه : " بدئت الكتابة بعبد الحميد " لأنه أحدث فيها أمورا فنية لم تكن من قبل كالتحميدات في صدور الرسائل وتقسيم الفقر والفصول وختم الرسائل بما يناسب المكتوب اليه واطالتها في شئون الملك والسياسة اطالة لم تعهد من قبل، وليس لعبد الحميد كتب وانما خلف رسائل مشهودة مبثوثة في كتب الأدب والتاريخ من أشهرها رسالته الي الكتاب ورسالته التي كتبها الي ولي عهد مروان بن محمد آخر خلفاء بني أمية ويجمع أسلوبه بين الجزالة العربية وسهولة الحضريين ومع غزارة المعاني ودقتها وحسن تقسيمها. ومن هؤلاء ابن قتيبة الذي ينسب الي مدينة مرو حاضرة خراسان وقد تقلد منصب القضاء في مدينة دينور وعاش في بغداد في النصف الثاني من القرن الثالث الهجري ومن كتبه كتاب" المعارف" وكتاب "الشعر والشعراء" الذي نادى فيه بالتجديد وأنحى علي كل قديم لوما. ومن أدباء ذلك العصر عمرو بن بحر الجاحظ البصري الذي عرف بحرية الفكر والميل الي عقائد المعتزلة حتي لقد نشأت فرقة تسمى الجاحظية نسبة اليه ومن أشهر كتبه كتاب " الحيوان" وكتاب "البيان والتبيين" وكتاب "البخلاء".

الدرس الثامن   الخط العربي

يجمع الباحثون أن الكتابة العربية نشأت وتطوّرت في أرض الوطن العربي وأن مراحل ايجاد الأبجدية تم على الأرض العربية القديمة، واذا ما تجاوزنا الكتابات العربية العريقة كالهيروغليفية والمسمارية فإننا عثرنا على عدد من الكتابات العربية القديمة. كان الخطّ الآرامي يعدّ جد الخطوط العربية إذ تفرّع عنه الخط النبطي الذي يعدّ أقرب ما يكون للخط العربي عند أول عهد اتصال حروفه العربية بعضها ببعض.

ومن المحقّق أن أقدم أشكال الخط العربي : الخط النسخي والخط الكوفي فأوّلهما متخلف عن الخط النبطي، وقد تعلّمه العرب من الأنباط في حوران أثناء رحلاتهم الى الشام. وثانيهما متخلّف عن الخط السرياني تعلّمه العرب من العراق قبل الهجرة بقليل. وكان يعرف الخط الكوفي قبل الاسلام بالحيري نسبة الى الحيرة وهي مدينة غرب العراق قبل الاسلام والتي بنى المسلمون الكوفة بجوارها. فهذان الخطان هما أصلا الخط العربي، وهما الحلقة الأخيرة من سلسلته. إذ أن الحلقة الأولى هي الخط المصري القديم و الحلقة الثانية هي الخط الفينيقي، وهو مشتقّ من الخط المصري القديم والحلقة الثالثة هي الخط الآرامي المشتقّ من الفينيقي. واشتقّ من الخط الآرامي الخطان النبطي والسرياني اللذان اشتقّ منهما الخط العربي.

كانت الآرامية لغة سامية في سوريا وما يحيط بها من مناطق سادت في القرون الأولى قبل الميلاد وبعده وساعد على نشر لغتهم التجّار. وفي القرن الخامس ق.م أصبحت الآرامية لغة يتكلّم بها سكّان تلك البلاد بعد أن كانت لغة تجارة. وفي عهد داريوس الكبير جعلت الآرامية اللغة الرسمية بين مقاطعات الإمبراطورية الفارسية. وفي القرن الثاني قبل الميلاد أخذت الآرامية تتغلّب شيئا فشيئا على عقلية اليهود حتى عمّت كل بلاد فلسطين وتكوّنت فيها لهجات آرامية جديدة غير اللهجة التي كان يتكلّم بها أجدادهم في العصور القديمة. وأخيرا تنوّعت الأقلام بتنوّع الأجيال فتفرّعت الى عدّة فروع عرفت بالأقلام الآرامية أشهرها النبطية.

أما النبط فهم قبائل عربية اتحّدت وقوّيت فأغارت على بلاد آرامية فتحضّروا بحضارتهم واستعملوا لغتهم في ذلك الوقت، ثم ما لبثوا أن أخذوا الطابع الآرامي في الكتابة الرسمية واليومية نتيجة تأثرهم الشديد بهم وبتوالي الأيام والسنين تحرّف الخط الآرامي عند قبائل النبط وأصبح يعرف باسمهم.

لقد تمكّن النبط في القرن الثاني قبل الميلاد من تكوين إمبراطورية لهم على أنقاض المملكة الآرامية في شمال البلاد العربية وجنوب فلسطين وبلاد الشام حيث تركت آثار كتابية كثيرة. نستطيع أن نتبيّن الكتابة النبطية ونتتبّع تطوّرها من النقوش التي كتبت في القرنين الأول والثاني ق.م خصوصا نقوش حوران ومدائن. كما يتّضح أن الحروف النبطية تتطوّر تطوّرا سريعا حتى تفقد الصفة النبطية وتصبغ بالصبغة العربية، ذلك من

النقوش التي كتبت في القرنين الثالث والرابع الميلادي كنقوش طور سيناء. وفي القرنين الخامس والسادس الميلادي تفنى الكتابة النبطية تماما وتندثر وتظهر في ثوب جديد هي الكتابة العربية الجاهلية كما نشاهد في نقش زبد وحران. أما النقش الذي وجد في بلدة أم الجمال من الحوران فله أهمية إذ يبّين أن ملوك العرب قد أخذت تستعمل القلم النبطي، وهذا مما يدلّ على انتشار هذه الكتابة بين العرب قبل هذا التاريخ وعلى أنهم قد أخذوا يكتبونها ويتركون الكتابات الأخرى.

لما اقتبس العرب الخط من الأنباط والسريان كان خاليا من الحركات والإعجام. والمشهور أن أول من وضعها أبو الأسود الدولي، لما كثر اللحن في الكلام لاختلاط العرب بالأعاجم في صدر الاسلام، فكانت الحركات إذ ذاك نقطا يميّزون بها بين الضم والفتح والكسر. ولم تشتهر طريقة أبي الأسود هذه الا في المصاحف حرصا على اعراب القرآن الكريم. أما استبدال النقط بالحركات الحديثة فالغالب أنه حدث تنويعا للحركات عن النقط التي يميّزون بها الياء عن التاء خوفا من الالتباس. فالحركات الحديثة وضعت بعد ذلك لتقوم مقام حروف العلة لمشابهة الحركات لها فجعلوا للضمة التي يشبه لفظها الواو علامة تشبه الواو والتي يشبه لفظها الألف وهى الفتحة علامة تشبه الألف لكنها مستقيمة ومثلها الكسرة من أسفل الحرف وهكذا.

أما اعجام الحروف وهو لتمييز الحروف المتشابهة بالرسم ووضع علامة عليها لمنع اللبس، فقد تم ذلك في الثلث الأخير من القرن الأول الهجري أي في زمن خلافة عبد الملك بن مروان. فقد حدث أن الكتابة قبل هذا الزمن في صدر الاسلام كانت خالية من الاعجام اعتمادا على الشكل فقط، الا أنه كثرت أخطاء القراءة خاصة في العراق فأخذ نصر بن عاصم وأتباعه يتفنّنون في اعجام الحروف. وبعد ذلك وجدت الحاجة الماسة الى التمييز بين علامات الشكل التي وضعها أبو الأسود الدولي والاعجام التي وضعها نصر بن عاصم حيث أن الأداة في التشكيل والإعجام كلهما النقطة، الا أن نقط التشكيل كان بمداد مخالف للون مداد الكتابة، لذا تم تعديلها في العصر العباسي الأول على يد الخليل بن أحمد الفراهيدي حيث أبدل نقط الشكل التي وضعها أبو الأسود بجرات علوية وسفلية لدلالة على الفتح والكسر وبرأس واو للدلالة على الضم، فاذا كان الحرف المحرك منوّنا كرّرت العلامة فكتبت مرتين فوق الحرف أو تحته أو أمامه، أما السكون الخفيف فيكون على شكل دائرة وللهمزة رأس عين. وهكذا وضع الفراهيدي ثماني علامات منها الفتحة والكسرة والضمة والسكون والشدة وبهذا أصبح من الممكن كتابة الشكل والاعجام دون تلوين الكتابة فتمكّن العرب من المحافظة على لغتهم وخطهم العربي.

وبقي الخط العربي على حالته القديمة لاشتغال المسلمين بالحروب حتى زمن بني أمية فابتدأ الخط يرتقي وكثر عدد المشتغلين به، وتقدّمت صناعة الخط في العصر العباسي كسائر العلوم التي إشتهر بها المسلمون. وتنافس الكتّاب في تجويد الخط وأصبح كل قلم معدّا لنوع من خطوط، فزادت الخطوط العربية على عشرين شكلا، وصار للحروف قوانين في وضعها وأشكالها معروفة بين الخطّاطين. وقد ظهر في ذلك العهد ثلاثة خطاطين مشهورين هم ابن مقلة وابن البواب وياقوت المستعصم.

ولما آلت الخلافة الى الأتراك بعد زوال دولة المماليك بمصر، ورثوا بقايا التمدّن الاسلامي فكان لهم اعتناء خاص بالخط وقد أخذوا في اتقانه على أيدي الأساتذة في هذا المجال. والأتراك هم الذين أحدثوا خط الرقعة وخط الهيمايون.

ومن أهمّ أنواع الخط العربي الخط الكوفي الذي ينسب الى مدينة الكوفة بالعراق، وهو خط جاف مستقيم الحروف حاد الزوايا مما أعطاه طابعا هندسيا، وقد انتشر في جميع الأقاليم الاسلامية واستعمل بصفة خاصة في كتابة القرآن الكريم نحو خمسة قرون. وقد تطوّر هذا الخط منذ نهاية القرن الثامن فزيّنت نهايات حروفه بزخارف نباتية. وهناك أساليب أخرى للخط الكوفي منها أن يكتب النص على أرضية من الزخارف النباتية والخط الكوفي المصغّر ذو الحروف المترابطة. وقد قلّ استخدام الخط الكوفي منذ أواخر القرن الحادي عشر وحلّ محلّه الخط النسخي وهو خط ليّن ذو حروف مدوّرة استعمل منذ القرن السابع. ومن أنواع الخط اللين الأخرى الثلث و الرقعة والريحان والديوان والطومار الذي يعتبر خطا غليظا من الخط النسخي والذي يمتاز باستدارة حروفه استدارة كبيرة، واستعمل في شمال افريقيا والأندلس في العصر المملوكي، والتعليق الذي تميل حروفه من اليمين الى اليسار في اتجاهها من أعلى الى أسفل وهو استعمل في ايران خلال القرن الثالث عشر، والنستعليق الذي يعتبر أكثر الخطوط اللينة رشاقة وقد ازدهر في بلاد الفرس في القرن الخامس عشر. وفي العصر التركي زادت العناية بتركيب الجمل والأسماء على شكل الطغراء.

وقد تفنّن الخطّاطون العرب في رسم الحروف التي استحالت على أيديهم الى تحف فنية ذات روعة وجمال، واستخدم العرب مثل هذه الخطوط الفنية الرائعة للزخرفة والتزيين، وبلغ الخطاطون الفنيون منزلة عالية لم يصلها أي فنان آخر في ديار الاسلام.

本课解题：

阿拉伯书法

在世界各种语言中，文字书写能够脱离语言本身，独立发展成一种专门的艺术形式的，除了中文，可能就是阿拉伯语了。阿拉伯书法艺术的发展是与伊斯兰教的产生及其经典《古兰经》的传播分不开的。

公元七世纪初，由于伊斯兰教的兴起，麦加成为政治和宗教的中心，麦加城古来氏部族语言逐步成为阿拉伯人的通用语。公元八世纪，阿拉伯人征服了西亚和北非的广大地区，当地的人民纷纷皈依伊斯兰教。穆斯林们要深明教义就必须学习《古兰经》，但是为了保持《古兰经》的纯洁性，不使经文受到亵渎，有较长时期用其他文字翻译《古兰经》是被禁止的，必须使用以古来氏语言为主体的阿拉伯通用语诵读和誊抄。这不仅要求语言正确，而且要求书写规范。穆罕默德在传教时，不止一次地强调，只有正确书写阿拉伯文，才能正确理解经文，《古兰经》中也多次出现"真主教人用笔写字"的教诲。所有这些，都促使穆斯林们从信教的第一天起就非常重视阿拉伯语的读写。在当时文盲充斥的情况下，懂得书写阿拉伯文的有文化的人备受重视。

伊斯兰初期，为了满足迅速增加的新穆斯林学习经文的需要，誊抄《古兰经》成为最迫切、最繁重的工作。阿拉伯帝国各地都有专职誊抄《古兰经》的书写官员，甚至哈里发本人都亲自动手。第三位正统哈里发奥斯曼就曾用库法体抄写四部《古兰经》，馈赠部族首领；第四位正统哈里发阿里也曾身体力行，他曾说，"一手好字将使真理更加熠熠生辉"。

因此，阿拉伯书法很快上升为伊斯兰文化艺术中的一个重要组成部分。每一位誊抄者在抄写经文时，为了显示自己的虔诚和才华，都不知不觉地在书法艺术上花费心血，以求做到既规范正确，又能给人们以一种美的感受。这逐渐成为一种风气，进而演变成一种价值取向和用人标准。选官以书法取人，书法好的被认为是有才学的。对于一般穆斯林来说，学好书法写好字就能高升。到阿巴斯时代，研修书法更成为一种社会时尚，各阶层的人都视书法为必修之课。成名书法家的社会地位和政治地位越抬越高，扶摇直上。当时涌现了很多著名的书法家和以书法为专门职业的艺术家。

在这种历史条件下，书法逐渐变为一种独立的艺术形式。伊斯兰的艺术家们把它应用到建筑、绘画、雕塑、彩陶、编织等各种造型艺术中去。这些艺术品由于阿拉伯书法的加入，更突出了它所具有的伊斯兰风格和灵魂。同时，他们通过与外族的交往，不断吸取东西方的艺术手段，来发展伊斯兰艺术。他们汲取了中国的花卉绘画艺术，应用到书法艺术的创作中去，使书法与大自然的美融合到一起，给书法艺术注射了新的营养剂，深受人民欢迎。与此同时，书法家们又把镏金术、金银丝嵌、贝壳珠宝镶嵌等工艺应用到书法中，逐渐形成了一种独特的伊斯兰艺术，傲立于世界艺术之林。

誊写《古兰经》，初期曾严格规定必须用库法体，到公元十一世纪，库法体逐渐被苏勒斯体（大楷）所取代。倭马亚王朝时代，纳斯赫体（小楷）书法被广泛应用，成为当时最规范、优美、易写易读的书法体。用这种书法誊写的《古兰经》一直沿用至今。到法蒂玛王朝时，为了同阿巴斯王朝抗衡，埃及书法家把巴格达所有的书法加以改革创新，使阿拉伯书法推陈出新，水平达到鼎盛。其他还有卢格阿体、波斯体、迪瓦尼体、希玛尤体、图马体、乌巴体、利罕体等，后几种多用于装饰文字。

难点释疑：

كان الخط الآرامي يعدّ جدّ الخطوط العربية إذ تفرّع عنه الخط النبطي الذي يعدّ أقرب ما يكون للخط العربي عند أول عهد اتصال حروفه العربية بعضها ببعض.

阿拉米字体被认为是阿拉伯字体的祖先，因为，由它分支出来的奈伯特字体是最接近阿拉伯字体的了。

لما اقتبس العرب الخط من الأنباط والسريان كان خاليا من الحركات و الاعجام.

当阿拉伯人使用从奈伯特文和古叙利亚文那里学来的字体时，既没有标音，也没有加点。

فجعلوا الضمّة التي يشبه لفظها الواو علامة تشبه الواو والتي يشبه لفظها الألف وهي الفتحة علامة تشبه الألف لكنّها مستقيمة ومثلها الكسرة من أسفل الحرف وهكذا.

他们把发音近似瓦乌的合口符写成瓦乌的样子，把发音近似艾里夫的开口符写成艾里夫的样子，但横着写；齐齿符也一样，在字母下边横写艾里夫。

وبعد ذلك وجدت الحاجة الماسّة الى التمييز بين علامات الشكل التي وضعها أبو الأسود الدولي والاعجام التي وضعها نصر بن عاصم حيث أن الأداة في التشكيل والاعجام كلهما النقطة الا أن نقط التشكيل كان بمداد مخالف للون مداد الكتابة، لذا تم تعديلها في العصر العباسي الأول على يد الخليل بن أحمد الفراهيدي ، حيث أبدل نقط التشكيل التي وضعها أبو الأسود بجرات علوية وسفلية للدلالة على الفتح والكسر وبرأس واو للدلالة على الضم، واذا كان الحرف المحرّك منوّنا كرّرت العلامة فكتبت مرّتين فوق الحرف أو تحته أو أمامه، أما السكون الخفيف فيكون على شكل دائرة، والهمزة رأس عين.

从那以后，迫切需要区别艾布·阿斯沃德设计的标音符号和纳斯尔设计的字母加点，因为二者使用的都是"点"，只是在书写标音符号的"点"时，使用颜色不同于字母加点时使用的墨水。在阿巴斯王朝初期，赫里勒完成了这件工作。他用写在字母上下的笔划代替阿斯沃德的"点"，来表示开口符和齐齿符，用瓦乌头表示合口符。如果要写鼻音符，就重复在字母上方或下方或前方写两笔。静符写成圆形。哈姆扎写成阿伊努开头的形状。

主要人物：

大流士，公元前五世纪古波斯国王。	داريوس
见第四课注释。	أبو الأسود الدولي
见第四课注释。	نصر بن عاصم
见第四课注释。	خليل بن أحمد
卡尔卡显迪（公元1355~1418），埃及文学家、历史学家。	القلقشندي
伊本·穆格莱（公元866~940），巴格达人，著名书法家。他创制了纳斯赫手写体和更加优美的苏勒斯大楷。	ابن مقلة
伊本·巴瓦布（公元?~1031），巴格达人，阿巴斯王朝著名书法家。	ابن البواب
雅古特·穆斯台阿绥姆（公元?~1299），著名书法家，生长于阿巴斯王朝末代哈里发王室。	ياقوت المستعصم

重点词语：

阿拉伯字母	الأبجدية	埃及古象形文字（圣书体）	الهيروغليفية
古巴比伦楔形文字	المسمارية	阿拉米文	الآرامية
奈伯特文	النبطية	古叙利亚文	السريانية
腓尼基	الفينيقية	浩兰，叙利亚西南部地区，包括戈兰高地，首府在德拉。	حوران
希拉，伊拉克古城，位于巴格达南。	الحيرة	麦达因，伊拉克古城，位于巴格达南。	مدائن

الدرس الثامن الخط العربي

زبد	宰卜达尼，叙利亚古城。	طور	图尔，埃及西奈半岛南端古城。
الحركات	为字母标音，音标	حران	卡兰，叙利亚古城，现在土耳其境内。
مصحف ج مصاحف	书籍，书卷，或专指《古兰经》	الاعجام	在字母上加点
عصر المماليك	马穆鲁克王朝时代	خطّاط ج خطّاطون	书法家
النسخي	纳斯赫体（阿拉伯小楷）	الكوفي	库法体
الرقعة	行书体	الثلث	苏勒斯体（阿拉伯大楷）
الريحاني	花草体	الغبار	数字体
النستعليق	斜体小楷	الديواني	公文体
الهمايوني	王室体	الفارسي	波斯体
الطغراء	组合文字	الطوماري	书卷体

讨论思考题：

一、阿拉伯书法是怎样发展起来的？

二、阿拉伯书法的实用性表现在哪里？

三、阿拉伯书法有哪几种主要字体？每种字体的特点是什么？

补充阅读：

1- لقد جاء في تعريف الخط أنه رسوم وأشكال تدل على الكلمات المسموعة. وليس لدينا من آثار العرب في الحجاز ما يدل على أنهم عرفوا الكتابة لغلبة البداوة على طبائعهم. على أن الذين اتصلوا منهم بإخوانهم عرب الشام أخذوا عنهم الكتابة، فأخذ بعضهم يكتب العربية بالحرف النبطي الذي تولد عنه الخط النسخي (الدارج) ، وبعضهم الآخر بالحرف السرياني الذي أعطى الخط الكوفي. وعند ظهور الاسلام وتزايد الحاجة الى تدوين كلام الله استخدم العرب المسلمون الخط الكوفي المأخوذ عن عرب العراق في تدوين الآيات القرآنية والنصوص الدينية، بينما استخدموا الخط النبطي النسخي لكتابة المراسلات والمكاتبات العادية.

وقد تفنن الخطاطون العرب في رسم الحروف التي استحالت على أيديهم، وقد أطالوها إلى أعلى أو مدوها على الجانبين ونمقوها بالذيول والنقاط الى تحفة فنية ذات روعة وجمال. واستخدم العرب مثل هذه الخطوط الفنية الرائعة للزخرفة والتزيين، وبلغ الخطاطون الفنيون منزلة عالية لم يصلها أي فنان آخر في ديار الاسلام. ومن أشهرهم : الريحاني وابن البواب وياقوت.

2- لا نقصد بالخط الكتابة ولكن تجويد رسم الحروف بأشكال مختلفة وهو فن اسلامي خالص، وجد به المسلمون منفذا للتعبير عن رغبتهم في ابداع الجمال وتذوقه حين كان التعبير عن ذلك بالتصوير وتمثيل

الكائنات الحية أمرا مكروها من المتدينين. بدأ تجويد الخط في الكوفة ثم في الشام ولكن فن الخط انما ازدهر في القرن الثاني الهجري فلم يأت القرن الثالث حتي أصبح أشرف فن يرغب فيه. وقد ظهرت مع تفنن الكتاب وضرورات الحاجة وتغير الزمن أنواع مختلفة من الخط بقي لنا منها : الثلث والكوفي بأنواعه والنسخي (كأحرف الطباعة) والرقعي (كخط الكتابة) والديواني بأنواعه (وقد كانت تكتب به المراسيم السلطانية) والفارسي أو التعليق، ولكل نوع من هذه الأنواع قواعده وأسلوبه ونسبه وأدابه، وقد بلغت الغاية في الدقة والاحكام .

3- أما الزخرفة الهندسية فقد تطورت في الفنون الاسلامية تطورا عظيما بفضل خصب خيال الفنان العربي المسلم فشملت جميع الأشكال المعروفة مبسطة أو مركبة متداخلة أو متشابكة وأصبحت تتمثل فيها كل أصول الجمال الفني من تكرار وتنوع وتشعع، وكان من أخص مميزاتها استخدام الكتابة العربية فقد افتتن بها الفنان المسلم واتخذها أداة لاحداث التأثير الجمالي وأصبحت هذه الزخرفة تتضمن سواء علي الجدران أو علي التحف كل معاني الجمال ولم تلبث أن تطورت وتنوعت ثم تداخلت معها الأزهار والفروع النباتية فتشعبت وتعقدت وتعانقت وطغت عليها الزخارف حتي أصبح النظر يضطرب حائرا بين ابداع مظاهرها ومعانيها، وقد بلغت الكتابة الكوفية علي التحف والآثار الفاطمية درجة عالية من التطور فتداخلت فيها التوريقات والأزهار وانتصبت أسنان الحروف وانفتحت المحاجر واستدارت العروق والأهداب ونبتت السيقان في تشكيلات متناسقة من الرؤوس والأطراف، وتناول الخطاط الأطراف بالتطويل والتقويس. وقد بلغ خطاط الأندلس ذروة التطور في الزخرفة الكتابية الي حد الاسراف الجنوني في قصر الحمراء بغرناطة واستطاعوا أن يخلقوا بمهارتهم من الحروف العربية طرازا زخرفيا ينطق بنضوجهم الفني ويستشير في النفس نشوة طاغية فتعانقت في الحروف ورؤوسها وتضافرت سيقانها وتشابكت خواصرها وامتلأت أرضيتها بين السيقان والرؤوس بباقات من الورود والثمار والوريقات والزهور وتكونت من أعناق حروفها أقواس وفصوص تشابكت وتجدلت وامتدت أطرافها في ايقاع موسيقي الي قمة التكوين. ولقد أثارت الكتابة العربية كعنصر زخرفي اسلامي اعجاب رجال الفن في اسبانيا المسيحية وفرنسا فاتخذوا من حروفها أداة لتزيين كنائسهم وتحفهم، فنجدها ممثلة في واجهة كاتدرائية نوتردام دي بوي بالأوفرني في فرنسا كما نشهدها تشكل عنصرا زخرفيا علي الأطباق الخزفية بمنيشة وبلنسية وكذلك علي بعض المنسوجات.

الدرس التاسع الفلسفة العربية

إنبعث الفلسفة العربية من الفلسفة اليونانية، وذلك عن طريق حركة الترجمات التي تستمرّ حوالى مائة سنة في العصر العباسي حيث قرأ العرب الفلسفة في كتب أفلاطون وأرسط وفي الشروحات والآراء التي أضيفت اليها من المفكّرين اليونان فيما بعد. وبعد اخضاعهم هذه الأفكار والآراء للدرس والتلخيص أخذوا يشرحونها ويعلّقون عليها ويناقشونها ويحاولون التوفيق بينها وبين الدين الاسلامي. وقد بدا ذلك بمثابة نشأة الفلسفة في الاسلام على يد المعتزلين الذين أثاروا جدلا كبيرا بسبب قولهم بخلق القرآن، وكان ذلك على عهد الخليفة المنصور، فلاقت أفكارهم تأييدا كبيرا من هارون الرشيد وأصبحت أفكار المعتزلة مذهب الدولة الرسمي في عهد المأمون، واستمرت كذلك في عهد المعتصم والواثق. وكانت هذه الفلسفة أخرجت أول داع كبير لها في ذلك الوقت هو يعقوب الكندي الذي قد تأثر بمذهب الأفلاطونية المحدثة وانضم الى المعتزلة.

ولما انتقلت الخلافة الى المتوكّل الذي اعتمد على الأتراك وهم حديثو العهد في الاسلام متعصّبون له حاقدون على الفرس جاهلون لفكر اليونان، فنقض الخليفة سياسة أسلافه، ولاحق المعتزلين ونكّل بهم وسّن قانونا يحتّم القول بأن القرآن أزلي غير مخلوق. فقامت جماعة من العلماء السنّيين عرفوا بالمتكلّمين تقول بتحكيم المنطق والعقل في اثبات العقائد الأصلية، وكان أبرزهم أبو الحسن الأشعري الذي آمن بالجبرية. ونتيجة لموقف البلاط خبّت موجة الفلسفة في بغداد لتشعّ في عواصم الاسلام الأخرى. فقد تعهّد سيف الدولة الحمداني رعاية الفارابي الذي وضع مؤلفات كثيرة في الفلسفة والعلوم.

ثم أنشأ جماعة من المفكّرين في البصرة جمعية سرية سنة 973 م هي "جمعية إخوان الصفاء"، وكان سبب قيامها ثورة منشئيها على ما آلت اليه ديار الاسلام من ضعف وانحطاط وفساد وتوقهم الى التجديد الأخلاقي والروحي والسياسي. وخيّل الى هؤلاء المفكّرين العلماء أن هذا التجديد يتحقّق بالمزج بين الفلسفتين اليونانية والمسيحية وبين التصوّف الاسلامي. أصدرت هذه الجمعية العلمية بعد الدراسة والتحليل إحدى وخمسين رسالة ضمنتها خلاصة العلوم الطبيعية والدينية والفلسفية وكان لها تأثير بالغ على الفلسفة العربية فيما بعد، حيث يظهر هذا الأثر جليا عند الغزالي وابن رشد وخاصة عند ابن سينا الذي تخطّاهم في نزعته العقلية. وقد فصل ابن سينا فلسفته العقلية المنطقية في كتابي " الشفاء" و" النجاة " وهو آخر فلاسفة المشرق العربي. فبعد وفاته خبّت أفكار الفلسفة بسبب ملاحقة السلاجقة لأصحاب الأفكار الجريئة.

غير أن هذه الأفكار الفلسفية وخاصة أفكار الشيخ الرئيس ابن سينا واخوان الصفاء كانت قد تسرّبت الى الأندلس وتلقّفها مفكّروه بشغف ودرسوها وعلّقوا عليها، فنبغ منهم في الفلسفة ابن رشد أفضل من شرح فلسفة

أرسطو وسمّي لذلك بـ" الشارح العظيم " ، وعن طريق شروحاته وصلت فلسفة أرسطو الى الأوروبيين في القرون الوسطى.

ومن أعظم الفلاسفة العرب يعقوب الكندي وابن سينا والفارابي وابن رشد.

الكندي : (801 - 865 م) ولد بالكوفة ودرس في البصرة واشتهر بالفلسفة والطبّ والفيزياء والموسيقى، وقد اختاره المأمون وعهد اليه بترجمة كتب أرسطو، وكان مهندسا قديرا وطبيبا حاذقا وموسيقارا كبيرا وفيلسوفا نابغا. وقد أثّر في الفلسفة الاسلامية وله فيها مؤلّفات وتصانيف أراد أن يجمع بين فلسفة أفلاطون وفلسفة أرسطو، وكان منهجه الفلسفي منطقي رياضي. قال الكندي : " إن الحقّ الكامل لم يصل اليه أحد وانه يتكامل بالتدريج بفضل تضامن أجيال المفكّرين." وقال : " إن الفلسفة لا تنال الا بالرياضيات أى أن الانسان لا يكون فيلسوفا الا اذا درس الرياضيات." وكان الكندي منصرفا الى الحياة الجادة عاكفا على الحكمة ينظر فيها التماسا لكمال نفسه. ومن قوله : " العاقل من يظنّ أن فوق علمه علما فهو أبدا يتواضع لتلك الزيادة ، والجاهل يظنّ أنه قد تناهي فتمقته النفوس.".

يعتبر الكندي أول فيلسوف عربي وأول من حاول التوفيق بين الدين والفلسفة متّخذا التأويل للآيات القرآنية وسيلة لتحقيق هذا التوفيق مؤدّي مذهبه أن العالم مخلوق لله يفعل فعله فيه بوسائط كثيرة وأن احداث الكون ترتبط بعضها ببعض ارتباط العلة بالمعلول وأن النفس جوهر بسيط من جوهر الله هبط من عالم العقل الى عالم الحسّ، وبمفارقتها البدن تشهد الحقائق وتستشعر اللذّة، والحواس تدرك الجزئي أو الصورة المادية والعقل يدرك الكلي أو الصورة العقلية. ونظريته في العقل تتّصل بنظرية العقل عند أرسطو، فمهد الكندي بمصنّفاته لمن جاء بعده من الفلاسفة.

ابن سينا (980 - 1036 م) ولد في بخارى ودرس علم الطبّ كما درس علم الفلسفة من كتب أرسطو وأفلاطون وبدأ يصنّف المؤلّفات وهو في الحادية والعشرين من عمره وكان يعالج المرضى دون أجر واكتسب شهرة بذّ بها أهل زمانه حتى لقب بالشيخ الرئيس. كان تنقّل بين قصور الأمراء مشتغلا بالتعليم والسياسة حتى توفى بهمدان. له مصنّفات كثيرة في العلوم الفلسفية وغيرها منها " الشفاء " و" النجاة " و" الاشارات والتنبيهات " و "جامع البدائع " و" القانون " في الطب الذي جعل ابن سينا عمدة الأطبّاء و حجّة في علم الطب في العصور الوسطى. في نظره تكون أقسام الفلسفة ثلاثة بعدد أنواع الوجود فالمنطق للوجود الذهني والطبيعيات للوجود المادي المحسوس والإلهيات للوجود العقلي المفارق. ووضع نظرية الفيض التي تشرح كيفية صدور الكثرة عن الواحد فالماديات لا تصدر مباشرة عن الله وانما يتمّ ذلك خلال سلسلة من الفيوضات التي آخرها العقل الفعال وعنه تصدر المادة الأرضية والصور الجسمية والنفس الانسانية. كما يشرح الفيض فكرة الخلق وفكرة المعرفة حيث تستمدّ من العقل الفعال حتى يتوج كل ذلك بالأتحاد أو الاتصال.

الفارابي (870 - 950 م) : ولد في خراسان وهو من أصل تركي أقبل على العلوم الاسلامية من فقه وحديث وتفسير، وتعلّم العربية الى جانب التركية والفارسية ولغات أخرى، كما أولع بالدراسة العقلية من رياضة وفلسفة ومنطق وطب وموسيقى. كان يعمل في بلاط سيف الدولة الحمداني يشرح كتب أرسطو المنطقية والطبيعية والأخلاقية، فلقب بالمعلم الثاني (المعلم الأول هو أرسطو والثالث هوابن سينا) ومن مؤلّفاته "إحصاء العلوم" و" رسالة في معاني العقل " و" آراء أهل المدينة الفاضلة " و"جمع بين رأيي الحكيمين أفلاطون وأرسطو". إن فلسفة الفارابي هي العلم بالموجودات إما واجب الوجود بذاته أو بغيره وهو الممكن،

وواجب الوجود بذاته عقل وعاقل معقول وله غاية الكمال والجمال ولا برهان عليه بل هو برهان على كل شيء، وهو العلة الأولى، والواحد الذي لا شريك له هو الله الذي يصدر عنه كل ما في الوجود. وأول ما صدر عنه هو العقل الأول أو المبدع الأول ثم سلسلة من العقول. إن العقل الإنساني يظلّ بعد الموت مستقلاً بذاته. أما في الأخلاق فيوافق الفارابي أفلاطون تارة وأرسطو تارة أخرى والمعرفة العقلية عنده أسمى من العمل الخلقي. من رأيه إن الانسان والحيوان يشتركان في الاحساس والنزوع وإنما الانسان يمتاز بإرادته الصادرة عن الفكر والرؤية. حاول الفارابي التوفيق بين أفلاطون وأرسطو من ناحية وبين آراء الحكيمين اليونانيين والتعاليم الاسلامية من ناحية أخرى.

ابن رشد (1126 - 1198 م) : ولد في قرطبة الأندلس ونشأ وترعرع في أسرة علم وحكمة فكان جدّه من كبار القضاة وإمام المسجد الكبير بقرطبة وصاحب مؤلّفات كثيرة في الشريعة الاسلامية ووالده كان قاضيا كذلك.

يعتبر ابن رشد من أعظم حكماء وفلاسفة في القرون الوسطى، كان حجّة في شرح نظريات أرسطو وأهمّ شروحه تفسير "ما بعد الطبيعة " لأرسطو، فشغل بالتوفيق بين الفلسفة والدين وباثبات أن الشريعة الاسلامية حثّت على النظر العقلي وأوجبته وإنها والفلسفة حقّ وان الحق لا يضاد الحق. ضمن رأيه في " فصل المقال فيما بين الحكمة والشريعة من الاتصال " و"الكشف عن مناهج الأدلة في عقائد الله ". أما في جانب الأخلاق فيجعل ابن رشد المصلحة العامة مقياسا صحيحا لقيم الأفعال كما يعتبر رأيه في الدين جديرا بالاعتبار حيث يربطه بالأحكام الشرعية والغايات الخلقية وتحقيقها. وكان يدافع عن فلسفته ضد هجمات الغزالي في كتابه " تهافت الفلاسفة " حيث وضع كتابه المشهور " تهافت التهافت ".

本课解题：

阿拉伯哲学

阿拉伯哲学是在古希腊哲学的基础上发展起来的，它直接起步于百年翻译运动。

阿拉伯帝国是在落后的阿拉伯民族征服周围比她先进的民族的基础上建立起来的。为了巩固政权，她必须向被她征服的先进民族学习。因此，从公元七世纪倭马亚王朝开始，阿拉伯人就注意翻译外族的文化遗产了。但那时的翻译还只是少数人的个人行为，翻译的内容也仅限于医学、炼金术和星相学等实用科学。公元八世纪，阿巴斯王朝建立以后，开始有目的地、有组织地大量译介波斯、印度尤其是古希腊的学术著作。到第七任哈里发麦蒙时代，翻译运动达到了顶峰。他建起了一座“智慧宫”，也就是国家图书馆，派人四处搜罗大批希腊典籍藏于其中，并任命一批精通希腊语的阿拉伯学者将这些书译成阿拉伯文，其中包括很多经典哲学著作。后来，许多希腊哲学著作的原著逸失了，这些经典是通过阿拉伯文译本保留到今天的。

希腊哲学传入阿拉伯帝国后，它那种注重理性和逻辑论证的思维方式对具有纯朴信仰的穆斯林们在思想上造成很大冲击，引发出很多从未思考过也难以解释的问题，如真主超绝万物和一些经文证明真主有实体、有方位的矛盾、真主的独立性和世界多样性的矛盾、

“前定”和人类意志自由的关系等等。一些伊斯兰学者便苦心钻研希腊哲学，运用理性思维和逻辑推理来证明造物主的存在，并解答穆斯林大众提出的多种问题。穆阿台基勒派就是这样产生的。此派也叫“教义学派”。他试图将伊斯兰教义和希腊哲学相结合，以哲学方法来解释信仰问题。

阿拉伯第一位系统的哲学著述家是肯迪。在他以后，涌现了一大批真正的阿拉伯哲学家，他们开始对哲学做纯学术的研究。这时的阿拉伯哲学才开始具有独立的品格。但这些哲学家又都是伊斯兰教信徒，他们的哲学研究仍然受到宗教教义的影响，只不过不再以信仰问题为其研究的终极目的。

阿拉伯最伟大的哲学家除了肯迪外，还有伊本·西那、法拉比和伊本·鲁士德。伊本·西那出生在中亚布哈拉，他在哲学、医学、天文和数学方面都有卓越成就，有科学泰斗和哲学之王的美称，是公认的医学和哲学的奠基人。在哲学上，他提出了科学与宗教的“双重真理论”，认为物质世界是无始无终的，物质不是出自真主，真主是第一存在，由真主产生理智、灵魂和肉体，再产生万物。他的著作极丰，最著名的哲学著作是《哲学和自然科学论文集》。他在西方以“阿维森纳”著称，是中世纪世界上最有影响的思想家之一。

法拉比出生于中亚霍腊散，他是中世纪人们心目中排在亚里士多德后的第二位导师。他的科学著作近二百种，全面系统地介绍了以亚里士多德和柏拉图为代表的古希腊哲学思想和逻辑学原理，并对其中一些主要课题进行了独到的研究，是阿拉伯新柏拉图主义的奠基者，他以后的哲学家无不受益于他。他被推崇为穆斯林哲圣。

伊本·鲁士德生于安达卢西亚的科尔多瓦，他是中世纪阿拉伯—伊斯兰哲学的集大成者。他认为哲学通过理性思维和逻辑推理得到的真理，和宗教通过天启和经传得到的真理都是真理，两者矛盾时，应相信哲学的判断。他的双重真理理论基本上是唯物的。他在西方被称为“阿维罗伊”，他的学说对中世纪欧洲影响极大，成为轰动一时的“阿维罗伊主义”，对以后的欧洲文艺复兴运动产生了积极的影响。

难点释疑：

حركة الترجمات التي تستمرّ حوالي مائة سنة في العصر العباسي

阿巴斯时代持续百年的翻译运动

当作为沙漠游牧民族的阿拉伯人通过军事扩张建立起地跨亚非欧三大洲的阿拉伯帝国后，为了巩固政权、传播宗教、发展文化、治理国家，他们开始非常重视向被征服民族学习，开始有目的地翻译周围先进民族的文化科学典籍。这种翻译活动，到阿巴斯王朝达到了空前的规模。在几位前期哈里发，尤其是曼苏尔、哈伦·拉希德、麦蒙的支持下，文人和学者们大量地翻译了古希腊、波斯、印度等民族的学术著作，大大丰富了阿拉伯人的知识，解放了他们的思想，激发了他们的求知欲，奠定了阿拉伯—伊斯兰文化多学科的基

础。这场始于阿巴斯王朝初期历时百年的翻译运动，是阿拉伯—伊斯兰文化史上的重要里程碑，也是世界文化史上的重大事件。她不仅迎来了阿拉伯文化繁荣灿烂的新时期，而且推动并沟通了东西方之间的文化交流，为保存人类文化遗产做出了具有历史意义的贡献。

وقد بدا ذلك بمثابة نشأة الفلسفة في الاسلام على يد المعتزلين الذين أثاروا جدلا كبيرا بسبب قولهم بخلق القرآن.

这可看作是伊斯兰哲学的兴起，它是通过穆阿台基勒派人之手开始的，他们因宣扬“《古兰经》被造论”而激起一场大辩论。

و كانت هذه الفلسفة قد أخرجت في ذلك الوقت أول داع كبير لها هو يعقوب الكندي.

在那个时候，穆阿台基勒派哲学推出了第一位伟大的宣传家肯迪。

فنقض الخليفة سياسة أسلافه ولاحق المعتزلة ونكّل بهم وسنّ قانونا يحتّم القول بأن القرآن أزلي غير مخلوق.

此哈里发背叛了前辈们的政策，开始追捕、惩罚穆阿台基勒派人，并立法判定《古兰经》是无始无终的，不是被造的。

كان سبب قيامها ثورة منشئيها على ما آلت اليه ديار الاسلام من ضعف وانحطاط وفساد وتوقهم الى التجديد الاخلاقي والروحي والسياسي.

这个团体建立的原因，是它的发起者要向伊斯兰国家所面临的腐败堕落发起进攻，希望重建道德精神和政治秩序。

主要人物：

柏拉图（公元前427~前347），古希腊哲学家。	أفلاطون
亚里士多德（公元前384~前322），古希腊哲学家。	أرسطو
穆阿台基勒派人，该派以哲学为工具，来阐释宗教教义，崇尚理性权威和意志自由，主张怀疑和试验，反对盲目相信含糊的概念。该派认为《古兰经》不是真主的属性，是“被造之物”。在伊教发展史上有进步意义。该派在阿巴斯王朝前期借助哈里发们的支持，势力最大，于公元十一世纪消亡。	المعتزلة
曼苏尔，阿巴斯王朝第二位哈里发。	المنصور
哈伦·拉西德，阿巴斯王朝第五位哈里发。	هارون الرشيد
麦蒙，阿巴斯王朝第七位哈里发。	المأمون
穆阿台绥姆，阿巴斯王朝第八位哈里发。	المعتصم
瓦西格，阿巴斯王朝第九位哈里发。	الواثق
穆台瓦基勒，阿巴斯王朝第十位哈里发。	المتوكّل
赛福道莱，阿巴斯王朝时，在萨姆地区割据的哈姆丹王朝首任苏丹。	سيف الدولة الحمداني

الكندي	肯迪（公元801~865），阿拉伯中世纪著名哲学家，物理学家，音乐家。
أبو الحسن الأشعري	艾什尔里（公元873~935），阿拉伯中世纪哲学家、教义学家。
الفارابي	法拉比（公元870~950），阿拉伯中世纪著名哲学家，音乐家。
ابن سينا	伊本·西那（公元980~1036），阿拉伯哲学之父，医学之父，音乐家。
ابن رشد	伊本·鲁士德（公元1126~1198），阿拉伯中世纪哲学的集大成者。
الغزالي	安萨利（公元1059~1111），阿拉伯中世纪教义学家、哲学家，曾以伊斯兰权威闻名。写《哲学家的矛盾》一书，批判希腊化阿拉伯哲学。伊本·鲁士德针锋相对写出《矛盾的矛盾》一书，对其进行逐句逐段的批驳，从而成就了伊本·鲁士德，使其成为誉满欧洲的哲学家。

重点词语：

سلجوقي ج سلاجقة	塞尔柱人
السني ج السنيون	逊尼教派，即伊斯兰教正统派。
المتكلّم	伊斯兰教义学家
الجبرية	宿命论
جمعية اخوان الصفاء	精诚兄弟学社，阿拉伯十世纪产生的带有宗教性和政治性的秘密学术团体。最早在巴士拉出现，后分散到阿巴斯王朝各地。该社的核心是一批著名学者，以书信的形式探讨交流学术理论。其中的51封书信被认为是极具科学价值的学术论文，是当时阿拉伯哲学和科学的集大成著作，在阿拉伯科技史上占有重要的地位。
الكوفة	库法，伊拉克古城。
البصرة	巴士拉，伊拉克古城。
بخارى	布哈拉，中亚古城，现位于乌兹别克斯坦。
خراسان	霍腊散，伊朗古城。
قرطبة	科尔多瓦，西班牙古城。
الشفاء	《治疗论》（伊本·西那著）
النجاة	《知识论》（伊本·西那著）
القانون	《医典》（伊本·西那著）
الإشارات والتنبيهات	《指导大全》（伊本·西那著）

الرسائل في الحكمة والطبيعيات	《哲学和自然科学论文集》（伊本·西那著）
آراء أهل المدينة الفاضلة	《君子城民之论》（法拉比著）
جمع بين رأيي الحكيمين	《两哲之学》（法拉比著）
تهافت الفلاسفة	《哲学家的矛盾》（安萨利著）
تهافت التهافت	《矛盾的矛盾》（伊本·鲁士德著）

讨论思考题：

一、阿拉伯哲学是怎样形成的？它的主要特点是什么？

二、阿拉伯古代有哪些重要的哲学家？他们的主要哲学成就有哪些？

补充阅读：

1 ─ لا شك أن الفلسفة العربية قد تأثرت بالفلسفة اليونانية وأن الفلاسفة العرب قد نسجوا علي منوال أفلاطون وأرسطو وأفلوطين، وأخذوا عنهم معظم آرائهم ونظرياتهم. ولكن تأثر فلاسفة العرب بفلاسفة اليونان لا يخفي ملامحهم الخاصة. فهم وان فتنوا بآراسطو واتبعوا آرائه ونسجوا علي سنوال الأفلاطونية الحديثة في كثير من أفكارهم إلا أن التيارات الفكرية المتعددة التي جمعوا بينها في ثقافتهم جعلت فلسفتهم مشابهة لفلسفة اليونان في أصولها ومبادئها مباينة لها في مقاصدها وغاياتها. فبينا نحن نجد الكندي والفارابي وابن سينا وابن رشد يقلدون أفلاطون وأرسطو نجد الغزالي وابن خلدون يبتعدان كل البعد عن أصول الفلسفة اليونانية. واذا علمت أن الظروف التي عاش فيها فلاسفة العرب مختلفة عن الظروف التي عاش فيها فلاسفة اليونان لم تعجب لما اشتملت عليه فلسفتهم من مفارقة للفلسفة اليونانية.

لا شك أن الفلسفة العربية فلسفة عقلية كالفلسفة اليونانية، لأن معظم فلاسفة العرب يعتقدون أن العقل قادر علي ادراك الحقيقة وأن النفس الانسانية التي تجرد ماهيات الموجودات من اللواحق الحسية والصور المتخيلة تستطيع في نظرهم أن تقلب هذه الصور الي معقولات كلية بتأثير عقل مفارق يطلقون عليه اسم العقل الفعال

وبرجع هذا الاختلاف في نظرنا الي أن الفيلسوف اليوناني ينظر الي العالم نظرة فنية (استتيكية) علي حين أن الفيلسوف العربي ينظر اليه نظرة دينية . بل الدين في نظر الفلسفة العربية كما هو في نظر فلسفة القرون الوسطى المسيحية أساس ضروري لابد للفيلسوف من التوفيق بينه وبين الفلسفة. وهذا التوفيق بين الآراء المتعارضة أبرز ما تتميز به الفلسفة العربية من الصفات.

2 ─ لم يكن لعرب الجاهلية فلسفة شبيهة بفلسفة الاغريق لأن طبيعة بلادهم كانت تدعوهم الي الكفاح في سبيل الحياة، والانسان ─ كما يقول الفلاسفة ─ يجب أن يعيش قبل أن يتفلسف. ولكن بعد الاسلام عندما دخل كثير من أتباع الديانات الأخرى ومن الأجناس غير العربية في الاسلام بدؤوا بنقل بعض الفلسفة الاغريقية وغيرها الي المسلمين. ولما أقبل المسلمون علي الكتب الأعجمية يترجمونها ويدرسونها ويفسرونها ويعلقون عليها. كانت الفلسفة الاغريقية ولا سيما مذهب الأفلاطونية الحديثة أكثر ما جذبتهم الي دراستها وتفهمها، وكان العلماء الذين بدؤوا ينبغون في العصر العباسي الأول أشبه بعلماء العصور القديمة والوسطى ملمين بأكثر من

علم واحد، فكان كثير منهم يشتغل بالرياضيات والفلك والتنجيم والكيمياء معا، كما أن كثيرا من أطبائهم كان يشتغل بالفلسفة وبالعلوم الأخرى، فالاختصاص لم يظهر لا في الشرق ولا في الغرب حتي هذا التاريخ. وكان الرجل لا يعتبر عالما أو فيلسوفا إلا اذا أحاط بأكثر من علم، ولكن يغلب عليه اسم رياضي أو فلكي أو منجم أو طبيب أو فيلسوف أو موسيقى فيما اذا تغلبت هذه الناحية عليه علي سائر العلوم الأخرى التي يتقنها. وعلي هذا الأساس يمكن أن نعتبر كثيرا من علماء العرب فلاسفة وخاصة في أول نشأة الفلسفة . ولكن المؤرخين المتأخرين يفرقون بين الفيلسوف وبين المشتغل بغيره من العلوم مما يدلنا علي أنهم حاولوا التفريق بين ذوى الاختصاص ومهدوا السبيل للاختصاص العلمي.

3— المعتزلة لغة من الاعتزال واعتزال الشيء وتعزله بمعني تتخلى عنه. أما المعتزلة اصطلاحا فيطلق علي أول مدرسة كلامية واسعة ظهرت في الاسلام ونشأت في البصرة في أواخر القرن الأول الهجري ونشطت في القرنين الثاني والثالث الهجريين وشكل رجالها فرقة دينية لها أفكارها ومبادئها. وهناك من قال إنها سميت المعتزلة لأن أهلها اعتزلوا البدع والأقوال المحدثة وكل من يخالف الدين الحقيقي ولقب المعتزلة أنفسهم بأصحاب العدل والتوحيد وأهل الحق لاعتقادهم أن ما يقولون هو الحق وأنهم يتبعون الحق دون غيرهم. بدأ ظهور المعتزلة في خلافة هشام بن عبد الملك حيث توقفت حركة الفتح والامتداد الاسلامي وأخذ المسلمون بالاستقرار في الأمصار والانصراف الي قراءة الدين ودراسته، ولما دخلت في الاسلام عناصر كثيرة جدا من غير العرب خلال حركات الفتح وكانت رواسب مبادئها وأفكارها القديمة لا تزال عالقة بها فقد أسهمت في ظهور الانقسامات السياسية والاضطرابات وبالتالي فتح الباب لنشاط الفرق الاسلامية. إن التعاليم الأساسية الأولية التي تقول بها المعتزلة هي :

A – القدر : ظهر قبل المعتزلة أناس ينكرون القدر أي يقولون إن الانسان خالق لأفعاله خيرها وشرها فسموا بالقدرية لإنكارهم القدر إلا أن أناسا آخرين قاوموهم وقالوا إن الانسان مجبور علي فعل ما يفعل لأن الله يخلق فيه الأفعال فأطلق عليهم اسم الجبرية، ولما قامت المعتزلة أخذت برأي القدرية فهم يقولون إن الانسان خالق لأفعاله وارادته حرة وإلا لما كان مثابا علي عمل الخير ومعاقبا علي فعل الشر والله تعالى حاشا أن يريد الشر لعباده ولذلك يصفون الله تعالى بالعدل وأن عدله يقضي أن يثبت المحسن علي احسانه والمسيء علي اساءته ولذلك يسمون أيضا بأهل العدل.

B – صفات الله تعالى : ان أخص صفة تنطبق علي المعتزلة هو قولهم أن الله تعالى قديم واحد لا شريك له في خلق هذا العالم وتكوينه، والله سبحانة وتعالي واحد ليس كمثله شيء وليس بجسم ولا شخص ولا يوصف بصفات الأشخاص الدالة عليهم وليس بمحدود ولا والد ولا مولود ولا تدركه الحواس فهو عالم قادر حي لا كالعلماء القادرين الأحياء وأنه القديم وحده ولا قديم غيره .

C – ألعالم حادث : وما داموا قد حضوا الله وحده بالقدم فالعالم حادث ولذلك حاربوا القول بقدم العالم، ذلك القول الذي كان ذائعا عند كثير من الفلاسفة الآخذين برأي أرسطو.

D – خلق القرآن : ان بعض آيات القرآن الكريم وصفت الله بالكلام وسمي الله تعالى القرآن بكلام الله فثار الجدل حول معنى كلام الله وبصفة خاصة حول القرآن الذي هو كلام الله، فذهب المعتزلة ما داموا قد نفوا أزلية صفات الله الي القول بأن القرآن مخلوق لأنه صفة من صفات الله، وذهبوا الي أن الاعتقاد بقدم القرآن الي جانب قدم الله شرك ولذلك قالوا ان كلام الله محدث مخلوق وهو أصوات وحروف يخلقها الله في غيره فتصل

الي نبيه عن طريق الوحي أو خلافه. ولقد اعتنق هذه الفكرة الخليفة العباسي المأمون وأجبر الناس علي اعتناقها ومن خالف هذا القول عاقبه علي رؤوس الأشهاد، وكان من جملة من أصابتهم هذه المحنة كما تسمي أحمد بن حنبل صاحب المذهب الحنبلي الذي كبل بالحديد من أجل اعتقاده هذا.

E – القول بالمنزلة بين المنزلتين : أي أن رأيهم في مرتكب الكبيرة هو في منزلة بين منزلتي الكفر والايمان أي أنه ليس بكافر ولا بمؤمن ولكنه فاسق.

F – القول بسلطة العقل : معني ذلك أن المعتزلة قالوا إن أصول المعرفة وشكر النعمة واجب قبل ورود السمع ، والحسن والقبيح يجب معرفتهما بالعقل واعتناق الحسن واجتناب القبيح واجب كذلك، وورود التكاليف ألطاف للباري تعالي أرسلها الي العباد وبتوسط الأنبياء انتحانا ليهلك من هلك علي بينة ويحي من يحيي علي بينة، فالشرع يأمر بالشيء لأنه حسن وينهي عن الشيء الآخر لأنه قبيح فالعقلاء ولو كانوا ملحدين يتفقون في وجوب الاحسان الي الفقير وانقاذ الغريق ويستقبحون نكران الجميل، فالله قد خلق الانسان عقلا فطريا يميز به الخيرمن الشر.

الدرس العاشر   علماء التاريخ والجغرافية

يحرص العرب منذ القدم على تسجيل انتصاراتهم كذلك يهتمّون بأوضاع البلاد التي دانت لهم وأحوال الشعوب التي ارتبطت بهم، لهذا عنى العرب بالتاريخ والجغرافيا.

ومن أهمّ الدوافع التي حدت العرب على كتابة مؤلفات التاريخ حرصهم على معرفة سير الرسول وأخبار الفتوح في عهده وعهد خلفائه.

وانتهج المؤرّخون العرب الأوائل في عملهم طريقة الرواية بالسند لا سيما فيما يتصل بالرسول من أقوال وأفعال. ومنهم ابن جرير الطبري وابن الأثير، ثم رأوا في مرحلة ثانية أن يتخلّوا عن الاسناد ويكتفوا بذكر الحوادث حسب حصولهم الزمني كما فعل ابن الأثير وأبو الفداء. ولما اتّسع نطاق الدولة واختلط العرب بغيرهم من الشعوب والحضارات أخذ مؤرّخوهم يتخصّصون، فمنهم من ألف في السير ومنهم من أرّخ دولة معيّنة ومنهم من كتب في التاريخ العامّ ومنهم من درس الطبقات الشتى. وأشهر من كتب في السيرة ابن اسحق، وقد وصلتنا سيرته عن الرسول مهّذبة عن طريق ابن هشام وعرفت باسم "سيرة ابن هشام ". ومن الذي أرّخوا للدولة المعيّنة المقريزي الذي يعّد كتابه أحسن مصدرعن مصر الاسلامية.

وفي تاريخ المدن أبرزهم أبو بكر الخطيب واضع " التاريخ الجامع لمدينة بغداد " وابن عساكر واضع كتاب " تاريخ دمشق"، أما في التاريخ العام فأشهر المؤرخين الطبري والمسعودي وابن خلدون، وهو أسبق كتاب تاريخه " المبتدأ والخبر في أيام العرب والعجم والبربر" بمقدمة طويلة حدّد فيها مبادئ النقد التاريخية وفلسفة التاريخ والاجتماع.

أخذ العرب عن اليونان كل ما توصّلوا اليهم في علم الجغرافية ثم درسوه ودقّقوا فيه وصحّحوه وزادوا عليه ونقلوه الى أوربا. وقد ساعد العرب على التفوّق في علم الجغرافيةّاتساع بلادهم وانتشار تجارتهم وحبهم للرحلات حيث جابوا الأقطار من الصين الى مجاهل افريقيا وسجّلوا مشاهداتهم. ومن طلائع هؤلاء الأشخاص التاجر سليمان الذي أبحر في منتصف القرن التاسع من الخليج العربي الى شواطئ الصين وسجّل مشاهداته في الكتاب الذي هو الأوّل من نوعه في العالم عن الصين. ثم جاء من بعده المسعودي الذي أمضى ربع قرن في التجوال في أنحاء الدولة والمماليك المجاورة لها وخاصّة الهند، وسجل ملاحظاته في عدة مؤلفات أشهرها " مروج الذهب ومعادن الجوهر". وأما أشهر الرحالة العرب فكان ابن بطوطة الذي أبحر من مدينة طنجة الى مختلف أنحاء العالم وسجّل مشاهداته في مختلف الأقطار التي زارها.

واشتهر بعلم الجغرافية ورسم الخرائط هوالشريف الادريسي واضع كتاب " نزهة المشتاق في ذكر الأمصار والأقطار والبلدان والجزر والمدائن والآفاق" المزوّد بحوالي أربعين خريطة جغرافية. ويعدّ " معجم البلدان" لياقوت الحموي موسوعة جغرافية ضخمة لا مثيل لها، كما ترك لنا الاصطخري كتابه " مسالك الممالك " وزيّنه بالخرائط الملوّنة لكل بلد على حده، كذلك وضع المقديسي بعد رحلة دامت عشرين عاما كتاب "أحسن التقاسيم في معرفة الأقاليم ".

و كانت مؤلفات الرحلات لكل من المسعودي وابن حوقل وابن بطوطة و المقريزي تعتبر مراجع ذات قيمة كبرى في دراسة أحوال المجتمعات القديمة وأحوال شعوبها وعاداتها وطرق معيشتها ومواسمها وأعيادها. ومن أعظمهم في هذا المجال ابن خلدون الذي درس في كتابه الكبير"المبتدأ والخبر" عوامل الجماعات وتطورها وما يعتريها من عوامل ضعف وقوة وبقاء وانحلال، ولذلك اتّفق رجال العلم على اعتباره مؤسّس علم الاجتماع في العالم.

ابن جريرالطبري (839 - 923 م) ولد في طبرستان، كان يتنقل بين العواصم الكبرى طلبا للعلم في شبابه وأقام أخيرا في بغداد حيث توفى. يمثل كتابه " تاريخ الرسل والملوك " من الكتب الجامعة والموسوعية، إذ جمع فيه بين تفاصيل المتكلمين وتدقيق الفقهاء وتبصر الساسة في الأمور الأمرالذي رفع من قيمة الكتاب وجعله من أهمّ المصادر في التاريخ العام العالمي ونموذجا للصورة التي ينبغي أن يكتب بها التاريخ. فصل في كتابه مجموعة من الأخبار عن الإسرائيليات من تاريخه كما فصل أخبارالعرب وأخبار الفرس، فقد تتبّع في تفصيله الأحداث التي مرت بها الدولة العربية الاسلامية منذ الهجرة النبوية وفقا للترتيب الزمني، واهتمّ في الوقت نفسه بأن يذكر سلسلة الاسناد في الروايات المختلفة. وقد طبّق الطبري منهج الكتابة الحولية واهتمّ في الوقت ذاته بايراد تراجم للخلفاء في سني وفاتهم.

المسعودي (؟ - 956 م) ولد في بغداد ونشأ فيه وأمضى شبابه في التجوال، فزار بلاد آسيا الوسطى وبلاد ما وراء النهر والهند وسيلان ومدغشقر وأذربيجان والشام ومصر، وأخيرا استقرّ بالفسطاط. يعدّ كتابه "مروج الذهب " موسوعة حقيقية تجمع في موادها بين الدراسة التاريخية والجغرافية. ولم يقتصر المسعودي في هذا الكتاب على دراسة الموضوعات المألوفة عند المؤرّخين الذين سبقوه أو عاصروه، وانما انتقل الى ذكر قصّة خلق العالم ووصف طبيعة الأرض ودراسة الشعوب الأعجمية التي عرفها المسلمون، كما بحث في تاريخ العرب في الجاهلية مؤكّدا على العناصر الحضارية في تاريخهم. ثم كتب بإيجاز في السيرة النبوية مهتمّا بالأحداث التي كان لها اتصال مباشر بعلي بن أبى طالب اهتماما خاصّا و بعد ذلك بحث في تاريخ الخلفاء متتّبعا للترتيب الزمني. له كتاب ثان كبير أيضا عنوانه " التنبيه والاشراف "، ضمنه المسعودي آرائه في فلسفة التاريخ والكون مؤكّدا المعنى العلمي لعلم التاريخ.

ابن بطوطة (1303 - 1377 م) ولد في طنجة المغرب قضى 28 سنة في الرحلات. كانت رحلته الأولى للحجّ عن طريق شمال افريقيا ومصر، وبعد ذلك زار الشام ثم فارس وآسيا الصغرى والقرم وحوض الفولجا الأدنى، دخل القسطنطينية ومنها الى خوارزم وبخارى وتركستان وأفغانستان والهند فخدم ثمانى سنوات في دهلي، ثم أرسل الى الصين ومنها نزل جزر ملديف وبعض جزر اندونيسيا ثم عاد الى مسقط رأسه 1347م. بعد ذلك قام برحلتين أخريين الى الأندلس والسودان الغربي وعاد الى فاس 1354 م حيث أملى كتابه " تحفة النظار وغرائب الأمصار" على كتّاب البلاط المريني.

ابن خلدون (1332 - 1406 م) ولد في أشبيلية لأسرة عربية هاجرت من اليمن، تنقّل في المغرب والأندلس وتولّى أعمالا سياسيا في بلاط المرينيين حيث لقى دسائس وووشايات فرحل الى مصر 1382 م وأقام بالقاهرة وألقى دروسا في جامع الأزهر. له مؤلّفات تاريخية واجتماعية أهمّها " المبتدأ والخبر في أيام العرب والعجم والبربر". يتكوّن هذا الكتاب من"المقدّمة"التي تشتمل على فصول في علم العمران والنظريات الاجتماعية والسياسية وتصنيف العلوم مما جعله مؤسّسا لفلسفة التاريخ وعلم الاجتماع. ويعدّ كتابه هذا مصدرا هامّا للمعلومات التاريخية في القرنين 13 و 14، كما أنه يضيف اليها وثائق ذات قيمة كبرى. و قد أرسى في "مقدمة " الكتاب الشهيرة علم الاجتماع في مختلف وجوهه حتى قيل إنها خزانة علوم اجتماعية وسياسية واقتصادية وأدبية.

本课解题:

阿拉伯历史学家和地理学家

真正的阿拉伯历史学和地理学是从公元八世纪阿巴斯王朝时开始的。在那以前，阿拉伯人只有口头流传的历史故事，并没有真正意义的笔著历史。

阿拉伯的历史研究是伴随着对先知穆罕默德的生平事迹的考证和对伊斯兰教对外征服的胜迹的考证开始的。出生于麦地那，曾任阿巴斯王朝麦蒙哈里发大法官的瓦基迪（公元 747~822），毕生致力于远征历史的研究和著述，写了 28 种著作，流传下来的有《圣战史》、《叙利亚的征服》、《埃及的征服》、《波斯的征服》等，为阿拉伯历史留下了极其丰富的资料，被公认为伊斯兰第一位真正的历史学家。而在先知穆罕默德生平研究上最为著名的是出生于巴士拉，死于开罗的伊本·希沙姆（公元?~828）。他根据前人伊本·伊斯哈格的《先知传》改写成资料更加翔实、系统、完备的《先知穆罕默德传》。这本书成为后代学者研究穆罕默德生平事迹的最重要的参考书。

阿巴斯王朝后期，波斯、希腊和印度的古典著作被大量译成阿拉伯文，穆斯林们有机会读到外族的古代史籍，从而开拓了眼界。同时，阿拉伯帝国幅员广袤，人口众多，商旅辐辏，交通网布各地，“学术旅行”蔚然成风，这也促进了穆斯林对各国历史地理的了解，使得历史研究的领域更加广阔，而哈里发王朝为自己的政治目的也鼓励研究和编写历史。因此，到阿巴斯王朝后期，涌现出众多极有影响的历史学家，历史著作更是浩如烟海。其中最有影响的历史学家有塔巴里、马斯欧迪、伊本·艾西尔、艾布·海退布、伊本·阿塞克尔、马格里基和伊本·海顿等。他们的著作，如塔巴里的《历代先知与帝王史》、马斯欧迪的《黄金草原》、伊本·艾西尔的《历史全书》、伊本·海退布的《巴格达志》、伊本·阿塞克尔的《大马士革志》、马格里基的《埃及志》、伊本·海顿的《阿拉伯、波斯、柏柏尔历史通鉴》等，都堪称传世名著。

阿拉伯地理学的研究和地理学家的出现，是和历史学的发展同步进行的。礼拜、封斋、朝觐的宗教需要，是促使穆斯林们关注地理的最初动力；商业的普及和穆斯林海外经商的

风气，使研究地理成为他们的物质需要。公元十世纪后，穆斯林们的学术旅行盛极一时，这更为阿拉伯地理学研究注入了动力。最后，在百年翻译运动中，古希腊的地理学名著如托勒密的《地理学》，被多次译为阿拉伯文，穆斯林学者在此基础上，对世界地理进行了更深入的探讨，绘制了更为精确的地图。所有这些因素都极大的促进了阿拉伯地理学的发展。

和历史学家一样，阿拉伯的地理学家也为数甚多，其成就卓著者有雅古特（著有《国别词典》）、伊德里斯（著有《世界地志》）、伊本·霍盖勒（著有《各国地志》）、麦格迪西（著有《各国最佳分类图》）、伊斯塔赫里（著有《世界图志》）、商人苏莱曼（他是第一个有记载的到过中国的阿拉伯旅行家，著有《中印见闻录》）、伊本·白图泰（到过中国的阿拉伯著名旅行家，著有《珍观奇闻》，即《伊本·白图泰游记》）。

难点释疑：

ومن أهم الدوافع التي حدت العرب على كتابة التاريخ حرصهم على معرفة سيرة الرسول وأخبار الفتوح في عهده وعهد خلفائه.

促使阿拉伯人编写历史的最重要的动力，是他们渴望了解先知生平，以及在他和他的继承人时代的征战事迹。

وانتهج المؤرّخون العرب الأوائل في عملهم طريقة الرواية بالسند لا سيما يتصل بالرسول من أقوال وأفعال.

早期的阿拉伯历史学家采用转述历史线索的方法书写历史，尤其是涉及先知的言行时。

وقد وصلتنا سيرته عن الرسول مهذّبة عن طريق عبد الملك بن هشام وعرفت باسم " سيرة ابن هشام ".

他写的《先知传》被伊本·希沙姆改写，后来以《希沙姆先知传》闻名。

وهو أسبق تاريخه " المبتدأ والخبر " بمقدّمة طويلة حدّد فيها مبادئ النقد التاريخية وفلسفة التاريخ والاجتماع.

他在他的"历史通鉴"著作正文前写了一篇很长的绪论，在这篇绪论里，他确定了历史批评以及历史哲学和社会学的原则。

وقد ساعد العرب على التفوّق في علم الجغرافيا اتساع بلادهم وانتشار تجارتهم وحبّهم للرحلات حيث جابوا الأقطار من الصين الى مجاهل افريقيا وسجّلوا مشاهداتهم.

阿拉伯人之所以能在地理学上走在前列，是因为国家的辽阔、商业的普及，还因为他们酷爱旅行，他们的足迹从中国直到人迹罕至的非洲，在各地都记录下他们的所见所闻。

主要人物：

ابن جرير الطبري　塔巴里（公元839~923），阿拉伯中世纪著名历史学家，著有《历代先知与帝王史》。

ابن الأثير　伊本·艾西尔（公元1160~1234），阿拉伯中世纪著名历史学家，生于伊拉克的贾基拉，后定居在摩苏尔，曾遍游伊拉克、叙利亚和巴勒斯坦，他的名著《历史全书》深受历史学家们的推崇。

أبو الفداء　艾布·费达（公元1273~1331），历史地理学家，生于大马士革，阿尤布王朝末代王子，著有《人类简史》，以《费达史书》闻名于世。

ابن اسحق　伊本·伊斯哈格（公元?~768），历史学家，生于麦地那，著有《先知传》。

ابن هشام　伊本·希沙姆（公元?~828），历史学家，生于巴士拉，依据伊斯哈格的史著写出更系统、完备、翔实的《先知传》。

المقريزي　马格里基（公元1365~1441），地方史学家，生于开罗，一生著述甚多，最著名的是《埃及志》。

أبو بكر الخطيب　艾布·海退布（公元?~1072），地方史学家，生于巴格达，其所著《巴格达志》对巴格达城的历史兴衰做了详尽的记述。

ابن عساكر　伊本·阿塞克尔（公元1105~1175），地方史学家，大马士革人，以其名著《大马士革志》闻名。

المسعودي　马斯欧迪（公元?~956），阿拉伯中世纪著名历史学家，著有《黄金草原》。

ابن خلدون　伊本·海顿（公元1332~1406），阿拉伯中世纪著名历史学家、社会学家，被公认为阿拉伯历史哲学和社会学的奠基人。

التاجر سليمان　商人苏莱曼，公元九世纪，波斯商人苏莱曼经海路到达中国，于公元851年用阿拉伯文写成第一部关于印度和中国的见闻录《历史的线索》。本世纪三十年代，刘半农先生据法译本将此书译成中文，书名为《苏莱曼东游记》。1982年，穆根来再一次重译，改书名为《中印见闻录》。因苏莱曼是以商人身份到中国的，后人即称其为"商人苏莱曼"。

ابن بطوطة　伊本·白图泰（公元1303~1377），阿拉伯中世纪著名旅行家，曾到过中国，著有《珍观奇闻》，即《伊本·白图泰游记》。

伊德里斯（公元1100~1166），阿拉伯地理学家，生于现摩洛哥的休达，后到格林纳达求学，曾遍游欧洲和地中海沿岸国家，按政治地理的观点编著《世界地志》。	الادريسي
雅古特（公元1178~1228），阿拉伯地理学家，辞书家，生于现土耳其艾纳杜尔，罗马人后裔，曾为奴隶，后被叙利亚哈马商人买去，因此后人称其为“哈马的雅古特”，经历坎坷，著有《国别词典》和《文学家词典》。	ياقوت الحموي
伊斯塔赫里（公元?~957），阿拉伯著名地理学家，生于现伊朗古城塔赫特贾姆希德（波斯波利斯），编绘《世界图志》，配有大量地图。	الاصطخري
麦格迪西（公元?~990），阿拉伯最伟大的地理学家之一，生于耶路撒冷，曾遍游伊斯兰各国二十多年，绘制各国彩色地图，著有《各国最佳分类图》，成为地理学的传世之作。	المقدسي
伊本·霍盖勒（公元?~977），阿拉伯杰出的地理学家，生于现伊拉克的摩苏里，遍游伊斯兰世界近三十年，著有《各国地志》。	ابن حوقل

重点词语：

《先知传》（伊本·希沙姆著）	سيرة الرسول
《巴格达志》（艾布·海退布著）	التاريخ الجامع لمدينة بغداد
《大马士革志》（伊本·阿塞克尔著）	تاريخ دمشق
《阿拉伯、波斯、柏柏尔历史通鉴》（伊本·海顿著）	المبتدأ والخبر في أيام العرب والعجم والبربر
《黄金草原》（马斯欧迪著）	مروج الذهب ومعادن الجوهر
《箴言集》（马斯欧迪著）	التنبيه والاشراف
《世界地志》（伊德里斯著）	نزهة المشتاق في ذكر الأمصار والأقطار والبلدان والجزر والمدائن والآفاق
《国别辞典》（雅古特著）	معجم البلدان
《世界图志》（伊斯塔赫里著）	مسالك الممالك
《各国最佳分类图》（麦格迪西著）	أحسن التقاسيم في معرفة الأقاليم
《历代先知与帝王史》（塔巴里著）	تاريخ الرسل والملوك
《珍观奇闻》，俗称《伊本·白图泰游记》。	تحفة النظار وغرائب الأمصار
塔巴里斯坦，波斯古城，位于里海南岸（现伊朗马赞达兰）。	طبرستان

فاس	非斯，摩洛哥古城。	طنجة	丹吉尔，摩洛哥古城。
كرمان	克尔曼，波斯古城。	أشبيلية	塞维利亚，西班牙古城。
القرم	克里木半岛（现属乌克兰）	جرجان	阿什哈巴德，波斯古城（现属土库曼斯坦）。
سيلان	锡兰（现斯里兰卡）	الفولجا	伏尔加平原（现属俄罗斯）
أذربيجان	阿塞拜疆	مدغشقر	马达加斯加
جزر ملديف	马尔代夫群岛	خوارزم	花拉子密，中亚古城。
فسطاط	富斯坦特（今开罗）	دهلي	德里

بلاد ما وراء النهر　河外国家，指中亚阿姆河东地区。

البلاط المريني　马林王朝宫廷，于公元1213~1554年统治摩洛哥的王朝。

讨论思考题：

一、阿拉伯中世纪历史学和地理学发展的原因是什么？

二、阿拉伯中世纪有哪些著名的历史学家和地理学家？他们的主要成就是什么？

补充阅读：

1- تذكر الروايات التاريخية أن العرب كانوا يتناقلون الحوادث التاريخية شفاها في زمن الخلفاء الراشدين وحتي في زمن الأمويين، ويروي المسعودي أن معاوية كان يجلس لأصحاب الأخبار يروون له أخبار العرب والعجم وسياستها في رعيتها. ومع أن تدوين التاريخ قد بدأ في العصر الأموي إلا أنه كان صيق النطاق بحيث لم يصلنا شيء مما دون في ذلك العصر إلا عن طريق الكتب التي دونت في العصر العباسي، ولذا كان العصر العباسي العهد الذهبي للتاريخ. والأسباب التي حملت العرب علي تدوين التاريخ وبخاصة في العصر العباسي هي الآتية:

A – رغبة الأمة في معرفة تاريخها والاستماع الي أخبار مجدها الغابر وسيرة زعمائها.

B– تأثير شخصية النبي في التدوين ذلك أن العرب رغبوا في حفظ أخباره وجمع أحاديثه ليستعينوا بها علي تفسير القرآن الكريم، فكان تدوين الحديث والعمل علي تفسير القرآن الكريم خير مساعد علي كتابة كتب السيرة التي هي جزء أساسي من تاريخ العرب.

C – رغبة العرب في معرفة الأنساب لما لها من المقام الرفيع في حياتهم، دعتهم الي تدوينها خوف ضياعها، فكان ذلك خير مساعد علي تدوين الحوادث التاريخية معها.

D – الخلفاء والأمراء : فقد شجع مثير من رجال الدولة السياسيين علي تدوين الحوادث التاريخية لما كان لهذه الأخبار من أثر في سياسة الدولة وادارتها، وكثيرا ما كان المؤرخون يدونون الكتب التاريخية لخليفة أو وزير أو أمير لاكتساب عطفه.

E – النزاع السياسي: علي اختلاف مظاهره كنزاع العرب والفرس الذي أدّى الي ظهور الحركة الشعوبية والنزاع الذي كان يجرى بين الفرق الاسلامية المختلفة أو غير ذلك إذ كان من هؤلاء المتنازعين

يروم الاعتزاز بتاريخه المجيد فيفاخربه ويسعي الي تدوينه.

F – الأدب العربي : أدت الرغبة في جمع أشعارالعرب وحكمهم وتدوين معانى كلمات لغتهم الي تدوين الأخبارالمتعلقة بذلك مع الروايات التاريخية المليئة بها والصلة متينة بالأدب والتاريخ، ومن أجل ذلك كانت كتب الأدب اليوم من المصادر المهمة للتاريخ العربي وعلي رأسها كتاب الأغاني.

G – الرغبة العلمية: أي الرغبة العلمية النبيلة في تدوين التاريخ إذ إن ازدهارالعلوم وتقدم الفكرأهاب ولا شك بكثيرمن العلماء الي تدوين التاريخ.

H – وتمشيا مع نمو الحاسة التاريخية عند كثير من المسلمين وتلذذهم بسماع أخبار السابقين انتشر القصاص في كثير من أنحاء الدولة الاسلامية، وهؤلاء كانوا يجلسون في المساجد ليقصوا علي الناس قصصا ذا صبغة تاريخية هو في حقيقة الأمر مزيج من الواقع والخيال ومع ذلك فان أثرهم كان واضحا في تنمية الحاسة التاريخية عند الناس.

ومهما يكن من أمر فقد بدأ التاريخ عند العرب المسلمين متأثرا بالحديث وأسلوب المحدثين، ويبدو من الكتب الأولى التي دونت في التاريخ الاسلامي – وبخاصة كتب السيرة النبوية وفتوح البلدان ونحوها – أن المؤرخين المسلمين الأوائل اتبعوا في رواية التاريخ نمط المحدثين الأوائل وأسلوبهم وبخاصة في الاسناد . وبالتدريج أخذ التاريخ ينفصل عن الحديث ليصبح علما قائما بذاته له منهجه وأسلوبه وأركانه وكلها جوانب بذ فيها المؤرخون المسلمون نظراءهم في المشرق والمغرب جميعا طوال العصور الوسطى.

2 - ان ابن بطوطة هو من أعظم الرحالة العرب وأكثرهم طوافا في الآفاق وأوفرهم

نشاطا وأشدهم عناية بالأخبار ووصف الحالة الاجتماعية في البلاد التي جال فيها، وهو كان من المغامرين الذين لا يقرلهم قرار ومن الذين يدفعهم حب الاستطلاع والرغبة في الاستمتاع بالحياة الي أن يركبوا الصعب من الأمور. ولد ابن بطوطة في مدينة طنجة 1304 م من أسرة عريقة أتيح لكثير من أبنائها الوصول الي منصب القضاء والنبوغ في العلوم الشرعية. غادر ابن بطوطة بلاد المغرب الأقصي في عام 1324 م الي الآراضي الحجازية، فمر ببلاد الجزائر وتونس وطرابلس ثم وصل الي الاسكندرية ووصفها وصفا موجزا، ثم جال في أنحاء الدلتا بمصر ووصف القاهرة والفسطاط، وبعد ذلك سافرمن القاهرة الي فلسطين وتنقل بين مدنها ووصف غزة وبيت المقدس وقبة الصخرة. ومن فلسطين سافر الي الشام وجال فيها وصف دمشق خاصة. وكان ابن بطوطة يعني بالخواص الاقتصادية فيذكر أهم ما تختص به المدن التي يزورها من منتجات زراعية أو صناعية ولا تفوته الاشارة الي الطريق منها. وبعد أن أدّى ابن بطوطة فريضة الحج في مكة المكرمة واصل رحلاته الي بلاد الجزيرة العربية والعراق وفارس وبعض البلاد الافريقية المطلة علي البحر الأحمر وحج مرتين خلال ذلك، ثم اتجه الي بلاد الأناضول وأبحر الي شبه جزيرة القرم وانتقل منها الي بلاد القوقاز ثم الي بلاد البلغار علي الشاطئ الأيسر لنهر إتل، وبعد ذلك واصل أسفاره الي سمرقند وترمذ ونيسابور وغزنة وكابل ثم دخل بلاد الهند عام 1333 م حيث اتصل بسلطانها وتولى منصب القضاء في دهلي وأقام فيها نحو ثماني سنين .

ثم رحل ابن بطوطة الي الصين مارا ببعض الجز رمنها سيلان، سومطرة وغيرهما. وقد ذكر في رحلته الي الصين بيانات وافية عن أحوال الصينيين من الالمسلمين والوثنيين، وعن اتقانهم الصناعات والفنون ولاسيما التصوير وصناعة " الصيني " ، كما أن فيها أقدم اشارة الي استخدام ورق النقد في المعاملات. ويبدو من رحلة ابن بطوطة أن المسافرين المسلمين القادمين الي الصين كانوا يلقون من بني دينهم في تلك البلاد

أعظم الترحيب والاكرام. من ذلك أنه حين وصل الي مدينة " قنجنفو" خرج لاستقباله القاضي وشيخ الاسلام والتجار في البلاد الصينية يحيونه ويقيمون له الولائم ويقدمون له الهدايا ويصحبونه الي رحلات في القوارب ومعهم المغنون والموسيقيون يغنون بالصينية والعربية والفارسية.

وعاد ابن بطوطة الي بلاده بعد أن أمضى في هذه الرحلة خمسة وعشرين عاما، فدخل مدينة فاس عام 1349 م ورحب به السلطان أبو عنان ترحيبا عظيما. وبعد ذلك قام ابن بطوطة برحلتين أخريين الأولى الي الأندلس والثانية الي السودان الغربي.

3- الإدريسي صاحب أشهر خريطة في العالم : بلغ المسلمون في القرن الثاني عشر الميلادي منزلة مرموقة من العلوم وسجلت الحضارة الاسلامية حينذاك أوج نشاطها. وكان علماء الاسلام في كافة التخصصات، من الأعلام الذين ارتبطت أسماؤهم بالعلوم ارتباطا كبيرا ، حتي أن ملك جزيرة صقلية روجرز الثاني حين أراد لبلاده أن تنهض وتلحق بالعالم الاسلامي، وكان ذلك عام 1144 م أرسل الي الأندلس طلبا لبعض علماء المسلمين حتي يساعدوه في بناء نهضة عمرانية وعلمية حديثة، ومنهم عالم الجغرافيا والرحالة الاسلامي الإدريسي. وهناك جلس الادريسي ليخطط أول خريطة حديثة للعالم كله يضع فيها كل ما استكشفه في رحلاته وما علمه من زياراته الشخصية بحيث تكون عملا فريدا لم يسبقه اليه أحد. ولد الادريسي في سبته سنة 1099 م وتوفي فيها سنة 1165 م نشأ وتثقف في قرطبة بالأندلس، ومن هنا وصف بالقرطبي فأتقن فيها دراسة الهيئة والفلسفة والطب والنجوم والجغرافيا والشعر، وطاف بلدانا كثيرة من الأندلس والمغرب والبرتغتل وصولا الي مصر. وقد يكون عرف سواحل أوربا الغربية من فرنسا وانجلترا كما عرف القسطنطينية وسواحل آسيا الصغري. قسم الادريسي العالم الي سبعة أقاليم وكل إقليم قسمه عشرة أقسام فصنع بذلك سبعين خريطة. ولم يكتف الادريسي بما توافر من كتب بل اعتمد بشكل أساسي علي تجاربه الشخصية ورحلاته في أنحاء العالم أولا وما لم يشاهده بنفسه اعتمد فيه علي الرحالة المسلمين والمشاهدين الثقات وكان يختبر المسافات علي خرائطه ويطبقها بنفسه. وحين اكتملت الرسوم جمع الادريسي العالم كله في خريطتين، الأولى علي كرة كبيرة من الفضة وهذه أول مرة في التاريخ تظهر خريطة العالم علي شكل كرة مجسمة، أما الخريطة الثانية فكانت تخطيطا دقيقا بالألوان يوضح كروية الأرض ويضيف اليها خطوط الطول ودوائر العرض المقوسة ووصفها في كتابه المشهور " نزهة المشتاق في اختراق الآفاق " الذي ألفه بطلب من ملك صقلية وقد أصبح هذا الكتاب من أشهر الآثار الجغرافية العربية، أفاد منه الأوربيون معلومات جمة عن بلاد المشرق، كما أفاد منه الشرقيون ونقلوا خرائطه وترجموا بعض أقسامه الي مختلف لغاتهم. قيل ان الادريسي كان يحضر مجموعة من نقاشي الفضة من صناع الأندلس وأمرهم أن يحفروا الخريطة علي الكرة الفضية ... وقد جاء في المراجع العربية وصف للطريقة التي اتبعها، فظهرت فيها البلدان بأقطارها ومدنها وريفها وخلجانها ومجاري مياهها ومواقع أنهارها وبحارها وما بين كل بلد منها من الطرقات المطروقة والأميال الممدودة والمسافات المشهودة، وكان نقش الخريطة بالألوان وقد طعمت بالعاج علي تفصيل ما يخرجه لهم ممثلا في لوح الترسيم فلم يغادروا شيئا إلا سجلوه كما رسمه لهم. وكان الملك وهو علي فراش الموت يتعجل رؤيتها كل يوم قبل وفاته، وعندما تمت الرسمة احتاج الادريسي الي عدة عمال لكي يحملوها الي الملك الذي فرح بها كثيرا وأمر بوضعها في قاعة العرش وطلب من الادريسي أن يقيم في بلاده وكافأه بالذهب. ألف الادريسي للملك كتابا آخر في الجغرافيا سماه " روض الأنس ونزهة النفس" أو " كتاب الممالك والمسالك" لم يعرف منه إلا مختصر مخطوط كما ذكر له كتاب آخر بعنوان " أنس المهج وروض الفرج ".

الدرس الحادي عشر   التربية الاسلامية

لقد رفع الاسلام من قدر العلم والعلماء وحث على طلب العلم، وأثبت ذلك الكتاب وحديث الرسول، فقال : "غدوة في طلب العلم أحب الى الله من مائة غزوة" وقال : "الموت قبيلة أيسر من موت عالم" وقال :" أطلبوا العلم ولو بالصين" وقال :" لا خير في من كان من أمتي ليس بعالم ولا متعلم" وقال :" الناس عالم ومتعلم والباقي همج".

وقبل انتشار المدارس كانت دراسة العلوم في أمكنة مختلفة كالمساجد وقصور الخلفاء والأمراء ومنازل العلماء والمكتبات. ومن المعروف ان عدد المسلمين الذين يعرفون القراءة والكتابة كان قليلا في صدر الاسلام، وقد استخدمهم الرسول كلهم أوجلهم للكتابة بين يديه، وكذلك اضطلع الذميون من أصحاب الديانات الأخرى بمهمة تعليم القراءة والكتابة للراغبين في تعلمها، وكان هذا النوع من التعليم يجري في منازل المعلمين وهو ما يسمى الكتاتيب فخصّص هؤلاء حجرة في بيوتهم لاستقبال الطلاب. قال أحد تلاميذ ابن سينا : كان يجتمع كل ليلة في دار ابن سينا طلبة العلم وكنت أقرأ معه "الشفاء" وكان يقرأ غيري من "القانون". وكان التدريس بالليل لعدم الفراغ بالنهار خدمة للأمير. وكان الخلفاء يعدون أنفسهم حماة للعلم ويرون أن قصورهم يجب أن تكون مركزا تشع منه الثقافة والعرفان ومثابة يلتقي فيها العلماء والأدباء، فأوجدوا الصالونات أو الجمعيات أو المجالس العلمية في تاريخ القصور وبخاصة قصور الخلفاء. وقد بدأت بقصر معاوية الخليفة الأموي الأول وازدهرت في عصر عبد الملك بن مروان والوليد بن عبد الملك في العصر الأموي. وفي عهد الدولة العباسية اتخذت هذه الصالونات أهميتها العلمية لتتناسب مع ذلك العصر وأصبحت تعقد في أوقات منتظمة وشملت قصور الأمراء والعظماء الى جانب قصور الخلفاء. وتنوعت هذه الصالونات فقد كان منها الأدبي ومنها العلمي والفني والموسيقي. وفي عهد الرشيد الذى كان واسع الثقافة قد جمع حوله صفوة من العلماء والأدباء وكذلك ابنه المأمون فكان عصره أزهى فترة في تاريخ النهضة بالعالم الاسلامي. إذ كان الخليفة نفسه عالما من أساطين العلماء فاختار أصحابه ورجال الدولة من الصفوة الأفذاذ في الشرق والغرب الى جانب الأساتذة والمشيرين والمترجمين والمفكرين الذين علىّ بهم بلاطه وزين ملكه. فأصبح بلاط المأمون يموج بجمهرة عظيمة من رجال العلم والأدب والشعراء والأطباء والفلاسفة الذين استدعاهم المأمون من جهات متعددة من العالم المتمدن وشملهم جميعا بعنايته مهما اختلفت مشاربهم أوجنسياتهم. فقد استفادت هذه المجالس وتلك الصالونات العلمية من التطور العلمي والأعمال الترجمية اللذين كانا طابع ذلك العصر.

ولما ضعف أمر الخلافة في بغداد وانتقل مركز الثقل الى الممالك المستقلة أو شبه المستقلة التي انقسم اليها العالم الاسلامي قامت أسر حاكمة تنافس بعضها بعضا في حماية العلم، وغدت القصور الجديدة في

العواصم المتعددة مراكز خصبة وكانت تلك القصور وما فيها من مجالس في ذلك العهد في مقام الجامعات والجمعيات العلمية اليوم.

وقد بدأت هذه الصالونات أو الجمعيات العلمية في القصور المصرية منذ ظهرت الدولة الطولونية. وقيل إنه في عهد الطولونيين والإخشيديين لم تكن هناك مدارس فكانت الدروس تلقى في قصور الأمراء والوزراء ومنازل العلماء، وفي بلاط الإخشيد كانت تلقى بحوث تاريخية كل مساء. ومع ذلك فإن مجالس الطولونيين والإخشيديين تتضاءل أمام صالونات الفاطميين بالقاهرة، لقد سار الفاطميون على أن يعقدوا مجالس علمية صاخبة من حين الى آخر، وقوام هذه المجالس أساتذة دار الحكمة الذين ينقسمون الى جماعات تبعا لمواد دراساتهم وتخصّصهم. فجماعة للمنطق وأخرى للفقه وثالثة للرياضة ورابعة للطب وهكذا، وكان كل واحد من هؤلاء يرتدى الخلعة الخاصة. وكذلك ازدهرت هذه المجالس العلمية في عهد الأيوبيين والمماليك.

والى جانب ذلك كانت توجد دراسات أخرى تقام في المساجد، فكان كل مسجد مركزا علميا وثقافيا الى جانب كونها مكان العبادة ومعهد التعليم و دار القضاء. وكان التعليم هو أول الأمر به ومباحا للجميع ومجانا. ولم تكن الحلقات التعليمية بالمساجد مقصورة على الدراسات الدينية وإنما تعدتها الى سواها من المعارف، فقد درست بالمساجد علوم اللغة والفلسفة والطب والفلك والرياضيات، وأصبح بعض هذه المساجد فيما بعد المدارس والجامعات من أشهرها جامعة الأزهر.

وبعد ذلك أنشئت المدارس وكانت لتعليم العلوم الدينية أول الأمر ثم عرفت العلوم الدنيوية كالطب وغيره طريقها اليها. فقد أمر المستنصر أن يعين طبيب حاذق بمدرسة المستنصرية يثبت عنده طلاب من المسلمين يشتغلون عليه في علم الطب ويوصل الى الجميع ما يوصل الى الفقهاء المحدثين من أجور وكان بالمدرسة ايوان وهو بقاعة المحاضرات أشبه، وبها مساكن للأساتذة والطلاب هى بالمدينة الجامعية أشبه تلحق بها المرافق من قاعات طعام ومطبخ وحمامات وما اليها. وكذلك نشأت المدارس النظامية في العراق نسبة الى منشئها نظام الملك الذى يعتبر مبتدعا للمدارس النظامية. فقد أنشأ شبكة منها في المدن والقرى ومدّها بما تحتاجه من كتب وعين لها المدرسين والطلاب والخدم وبذل للجميع العطايا والمنح ورتب لهم الأرزاق لينقطعوا للعلم. وقيل إنه كانت ببغداد نحو ثلاثين مدرسة كل منها بقصر بديع أشبه، وكانت في غاية الجلال والعظمة. كما أنشأ نور الدين زنكي المدارس النورية الكثيرة في سورية. وامتاز عهد الأيوبيين بأن الأمراء والأميرات والتجار وغيرهم أسهموا في انشاء المدارس وفي رعاية العلم. وأنشأ صلاح الدين نفسه المدارس في كل من مصر ودمشق واليمن والقدس. ويلاحظ أن مدارس الطب كانت قليلة نوعا وذلك لأن الطب كان يدرس أغلب الأمر في المستشفيات ليمكن التطبيق العملي للنظريات الطبية التي يلقيها الأساتذة على الطلاب، وعلى ذلك كان بالمستشفى ايوان ليستمع فيها الطلاب الى الدرس ثم ينسابون بين المرضى ليروا الأمراض ويعالجوها بإشراف أساتذتهم.

وجاء الأساتذة من العلماء الذين يتخذون التدريس مهنتهم والذين يعملون تطوعا لتثقيف الناس وتعليمهم، وكانوا موضع تقدير العامة والخاصة غالبا. وكان أبو الأسود الدولي يقول : ليس شئ أعزمن العلم، الملوك حكام الناس و العلماء حكام الملوك.

وكان للعلماء مراتب يعين كبيرهم صغيرهم يأخذ بيده ويقوده الى أن يغدو من الواصلين. وكان للشيوخ مراتب أيضا وهم بمثابة الأساتذة في الوقت الحاضر. وهناك المدرسون ثم المعيدون وهم الذين يعيدون الدروس

بعد أن ينتهي الشيخ من إلقائها، فكان يجلس مع الطلاب لسماع المحاضرة ولكن عليه قدرا زائدا على السماع من تفهيم بعض الطلبة وشرح النقاط الصعبة ومساعدة محدودي الذكاء. وقد ظهرت هذه المرتبة في القرن الخامس الهجري ولعل ظهورها اقترن بإنشاء المدارس. وقد تواتر ذكر المعيدين في المدارس النظامية وغدا منصبا مرموقا قلّ أن خلت منه مدرسة وكان من الجائز أن يندب معيد للقيام بعمل مدرس في مدرسة أخرى أو يرقى الى مدرس في نفس المدرسة، فإذا لم يثبت المعيد أمام السيل من التحدى فإنه يعود الى صفوف الطلاب يتلقى العلم في مجالس الشيوخ. أما عندما كان التدريس في المساجد فكانوا يختارون من بين النابغين من الطلاب فمن تخلف عن المتابعة في حلقة انتقل الى حلقة أخرى.

وكان الشيوخ يمنحون طلابهم إجازات، إن هى إلا شهادة يكتبها الشيخ على الورقة الأولى أو الأخيرة من الكتاب ويجيز له تدريسه، وكان يجوز أن يحصل على إجازة في موضوع معين ولا يزال طالبا في موضوع آخر، وكذلك عرفت العقوبات في الكتاتيب. وكان يقال : عصا المعلم من الجنة. وكانت الأم تقبل أن يضرب المعلم ابنها وتتدخل إن ضربه أبوه. وكان المعلمون يلجأون الى عقوبة الضرب والحبس حتى مع الأمراء.

وكان للأساتذة زى خاص يميزهم عن غيرهم. وفي عهد الفاطميين كانت كسوة رجال التعليم مهذبة تتكون من ست قطع أهمها القلنسوة والطيلسان والعمامة. ويرى البعض أن أزياء جامعات أوربا منقولة عنها. كذلك كان للأساتذة والمعلمين نقابة شأنهم في ذلك شأن بقية المهن، وكان نفوذ نقبائهم يرجح أحيانا نفوذ الخلفاء، ولم يكن يؤذن لأحد بالتدريس دون إذن النقيب. وإذا اختلفت الآراء فرأى النقيب يرجح. وكان الشيوخ يوجهون طلابهم للتخصص في العلوم التي تلائمهم ولا يترك هؤلاء لرغباتهم وحدها.

وكذلك كان معروفا ما نسميه بالبعثات العلمية منذ الجيل الاسلامي الأول وذلك حين تفرق علماء الصحابة في الأقطار وأقام كل منهم مركزا علميا في البلد الذى حل فيه، فحلقة في اليمن وثانية في الكوفة وثالثة في مصر ورابعة في البصرة وخامسة في المدينة وهكذا، وأصبح لكل مدرسة طابعها المميز. واشتهر كل شيخ بتخصص معين يدرسه في حلقة المسجد المعين أو في منزله. لذلك إذا كان من يريد أن يفهم أكثر ويرفع قيمته العلمية فعليه أن ينتقل من شيخ الى شيخ آخر، فازدهرت الرحلات العلمية التي قام بها طلاب العلم. وإذا لاحظنا أن وسائل الانتقال لم تكن ميسرة كما هى الحال الآن قدرنا الجهد الذى بذله هؤلاء الرواد في طلب العلم و تدوينه. كان طلاب العلم يرحلون في حماسة بالغة عبر القارات الثلاث ثم يعودون الى بلادهم كما يعود النحل محملا بالعسل ثم يعكفون على التدوين فيخرجون كتبا هى بدوائر المعارف أشبه، وهى المصادر الأولى للعلوم الحديثة بكل ما تحمله كلمة العلوم من معنى.

وفي القرن الخامس الهجري كانت الرحلات قد تغير هدفها فهى ليست الى المساجد أو الى منازل الشيوخ فقط بل الى المدارس التي ازدهرت في هذا العهد، حيث يجد الطلاب المقام والمأوى والأساتذة الذين يطلبون لديهم العلم، كذلك ازدهرت رحلات أخرى قام بها علماء ممتازون زاروا مختلف البلاد وسجلوا ملاحظاتهم ومشاهداتهم ودراساتهم في كتب الرحلات التي تعتبر من أغنى المصادر التاريخية، مثل ياقوت الحموي والمسعودي وابن بطوطة وابن حوقل والمقدسي وغيرهم. وكان هؤلاء الرحالة سواء من طلاب العلم والفقهاء والعلماء يلقون حيث يحلون إكراما وكرما بالغين.

وكانت الكتب قبل اختراع الطباعة غالية الثمن لا يقتنيها إلا الأغنياء لأنها كانت مخطوطات باهظة التكاليف، ولذلك لجأ القادرون من محبي العلم الى إنشاء المكتبات يجمعون فيها الكتب ويفتحون أبوابها للراغبين

كما فعل البطالمة في مكتبة الإسكندرية وفعل العباسيون في إنشاء بيت الحكمة في بغداد وكذلك فعل الفاطميون بإنشاء دار الحكمة في القاهرة. ولقد اتفق المؤرخون على أن هذه المكتبات كانت تؤدي ما تؤديه معاهد العلم والجامعات العلمية في الوقت الحاضر .

وكان في التاريخ العلم عند العرب خمس الشخصيات البارزين يوضعون على القمة في قيادة الحركة التعليمية في العصر الاسلامي، وأولئك هم المأمون ونظام الملك ونور الدين زنكي والحاكم بأمر الله وصلاح الدين الأيوبي، وقد ارتبطت هذه الأسماء ارتباطا رائعا وثيقا بالنهضة العلمية، وكان لكل منهم أثره الضخم في تاريخ الحركة العلمية الاسلامية. ومن الناس من يقول بحق إن جميع الحركات الثقافية في البلاد الاسلامية منذ عهد المأمون إنما هى فروع للأصول التي أنبتها هذا الخليفة العظيم. وقد كانت رعايته لبيت الحكمة وما أنفق عليه من مال وما جرى في عهده من ترجمات لتراث الإغريق مما يعد مضرب الأمثال. وكذلك كان نور الدين زنكي في سوريا راعيا للتعليم ومشرفا على نهضته وحاميا لها حتى أسلمها الى خلفه صلاح الدين بعد أن تلقاها ورعاها من سلفه العظيم نظام الملك. ثم رعى صلاح الدين هذا الغراس في مصر، فحفظ التراث العلمي من غوغاء التتار وأنشأ المدارس. وكان كرم صلاح الدين وسخاؤه داعيا لاجتذاب العلماء والطلاب. وقد كانت مصر في منتصف المسافة تقريبا بين العراق وخراسان وبين بلاد شمال أفريقيا والأندلس. أما نظام الملك وهوالمبتدع للمدارس النظامية فقد أوقف لمدارسه أوقاف عظيمة وعقارات للإنفاق على العلماء والمدرسين بها وللإجراء على الطلبة، ولقد قيل إن ما كان ينفقه نظام الملك بلغ ستمائة ألف دينار سنويا. وكذلك فعل نور الدين حين أوقف على المدارس النورية أوقافا يكفي ريعها الوفير للإنفاق على الطلاب والمدرسين إنفاقا متصلا سخيا. وكذلك كانت أوقاف التعليم في مصر، فمنذ أواخر القرن الرابع في عهد العزيز بالله أصبح الأزهر معهدا تعليميا أكثر منه مسجدا. وقد أوقف الحاكم بأمر الله على الأزهر وبيت الحكمة أوقافا عظيمة. كما قال المقريزي: إن الحاكم كان يؤكد أن هذه الوقفية دائمة للأبد لا يوهنها تقادم السنين. وقد حافظ الأيوبيون على هذا النظام أيضا. وفي بعض الحالات كانت تدفع نفقات التعليم من خزانة الدولة. وقد روى عن أحد الحكام أنه كان يقسم الخراج ثلاثا ويجعل الثلث للتعليم. ويمكن أن يقال بصفة عامة إن مراحل التعليم المختلفة قد عرفت في هذه العصور، فثمة مرحلة تقابل الابتدائية يتعلم فيها الصبيان مبادئ القراءة والكتابة والدين والرياضة، ثم مرحلة تقابل الثانوية وثالثة تقابل الدراسة العالية، ورابعة تقابل الدراسات العليا والبحوث. صحيح أنه لم تكن هناك حدود فاصلة بين هذه وتلك، ولكن من المؤكد أن ثمة مراحل متميزة المناهج حتى ما نسميه بالنظام الداخلي قد عرف بشكل واضح، وقد أطنب في وصفه الرحالة والمؤرخون.

本课解题：

伊斯兰教育

阿拉伯人非常重视教育事业，这主要是由于教祖穆罕默德的倡导。他在传教时，深感阿拉伯人缺少文化的弊端，在圣训中多次提到学问的重要，号召穆斯林努力学习文化知识。因此，穆斯林视接受教育为其宗教义务的一部分。

阿拉伯人的教育从一开始就与伊斯兰教和清真寺联系在一起。要履行宗教义务，就必须能背记《古兰经》，懂得有关的宗教知识和礼仪，这是促使穆斯林自觉学习的动力。学

习主要是在清真寺里进行。对于穆斯林来说，清真寺不仅是神圣的礼拜场所，也是接受教育的地方。清真寺是阿拉伯人历史上最早的学校。

倭马亚王朝时代，教育活动得到进一步发展。第五任哈里发阿卜杜·马立克率先在宫中给众皇子聘请家庭教师，迈出了私人教育的第一步。公元八世纪初，库法城出现了阿拉伯历史上第一所私人学堂（私塾），但广大穆斯林仍主要在清真寺接受教育。

阿巴斯王朝时期，随着政治的稳定，经济的繁荣，文化教育事业迅猛发展，私人学堂已遍及帝国各地，并出现了私人书院。这些私人学堂和私人书院以及清真寺一起承担起教育穆斯林子弟的义务。它们的开办者主要是当时的一些知名学者，教授的课程以《古兰经》为核心，学习诵读、书法，后逐渐增加圣训、语法、算术、诗歌等课程，授课的主要方式是背诵，并实行体罚制度。

到公元九世纪时，很多清真寺已发展成为重要的文化教育中心。著名的学者、文人纷纷在寺内设座讲学，传授各种学科知识，为伊斯兰教和社会培养出大批学有专长的人才。清真寺教学的基本形式是"学习圈"，即教师站在或坐在讲坛上或柱子旁，学生在其面前围坐成半圆形，座次依资历或学识排列。一些有才学有毅力的学子，为增长学问，往往从一个"学习圈"转到另一个"学习圈"，直到听完各知名学者的讲课。这就是有名的"学术旅行"。它逐渐形成风气，并进而造就了一批著名的旅行家和历史、地理学家。

阿巴斯王朝时代是阿拉伯文化形成并迅速发展成鼎盛之势的时代。第五任哈里发哈伦·拉施德创建的"智慧宫"是当时第一所官办学术机构，也是当时世界上影响最大的书院。它培养出了大批精通数学、天文学、哲学和逻辑学等自然科学与社会科学的科学家、哲学家和翻译家，翻译了希腊、波斯、印度几乎全部已知的学术典籍。在"智慧宫"的影响下，帝国境内的各割据王朝也相继建立了类似的学术机构，如法提玛王朝在开罗建立的《科学馆》。许多知名人士还创办了很多私人图书馆，数量之多，藏书之丰富，都是当时历史上罕见的。

公元十世纪，位于安达卢西亚的后倭马亚王朝的缔造者阿卜杜·拉赫曼三世创办了科尔多瓦大学，除宗教学外，还设立了天文学系、数学系和医学系，吸引了大批来自欧亚非三大洲的学子。这可认为是阿拉伯高等教育的开端。紧随其后，法提玛王朝也在开罗建立了有名的艾资哈尔大学。公元十一世纪，中亚地区也出现了高等学府——尼采米亚大学。这要归功于塞尔柱王朝首相尼采木·穆勒克，他一生提倡清真寺外的官办教育，他的名字后来成为阿拉伯官办学校的代名词。到十二世纪末，高等教育已遍及阿拉伯帝国各地。

难点释疑：

لقد رفع الاسلام من قدر العلم والعلماء وحث على طلب العلم، وأثبت ذلك الكتاب وحديث الرسول، فقال : "غدوة في طلب العلم أحب الى الله من مائة غزوة" وقال : "الموت قبيلة أيسر من موت عالم" وقال :" أطلبوا العلم ولو بالصين" وقال :" لا خير في من كان من أمتي ليس بعالم ولا متعلم" وقال :" الناس عالم ومتعلم والباقي همج".

伊斯兰教重视学问和学者，鼓励求知。《古兰经》和圣训可作佐证。先知说："对真主而言，一次学习胜过百次战功"，"部族易亡，学者难死"，"求知，哪怕远在中国"，"在我族人中，只有学者和求学者获福"，"除学者和求学者外，皆为野蛮人"。

كذلك اضطلع الذميون من أصحاب الديانات الأخرى بمهمة تعليم القراءة والكتابة للراغبين في تعلمها، كان هذا النوع من التعليم يجرى في منازل المعلمين، وهو ما يسمى الكتاتيب.

同时，被穆斯林保护的异教徒们也承担起教授求知者读写的任务。这种形式的学习是在老师家里进行的，这就是所谓的私塾。

وبعد ذلك أنشئت المدارس وكان لتعليم العلوم الدينية أول الأمر ثم عرفت العلوم الدنيوية كالطب وغيره طريقها اليها.

在这之后，学校兴建起来了，它开始是教授宗教知识的，然后医学等世俗知识也走进了它的大门。

ولكن عليه قدرا زائدا على السماع من تفهيم بعض الطلبة وشرح النقاط الصعبة ومساعدة محدودي الذكاء.

但是，他除了自己听课外，还有帮助智商有限的同学的义务，为他们解释难点。

وفي عهد الفاطميين كانت كسوة رجال التعليم مهذبة تتكون من ست قطع أهمها القلنسوة والطيلسان والعمامة، ويرى البعض ان أزياء جامعات أوربا منقولة عنها.

在法提玛王朝时代，教师的衣着非常体面文雅，共有六件套，其中最重要的是礼帽、绿袍和头帕三件。有人认为，现在欧洲大学里的教授服就是照搬这种着装的。

وكان نفوذ نقبائهم يرجح أحيانا نفوذ الخلفاء ولم يكن يؤذن لأحد بالتدريس دون إذن النقيب واذا اختلفت الآراء فرأى النقيب يرجح.

有时，教师工会会长的权力能超过哈里发们的权力。没有会长的同意，任何人都无权批准一个人任教。如果出现分歧，以会长的意见为主。

主要人物：

穆斯坦绥尔（公元 1226~1243），阿巴斯王朝第 36 任哈里发。	المستنصر
哈基木·比阿木里拉（公元 985~1021），法提玛王朝第六任哈里发。	الحاكم بأمر الله
阿齐兹·比拉（公元 955~996），法提玛王朝第五任哈里发。	العزيز بالله

نظام الملك	尼采木·穆勒克（公元1018~1092），塞尔柱王朝第二任苏丹阿里斯兰的首相，以创办清真寺外的官办学校闻名于世。
نور الدين	努尔丁（公元1118~1174），赞吉王朝第六任苏丹，以重视教育闻名。
صلاح الدين	萨拉丁（公元1138~1193），阿尤布王朝缔造者，以抗击十字军闻名，重视教育。

重点词语：

كتاب ج كتاتيب	私塾
أساطين	台柱，权威
مكتبة الاسكندرية	亚历山大图书馆，托勒密王朝于公元前三世纪建于埃及。
بيت الحكمة	"智慧宫"，公元830年阿巴斯王朝第七任哈里发麦蒙在第二任哈里发曼苏尔和第五任哈里发哈伦·拉施德所建皇家图书馆基础上正式创建于巴格达。
دار الحكمة	"科学馆"，法提玛王朝第六任哈里发哈基木于公元1005年建于开罗。
المدارس النظامية	尼采米亚学校，由尼采木·穆勒克所建的官办学校。
جامعة الأزهر	艾资哈尔大学（见下课注释）
ناسخ ج نساخ	誊抄者
حلقة الدراسة	清真寺里的学习圈
الطولونية	图伦王朝（公元868~905），统治埃及、巴勒斯坦地区的割据王朝。
الإخشيدية	伊赫西德王朝（公元935~969），继图伦王朝后统治埃及、巴勒斯坦、叙利亚地区的割据王朝，后被法提玛王朝所灭。
الفاطمية	法提玛王朝（公元909~1171），继伊赫西德王朝后所建的什叶派国家，势力达埃及、叙利亚及北非，为萨拉丁所灭。
الأيوبية	阿尤布王朝（公元1174~1260），继法提玛王朝后统治埃及、叙利亚地区，为萨拉丁所建。
المماليك	马木鲁克王朝（公元1253~1517），由阿尤布王朝的奴隶卫队夺权所建，后为土耳其奥斯曼王朝所灭。
التتار	鞑靼人
أسرة بختيشوع	巴赫提修家族，阿巴斯王朝著名医生世家，从第二任哈里发曼苏尔起服务于哈里发宫廷近三个世纪。
طرابلس الشام	的黎波里（黎巴嫩）

讨论思考题：
一、阿拉伯教育与中国古代教育比较有什么特点？
二、阿拉伯教育为阿拉伯文化的发展做出了什么贡献？

补充阅读：

1 — كانت في الأحاديث النبوية دعوة للمسلمين الي طلب العلم ولذلك حرص العرب بعد ظهور الاسلام علي طلب العلم وتأمين المعرفة لطالبيها.

وكان تعليم الأطفال يبدأ منذ اقتدارهم علي الكلام الصحيح وبلوغهم سن السادسة. فأبناء الأغنياء يتلقون تعليمهم علي أيدي معلمين خصوصيين، وأما سائر الأبناء وبعض البنات والنابهين من أبناء الأرقاء فكانوا يذهبون الي مدارس ابتدائية ملحقة بالمسجد، أو مقامة تحت شجرة بجوار عين ماء. وكان التعليم في هذه المدارس مجانيا تقريبا، ويتناول ما يكفي لأداء الصلاة وقراءة القرآن وحفظه ومعرفة ما فيه من أحكام الدين والقصص ومبادئ الأخلاق. وكانت طريقة التعلم في هذه المرحلة هي المذاكرة وأداته هي العصا وهدفه تقويم الأخلاق. أما التعليم الثانوي الذي حظي بعناية الدولة واشرافها فقد كان يتلقي التلميذ فيه دروسا في التفسير والحديث والفقه والشريعة، وكذلك في اللغة والنحو والبلاغة والأدب والمنطق والعلوم الرياضية والفلك. وأما طلاب التخصص أو التعليم الجامعي فعليهم الانتقال الي إحدى عواصم الثقافة العربية : بغداد ـ دمشق ـ القاهرة ـ قرطبة ... ليتعلموا علي أيدي مشاهير المفكرين ويحصلوا منهم علي شهادة تثبت كفائتهم فيما درسوه.

وفي معظم المساجد الي جانب المدرسة مكتبات كما كانت في معظم المدن دور عامة للكتب تضم مئات الألوف من المخطوطات النفيسة، جميعها تحت تصرف طلاب العلم والمعرفة. وفي القرن الثالث عشر عرفت بغداد ستا وثلاثين مكتبة عامة فضلا عن عدد لا يحصي من المكتبات الخاصة، لأن الأغنياء كانوا يتنافسون في اقتناء الكتب. ويروي عن الخليفة المأمون أنه كان يدفع لكل من يأتيه بكتاب جديد ثقل وزن الكتاب ذهبا. وقد استخدم العرب الورق وأقاموا مصانع لصنعه في عواصمهم منذ القرن الثامن الميلادي.

2 — كان المسجد أعظم معاهد الثقافة لدراسة القرآن والحديث والفقه واللغة وغيرها من العلوم وأصبح كثير من المساجد مراكز هامة للحركة العلمية وانصرف بعض فقراء المسلمين لطلب العلم في المسجد النبوي الشريف حيث بني الرسول الصفة وهي مكان مظلل في شمالي المسجد يأوي اليه فقراء المسلمين الذين حبسوا أنفسهم لطلب العلم. وكان المسجد فوق اعتباره مكان العبادة والمكان الذي يؤم فيه الخليفة الناس في الصلاة مركزا لادارة شؤون الدولة أو الولاية. وكان المنبر أشبه بالعرش يلقي منه بيان الخليفة لسياسة الدولة ويلقي فيه خطبته الأولي ويبين فيها سياسته في الحكم. وفي المسجد تذاع القرارات الهامة التي تتعلق بالصالح العام. ويستقبل الخليفة السفراء ويدبر شؤون الدولة. والمسجد هو المكان الذي يتخذه علماء التفسير والحديث مقرا لهم وهو المعهد الذي يتلقي فيه الأطفال اللغة العربية وأصول الدين. وهو المكان الذي اتخذه القضاة لعقد جلساتهم، بل لقد اتخذ بعض المساجد أماكن يلجأ اليها المسلمون ويصدون منها الأعداء. وسرعان ما فقدت المساجد أهميتها واقتصرت علي اقامة الصلوات الخمس وذكر اسم الخليفة في الخطبة، وذلك بعد انتشار المعاهد والجامعات. علي أن بعض المساجد ما زال حتي الآن معاهد دراسية تدرس فيها العلوم الدينية ويقوم بذلك أئمة المساجد. وكان مسجدا عمرو وابن طولون من اهم مراكز الثقافة في عهد الطولونيين والاخشيديين ثم أصبح

الأزهر في عهد الفاطميين مركزا هاما للثقافة ومثابة للعلماء وخاصة فقهاء المذهب الشيعي . وأهم خصائص الأزهر أنه وإن كان قد بدأ كغيره من المساجد لم يلبث أن أصبح جامعة يتلقي فيها طلاب العلم ورواده من كل صوب وحدب الكثير من مختلف العلوم والفنون. وكان يعقوب بن كلس وزير الخليفة العزيز بالله الفاطمي أول من فكر في تحويل الأزهر الي الجامعة. وكان العزيزومن جاء بعده من الخلفاء والسلاطين والأمراء يشجعون الطلاب من وطنيين وأجانب فيقدمون اليهم المأكل والمسكن وكل ما يوفر عليهم وسائل الراحة من غير أجر وأصبح يدرس في الأزهر التوحيد والفقه واللغة والنحو والبيان والطب وغيرها من العلوم. ومن هذه المعاهد الثقافية مسجد القرويين بفاس وقد أنشئ حول منتصف القرن الثالث الهجرى ثم اصبح مركزا هاما للثقافة الاسلامية كما أصبحت هذه الجامعة شاهدا علي ديمقراطية التعليم وعلي طرق التدريس ومراحل التعليم وتخصيص كراسي الأستاذية وشروط التعيين في وظائف التدريس ومراسيم تعيينهم ودرجاتهم العلمية والاجازات الفخرية ومجالس أو صياء الكليات والمساكن الجامعية للأساتذة والطلاب والمكتبات الجامعية. وفي هذه الجامعة الاسلامية وضع أساس التقاليد الجامعية التي تسير عليها الجامعات في الأمم الراقية كحفلة افتتاح الدراسة وحفلة التخرج وسلطان الطلبة وغير ذلك من الشواهد التي تدل دلالة واضحة علي أن المسلمين سبقوا الأوربيين في ديمقراطية التعليم ومن ثم ظهرت بجامعة القرويين طائفة من العلماء الذين تفوقوا في مختلف العلوم والفنون. كما قد جذبت مساجد قرطبة بالأندلس الأوربيين الذين وفدوا اليها لارتشاف العلم من مناهله والتزود من الثقافة الاسلامية ومن ثم ظهرت فيها طائفة من الفقهاء والعلماء والشعراء والأدباء والفلاسفة والمترجمين وغيرهم.

3ـــ عرف العالم الاسلامي الجامعات والحياة الجامعية والنظم المرتبطة بها قبل الغرب الأوربي بمئات السنين. ومن أمثلة الجامعات الاسلامية الشهيرة الجامعة الأزهرية التي أسست في القرن العاشرالميلادي، والمدرسة النظامية التي أسسها في بغداد نظام الملك وزيرالسلطان السلجوقي ألب أرسلان في القرن الحادي عشر، وغير ذلك من الجامعات العديدة التي انتشرت في العالم الاسلامي شرقية وغربية. ولدينا صورة رائعة للتنظيم الجامعي في البلاد الاسلامية تبدو فيما ذكره المؤرخون عن المدرسة المستنصرية التي أسست في بغداد سنة 1234 والتي انتازت بفخامة مبانيها واتساع أروقتها وغني مكتبتها بالمؤلفات التي تناولت مختلف ضروب المعرفة، وقد رتبت الكتب في تلك المكتبة بحيث يسهل الرجوع اليها لقراءتها أو نسخها، ولم تضن ادارة المكتبة علي الطلبة بما يحتاج اليه من أوراق وأقلام ومسارج للاضاءة، كما زودت المكتبة بصهاريج خاصة لتبريد مياه الشرب وساعة مائية عند مدخل البهو الكبير، كذلك شهدت هذه المدرسة نوعا من الحياة الجامعية لم تعرفها الجامعات الأوربية إلا في العصور الحديثة فكان للأساتذة والطلبة مرتبات شهرية ثابتة. وللمدرسة مطبخ يمدها بجرايات يومية من الخبز واللحم وغيرها من ألوان الطعام. وملحق بالمدرسة حمام للطلاب ومشفي له طبيب خاص يحضر كل صباح ليطمئن علي الطلبة، ويصف للمرضي ما يلزمهم من دواء يعد خصيصا لذلك المشفي. وهكذا يبدو أن الجامعات الاسلامية العربية عرفت منذ أمد بعيد قسطا من نظم المدن الجامعية التي لم تعرفها أوربا إلا بعد عصورطويلة.

الدرس الثاني عشر   المراكز العلمية والتعليمية

اقترنت الدعوة الاسلامية منذ البداية بالعلم والتعليم باعتبارهما من الضرورات اللازمة لتطور الانسانية، ولأنهما ركيزة أساسية لتحقيق التربية الصحيحة التي كانت تهدف اليها الدعوة الاسلامية. وعلى هذا النحو اتخذ المسجد الجامع منذ تأسيسه مركزا للتعليم، وظل يؤدي هذه المهمة في القرون الأربعة الأولى للهجرة الى أن استحدثت المدرسة. وفي أثناء ذلك نشأت مراكز تعليمية أخرى كالجامعات ودور العلم وبيوت الحكمة والمكتبات.

كان العرب يبنوا في كل من المدن الكبيرة والصغيرة كثيرا من الجوامع مثل جامع الأزهر بالقاهرة وجامع الزيتونة في تونس والجامع الأموي بدمشق وجامع عقبة بالقيروان وجامع قرطبة بالأندلس وجامع القرويين في المغرب والجامع الكبير في صنعاء اليمن، كذلك جامع البصرة وجامع الكوفة في العراق، وكانت هذه الجوامع إنما هى مراكز العلم والتعليم بل إن بعضها كان يتخذ أصلا للتدريس وتصلى به صلاة الجمعة فقط. فكانت هذه الجوامع إنما هى جامعات اسلامية بالمعنى الحديث خاصة، وأنه لم تكن تدرس بها العلوم الدينية وحدها بل كانت تدرس بها علوم أخرى كالطب والفلك والرياضيات والهندسة.

والى جانب بناء المساجد بنى العرب في أثنائه المكتبات، وإن ذلك الا تقليدهم لما فعل أجدادهم الذين بنوا مكتبة الاسكندرية التي عرفت بأنها من أقدم الجامعات أو من أقدم الأكاديميات. فحظيت منذ أن أنشأها بطليموس الأول بشهرة عالمية تجاوزت كل تقدير في الحسبان الى حد أن هذه الشهرة طغت على كل ما اكتسبته مكتبات العالم في العصرين القديم والوسيط. ولم يكن هذا المجمع العلمي مجرد بناء ضخم يضم عددا هائلا من الكتب التي تزايد عددها طوال العصر البطلمي، وإنما كان صرحا علميا هائلا يجمع فيه أساطين العلم في العالم القديم ومنتجع العلماء من سائر أنحاء العالم. وكان ملك مصر يستهدف من إنشاءه أن تنافس الاسكندرية أثينا في المركز الأول للثقافة الانسانية والعلم، ولهذا كان يحرصون على اجتذاب مشاهير المفكرين وأبرز العلماء من جميع أنحاء العالم للبحث العلمي وعقد الندوات والمحاورات. وكان من أشهرهم أرشميدس صاحب القاعدة المشهورة وبطليموس الفلكي وأقليدس الهندسي صاحب كتاب الأصول في الهندسة وهيرون أول من نادى بنظرية الصواريخ وجالينوس وتلقبه العرب بالفاضل وديوسقوريدس النباتي الأشهر، ثم ثاون وابنته هوباتيا وغيرهم كثير. وكانت مكتبة الاسكندرية تحوي أعظم مجموعة من الكتب في عهد بطليموس الأول، وزاد فيها بطليموس الثاني وجمع لها كتبا أكثر من جميع الأمصار، وقيل إنه كان بها من 500 – 700 ألف مجلد عندما أتى عليها الحريق من قيصر.

وعلى نسق مكتبة الاسكندرية نشأت في العصر الاسلامي مكتبات مماثلة ألحقت ببيوت الحكمة أو دور

العلم في مختلف أنحاء العالم الاسلامي، وأول بيت للحكمة في الاسلام البيت الذي أسسه أبو جعفر المنصور في بغداد واشتهر أمره في خلافة هارون الرشيد الذي أضاف الى مكتبته ما اجتمع عنده من الكتب المترجمة والمؤلفة فاتسعت خزانته وأصبحت تضم عديدا من الخزائن لكل منها مشرف وتراجمة ونساخون ومجلدون. وكان ابن ماسويه يتولى شؤون الكتب التي أمره الرشيد بنقلها من آسيا الصغرى عندما غزا بلاد الروم وجعله أمينا على ترجمتها وأكثرها كانت من كتب الطب. وكان المأمون مولعا بعلوم الحكمة فوجه همه الى توسيع دوائرها فأرسل مندوبيه في طلب كتبها من أطراف العالم واجتمع اليه العديد منها واختار لها المترجمين فتوسع في بيت الحكمة وازداد عدد كتبه.

وبعد ذلك تعددت دور الحكمة في العالم الاسلامي مثل بيت الحكمة الذي أسسه الأمير زيادة الله الثالث في القيروان على غرار بيت الحكمة في بغداد وجلب اليه العلماء من العراق والشام ومصر. وكان مزودا بغرف لسكني العلماء ومواضع تختص بلوازم الكتابة وأسباب العيش. كما أقام الخليفة الحكم المستنصر في قرطبة مكاتب لتعليم أولاد الفقراء وأنشأ بالقصر الخلافي مكتبة كبرى تضم 400 ألف مجلد. كذلك أسس الحاكم بأمر الله في القاهرة دار الحكمة في سنة 1005م وجلس فيها القراء والعلماء والأطباء وحملت اليها أعداد هائلة من الكتب نقلت من خزائن القصور فبلغ عددها نحو مليون وستمائة ألف مجلد، ولم تكن على حد قول المقر يزي في جميع بلاد الاسلام دار كتب أعظم منها. وكانت تضم مصورات جغرافية وآلات فلكية وتحف نادرة، منها كرتان أرضيتان إحداهما من الفضة صنعها بطليموس الفلكي والثانية من النحاس، فكانت دار الحكمة هذه عبارة عن ثاني أكاديمية علمية اسلامية بعد بيت الحكمة. ومن دور الحكمة أيضا دار الحكمة في طرابلس التي أنشأها القاضي أمين الدولة أبو الطالب صاحب طرابلس الشام، وكانت مكتبتها تضم ما يزيد على مائة ألف مجلد ثم أضاف اليها خلفه جلال الملك أبو الحسن ما يزيد على ضعفها.

والى جانب المكتبات العامة كان بعض المكتبات ملكيات خاصة. ومن أمثلة هذا النوع دار الحكمة في مراغة التي أنشأها نصير الدين الطوسي في حوالي سنة 1260م بمدينة مراغة، جمع فيها 400 ألف مجلد في شتى العلوم والمعارف ورتب في تلك الدار من الحكماء والفلاسفة والأطباء والفقهاء عددا كبيرا بمرتبات مجزية، كما شيد بجوارها مرصدا بكل آلاته. ومن أمثلته أيضا المكتبة التي أنشأها الفتح بن خاقان وزير الخليفة المتوكل على الله العباسي، وكان مولعا بجمع الكتب وأنفق في ذلك أموالا طائلة، وكانت تضم فرائد الكتب في الفلسفة والطب والمنطق والرياضيات والفلك والتاريخ والأدب.

وقد اهتم المسلمون بأبنية المكتبات التي كانت تعد لاستقبال الجماهير، وكان البناء مزودا بحجرات متعددة تربط بينها أروقة فسيحة، وكانت الرفوف تثبت بجوار الجدران لتوضع فيها الكتب. وبعض الأروقة كان يخصص للمطالعة كما كان بعض الحجرات يخصص للنسخ، وبعضها لحلقات الدراسة، وانتظمت بعض المكتبات كذلك حجرات للموسيقى يلجأ اليها المطالعون للترفيه وتجديد النشاط. وكانت جميع الحجرات مؤثثة تأثيثا فخما مريحا، وقد فرشت الأرض بالبسط. أما مدخل المكتبة فقد كانت له ستارة سميكة تحول دون دخول الهواء البارد في الشتاء الى الحجرات.

وكانت تلك المكتبات بمثابة الجامعات أو المعاهد حيث أخرجت عددا كبيرا من علماء العرب النبغاء كما ساعدت الأعمال الترجمية التي لعبت دورا عظيما في النهضة العلمية العارمة في تلك العصور الاسلامية. وكان المترجمون هم حلقة الاتصال بين العرب والعالم وهم نقلة علوم اليونان والسريان والأقباط والفرس

والهنود الى اللغة العربية. وقد أسهب ابن النديم في الفهرست وابن أبي أصيبعة في طبقات الأطباء في ذكر عدد من المترجمين. وكانت الأعمال الترجمية تبلغ أوجها في بيت الحكمة بعهد الرشيد والمأمون. ومن مشاهير المترجمين في ذلك العهد : ابن ماسويه وابن البطريق وحنين بن اسحاق وثابت بن قرة وغيرهم كثير.

وكان من بين هذه المراكز العلمية والتعليمية ما هو أهمها وأشهرها لا بدأن يذكر ذكرا خاصا إذ أنه كان يلعب دورا مرجحا في طول العصور الاسلامية منذ تاسيسه حتى اليوم، ألا وهوجامعةا لأزهر أعظم الجامعات الاسلامية في العالم وأقدمها.

ليس من شك في أنه كانت جامعة الأزهر بمثابة الحرم الرابع بالنسبة لعامة المسلمين طوال المدة التي تلاحقت خلال ألف سنة، فقد كان الأزهر ملاذا لطلاب العلوم الاسلامية واللغوية. ولعل أعظم ما وفق اليه هو الحفاظ على التراث العلمي الاسلامي والعربي واللغوي أثناء قرون الظلام وعهود البطش. فقد كانت الجامعة التي حج اليها ودرس فيها كثير جدا ممن ذكرنا من العلماء.

وكانت الجامعة أصلها مسجد لقد زامن انشائه فتح الفاطميين لمصر وتأسيس القاهرة، فقد خرج جوهر الصقلي من قبل المعزلدين الله الفاطمي في فبراير سنة 969م على رأس جيش يربو على مائة ألف، وسرعان ما وصل الاسكندرية التي دخلها دون عناء يذكر، ثم احتل الفسطاط في يوليو تلك السنة وخطط مدينة القاهرة لتكون مقرا لملك الفاطميين، وسرعان ما بنى جوهر مسجد الأزهر بالقاهرة سنة 972م، ولم يكن الغرض من انشائه أول الأمر اقامة الصلاة فقط بل استهدف كذلك نشر الدعوة السياسية وتعليم اللغة العربية والدين وتربية النشء. وسمى الأزهر لأنه كان محاطا بقصور زاهرة ولأنه كان أكبر المساجد وأفخمها. ومن المؤرخين من يقول إنه سمى الأزهر نسبة الى فاطمة الزهراء التي ينتسب اليها الفاطميون. وهناك من يقول إنه سمى كذلك تفاؤلا بما سيكون له من شأن بازدهار العلوم فيه.

ويروى المقر يزي أن أول ما درس بالأزهر من علوم الفقه الفاطمي على مذهب الشيعة، وكان الخليفة العزيز الفاطمي أول من أوقف الجامع الأزهر على العلم وأول من أقام الدرس به عام 988م فتحول من جامع الى جامعة. إذ ما كاد يتولى الخلافة حتى قام ومعه وزيره يعقوب بن كلس وكان من فحول العلماء بتعيين خمسة وثلاثين عالما لتدريس الفقه على مذهب الفاطميين ودراسة الأدب وعقائد الدين بالأزهر وأسماهم المجاورين، إذ ابتنى لهم المنازل المجاورة للجامع وأسكنهم فيها وأجرى عليهم الأرزاق والمنح والعطايا. وقد رغب الفاطميون أن يجعلوا الأزهر من عظم الشأن بحيث يجتذب طلاب العلم من كافة أرجاء البلاد الاسلامية، فكانوا يقدمون اليهم المأكل والمشرب والملبس دون أجر.

ولكن تغيرت الحال في عهد الايوبيين السنيين فحاولوا محو كل أثر للفاطميين وامتدت الأيدي الى أوقافه، وبعد حين أعيد الى الجامع الدرس. وأول ما درس به من مذاهب أهل السنة المذهب الشافعي ثم أدخلت اليه المذاهب الأخرى تباعا وانقضى نحو قرن من الزمان قبل أن يستعيد الجامع الأزهر عطف الولاة. فلما تولى الملك الظاهر بيبرس سلطة مصر زاد في بناء الجامع وشجع العلم والتعليم فيه وأعيدت له بعد ذلك أوقافه وعاد الى الأزهررونقه وبهاؤه فغدا معهدا علميا يعرفه الناس من كل رجاء من أرجاء العالم وزاد إقبال الناس عليه، إذ قضت غزوات المغول على معاهد العلم في المشرق العربي كذلك قضى الانحلال والتفكك على معاهده في المغرب العربي.

وقد جدد بناء الأزهر حوالى 1303م بعد أن هدمه زلزال عنيف وقع في ذلك التاريخ. وفي سنة 1310 م

أنشأ الأمير علاء الدين طيبرس المدرسة الطيبرسية وجعل فيها خزانة الكتب ألحقت بالأزهر. وفي عهد الملك الناصر قلاوون جددت عمارة الأزهر مرة أخرى سنة 1361م. ويعتبر الملك الأشرف قايتباى المصلح الأكبر للأزهر في القرن التاسع الهجري فقد جدد أبنيته وشيد أروقته للأجناس المختلفة التي كانت تطلب العلم فيه.

وبالأزهر نحوسبعة وعشرين رواقا للمغاربة والشوام والأتراك واليمنيين والأكراد والحنابلة والعباسي والحنفية ... وهكذا، حيث يقطنون في حجرات متصلة بالأزهر وعلى طول أسواره.

وقد تميزت جامعة الأزهر بعدد من التقاليد ما يزال كثير منها متبعا حتى الآن فقد كان الطلبة يسمون بالمجاورين لسكنهم بجوار الأزهر ويسمون طلابا بوصفهم طلاب علم. أما أعضاء هيئة التدريس فكانوا يسمون بالمدرسين أو الأساتذة، ولكنهم يسمون أنفسهم خدمة العلم. ولم يكن يسمح للطلاب بالغياب أوالانقطاع عن العلم دون إذن كما يثبت الحضور في دفتر خاص بالدارسين والتابعين لكل رواق. وكان الطلبة يعدون دروسهم قبل حضورهم على أستاذهم، وأحيانا يقوم أحدهم بمطالعة الدرس مع إخوانه حتى إذا حضروا الدرس على الأستاذ كانوا على بينة منه. وكان اعتمادهم في حياتهم على ايرادات الأوقاف، وكان المجاورون يقومون بخدمة أنفسهم بأنفسهم. ويقيم طلبة الأروقة بعضهم لبعض الاحتفالات في المناسبات.

وكان التدريس في الأزهر في حلقات حيث يتحلق الطلاب حول أستاذهم، وأحيانا تعقد مجالس العلم في منازل العلماء والأمراء، فقد كان عقد تلك الحلقات من تقاليد الحياة الرفيعة.

وقد تعطل الأزهر بعد الخلافة الفاطمية في سنة 1171م على يد صلاح الدين وظل معطلا عن صلوات الجمع الى أن قامت دولة المماليك في سنة 1250م، فعاد الى نشاطه وانتجع اليه طلاب العلم يتلقى فيه فروع العلم المختلفة، وما لبث أن أصبح أشهر جامعة في الاسلام يفد اليه الطلاب من جميع أقطار العالم الاسلامي بل تجاوز ذلك الى أن أصبح مجتمعا ثانيا للمسلمين يجتمعون فيه.

وقد أصيب الأزهر في العهد العثماني بنكسة شديدة، وأهملت فيه دراسة العلوم. وكان لكل مذهب من المذاهب الأربعة عمود، ومن عادة الأستاذ أن يجلس بجانب العمود ليملي درسه. وكان عماد الدراسة إذ ذاك المناقشة والحوار بين الطلبة وأستاذهم. وكان الأستاذ يمنح الطالب إجازة لتدريس كتاب معين أومادة معينة، إذا ما أنس فيه الكفاءة لذلك.

وكانت المواد التي تدرس بالأزهر إحدى عشرة مادة معظمها علوم دينية وعربية بالإضافة الى المنطق والحساب والميقات والجبر وأسباب الأمراض وعلاماتها والهندسة والهيئة وعلم المواليد الثلاثة الحيوان والنبات والمعادن وهو ما نسميه التاريخ الطبيعي الآن والتاريخ. وكان العلم مقصودا لذاته مما جعل الأزهريين يعيشون عيشة زاهدة ولكنها راضية مرضية. وكانوا يجعلون على رأس العلوم تلك التي يسمونها نقلية مثل التوحيد والفقه والحديث والتصوف، ثم العقلية مثل علوم اللغة والعروض والبلاغة والمنطق والهيئة والأدب والتاريخ والعلوم الطبيعية والرياضيات وإن أهملت العلوم الأخيرة في القرون الوسطى، ولكنها عادت الى الأزهر في أوائل القرن العشرين ونظمت جداول الدروس.

وفي أوائل القرن التاسع عشر أرسلت صفوة من طلاب الأزهر في بعثات دراسية الى أوربا حيث تلقوا العلوم الحديثة في جامعاتها. وبمرور الزمن نشأت طبقة المفكرين والعلماء المحدثين وانتعش الأزهر، وترجمت الكتب الأجنبية الى اللغة العربية.

على أن المدارس الحديثة التي أنشئت في النصف الأول من القرن التاسع عشر كالطب والهندسة قد

أثرت على الأزهر وحولت عنه كثيرا من طلاب العلم.

وفي سبعينيات القرن التاسع عشر صدر قانون بتنظيم شؤون الأزهر وامتحاناته ورواتب أساتذته وفق مراتبهم. وكان لحلقات جمال الدين الأفغاني ومحمد عبده وغيرهما أثرها في النهوض بالأزهر وإن تأثرت هذه النهضة بمقاومة المحافظين ردحا طويلا. وفي سنة 1895م صدر قانون يحدد رواتب شهرية ثابتة للعلماء كما جددت الأروقة وحددت مواد الدراسة والإجازات ونظمت مكتبة الأزهر وعني بها عناية تامة. ثم انتقل الأزهر بقانون صدر في سنة 1911م الى مرحلة أخرى من مراحل تطوره فحددت اختصاصات شيوخ الأزهر وأساتذته وأنشئ مجلس للأزهر، ثم طرأ على هذا القانون تعديلات مختلفة في 1916م و1924م فقسم التعليم فيه وفي معاهده الى ابتدائي وثانوي وعال وتخصص، وأعيد تنظيم الأزهر وقسم الى كليات في سنة 1930م مما خطا بالأزهر خطوات أخرى نحو التطور والتقدم، فأنشئت كلية اللغة العربية وكلية الشريعة وثالثة لأصول الدين ثم التخصص الذي يمنح صاحبه لقب أستاذ. كما أنشئت مدينة جامعية للأزهر وأدخلت العلوم الحديثة وتغلغلت الروح العصرية واغتنى بالألعاب الرياضية والمكتبة الأزهرية وهي غنية جدا بالمخطوطات النفيسة وتزيد مجلداتها على المائة ألف منها نحو أربعة وعشرين ألف مخطوط وتشمل عدة مكتبات مهداة الى الأزهر من شيوخه وعلمائه ومن الأثرياء كذلك.

تعد جامعة الأزهر أقدم جامعة في العالم لا تتقدم عليها فيه سوى جامعات غدت تاريخا مثل جامعة الاسكندرية القديمة وليسيوم أرسطو وأكاديمية أفلاطون وجامعة برجامون بآسيا الصغرى وجامعة عين شمس القديمة التي يقال إنها كانت موجودة في مصر الفرعونية منذ ألفى سنة قبل الميلاد.

وما عدا جامعة الأزهر أنشأت جامعات أخرى مثل جامعة المستنصرية وجامعة النظامية وجامعة غرناطة، والجامعات التي تحولت من الجوامع المذكورة اعلاه مثل جامعة قرطبة وجامعة الزيتونة وجامعة القرويين والجامعة الأموية وهلم جرا.

本课解题：

阿拉伯的文化教育中心

阿拉伯人把建于公元前三世纪的亚历山大图书馆归于其最早的教育文化中心，其次就是建于公元九世纪巴格达的"智慧宫"，再其次就是一些著名的清真寺兼大学和一些寺外大学，其中最著名的就是艾资哈尔大学。

建于埃及开罗的艾资哈尔大学是继巴格达"智慧宫"后伊斯兰世界规模最大、地位最高、享有盛名的宗教高等学府，是首屈一指的世界伊斯兰宗教与文化中心。

艾资哈尔大学的前身是法提玛王朝将领昭海尔建于公元972年的开罗清真大寺。在法提玛王朝统治埃及的两百多年中，它曾是宣传什叶派教义思想和进行教育及学术活动的中心。公元1171年法提玛王朝瓦解后，取代它的阿尤布王朝苏丹萨拉丁将其确立为逊尼派的教育基地和阿拉伯学术中心，除了以讲授逊尼派四大教法学说为主外，还增添了医学、天文学、数学等方面的课程，吸引了各方著名学者、文豪和著作家前来讲学，使之进一步发展成具有较大规模的伊斯兰教育研究中心。到马木鲁克王朝时期，由于巴格达失陷，穆

斯林退出西班牙，开罗变成真正的伊斯兰世界最重要的文化学术中心。来自伊拉克、北非和西亚的学者云集艾资哈尔。到奥斯曼帝国时期，艾资哈尔教授的学科已扩大到算术、代数、三角、医学、天文、工程、动植物、解剖学等自然科学。十九至二十世纪，法英先后入侵埃及，推行殖民统治，艾资哈尔屡遭破坏，大量伊斯兰文物被毁，但它仍然保持了阿拉伯语言和伊斯兰文化的传统，成为埃及教育界反对侵略，争取民族独立的思想宣传阵地。十九世纪后期，艾资哈尔长老穆罕默德·阿卜杜对其经院式的古老教育制度和教学方法进行了全面的改革，进一步增加了学科设置，使教学内容、方法和教学设施焕然一新。今天，它已成为自成独立教育体系的综合性伊斯兰大学。他共有三十六所学院，下属遍及埃及各地的中小学近一千所，有教授、副教授和讲师六千多人，在校学生超过十二万人，外国留学生超过一万两千人。

难点释疑：

يعتبر الخليفة العزيز الفاطمي أول من أوقف الجامع الأزهر على العلم وأول من أقام الدرس به عام 988 م فتحول من جامع الى جامعة إذ ما كاد يتولى الخلافة حتى قام ومعه وزيره يعقوب بن كلس وكان من فحول العلماء بتعيين خمسة وثلاثين عالما لتدريس الفقه على مذهب الفاطميين ودراسة الأدب وعقائد الدين بالأزهر.

  法提玛王朝阿齐兹哈里发是最先向艾资哈尔提供宗教基金的人，公元988年，他最先在那里开设教学课程，从而使清真寺变成了大学。当时，他刚一上任，就和他的首相雅各布·本·基尔斯一起为艾资哈尔任命了三十五位学者，讲授什叶派教法学、文学和信仰学。当时他的首相也是一位杰出的学者。

ولكن تغيرت الحال في عهد الأيوبيين السنيين فحاولوا محو كل أثر للفاطميين وامتدت الأيدي الى أوقافه.

  但是到逊尼派掌权的阿尤布王朝时，情况发生了变化。他们尽力消除法提玛人的影响，甚至停止向艾资哈尔提供资金。

وكان التدريس في الأزهر في حلقات حيث يتحلق الطلاب حول أستاذهم وأحيانا تعقد مجالس العلم في منازل العلماء والأمراء، فقد عقد تلك الحلقات من تقاليد الحياة الرفيعة.

  当时艾资哈尔的教学方式是学习圈，学生们围坐在教授周围听课，有时也在学者和王公太子们的家里举行讨论会。学习圈是当时一种高档生活风气。

وكان لكل مذهب من المذاهب الأربعة عمود ومن عادة الأستاذ أن يجلس بجانب العمود ليملي درسه.

  当时，四大教派的每一派都占据一根柱子，教师习惯于坐在这根柱子旁边讲课。

主要人物：

托勒密一世和二世	بطليموس الأول والثاني
托勒密（天文学家）	بطليموس الفلكي
凯撒大帝（公元前 102~44）	قيصر

هيرون	赫伦，公元一世纪生于亚历山大，古希腊数学家和物理学家、技术发明家，光折射现象的最早发现者。
ديوسقوريدس	狄奥斯科里，公元一世纪古希腊药物学家。
ثاون	萨文，公元前三世纪初古希腊数学家、天文学家。
هوباتيا	胡巴提娅（公元前?~415），新柏拉图主义女哲学家。
زيادة الله الثاني	齐亚德拉二世（公元903~909在位），阿巴斯王朝时割据北非的阿格拉布王朝末代苏丹。
الحكم المستنصر	哈克木·穆斯坦绥尔（公元914~976），后倭玛亚王朝第二任哈里发。
أمين الدولة أبو طالب الحسن بن عمار	艾敏道莱（公元?~1073），法提玛王朝时割据现黎巴嫩的什叶派阿玛尔酋长国酋长。
نصير الدين الطوسي	纳绥尔丁·图西（公元1200~1273），中世纪阿拉伯著名数学家和天文学家。
الفتح بن خاقان	法塔赫·本·可汗（公元?~861），阿巴斯王朝第十任哈里发穆台瓦基勒的首相。
ابن النديم	伊本·奈丁（公元?~1000），巴格达人，原为书商，后成为造诣很深的学者，编撰《书目大全》一书。
ابن أبي أصيبعة	伊本·艾比·乌绍比亚（公元1203~1269），大马士革人，著名医生，著有《名医传》一书。
ابن مساويه	伊本·马赛维（公元777~857），阿巴斯王朝著名眼科医生，翻译家，翻译了大量古希腊医学典籍，曾任"智慧宫"第一任馆长。
ابن البطريق	伊本·伯特里格（公元?~806），阿巴斯王朝著名翻译家，古希腊柏拉图和亚里士多德著作的主要翻译者。
حنين بن اسحاق	侯奈因·本·易司哈格（公元809~877），阿巴斯王朝著名翻译家，曾任"智慧宫"翻译局长，古希腊医学和哲学典籍的主要翻译者。
ثابت بن قرة	萨比特·本·古赖（公元836~901），阿巴斯王朝著名翻译家，数学家，天文学家，古希腊数学、天文学典籍的主要翻译者，曾参与翻译托勒密的《天论》，欧几里德的《几何原本》和盖伦的医学著作。
جوهر الصقلي	昭海尔·绥格里（公元?~992），法提玛王朝第四任哈里发手下大将。
المعزلدين الله الفاطمي	穆伊兹·里丁拉（公元952~975），法提玛王朝第四任哈里发。

الدرس الثاني عشر المراكز العلمية والتعليمية

法提玛·宰赫拉（公元 605~632），教祖穆罕默德之女。 فاطمة الزهراء

马格里基，见第九课注释。 المقريزي

阿齐兹·本拉（公元 955~996），法提玛王朝第五任哈里发。 العزيز بالله الفاطمي`

雅格布·本·基尔斯（公元 930~991），阿齐兹哈里发的首相，学者。 يعقوب بن كلس

拜伯尔斯（公元 1260~1277 在位），马木鲁克王朝第五任苏丹（河洲）。 الظاهر بيبرس

阿拉丁·塔伯尔斯（公元?~1331），奥斯曼帝国苏丹奥斯曼一世之子。 علاء الدين طيبرس

纳赛尔·盖拉温（公元 1293~1340 在位），马木鲁克王朝第十、十一、十二任苏丹（河洲）。 الناصر قلاوون

艾什拉夫·盖塔拜（公元 1468~1496），马木鲁克王朝第十七任苏丹（碉楼）。 الأشرف قايتباى

贾麦勒丁·阿富汗尼（公元 1838~1897），阿拉伯著名学者、政治家，号召反对殖民主义专政独裁的革命，影响极大。 جمال الدين الأفغاني

穆罕默德·阿卜杜（公元 1849~1905），近代埃及伊斯兰著名学者，宗教和社会改革家。 محمد عبده

重点词语：

巴士拉清真寺（伊拉克），公元 636 年由欧特拜·伊本·盖兹旺奉哈里发欧麦尔之命所建，是中世纪阿拉伯人在被征服地区最先修建的清真寺。 جامع البصرة

库法清真寺（伊拉克），公元 638 年赛义德·本·艾比·瓦嘎斯奉哈里发欧麦尔之命所建。 جامع الكوفة

阿格巴清真寺（突尼斯凯鲁万），公元 670 年由倭玛亚王朝驻突尼斯总督欧各白所建，是伊斯兰教在北非修建的第一大寺。 جامع عقبة

倭玛亚清真寺（叙利亚大马士革），公元 705 年由倭玛亚王朝第六任哈里发瓦立德所建。 الجامع الأموي

宰桐清真寺（突尼斯城），公元 732 年由倭玛亚王朝驻北非总督穆萨·本·努塞尔所建。 جامع الزيتونة

科尔多瓦清真寺（西班牙），公元 785 年，由后倭玛亚王朝首任埃米尔阿卜杜·拉赫曼一世主持修建于科尔多瓦。 جامع قرطبة

卡拉维因清真寺（摩洛哥非斯），公元 859 年，由穆斯林贵族穆罕 جامع القرويين

	默德・法赫里之女穆哈辛娜创建，是马格里布地区最早附设大学的清真寺。
جامع صنعاء	萨那清真寺（也门），公元630年由圣门弟子渥普勒奉教祖之命所建，后由倭玛亚王朝第六任哈里发扩建。
مذهب الشيعة	什叶派
مذهب السنة	逊尼派
المدرسة الطيبرسية	塔伯尔斯学校
المغاربة والشوام والأتراك واليمنيين والأكراد والحنابلة والعباسي والحنفية	摩洛哥人、叙利亚人、土耳其人、也门人、库尔德人、罕百里派教徒、阿巴斯派教徒、哈奈非派教徒
العهد العثماني	奥斯曼帝国时代
النقلية والعقلية	传统的与智能的
التوحيد والفقه والحديث والتصوف	认主学、教法学、圣训学和苏非学
مجلس الأزهر	艾资哈尔大学委员会（艾资哈尔大学最高权力机构）
مدينة جامعية للأزهر	艾资哈尔大学城（大学宿舍区）
ليسيوم أرسطو وأكاديمية أفلاطون	古希腊亚里士多德讲学的莱森学园和柏拉图学会
جامعة برجامون	帕加马大学（帕加马：中东古城，公元前二世纪曾是统治小亚细亚的帕加马国都城，位于土耳其）
جامعة عين شمس	艾因谢姆斯大学（艾因谢姆斯：埃及古城，位于现开罗东郊，古希腊称其为赫留波里斯，今法老所建方尖碑仍在）
الجامعة المستنصرية	穆斯坦绥尔大学，位于巴格达，公元1227年由阿巴斯王朝第三十七任哈里发所建。
الجامعة النظامية	尼采米亚大学，公元1065年由塞尔柱王朝第二任苏丹之首相尼扎木・穆勒克耗巨资建于巴格达。
جامعة غرناطة	格林纳达大学，公元1340年由奈斯尔王朝第七任苏丹尤素福・艾布・哈贾吉所建。
الفهرست	《书目大全》，伊本・奈丁所著，收集了到当时为止所有希腊、波斯、印度的典籍目录。
طبقات الأطباء	《名医传》，伊本・乌绍比亚著。
مراغة	马拉格城，中东古城，位于伊朗西部。

الدرس الثاني عشر المراكز العلمية والتعليمية

讨论思考题：
一、阿拉伯历史上最著名的文化教育中心有哪些？它们建于何时何地？
二、为什么说艾资哈尔大学是首屈一指的世界伊斯兰文化教育中心？

补充阅读：

1 — كان التعليم بادئ ذي بدء إنّما يكون في المسجد. وكان المسجد هو أول الأبنية الاسلامية العامة، فيه الصلوات وفيه يبايع الخلفاء وفيه يفصل بين الناس، وفيه يدعى القوم للجهاد وفيه توزع الغنائم وفيه يخطب الخلفاء خطب العرش علي حد التعبير الحديث ويبيعون سياستهم، وفيه أيضا كانت تعقد حلقات الدراسة والتدريس. ولقد كبرت المساجد في العصرين الأموي والعباسي، وكان العلماء والفقهاء والأدباء يجلسون في المساجد الكبرى وحولهم طلبتهم وسامعوهم والمعجبون بهم فيحدثون ويوعظون ويلقون محاضرات علمية، فلم تكن حلقاتهم اذن فقط للوعظ الديني بل كانت أشبه بالمدارس أو بمحاضرات الكليات، يلقي الأستاذ أو المحاضر في المسجد ما يرغب أن يلقيه من علم كلام وتصوف ولغة وفلسفة، ويأخذ عنه السامعون ويناقشونه في آرائه، ويستشهد لهم بأقوال من سبقه. ولقد يرحل كثيرون من مدينة الي أخرى ليناظروا عالما اشتهر بحلقاته في هذه المدينة. كما أن الطالب قد يتردد علي حلقة هذا الأستاذ مدة معينة، حتى اذا أجازه أي أعطاه وثيقة تشعر أنه تردد علي دروسه مدة كافية وأنه أصبح باستطاعته أن يحدث وينقل عنه، فيذهب ويكون حلقة أخرى، أو يتتلمذ علي شخص آخر ليدرس علما آخر. وكان الجامع الأزهر الذي بناه الفاطميون ليكون مركزا للدعوة الشيعية ولنشر التعاليم الشيعية في القطر المصري وفي الأقطار المجاورة، أشبه بجامعة علمية يقوم بمهمة التدريس الديني واللغوي حتي اليوم. وكذلك جامع الزيتونة في تونس، ولقد بنى على أطرافه وفي جوانبه أروقة خاصة للطلاب الأجانب – المسلمون طبعا – يقيمون فيها، وأجريت لهم جرايات من غذاء وملبس ومسكن. وبالاضافة الي المساجد كان الوزراء والخلفاء في العاصمة والأمراء والولاة في مراكزهم يعقدون مجالس للمناظرة يحضرونها بأنفسهم، أو تعقد تحت رعايتهم، وفيها يتناظر العلماء حول القضايا المختلف عليها. ويحاول كل فريق أن يدعم مزاعمه أو يؤيد مدرسته بحجج يفحم بها خصمه.

ومن اشهر مدارس القاهرة بعد الأزهر دار الحكمة وأطلق عليها أيضا دار العلم، وقد شيدها الحاكم بأمر الله الفاطمي، وجلب اليها الأساتذة من أنحاء العالم الاسلامي في الشرق والأندلس. وهي بالرغم من أنها أنشئت لنشر المذهب الشيعي وتعاليمه فانه وجد في مكتبتها العظيمة كثير من الكتب التي تبحث في العلوم عامة. والشام شيد نور الدين زنكى في النصف الثاني من القرن السادس الهجرى كثيرا من المدارس في دمشق وحلب وحمص وحماة وبعلبك. كما بنت أخت صلاح الدين في دمشق مدرسة ست الشام وبنى أخوها صلاح الدين في القدس المدرسة الناصرية وعدة مدارس في القاهرة والاسكندرية. واشتهرت هذه المدارس بكثير من أساتذتها الاختصاصيين الذين كانت لهم شهرة عالمية. وكان الطلاب فيها لم يكونوا خاصة بالمسلمين بل كانوا من جميع الأجناس والأديان. وقد ذكر أن قرطبة في الأندلس كانت تضم سبعة وعشرين مدرسة مجانية. أما جامعتها فكانت أعظم جامعة عالمية. وكانت مملكة غرناطة تضم 17 مدرسة كبيرة و120 مدرسة صغيرة، حيث تدرس فيها العلوم من دينية ودنيوية، فإلى جانب القرآن والتشريع والفقه والحديث تلقى دروس في التاريخ والجغرافيا والفلك والطب والفلسفة والموسيقي وغيرها. وكان في أكثر المدن الي جانب المساجد والكليات

والجامعات مكتبات كبرى أو خزائن للكتب تضم بين جدر انها آلافا مؤلفة من الكتب، يباح للجميع ارتيادها وقراءة محتوياتها، وكانت من أكبر المساعدين علي نشر العلم بين الطبقات في العصور الاسلامية المختلفة.

2 ـ الكتاب والمدرسة : والكتاب مشتق من كتب والمكتب أو المكتب هو الذي يعلم التلميذ الكتابة. ولم تكن هناك مكاتب خاصة يتلقى فيها التلاميذ العلوم الدينية بانتظام بل كانوا يختلفون الي المسجد، ولم تنشأ المدرسة قبل القرن الرابع الهجرى (العاشر الميلادي). وكانت المدرسة الأولى بهذا المعني هي المدرسة البيهقية في نيسابور. وقد ذكر ابن الأثير أن نظام الملك وزير السلطان ملكشاه السلجوقي أسس المدرستين المشهورتين اللتين تعرفان باسمه في بغداد ونيسابور وتعرف كل منهما باسم المدرسة النظامية. كما أسس نظام الملك المدرسة الحنفية ببغداد وكان الامام الغزالي يقوم بالتدريس في المدرسة النظامية ببغداد ثم في نيسابور في أواخر القرن الخامس الهجرى. ولما زار السلطان ملكشاه وزيره نظام الملك بغداد سنة 1086م زار الوزير المدرسة النظامية وجلس في خزانة كتبها وطالع بعض الكتب وللمرضى الطلاب درسا في الحديث وأملي عليهم جزءا آخر، كما أجرى هذا الوزير الجرايات والمخصصات المالية علي مدارسه وأملي الحديث ببغداد وخرسان وغيرهما. وإن دل هذا علي شيء فانما يدل علي أن نظام الملك كان من رجال العلم المشهورين في ذلك العصر ومن أكبر المشجعين علي نشر الثقافة عامة والثقافة الاسلامية خاصة. كما بني نظام الملك الرصد وعين له جماعة من أعيان المنجمين علي رأسهم عمر الخيام. وكان نظام الملك يجمع بداره الفقهاء والعلماء الذين كانوا يلقون منه كل مظاهر التكريم والتشجيع. وقد طلب اليه السلطان ملكشاه أن يكتب له كتابا في السياسة فألف كتابه المشهور " سياسة نامه " الذي يشير اليه الفردوسي باسم " سير الملوك " .

وقد أخذ نور الدين محمود بن عماد الدين زنكي هذا النظام عن الفرس في القرن السادس الهجرى ثم نقله صلاح الدين الأيوبي الي مصر حيث أبطل المذهب الشيعي مذهب الفاطميين وأقام المذهب الشافعي مقتديا في ذلك بنور الدين محمود الذي بني عدة مدارس للشافعية والحنفية في دمشق وحلب وغيرهما. وقد عني صلاح الدين الأيوبي عناية خاصة ببناء المدارس، ومن مدارس الأيوبيين في مصر مدارس الناصرية والقمحية والسيفية والمدرسة الفاضلية التي أنشأها القاضي الفاضل عبد الرحيم الذي تقلد ديوان الانشاء في عهد الخليفة الحافظ الفاطمي واتخذه صلاح الدين وزيرا له. وكان بهذه المدرسة مكتبة تشتمل علي مائة ألف مجلد. ومن المدارس التي أنشئت في عهد الأيوبيين " دار الحديث " التي بناها الملك الكامل " بين القصرين " وتعرف باسم المدرسة الكاملية .

3 ـ وقد اهتم العباسيون بنشر العلوم الطبية فأسسوا المدارس الطبية والمستشفيات ودعوا الي عقد المؤتمرات الطبية التي يجتمع فيها الأطباء من كافة البلاد في موسم الحج حيث يعرضون نتائج أبحاثهم كما يعرضون نباتات البلاد الاسلامية ويصفون خواصها الطبية. وقد أصبحت بغداد في الشرق وقرطبة في الغرب من أهم مراكز الثقافة الطبية الاسلامية. وقد اقتبس المسلمون فكرة البيمارستان عن السريان الذين تفوقوا في مهنة الطب في العصر العباسي الأول. وقد وضع بعض الخلفاء والسلاطين والأمراء في المساجد خزائن للأدوية والأشربة وعينوا لها الأطباء لاسعاف المصلين وبنوا المارستان للمرضى وأباحوها للناس من غير تمييز في الأديان والمذاهب وقدموا لهم العلاج والطعام بدون مقابل. ومن أحسن الأمثلة لذلك المارستان الذي أسسه أحمد بن طولون في أرض العسكر وأدخل عليه ضروبا من النظام جعلته في مستوى أرقى المستشفيات في الوقت الحاضر.

الدرس الثالث عشر   الرياضيات عند العرب

أسهم العرب للبشرية مساهمة عظيمة في العلوم الرياضية والطبية والفلكية والطبيعية ولو لا هم لتأخرت الحضارة الانسانية عدة قرون.

كان المصريون القدامى عرفوا الترقيم العشري والكسر العادي منذ القدم واستعملوا الحساب في البيع والشراء وما يتعلق بحياتهم اليومية، كذلك كان البابليون القدامى استخدموا النظام الستيني الذي استوحوه من تسديس الدائرة واتخذوا هذا النظام أساسا لحسابهم واستعملوا الكسور وعرفوا المتواليات الحسابية والهندسية. وقد توصلوا كل من المصريين والبابليين الى حل المعادلات من الدرجة الأولى والثانية ووضع علامة الجذر التربيعي. وكان المصريون يهتمون بالهندسة العملية لحاجتهم اليها في إقامة السدود وتنفيذ أنظمة الري ومسح الأراضى وقياس المسافات وبناء الهياكل والأهرامات فتوصلوا الى حساب نسبة محيط الدائرة الى قطرها وبرعوا في النحت، كذلك كان البابليون يهتمون بحساب مساحة المثلث والمستطيل وشبه المنحرف فعرفوا قياس الزاوية القائمة في الدائرة وبرعوا في الهندسة العملية فأقاموا القلاع والقصور والسدود وقاسوا المسافات والأبعاد.

استخدم العرب منذ الجاهلية العد والحساب في أمورهم العملية وأخذوا عن أجدادهم الساميين والمصريين وأقربائهم المجاورين حساب الجمل الذي يقوم على اعطاء كل حرف أبجدي قيمة موجبة مطلقة، وقد حالت هذه الطريقة دون تطور علم الحساب وتقدمه نظرا للصعوبات التي تعترض الحساب عند اجراء العمليات الحسابية.

وفي العصر العباسي اطلع العرب على الحساب الهندي عن طريق النقل والتجارة. وكان الهنود يرمزون الى الأعداد بأشكال مختلفة، أخذ العرب منها شكلين هما : أ- الأرقام الغبارية التي كانت ترسم على مسطحات من تراب ناعم، وقد استعملت هذه الأرقام في شمالي إفريقيا والأندلس ومنها انتقلت الى أوربا وهى:12345 ، ب- الأرقام الهندية التي ما زالت تستعمل في المشرق العربي وهى:١ ٢ ٣ ٤ ٥، أخذ العرب هذه الأرقام عن الهنود فهذبوها واستخدموها في تدوين الأعداد والمسائل الحسابية، وأضافوا الصفر اليها ورمزوا اليه بعلامة دائرة صغيرة في الأرقام الغبارية وبعلامة نقطية في الأرقام الهندية، وذلك للتشابه التام بين الدائرة وشكل العدد خمسة فيها. وكان الهنود يعرفون الصفر لكنهم لم يرسموه بل تركوا مكانه فارغا.

ابتكر العرب المراتب وجعلوا الصفر دالا على الجزء الخالى من العدد، وبذلك أسهموا في تسهيل العمليات الحسابية من جمع وطرح وضرب وقسمة، وحل المعادلات الجبرية وتدوين الكسور. وبابتكار المراتب أصبح لكل رقم قيمتان قيمته الذاتية والقيمة التي يكتسبها من المرتبة التي يكتب فيها، وجعلوا كل مرتبة تساوى وفق النظام العشري عشرة أضعاف المرتبة الواقعة الى يمينها وعشر المرتبة الواقعة الى يسارها.

وعرف العرب بواسطة الكتاب " المدخل الى علم العدد" الذي نقله ثابت بن قرة خواص الأعداد وتصنيفها والنسب العددية والهندسية والتأليفية، وتأثروا بالمدرسة الفيتاغورية في هذا المجال. حيث تحدث سنان بن الفتح الحراني في القرن التاسع الميلادي عن كيفية حل العمليات القائمة على الضرب بالجمع والطرح في كتابه "الجمع والتفريق"، فمهد بذلك للوغاريثمات. أما اخوان الصفا فقد تحدثوا في رسالتين لهم عن العدد والنسب العددية في القرن العاشر الميلادي، وجعلوا من العدد وحدة حقيقية قائمة بذاتها. كما بحث جمشيد الكاشبي في مختلف العلوم الرياضية في القرن الرابع عشر الميلادي فتكلم في كتابه " مفتاح الحاسب" عن مراتب الأعداد وعن الخطة الآلية في حل المسائل الحسابية، وهو عرف الكسورالعشرية دون أن يستخدم الفاصلة للفصل بين العدد الصحيح والكسر، وقد حسب نسبة محيط الدائرة الى قطرها فكانت :3.14159265358732.

وقد عرف العرب منذ الجاهلية شيئا من علم الجبر وخاصة المعادلة ذات المجهول الواحد، غير أنهم لم يدونوا هذا العلم لاعتمادهم على ذاكرتهم في ضبط الأمور من جهة ولانشغالهم بمعاشهم من جهة أخرى. ويعتبر محمد بن موسى الخوارزمي الذي عاش في القرن التاسع الميلادي أول من فصل علم الجبر عن علم الحساب وجعله علما قائما بنفسه، له قواعد ومصطلحات خاصة به، ونسق قواعده وحول الأعداد الى عناصرعلاقة وأعطاه اسمه، وذلك في كتابه الشهير(الجبروالمقابلة). والجبر هو نقل الحدود المنفية الى الطرف الآخر من المعادلة، والمقابلة هى توحيد الحدود المماثلة في المعادلة، أما الحد فهو كمية في المعادلة يعبر عنها بعدد معلوم أو مجهول.

وذكر الخوارزمي ستة أنواع من المعادلات وأوجد حلولا لها، وتحدث عن كيفية اجراء العمليات الحسابية في الجبر، فأشار الى كيفية الجمع والضرب والقسمة والنقصان والى ادخال الكميات تحت علامة الجذر واخراجها من تحتها والى تبديل العلامة عند نقل الحد من جانب الى آخر في المعادلة وانتهى الى كيفية تطبيق علم الجبر في المعاملات والوصايا والمساحة ليستفيد منه الناس في حياتهم العملية.

وخلف الخوارزمي في تطوير علم الجبر أبو كامل المصري الذي عاش في القرن التاسع الميلادي ومحمد بن حسن الكرخي الذي عاش في أواخر القرن العاشر الميلادي وعمر الخيام الذي عاش في القرن الثاني عشر الميلادي والقلصادي الذي عاش في القرن الخامس عشر الميلادي. كان أبو كامل أكمل نقصان كتاب الخوارزمي وأضاف اضافة قيمة، قد عرض في مؤلفاته حلو لا مبتكرة لم يسبق اليها لمسائل المعادلات خاصة استعمال المعادلات الجبرية لحل المسائل الهندسية. وكان الكرخي يصنف كتبا عن الجبر والمقابلة اهتم فيها بالجذور الصم وبمربعات الأعداد الطبيعية ومكعباتها وبالمتواليات الحسابية والهندسية، فتوصل الى أن مجموع الأعداد المكعبة في متوالية طبيعية يساوى مجموع تلك الأعداد مربعا. وكان عمر الخيام من القلائل الذين صنفوا المعادلات بحسب درجاتها وعدد حدودها، فقد تمكن من حل المعادلات من الدرجة الثالثة والرابعة بواسطة المخروط، وهذه القيمة ما وصل اليه علماء الرياضيات في الوقت الحاضر. أما القلصادي فهو أول من استنبط الرموز في علم الجبر تستعمل حتى يومنا الحاضر.

وتوصل العلماء العرب الى معرفة أن لمعادلات الدرجة الثانية جذرين، تمكنوا من استخراجهما اذا كانا موجبين، ولم يتمكنوا من ذلك اذا كانا سلبيين، وعرفوا المعادلات ذات الجذور الوهمية، وحلوا المعادلات من الدرجة الثانية والثالثة والرابعة بواسطة قطوع المخروط، واهتموا بالجذور الصماء. كما استخدم العلماء العرب

الجبر في حل المسائل الهندسية والهندسة في حل المسائل الجبرية، ووضعوا بذلك أسس الهندسة التحليلية، ومهدت أبحاثهم لاكتشاف حساب التكامل والتفاضل وكذلك لاكتشاف اللوغاريثمات.

لم يبلغ العرب في الهندسة ما وصلوا اليه في علوم الحساب والجبر لأن اليونان برعوا في هذا العلم فخرج من أيديهم مكتملا الى حد لم يستطع أحد من الرياضيين العرب أن يزيد على هذا العلم شيئا بل اكتفوا باستعابه وتوضيح جوانبه وشرح قضاياه وتطبيق نظرياته ورسم المضلعات المنتظمة وربطها بمعادلات جبرية. ولكن اذا كان انجاز العرب ضئيلا في الهندسة النظرية فإن انجازهم كبير جدا في الهندسة العملية والحسية، فقد طبقوا النظريات الهندسية اليونانية في بناء القصور والمساجد والقلاع والحصون والقباب والسقوف وفي زخرفتها بالنقوش المختلفة، كذلك في شق الطرقات وإقامة الجسور والسدود وجرالمياه وتنظيم المدن.

كان اخوان الصفا الذين عاشوا في القرن العاشر الميلادي بارعين في الحساب والهندسة، فتحدثوا في رسائلهم عما استنبطوا في مجال المربعات السحرية الثلاثية الخانات، التي مجموع ثلاثة أعداد منها طولا وعرضا وتوترا (15)، والرباعية الخانات التي مجموع كل أربعة أعداد طولا وعرضا وتوترا وكذلك مجموع الأعداد التي في الزوايا الأربع (34). واذا قسمنا المربع الكبير الى أربعة مربعات صغيرة نجد أن مجموع الأعداد الموجودة في المربع الصغير الواحد هى (34) أيضا.

اهتم اليونان والهنود بعلم المثلثات لحاجتهم اليه في علم الفلك، وانتقل هذا العلم الى العرب عن طريق الترجمة ففصلوه عن علم الفلك ونظموا المعارف المتعلقة به وأضافوا اليها وجعلوه علما قائما بذاته، من هنا يمكن اعتبار هذا العلم علما عربيا. فاستنبط العرب الظل وأدخلوه في عداد النسب المثلثية كما عرفوا ظلال التمام واستخدموا الظلال وظلال التمام والقواطع وقواطع التمام والجيوب وجيوب التمام في قياس الزوايا والمثلثات، وتمكنوا من حساب جيب ثلاثين دقيقة بطريقة دقيقة جدا، ومن اكتشاف العلاقة بين الجيوب وتمامها والظلال وتمامها والقواطع وتمامها، ونظموا جداول الظلال وتمامها والقواطع وتمامها.

كما درس الرياضيون العرب المثلثات الكروية وأثبتوا أن نسبة جيوب الأضلاع بعضها الى بعض كنسبة جيوب الزوايا المؤثرة بتلك الأضلاع بعضها الى بعض في أى مثلث كروي. وتمكنوا من اكتشاف أحد القوانين الستة المستخدمة في حل المثلثات الكروية القائمة الزاوية، وطريقة لحساب الأقراص. وقد عرف علم المثلثات عند العرب بعلم الأنساب لأنه يقوم على الأوجه المختلفة الناشئة عن النسبة بين أضلاع المثلث.

وكان من علماء العرب من توافر على دراسة كتاب " الأصول " في الهندسة لأقليدس، وأدخلوا تمارين ونظريات لم يذكرها أقليدس. فتنبه نصير الدين الطوسي الى نقص أقليدس في المتوازيات وحاول البرهنة عليها في كتاب " تحريرأصول أقليدس"، كما وضع ابن الهيثم مؤلفا عنوانه " حل شكوك أقليدس" ، ونشرت هذه الكتب مترجمة الى اللاتينية. ويعترف أحد العلماء الغربيين الذي ألف كتاب " تاريخ الرياضيات" بأن البيروني كان ألمع علماء عصره في الرياضيات وهو من الذين بحثوا في تقسيم الزاوية الى ثلاثة أقسام متساوية، وهو صاحب المعادلة المشهورة لحساب نصف قطر الأرض التي يعرفها العلماء الأجانب باسم قاعدة البيروني ويعتبر البيروني واضع أصول الرسم على سطح الكرة، وله كتاب في استخراج الدائرة بخواص الخط المنحني فيها. كذلك ينبغي أن نذكر ابتكارات ثابت بن قرة في الهندسة التحليلية، وطريقة بنى موسى في رسم الشكل الأهليلجي، وحلول ابن يونس لبعض المسائل الصعبة في المثلثات الكروية، وأصول الرسم الهندسي للبوزجاني

وجداوله الرائعة لحساب المثلثات.

本课解题：

阿拉伯数学

每当人们谈论阿拉伯文明时，首先想到的总是阿拉伯数字和十进位制，它在人类文明和科技发展中所起的作用是怎么评价都不过分的。

公元八世纪阿巴斯王朝时期，阿拉伯大数学家花拉子密在其关于印度运算法的著作中，首次介绍了印度数字及其诸多优点。阿拉伯人对印度数字进行了改进加工，增补了零。公元十二世纪，欧洲人通过花拉子密的著作才知道了印度数码，故称之为阿拉伯数字。计算科学能有今日的发展，阿拉伯学者传播阿拉伯数字及零号功不可没。

古埃及人发明了十进位制，古巴比伦人发明了六十进位制。古埃及人和古巴比伦人在方程求解、几何测量、面积计算方面都取得了辉煌的成就。中世纪的阿拉伯数学家们进一步推动了数学的发展，使祖先的成就发扬光大，其中贡献最大的数学家当首推花拉子密。

花拉子密全名穆罕默德·伊本·穆萨·花拉子密，因出生于中亚花拉子密而得名。他是伊斯兰历史上最伟大的科学家之一。他在阿巴斯王朝麦蒙哈里发时期，在巴格达智慧宫所属的沙马西亚天文台工作，长期从事数学研究和天文观测，直至逝世。公元820年左右，他用阿拉伯文撰写了《还原与对消》一书，成为代数学的奠基制作。书中阐述了解一次和二次方程的基本方法及二次方程计算公式，明确提出了代数、已知数、未知数、根、移项、并项、无理数等一系列概念，并附有例题八百多道，构建了代数学的完整框架。从此，代数学发展成为一门与几何学相提并论的独立学科。代数（Algebra）一词即由此书标题的一个阿文词"还原"音译而来。还原与对消提出了两种解方程的基本方法：移项和合并同类项，直到今天，这仍是代数运算的基本手段。花拉子密以这两种方法来为自己的书命名，正体现了代数的真髓，因而被后人冠以"代数之父"的称号。

除代数学外，阿拉伯数学家还在算术、三角、几何方面做出了卓越的贡献。在计算方面，他们利用古代数学方法，解决了一系列复杂的计算问题，特别是天文计算问题。在三角学方面，他们发现了正弦、余弦、正切、余切、正割、余割以及正弦与余弦、正切与余切、正割与余割之间的函数关系，建立了若干三角公式，制定了很多三角函数表，使三角学脱离天文学而成为一门独立的学科。在几何学方面，他们研究了多边形的面积、体积，并把它们与代数方程式联系起来。他们还成功地计算出了具有十七位准确数字的圆周率值，打破了中国数学家祖冲之保持了一千年的纪录。

难点释疑：

أخذ العرب هذه الأرقام عن الهنود فهذبوها واستخدموها في تدوين الأعداد والمسائل الحسابية، وأضافوا الصفر اليها، ورمزوا اليه بعلامة دائرة صغيرة في الأرقام الغبارية وبعلامة نقطية في الأرقام الهندية، وذلك للتشابه التام بين الدائرة وشكل العدد خمسة فيها. وكان الهنود يعرفون الصفر لكنهم لم يرسموه بل تركوا مكانه فارغا.

  阿拉伯人从印度人手里接过了这些数字后，对其进行了提炼加工，运用到数字记录和计算中去。他们为其补充了零号，在阿拉伯数字中把它写成一个小圆圈，在印度数字中把它写成一个小点，这是因为，小圆圈与印度数字5完全相像。印度人知道零，但他们没有把它写成符号，而只是采取了空位的方法。

وبابتكار المراتب أصبح لكل رقم قيمتان، قيمته الذاتية والقيمة التي يكتسبها من المرتبة التي يكتب فيها، وجعلوا كل مرتبة تساوى وفق النظام العشري عشرة أضعاف المرتبة الواقعة الى يمينها وعشر المرتبة الواقعة الى يسارها.

  由于发明了数位，数位中的每一个数字就具有了双值：本身的值和它在数位中所获得的值。根据十进位制，数位中的每一位都是其右位的十倍，也是其左位的十分之一。

ويعتبر محمد بن موسى الخوارزمي الذي عاش في القرن التاسع الميلادي أول من فصل علم الجبر عن علم الحساب وجعله علما قائما بنفسه، له قواعد ومصطلحات خاصة به ونسق قواعده وحول الأعداد الى عناصر علاقة وأعطاه اسمه، وذلك في كتابه الشهير" الجبر والمقابلة".

  生活于公元九世纪的花拉子密是把代数从算术中分离出来的第一人，他把代数变成了自成体系的独立学科，为它制定了专门的规则、专门的术语，并对其规则进行梳理，使数字变成相互关联的成分，并为此学科进行了命名。这些都包括在他的名著《还原与对消》之中。

وكان الكرخي يصنف كتبا عن الجبر والمقابلة اهتم فيها بالجذور الصم وبمربعات الأعداد الطبيعية ومكعباتها وبالمتواليات الحسابية والهندسية، وتوصل الى أن مجموع الأعداد المكعبة في متوالية طبيعية يساوى مجموع تلك الأعداد مربعا.

  科尔赫编写了自己的代数学著作，着重阐述无理数根、数的平方和立方、算术级数和几何级数。他发现，在自然数列中，每个数的立方之和等于那些数总和的平方。

كان إخوان الصفا الذين عاشوا في القرن العاشر الميلادي بارعين في الحساب والهندسة، فتحدثوا في رسائلهم عما استنبطوا في مجال المربعات السحرية الثلاثية الخانات التي مجموع ثلاثة منها طولا وعرضا وتوترا (15) والرباعية الخانات التي مجموع كل أربعة أعداد طولا وعرضا وتوترا وكذلك مجموع الأعداد التي في الزوايا الأربع (34) ، واذا قسمنا المربع الكبير الى أربعة مربعات صغيرة نجد أن مجموع الأعداد الموجودة في المربع الصغير الواحد هى (34) أيضا.

  生活于公元十世纪的精诚兄弟们都是运算高手。他们在其书信论文中谈到了所发现的三格幻方和四格幻方。在三格幻方中，横、竖、斜三格之和都是15，在四格幻方中，都是

34。如果把大幻方分成四个小幻方，每个小幻方的和也是 34。

اهتم اليونان والهنود بعلم المثلثات لحاجتهم اليه في علم الفلك، وانتقل هذا العلم الى العرب عن طريق الترجمة، ففصلوه عن علم الفلك ونظموا المعارف المتعلقة به وأضافوا اليها وجعلوه علما قائما بذاته، من هنا يمكن اعتبار هذا العلم علما عربيا.

  古希腊人和古印度人都重视三角学，这是出于他们天文运算的需要。当三角学通过翻译运动传到阿拉伯人手中后，他们就把它从天文学中分离出来，对其重新加工、整理、增补，使其变成一门自成体系的学科，我们可以把它称为阿拉伯三角学。

主要人物：

萨比特·本·古赖（公元 836~901），见第十二课注释。	ثابت بن قرة
锡南（公元九世纪），中世纪阿拉伯数学家，最先提出通过加减法简化乘除运算的方法，以其主要著作《加减运算》一书闻名于世。	سنان بن الفتح الحراني
精诚兄弟，见第九课注释。	إخوان الصفا
卡西比（公元?~1436），中世纪阿拉伯天文学家、数学家，撒马尔罕（在现乌兹别克斯坦）天文台首任台长，著有《运算之钥》、《天梯》等数学、天文学著作。	جمشيد الكاشبي
花拉子密（公元 780~850），阿巴斯王朝著名数学家、天文学家、地理学家，生于幼发拉底河畔的库特鲁布里，长期工作于巴格达智慧宫所属的沙马西亚天文台，从事数学研究和天文观测，所著《代数学》即《还原与对消》奠定了现代代数学的基础。	محمد بن موسى الخوارزمي
艾布·卡米尔（公元 850~930），阿拉伯中世纪著名数学家，生于埃及，其完成于公元 900 年的《代数学》一书继承、发展和完善了花拉子密的代数理论。	أبو كامل المصري
卡尔赫（公元?~1020），巴格达人，中世纪阿拉伯最伟大的数学家之一，其所著的《算法大全》及一系列数学著作对中世纪欧洲数理研究影响极大。	محمد الكرخي
欧麦尔·赫亚姆（公元 1048~1131），生于现伊朗的内沙布尔，中世纪阿拉伯著名数学家、天文学家、哲学家，也是著名诗人，所著《代数》一书详细研究了二次方程解及三次、四次方程根的几何作图法，提出了有理数和无理数的定义，	عمر الخيام

还系统提出了用圆锥曲线图解求根的理论。其所作鲁拜诗（即四行诗）举世闻名。

القلصادي 卡拉绍迪（公元1410~1496），生于安达卢西亚的格林纳达，中世纪阿拉伯伟大的数学家，代数符号的最早创建者。

نصير الدين الطوسي 纳绥尔丁·图西（见第十二课注释）。

ابن الهيثم 伊本·海赛姆（公元965~1039），生于伊拉克巴士拉城，中世纪阿拉伯著名光学家、数学家、哲学家，曾多年工作于开罗科学馆，在光学理论上做出了杰出贡献。

البيروني 比鲁尼（公元973~1048），生于现波斯的花拉子密突厥贵族后裔家庭，中世纪阿拉伯著名科学家，百科全书式的学者，在哲学、历史、天文、数学、药物学、物理学等各科都有著述。

بنو موسى 穆萨兄弟，即穆萨·本·夏克尔家族三兄弟，阿巴斯王朝麦蒙哈里发到穆台瓦基勒哈里发时期（公元九世纪初到九世纪中叶）的三位学者兼翻译家。

ابن يونس 伊本·优努斯（公元952~1009），生于上埃及的赛德法，中世纪阿拉伯著名天文学家、数学家，曾在法提玛王朝开罗科学馆讲授天文学，多年从事天文观测，所编的《哈基姆大历表》被阿拉伯各国奉为标准历法沿用多年，成为现代历法的可靠依据。

البوزجاني 布兹贾尼（公元940~998），生于现伊朗的内沙布尔，长于巴格达，阿拉伯著名天文学家、数学家。

重点词语：

十进位制	الترقيم العشري	整数	العدد الصحيح
小数	العدد الكسري	算术级数，几何级数	المتواليات الحسابية والهندسية
一次方程，二次方程	المعادلات من الدرجة الاولى والثانية	平方根	الجذر التربيعي
正根	الجذور الموجبة	负根	الجذور السلبية
虚根	الجذور الوهمية	无理根	الجذور الصماء
微积分	التكامل والتفاضل	应用几何	الهندسة العملية والحسية
圆周率	نسبة محيط الدائرة الى قطرها	三角形	المثلث

矩形	المستطيل	梯形	شبه منحرف
算术比、几何比、复比	النسب العددية والهندسية والتأليفية	直角	الزاوية القائمة
数列	المراتب العددية	毕达哥拉斯理论	المدرسة الفيثاغورية
加，减，乘，除	جمع وطرح وضرب وقسمة	代数方程式	معادلة جبرية
字母示数法	حساب الجمل	《加减运算》(锡南著)	الجمع والتفريق
对数	اللوغاريثمات	《运算之钥》(卡西比著)	مفتاح الحاسب
代数学	علم الجبر	负项	حدود منفية
同类项	حدود مماثلة	平方，立方	مربعة ومكعبة
圆锥	مخروط	一元方程	المعادلة ذات المجهول الواحد
《还原与对消》(花拉子密著)	الجبر والمقابلة	三角学	علم المثلثات
天文学	علم الفلك	三角函数计算	عداد نسب المثلثات
正切	ظلال	余切	ظلال التمام
正割	قواطع	余割	قواطع التمام
正弦	جيوب	余弦	جيوب التمام
球面三角	المثلثات الكروية	《几何原本》(欧几里德著)	الأصول
曲线	الخط المنحني	解析几何	الهندسة التحليلية
椭圆	الشكل الاهليلجي	正多边形	مضلعات منتظمة
平行线	متوازيات		

讨论思考题：

一、阿拉伯人在数学方面的主要成就有哪些？

二、花拉子密在数学方面的主要贡献是什么？

补充阅读：

1——أبدى العرب اهتماما كبيرا بالرياضيات ودرسوها دراسة واسعة بعلاقتها بجوانب حياتهم المختلفة، فهي وثيقة الصلة بعلم الفلك الذي ولعوا به ولعا، وبالفرائض والمواريث والأعمال التجارية. وكانت عنايتهم تشمل فروع هذا العلم كلها، فقد برعوا في الحساب واستعملوا طريقة الحساب العشري، وأخذ العالم منهم طريقتهم في الحساب، ولم يكن ترتيب مراتب الأعداد عند الغربيين من اليمين الي اليسار وفق الطريقة العربية محض مصادفة بل هو دليل علي سبق العرب في هذا المجال وتفوقهم فيه. بيد أن من أبرزما أدركه العرب ايجادهم قيمة الصفر الذي يشكل محور الأرقام وصلبها، والذي لا يمكن من دونه انتظام المراتب من آحاد

وعشرات ومئات وآلاف وما بعدها. أما علم المثلثات فقد كان باعهم فيه طويلا ومعرفتهم به غزيرة، واليهم يرجع أول تقدم علمي فيه، فاستبدلوا الأقواس بالأوتار واستعملوا أنصاف الأقواس المضاعفة ومصطلحات الجبرالحديثة، وانتهوا الي الدستور الأساسي للمثلثات الكروية والي الظل المحدود الذي هو المماس المثلثي الذي أحدث انقلابا عظيما في هذا العلم. ويعتبر محمد بن موسى الخوارزمي الذي عاصر المأمون الينبوع الدافق الذي روى علم الرياضيات بما أبدعته عبقريته الفذة وعلمه الغزير. فالأرقام العربية التي نستعملها اليوم والتي أخذها الغربيون من العرب يرجع الفضل في استخدامها الي الخوارزمي الذي اشتق الغربيون من اسمه اسما للوغارثيمات، فقالوا : الغورزم.

والخوارزمي هو الذي ابتدع الصفر فمنح الرياضيات عصب حياتها وأداة انطلاقها وتحررها من النقص الكبير الذي كانت تعانيه في الدلالة علي المعدودات. ووضع الخوارزمي كلمة "جبر" للعلم الذي تبناه حتي أصبح ينسب اليه وألف فيه الكتب العديدة التي منها كتابه "الجبر والمقابلة" . وقد ترجمت كتبه الي اللاتينية ولغات الغرب الأخرى فكانت منار يهتدى به.

2— أخذ العرب عن الهند نظام الترقيم قد هذب العرب أرقام الهند وكونوا منها سلسلتين عرفت إحداهما بالأرقام الهندية ولا تزال تستعمل في جميع البلاد العربية والاسلامية، وعرفت ثانيتهما بالأرقام الغبارية وهي التي تكتب فيها شعوب أوربا أرقامها وتسميها أرقاما عربية. وقد سميت أحرفا غبارية لأن الهنود يرشون غبارا ناعما علي لوح من الخشب ثم يرسمون عليه بأصابعهم ما يحتاجون من أرقام. وقد قسم العرب الحساب العلمي الي قسمين : الغباري وهو الحساب الذي يحتاج استعماله الي أدوات كالورق والقلم، والهوائي وهو الحساب الذهني. وأوجد العرب رقم الصفر، وكان الهنود يستعملون " سونيا " أي الفراغ لندل علي معنى الصفر ثم استعمل العرب رقما للصفر وأخذوا هذا الاسم من "سونيا " ، وقد اقتبسه الغربيون ثم تحور الاسم فصارZero. ووضع العرب علامة الكسر العشري وبحثوا كثيرا في الكسور العشرية، وقد قسم مؤلفوهم الحساب الي أبواب منها ما يتعلق بحساب الصحاح ومنها ما يتعلق بحساب الكسور ووضعوا ذلك كله في فصول : الأول في الجمع والتضعيف، والثاني في التصنيف، والثالث في التفريق (الطرح) والرابع في الضرب والخامس في القسمة ويدخل فيه ما يسمونه القسمة بالمحاصصة أي التقسيم التناسبي، والسادس في التجذير واستخراج الجذور. واهتم معلمو الحساب بأصول تعليمه الي الصبية الصغار بطرق حسية سهلة وأكثروا من استخراج المجهول بطرق لا تختلف عن الطرق الحديثة، وعرفوا المتواليات الحسابية والهندسية علي أنواعها وذكروا قوانين جمعها، كما ذكروا قواعد خاصة لاستخراج الجذور ولجمع المربعات المتوالية والمكعبات وبرهنوا علي صحتها. ومن مزايا الأرقام العربية أو الهندية أنها تقوم علي النظام العشري وعلي اساس القيم الوضعية بحيث يكون للرقم قيمتان قيمة في نفسه وقيمة بالنسبة الي المنزلة التي يقع فيها. ولعل من أهم مزايا مذا النظام ادخال الصفر في الترقيم واستعماله في المنازل الخالية من الأرقام ومما لا شك فيه أن هذا النظام هو من المخترعات الأساسية والرئيسية ذات الفوائد الجلي التي توصل اليها العقل البشري، فلم تنحصر مزاياه في تسهيل الترقيم وحده بل تعدته الي تسهيل جميع أعمال الحساب. ولولاه لما رأينا سهولة في الأعمال الحسابية ولاحتاج المرء الي استعمال طرق عويصة وملتوية لاجراء عمليتي الضرب والقسمة، حتي أن هاتين العمليتين كانتا تقتضيان جهدا كبيرا ووقتا كبيرا. ولسنا بحاجة الي القول أنه لو لا الصفر واستعماله في الترقيم لما فاقت الأرقام العربية والهندية غيرها من الأرقام، ولما كان لها أية ميزة بل لما فضلتها الأمم المختلفة علي

الأنظمة الأخرى المستعملة في الترقيم. ومن الغريب أن الأوروبيين لم يتمكنوا من استعمال هذه الأرقام إلا بعد انقضاء قرون عديدة من اطلاعها عليها، أي أنه لم يعم استعمالها في أوروبا والعالم إلا في أواخر القرن السادس عشر للميلاد.

3ــ الجبر كلمة عربية يعود الفضل في ايجادها الي أبي عبد الله محمد بن موسي الخوارزمي مؤلف كتاب " حساب الجبر والمقابلة " ، وعنه أخذ الأوروبيون فسموا العلم Algebre. والخوارزمي لم يبتدع هذا العلم كله بل رتبه ورقي به الي درجة العلم وتعرض لكثير من شؤونه ، ذلك لأن المصريين القدماء كانوا قد عرفوا حل المعادلات من الدرجة الأولي والثانية وعرفوا الجذر المربع ووضعوا له علامة، وكذلك فالهنود حلوا معادلات من الدرجة الثانية وعرفوا الكميات الموجبة والكميات السالبة وميزوا بينها. فلما جاء الخوارزمي واشتهر بالرياضيات وقربه الخليفة المأمون ألف كتابا في الجبر وحل المعادلات الجبرية وأوضحها دون أن يستعمل الرموز من الأحرف الأبجدية، ثم جاء من خلفه من العلماء فأوجدوا رموزا خاصة وهي تخالف الرموز الشائعة اليوم، وقد وصلنا عن عمر الخيام حل معادلات من الدرجة الثالثة والرابعة بواسطة قطع المخروط حتي قال كاجورى :"إن حل المعادلات التكعيبية بواسطة قطع المخروط من أعظم الأعمال التي قام بها العرب". وبذلك يكون العرب قد سبقوا ديكارت وبيكر في هذه البحوث، والعرب هم الذين اكتشفوا النظرية القائلة بأن مجموع مكعبين لا يكون مكعبا. ويذهب ظن الكثيرين من العلماء المعاصرين الي أن العرب مهدوا لاكتشاف اللوغاريثمات- بعد أن رأوا ابن يونس قد توصل في أبحاثه في المثلثات الي مثل اللوغاريثمات وقرأوا كتاب سنان بن الفتح الحراني في الجمع والتفريق الذي شرح فيه الطريقة التي يمكن بوساطتها اجراء الأعمال الحسابية التي تتعلق بالضرب والقسمة بوساطة الجمع والطرح، كما مهد العرب لنشأة علم التكامل والتفاضل.

الدرس الرابع عشر   الفلك عند العرب

اهتم الشعوب القديمة في النيل والرافدين برصد النجوم والكواكب، واكتسبوا انجازات عظيمة في وضع التقويم والتنبؤات الفلكية. انتقلت معارفهم في علم الفلك الى العرب. وكان العرب في العصر الجاهلي متخلفين عن الشعوب المجاورة. اقتصر علم الفلك عندهم على مراقبة بعض النجوم والكواكب بالعين المجردة، ومن أهدافهم ذلك التنجيم. وقد عرفوا الأبراج وعددا من النجوم والكواكب واعطوها أسماء عربية كالثريا والفرقدين أوعرفوها بأسمائها البابلية والكلدانية والفارسية كالمريخ وزحل والمشتري والزهرة. وكانوا على علم بمواقع بعض النجوم والكواكب وحركاتها وطلوعها وغروبها، وقد استعانوا بذلك للاهتداء في قطع البراري للاستدلال على الجهات والأزمان والفصول والشهور والأيام، واهتموا بمعرفة تأثيرها في حظوظ البشر والحوادث الاجتماعية كالحرب والسلم، وفي الظواهر الطبيعية كحدوث الزلازل والأعاصير وهطول الأمطار وانحباسها. واعتنى الجاهليون بحركات القمر عناية خاصة، فحسبوا الشهور والسنين بها، وعمدوا الى النسيىء لحل مشكلة الفرق بين طول السنتين الشمسية والقمرية الذي يؤدي الى اختلاف في مواقع الفصول الأربعة في السنة القمرية.

وعندما جاء الاسلام حرم النسيىء ودعا الى الفلك الصحيح حسبما يتبين من بعض الآيات الكريمة في القرآن، وبالرغم من ذلك بقى علم الفلك في صدر الاسلام بدائيا ممزوجا بالخرافات والأوهام كما كان في العصر الجاهلي لانشغال العرب بالفتوحات ونشر الدين الجديد.

ولما كانت بعض الأمور الدينية تستلزم معرفة بأوقات الصلاة التي تختلف بحسب الموقع ومعرفة عرض الموقع الجغرافي وحركة الشمس في البروج وأحوال الشفق وهلال رمضان، أدى ذلك الى الاهتمام بعلم الفلك مما حدا بالعرب الى دراسة أعمال الإغريق وبابل ومصر والسريان والفرس والهنود. وأول كتاب ترجم في علم الفلك ترجم من اليونانية الى العربية كان في زمن الأمويين، وهو كتاب "مفتاح النجوم".

تطور علم الفلك في العصر العباسي تطورا واضحا، وأصبح علما منظما قائما على منهج علمي وقواعد مقررة وحساب دقيق، وانتقل من المجال النظري الى المجال العلمي، وأصبح يرتكز على الحقائق المبنية على الرصد والمشاهدات والاختبار، وتطهر من أوهام التنجيم وأدرانه. ولا يعني ذلك أن التنجيم قد زال نهائيا إذ ظل بعض الخلفاء يعني به ويلجأ اليه في كثير من الأحوال السياسية والعسكرية والعمرانية كاستشارة المنصور للمنجمين عند بناء بغداد والمعتصم عند فتح عمورية.

وكان أول الكتاب الفلكي الذي ترجم الى العربية في العصر العباسي هو الكتاب في حركات النجوم، وكان الخليفة المنصور هو الذي أمر بترجمته عن الهندية، وقد ترجمه محمد بن ابراهيم الفزاري، وسماه السند

هند الكبير. وبقى معمولا به الى أيام المأمون، واختصره الخوارزمي وصنع منه زيجه المشهور. كذلك نقل كتاب الأربع مقالات لبطليموس في صناعة أحكام النجوم ونقلت كتب أخرى هندسية وطبيعية أرسل المنصور في طلبها من ملك الروم.

لقد انتقلت آراء علماء الإغريق وخاصة بطليموس في الأرض والكواكب والشمس الى علماء العرب، فقد نقلوا كتاب "المجسطى" وزادوا عليه وافقوه في كثير من آرائه وخالفوه في بعضها. قالوا إن الأرض مركز الكون وإنها قائمة في الفضاء وقالوا بدوران الشمس والقمر والنجوم حول الأرض، وإن القمر أقرب الأجرام السماوية الى الأرض ويليه عطارد والزهرة والشمس والمريخ والمشترى وزحل والنجوم، وإنها جميعا تدور حول الأرض دورة كاملة كل يوم، كما قاسوا أجرام الشمس والقمر والنجوم بطرق هندسية حسابية بما يقرب من الحقيقة، وقاسوا أبعادها عن الأرض ... وقد بقيت هذه الآراء سائدة حتى جاء كوبرنيق في أواسط القرن السادس عشرالميلادي الذي قال بدوران الأرض حول محورها وإن الأرض والكواكب تدور حول الشمس.

وكان العرب يجمع بين مذاهب اليونان والهنود والبابليين في علم الفلك فصححوا ما فيها من أخطاء وأضافوا اليها أشياء هامة واكتشافات جليلة، وجعلوا من علم الفلك علما استقرائيا مستقلا عن التنجيم، يستند الى الملاحظة الحسية والرصد في تفسير الظواهر الفلكية وحركات الأجرام السماوية.

وللبيروني والبتاني وغيرهما آراء علمية قيمة ما زال كثير منها معتمدا حتى الوقت الحاضر في تقدير محيط الأرض وقياسات ورصدات. فقالوا باستدارة الأرض وعملوا الأزياج الكثيرة وأقاموا كثيرا من المراصد وحسبوا طول السنة الشمسية وحققوا مواقع كثيرة من النجوم ورصدوا الاعتدالين الربيعي والخريفي وكتبوا عن البقع الشمسية. وقد وضع عبد الرحمان الصوفى مؤلفا عن النجوم الثوابت به خرائط مصورة جمع فيها أكثر من ألف نجم رسمها في صورة الأناسي والحيوان. وما زال أسماء بعضها مستعملا حتى الوقت الحاضر مثل الدب الأكبر والدب الأصغر والحوت والعقرب والجدي والميزان والأرنب والكلب.

ومن الخير أن نذكر أن من المفكرين العرب من لم يكونوا من المؤمنين بالتنجيم كالكندي والفارابي وابن سينا. فذهب ابن سينا الى أن قول المنجمين بأثرالكواكب على الناس من خير وشر إنما هو قول هراء وقد أخذوه تقليدا من غير برهان ولا قياس، كذلك الكندي فكان لا يقول بما يقول به المنجمون في التنبؤات القائمة على حركات الكواكب، ومع ذلك فقد اهتم بعلم الفلك، وله آراء قيمة في نشأة الحياة على الأرض ورصدات فلكية، كما أنكر الفارابي صناعة التنجيم وقال إن من الخطأ الكبير ما يزعمه الزاعمون أن بعض الكواكب يجلب السعادة وبعضها يجلب النحس، ودعاوى المنجمين وتنبؤاتهم لا تستحق إلا الشك والارتياب.

وكان أساس تقدم علم الفلك عند العرب ما أقاموه من مراصد وما ابتكروه من أجهزة وآلات وأدوات وما قدموه من أزياج وجداول فلكية. وقد بنى الأمويون مرصدا في دمشق وبنى المأمون مرصدا في بغداد، كما أنشئت في مدة خلافته وبعد وفاته عدة مراصد في البلاد المختلفة، كذلك بنى بنو موسى مرصدا في بغداد وبنى شرف الدولة مرصدا في بستان دار المملكة، وأنشأ الفاطميون المرصد الحاكمي على جبل المقطم. ويعتبر مرصد المراغة الذي بناه نصير الدين الطوسي من أشهر المراصد وأكبرها اشتهر بآلاته الدقيقة وتفوق المشتغلين فيه.

ومن آلات الرصد التي عرفها واستعملها العرب :

a) اللبنة: وهى جسم مربع مستوى يقاس به الميل الكلي وأبعاد الكواكب وعرض البلد.

b) الحلقة الاعتدالية: حلقة تنصب في سطح دائرة المعدل ليعلم بها التحول الاعتدالي.

c) ذات الأوتار: أربع أسطوانات مربعة تغنى عن الحلقة الاعتدالية يعلم بها تحويل الليل.

d) ذات الحلق: أعظم الآلات هيئة ومدلولا، وهى خمس دوائر متحدة من نحاس، الأولى دائرة نصف النهار وهى مركزة الى الأرض، ودائرة منطقة البروج، ودائرة العرض، ودائرة الميل. وكذلك الدائرة الشمسية يعرف بها سمت الكواكب.

e) ذات الشعبتين: وهى ثلاث مساطر منتظمة على كرسي يعلم بها الارتفاع.

f) ذات السمت والارتفاع: وهى نصف حلقة قطرها سطح من سطوح أسطوانة متوازية السطوح، يعلم بها السمت والارتفاع.

g) المشبهة بالمناطق: هى ثلاث مساطر منها اثنتان منتظمتان ذواتا الشعبتين، ويقاس بها البعد بين كوكبين.

h) الأسطرلاب: كلمة إغريقية معناها مرآة النجوم، تطلق على عدة آلات فلكية تنحصر في ثلاثة أنواع بحسب ما اذا كانت تمثل مسقط الكرة السماوية على سطح مستو أو على خط مستقيم أو الكرة بذاتها بلا أى مسقط ما. وقد عرفه الإغريق في أبسط صوره وهو يتألف من عدة أجزاء. كما أنه على أنواع منها التام والمسطح والهلالي والزورقي والعقربي والآسي والقوسي والجنوبي والشمالي والمتسطح. وهو آلة تستعمل لقياس مواقع النجوم وأبعادها وعلوها فوق الأفق، كذلك قياس ارتفاع الجبال وانخفاض الآبار.

وقد اعترف الأفرنج أن العرب أتقنوا صناعة هذه الآلات، وثبت أن ذات السمت والارتفاع وذات الأوتار والمشبهة بالمناطق كلها من مخترعات العرب من البراكير والمساطر والتحسينات التي أدخلوها على كثير من آلات الرصد المعروفة عند الإغريق.

وفي هذه المراصد وبمثل هذه الآلات أجرى العلماء العرب كثيرا من الأرصاد التي قاسوا بها ارتفاعات الكواكب عن الأفق وتعيين الأزمان وحل المسائل الفلكية. ويقال إن الفزارى أول من صنع أسطرلابا من العرب وأول من ألف فيه كتابا سماه بالأسطرلاب المسطح.

كذلك صنع العرب الأزياج العالية المستوى، إنها صناعة حسابية مبنية على قوانين رياضية فيما يخص كل كوكب من طريق حركته، وإنها جداول فلكية. ومن أشهر الأزياج: زيج الفزارى وزيج البتاني والزيج الحاكمي وزيج الخوارزمي.

ولم يكتف الفلكيون العرب بما ورثوه من الأقدميين من آراء صحيحة بل أبدعوا آراء جديدة، وطبقوا وأضافوا الى علم الفلك النظري علما عمليا اعتقادا منهم أن لا فائدة من علم بلا عمل. فحصلوا على انجازات كبيرة وتركوا مآثرعظيمة.

حفظ العرب على تراث الأقدمين من الضياع عندما نقلوا كتبهم الى اللغة العربية، مثال، كتاب المجسطي الذي ضاع أصله اليوناني وبقيت ترجمته العربية.

صحح البتاني كتاب المجسطي أخطاءه وطهر ابن حزم علم الفلك من أوهام التنجيم.

أثبت البيروني أن الأر ض كروية وأنها متحركة حركة الرحى على محورها. وهو قاس محيط الأرض وحسب نصف قطرها، وابتكر طريقة علمية لذلك، كذلك ألف المؤلفات الفلكية المشهورة منها الآثار الباقية عن

القرون الخالية والقانون المسعودي في الهيئة والنجوم.

قد قاس الزرقالي حركة أوج الشمس وضبطها ضبطا رياضيا وراقب تغيرها وتداخل مدارها في مدارات أخرى، فكانت قريبا من قياسها الحالي.

اكتشف أبو الوفاء بعض الخلل في حركة القمر.

قاس أولاد موسى بن شاكر درجة من خط نصف النهار أى الهاجرة بناء على طلب المأمون، واستنبطوا طريقة علمية لهذا الغرض.

اكتشف البتاني طريقة لحساب ميل دائرة الفلك (البروج) على فلك معدل النهار وحسبها بكثير من الدقة. كما عين طول السنة الشمسية تعيينا دقيقا، ورصد الاعتدالين الربيعي والخريفي، كذلك كشف السمت والنظير وحدد نقطتيهما في السماء كما حدد طول السنة المدارية، كذلك ألف الزيج الصابئي المشهور الذي أصبح مرجعا أساسيا في كتاب كوبرنيق.

بحث ابن رشد في كلف الشمس الذي عرف بالحساب الفلكي وقت عبور عطارد على قرص الشمس، فرصده وشاهده بقعة سوداء على قرصها في الوقت الذي تنبأ به بالضبط.

رصد القزويني الخسوف والكسوف وحددهما.

أصلح عمر الخيام التقويم الفارسي، وبقى خطأه يوما واحدا كل 1540 سنة.

أخذ الأوربيون علم الفلك من المصادر العربية، وما زال بعض النجوم والكواكب التي عرفت في القرون الوسطى تحمل أسماء عربية، وكذلك بعض المصطلحات الفلكية.

本课解题：

阿拉伯天文学

阿拉伯人自古就对观天感兴趣，这一是由于其游牧生活的需要，二是由于先民们的影响。但那时的观天主要是为了占卜。可以这样说，阿拉伯的天文学是从占星术发展起来的。

伊斯兰教产生后，为满足礼拜、斋戒、朝觐等宗教生活以及对外扩张和发展贸易的需要，阿拉伯天文学逐渐脱离占星术而发展成独立的学科。阿拉伯学者对天象和历法进行了深入的研究，取得了巨大的成就。今天人们熟知的很多星座名称和天文术语大都来自阿拉伯语即可证明这一点。

阿巴斯王朝时期是阿拉伯天文学取得长足发展的时期。在这一时期，阿拉伯学者翻译了其他民族的大量天文典籍，最重要的是公元二世纪希腊天文学家托勒密的《天论》和印度天文典籍《信德欣德》。麦蒙哈里发在帝国境内建立了一系列天文台，设立了类似司天监一样的官职，并且制作了很多精美的观测仪器，如浑天仪、象限仪、天球仪、星盘等。阿拉伯天文学家使用这些精巧的仪器对天体运动进行了长期的、系统的观测和研究，取得了一系列重要成就，如发现了太阳各行星的运行，并制成图表，论证了地球是圆形的，提出了地球绕太阳运转的学说，发现了太阳黑子及日食、月食的规律，论证了月球的纬度，测定了地球的体积和赤道的周长，他们还校正了托勒密的错误。

在历法方面，他们创制了太阳历和太阴历，其太阳历比现今世界通用的公历还要精确。

阿拉伯最著名的天文学家有白塔尼和比鲁尼。白塔尼纠正了托勒密的许多错误，修正了太阳和某些行星轨道的计算方法，较精确地计算了黄道斜角和回归年，证明了发生日环食的可能性。他编制的《萨比天文历表》是著名的阿拉伯历表之一，译成拉丁文传到欧洲后，其中的观测数据被哥白尼多处引用到自己划时代的著作《天体运行论》中。

比鲁尼在其天文著作中全面总结了古代文明民族的历法和纪元，以及到他那时为止的世界天文成就，论证了地球自转的理论和地球绕太阳公转的学说，并对地球的经纬度做出了精确的测定。

难点释疑：

ولما كانت بعض الأمور الدينية تستلزم معرفة بأوقات الصلاة التي تختلف بحسب الموقع ومعرفة عرض الموقع الجغرافي وحركة الشمس في البروج وأحوال الشفق وهلال رمضان، أدى ذلك الى الاهتمام بعلم الفلك مما حدا بالعرب الى دراسة أعمال الإغريق وبابل والسريان ومصر والفرس والهنود.

当一些宗教事务要求确知随地点变化的礼拜时间和地理纬度、黄道、日出、斋月的变化情况时，人们开始重视天文学。它促使阿拉伯人去研究古希腊、古巴比伦、古埃及、古叙利亚、古波斯、古印度的天文成果。

وكان العرب يجمع بين مذاهب اليونان والهنود والبابليين في علم الفلك، فصححوا ما فيها من أخطاء وأضافوا اليها أشياء هامة واكتشافات جليلة وجعلوا من علم الفلك علما استقرائيا مستقلا عن التنجيم يستند الى الملاحظة الحسية والرصد في تفسير الظواهر الفلكية وحركات الأجرام السماوية.

当时阿拉伯人收集了所有古希腊、古印度、古巴比伦人的天文学理论，进行了整理、比较，修正了其中的谬误，补充了重要的新成果和新发现，将其改造成独立于占星术的学说，这种学说依靠实地观察和观测来分析天文现象和天体运动。

وللبيروني والبتاني وغيرهما آراء علمية قيمة ما زال كثير منها معتمدا حتي الوقت الحاضر في تقدير محيط الأرض وقياسات ورصدات، فقالوا باستدارة الأرض وعملوا الأزياج الكثيرة وأقاموا كثيرا من المراصد وحسبوا طول السنة الشمسية وحققوا مواقع كثيرة من النجوم ورصدوا الاعتدالين الربيعي والخريفي وكتبوا عن الكلف الشمسي.

比鲁尼、白塔尼等人对天文学都有极具价值的科学见解。他们在估算地球直径上和在测算、观测上的很多见解，直到今天仍得到公认。他们证实了地球是圆的，编制了大量历法，进行了无数观测，计算了太阳年的长度，确证了很多星座的位置，测算了春分、秋分的位置，并在他们的著作中述及了太阳黑子的发现。

وكان أساس تقدم علم الفلك عند العرب ما أقاموه من مراصد وما ابتكروه من أجهزة وآلات وأدوات وما قدموه من أزياج وجداول فلكية.

阿拉伯天文学取得重大进步的基础，是在各地所建造的天文台和制作的大量观测仪

器、工具以及编制的很多历书和天文图表。

主要人物：

法扎里（公元?~796），伊斯兰教产生后阿拉伯第一位天文学家，印度天文典籍《信德欣德》的翻译者，其父是制作星盘的第一人。	الفزاري
哥白尼（公元1473~1543），波兰天文学家，地球自转和公转的发现者。	كوبرنيق
比鲁尼（见第十三课）	البيروني
白塔尼（公元850~929），出生于现土耳其的哈兰城，中世纪最伟大的天文学家、数学家，长期工作于阿巴斯王朝的腊卡天文台，在天文理论和计算上取得了辉煌的成就，其巨著《萨比天文历表》即《恒星表》是最伟大的阿拉伯天文著作之一，哥白尼在其《天体运行论中》多处引用。	البتاني
苏非（公元903~986），布韦希王朝天文学家，以其名著《恒星全图》闻名。	عبد الرحمان الصوفي
肯迪（见第九课）	الكندي
法拉比（见第九课）	الفارابي
伊本·西那（见第九课）	ابن سينا
穆萨兄弟（见第十三课）	بنوموسى
谢里夫道来（公元983~990在位），布韦希王朝第三任埃米尔。	شرف الدولة
纳绥尔丁·图西（见第十二课）	نصير الدين الطوسي
伊本·哈扎姆（公元994~1063），生于科尔多瓦，曾任阿巴斯王朝第27任哈里发穆格泰迪的首相，著名历史学家、哲学家。	ابن حزم
扎尔卡里（公元1029~1087），安达卢西亚天文学家，以其改进的新的星盘闻名于世。	الزرقالي
伊本·鲁斯德（见第九课）	ابن رشد
卡兹维尼（公元1203~1283）生于现伊朗里海边，著名历史学家、地理学家，曾漫游中亚，被誉为中世纪的希罗多德。	القزويني
欧麦尔·赫亚姆（见第十三课）	عمر الخيام

重点词语：

占星术	التنجيم	闰日	النسيء
星座（星宿）	برج ج أبراج	金牛座（昴宿）	الثريا
北斗（大熊）星座的第一、二星	فرقدان	火星	المريخ
土星	زهل	木星	المشتري
金星	الزهرة	水星	عطارد
天体	الأجرام السماوية	大熊座	الدب الأكبر
小熊座	الدب الأصغر	双鱼座	الحوت
天蝎座	العقرب	摩羯座	الجدي
天秤座	الميزان	天兔座	الأرنب
大犬座	الكلب	天文台	مرصد ج مراصد
历表、历书	زيج ج أزياج	穆格塔姆山（在开罗）	جبل المقطم
马拉格城（在伊朗）	مراغة	阿木里亚城（在土耳其）	عمورية
远日点	أوج الشمس	子午线	خط نصف النهار(الهاجرة)
黄道	ميل دائرة الفلك (البروج)	春分、秋分	الاعتدالان الربيعي والخريفي
天顶	سمت	天底	نظير
太阳黑子	كلف الشمس	日食、月食	كسوف وخسوف
象限仪	اللبنة	回归仪	الحلقة الاعتدالية
子午仪	ذات الأوتار	浑天仪	ذات الحلق
六分仪	ذات الشعبتين	四分仪	ذات السمت
天球仪	المشبهة بالمناطق	星盘	الاسطرلاب

讨论思考题：

一、 阿拉伯天文学取得长足发展的原因是什么？

二、 阿拉伯有哪些著名的天文学家？他们取得了哪些成就？

三、 阿拉伯天文学对世界天文学的发展做出了哪些贡献？

补充阅读：

1- يعزى ظهور علم الفلك الي العرب القدماء في بلاد ما بين النهرين ومصر، وعن البابليين العرب أخذ هذا العلم كل من الاغريق والهنود، وجميع هذه الأقوام خلطت بين الفلك أو علم النجوم وبين التنجيم، وربط حركات الكواكب وأبراجها بما يجرى عن سطح الأرض من أحداث وحظوظ سعيدة أو شقية، والغريب أن هذه العلاقة بين النجوم وبين التنجيم لا تزال شائعة الاعتقاد عند كثيرين من أبناء عصرنا، وظلت كراسي تدريس النجامة في بعض الجامعات الأوربية قائمة حتي أواخر القرن السادس عشر. فلما جاء الاسلام ونزل القرآن أتي علي ذكر كثير من القضايا الفلكية، وكانت تعاليم الاسلام وفرائضه تقتضى معرفة واسعة في الفلك، فأوقات الصلاة واختلافها بحسب الموقع الجغرافي والفصل الموسمي واتجاه المسلمين الي الكعبة في صلواتهم ورؤية هلال رمضان والصوم وصلاة الكسوف والخسوف وما شابه ذلك يقتضى من علماء المسلمين معرفة كثير من القضايا الفلكية مثل عرض المكان الجغرافي وحركة الشمس في البروج وسمت القبلة. وقد اضطروا الي بحثها بحثا علميا والخوض في مسائل عويصة متصلة بشروط رؤية الهلال وأحوال الشفق، فبرزوا في ذلك واخترعوا حسابات وطرقا بديعة لم يسبقهم اليها أحد من اليونان والهنود والفرس. ولكن هذا الاهتمام بالفلك كعلم له علاقة وثيقة بأداء فرائض الدين لم يمنع الكثيرين من الخاصة والعامة من الاعتماد علي التنجيم بل كان للمنجمين مكان مرموق في أعين الخلفاء حتي أن أبا جعفر المنصور العباسي كان يصطحب معه دائما نوبخت المنجم الفارسي، فلما كبرت سنه أمره باحضار ابنه ليقوم مقامه في صناعة التنجيم. وجاء اهتمام العرب المسلمين بترجمة كتب الفلك بعد اهتمامهم بعلم الصنعة في عهد خالد بن يزيد، إذ ترجم أول كتاب للفلك في أواخر العصر الأموي، وهو كتاب " عرض مفتاح النجوم " المنسوب لهرمس الحكيم وتمت ترجمته قبل سقوط الدولة الأموية بسبع سنين. ولكن العباسيين اعتبارا من ابي جعفر المنصور رقوا بالفلك رقيا عظيما ووصلوا فيه الي أبحاث جديرة بالاهتمام وتطبيقات عملية في عصر المأمون. فقد أمر المنصور محمد بن ابراهيم الفزارى بترجمة كتاب " السندهند الكبير" الذي يبحث في حركات النجوم ومطالع البروج والكسوف وغيرها، وهذا الكتاب هو الذي اختصره الخوارزمي وزاد فيه دراساته الخاصة وصنع منه زيجه الذي اشتهر في كل البلاد الاسلامية. وقبل أن ينقضي عهد المنصور ترجم يحيي بن البطريق كتاب الأربع مقالات في صناعة أحكام النجوم لبطليموس، وما وافي عصر المأمون حتي أصبح الفلكيون والكتب المؤلفة والمترجمة وأشكال الاسطرلابات وأنواعها أكثرمن أن تعد، فقد أصلحت أغلاط المجسطي لبطليموس وألفت أزياج جديدة ليحيي بن أبي منصور ولموسى بن شاكر ولأبنائه ولثابت بن قره والبلخي والبتاني. وبعد أن درس العرب المسلمون كتب الفلك عند الأمم التي سبقتهم في مضمار الحضارة خرجوا الي العمليات والرصد، ففي عصر المأمون استخرجوا بطريقة علمية طول درجة من درجات خط نصف النهار، كما وضع البيروني نظرية بسيطة لمعرفة مقدار محيط الأرض ذكرها في آخر كتابه " الاسطرلاب " . والعرب المسلمون أول من عرف أصول الرسم علي سطح الكرة وحسبوا الحركة المتوسطة للشمس في السنة وضبطوا حركة أوج الشمس وتداخل فلكها في أفلاك أخرى وقالوا باستدارة الأرض وبدورانها. وحسب البتاني ميل الفلك معدل النهار فوجده 23 درجة و35 دقيقة أي قريبا من الصواب المهترف به اليوم مع خطأ لا يتعدى الدرجة الواحدة، ووفق البتاني نفسه في حساب طول السنة الشمسية وحصل علي نتيجة لا تختلف عن النتائج الحديثة بأكثر من دقيقتين و22 ثانية، ورصد غيره الاعتدالين الربيعي والخريفي وكتب عن كلف الشمس قبل أن تعرف أوروبا أسباب هذا الكلف مدة قرون.

ووضع عبد الرحمان الصوفي مؤلفا في النجوم الثابتة وعمل لها الخرائط المصورة وذكر أكثر من ألف نجم مع رسمها كوكبات في صورة الأناسي والحيوان. ويذكر أحد العلماء أن خمسين بالمائة من أسماء النجوم المعروفة باللغات الأجنبية هي من وضع العرب ومستعملة بلفظها العربي في هذه اللغات الحديثة. علي أن أهم مؤلفات الفلكيين العرب هو كتاب " الزيج الصابئ " للبتاني الذي كان له أثر كبير في علم الفلك لا في المشرق الاسلامي فحسب بل أيضا في غرب أوروبا في العصور الوسطى ومستهل الحديثة، وقد ترجم هذا الكتاب الي اللاتينية أكثر من مرة في القرن الثاني عشر.

2— كان البتاني يرصد في الرقة علي الضفة اليسرى من الفرات وقد حدد وهو مقيم بتلك البلدة – وبكثير من الدقة – ميل دائرة فلك البروج بمقدار 23 درجة و35 دقيقة وهذا أقصى ما أمكن الوصول اليه آنذاك، وبعد حوالي ألف سنة قام نظيره لالند الذي نوه بفضله وشهد بعظمته بحساب ذلك الميل فوجد مقداره 23 درجة و35 دقيقة و41 ثانية، أي بزيادة هذا الفرق من الثواني، لأنه أضاف الي تقدير البتاني 44 ثانية للانكسار، ثم طرح منها 3 ثوان للاختلاف الأفقي، ولم يكن البتاني قد حسب لهما حسابا. ولئن دل ذلك علي شيء فانما يدل علي شيئين : عظمة البتاني حتي لقد أطلق عليه بطلميوس العرب، وتقدم آلات الرصد عند هؤلاء آنذاك رغم امكانياتهم المتواضعة في تلك العصور. فقد اخترعت تلك الآلات عقول جبارة تضارع –إن لم تكن تفوق – عقول اليونان في العصور القديمة وعلماء أوربا في الوقت الحاضر، لقد صنعتها أنامل دقيقة يباهي بها العرب جميع العصورو الدهور. لكن خلف من بعدهم خلف أضاعوا العلم والتراث، فاذاهم بين عشية وضحاها غشاء السيل كأن لم يغنوا بالامس، فتداعت عليهم الأمم كما تداعي الأكلة الي قطعتها.

الدرس الخامس عشر الطب عند العرب

كان المصريون القدامى يمارسون منذ أقدم العصور نوعا من الطب، وتعطينا بردياتهم الطبية التي وصلت الينا فكرة واضحة عندهم عن مدى تقدم طب العيون والجلد والأطراف والرأس والأسنان والنساء والأطفال والجراحة والتشريح والتحنيط ووظائف الأعضاء والطب البيطري.

واهتم البابليون بالنصح والحمية وبرعوا الجراحة والتخدير والتشريح، وأولوا الكبد أهمية كبرى، لكنهم مالوا الى معالجة العديد من الأمراض بالسحر والشعوذة عن طريق الصلوات والأدعية وذبح القرابين وطرد الشياطين بالتعاويذ والطلاسم.

ويعد أمحوتب المصري أول طبيب ورد ذكره في التاريخ، كان وزيرا للملك زوسر من ملوك الأسرة الثالثة منذ نحو خمسة آلاف سنة. وقد اشتهر أمحوتب بمهارته في الطب والفلك والحكمة والفلسفة حتى خلد عصره بتشييده هرم سقارة وحتى رفعه المصريون الى مصاف الآلهة ورسموه إلاها للطب.

وفي جامعة الإسكندرية القديمة نبغ عدد من أساتذتها في علوم الطب وخاصة التشريح، ومن أشهر أطبائهم جالينوس الذي يحتل المكان الثاني بعد أبقراط، وكان أحب الأطباء الى العرب، وقد ترجموا من كتبه نحو ثمانية وخمسين كتابا. كذلك ديوسقوريدس وهو أبو الصيدلة الذي كتب موسوعة نباتية نقلت الى العربية تحت اسم كتاب الحشائش.

وقد نقل العرب أسس طبهم من الشعوب القديمة التي تجاورهم وأضافوا الى ذلك من تجاربهم. وكان لديهم في العصر الجاهلي طريقتان للعلاج تعتمد الأولى على الكهانة والعرافة وتعتمد الثانية على العقاقير من نباتية ومعدنية وكذلك الكي والحجامة والفصد. وبعد ظهور الاسلام نشأ ضرب جديد من الطب يسمى بالطب النبوي يشتمل على مجموعة من الأحاديث الخاصة بالمرضى تحتوى على وصفات لعلاج بعض الأمراض.

وفي العصر الاموي اشتهر من الأطباء عيسى بن يحيى وابن ما سرجويه الطبيب البصري في زمن عمر بن عبد العزيز وله كتاب قوي الأطعمة ومنافعها ومضارها وكتاب قوى العقاقير ومنافعها ومضارها.

وفي العصر العباسي كان أفراد أسرة بختيشوع ممن اشتهروا في الطب، وكان كل منهم طبيبا حاذقا موضعا لتقدير الخلفاء ومحلا لثقتهم، وكان جبريل بن بختيشوع أولا منهم وأبو سعيد آخر أفراد هذه الأسرة الطبية العظيمة التي انفردت بخدمة بلاط العباسيين مدى قرون ثلاثة.

عنى العرب في العصر العباسي بالطب عناية كبيرة، فنشطت الترجمة وتطور الطب تطورا كبيرا حيث برز الجانب العملي فيه وصار الأطباء يهتمون بالملاحظات السريرية والجراثيم والطفيليات كأساس لبعض الأمراض. وأسباب هذا التطور تعود الى تطور الحياة الحضرية وانتشار الرخاء والترف وتنوع مآكل العرب

ومشاربهم واختلاف مناخ أراضى الفتوح عن مناخ الجزيرة العربية التي عاشوا فيها، واهتمام الدولة العباسية بأمور الصحة العامة وتقريب خلفائها الأطباء اليهم وجعلهم من خاصتهم وبناء العباسيين للمستشفيات الثابتة في المدن وتسييرهم المستشفيات النقالة الى المناطق النائية والأوبئة ومع الجنود في المعارك. كذلك تعود الى إطلاع العباسيين على التراث الطبي في الأمم المختلفة بواسطة الترجمة.

وقد مرت الترجمة في العصر العباسي بثلاثة أدوار، الأول من خلافة أبي جعفر المنصور الى وفاة هارون الرشيد، وقد نبغ في هذا العهد عدد من التراجمة نذكر منهم من عنى بنقل كتب الطب خاصة من أمثال يحيى بن البطريق وجورجيوس بن بختيشوع ويوحنا بن ماسويه. ويبتدئ الدور الثاني من ولاية المأمون فاشتهر من التراجمة حنين بن اسحاق وابنه اسحاق بن حنين وثابت بن قرة، وقد بذل المأمون جهده في استخدام التراجمة، وكان ينفق في ذلك بسخاء. وكان يحرص الناس على قراءة الكتب ويرغبهم في تعليمها، فكثر في بغداد الوراقون وباعة الكتب وتعددت مجالس الأدب والمناظرة وأصبح الناس يهم بالبحث والمطالعة. وظلت تلك النهضة مستمرة بعد المأمون الى عدة من خلفائه. أما الدور الثالث فيبتدئ من سنة 900 م وينتهى في منتصف القرن الرابع الهجري، فكانوا أكثر اشتغالا بنقل المنطق والطبيعة، منهم ابن يونس وسنان بن ثابت بن قرة. ويعد حنين بن اسحاق شيخ تراجمة العصر العباسي بلغ اهتمامه بترجمة الآثار اليونانية مبلغا عظيما، ومن أشهر تأليفه كتاب العشر مقالات في العين ومن أخلد أعماله ترجمة كتاب التشريح لجالينوس.

وفي أواخر عصر الترجمة – بعد منتصف القرن الرابع الهجري – ظهرت بشائر عهد جديد هو عهد التأليف، وأشهر المؤلفين الأطباء العرب في هذا العهد هم :

محمد بن زكريا الرازي – صاحب كتاب الحاوي وكتاب المنصوري في التشريح ومحنة الطبيب ومنافع الأغذية، وصاحب رسالة في الجدري والحصبة. وقد أجمع المستشرقون والمشتغلون بتاريخ الطب على أن الرازى أعظم طبيب أنجبته النهضة الاسلامية. كان أول من ابتكر خيوط الجراحة المسماة بالقصاب وأول من عمل مراهم الزئبق وأول من أنشأ مقالات خاصة في أمراض الأطفال.

على بن العباس المجوسي – من كبار أطباء عصره، وضع كتبا طبية مختلفة أشهرها الكتاب الملكي. وهومقسم الى 20 مقالة تحتوى على أبواب عديدة في الطب، يتكلم فيها عن الحمية وعن المواد التي تدخل في تركيب الأدوية وعن المسالك الشعرية، ويشير الى حركة الرحم أثناء الولادة والى الدورة الدموية، ويبين قيمة النبض في تشخيص الأمراض. وللكتاب مقدمة قيمة نقد المجوسي فيها الأساطين في الطب اليوناني والعربي مثل أبقراط وجالينوس وأوريباسوس والرازى.

ابن سينا – كان حجة في علم الطب، يعتبر كتابه القانون في الطب أشهر كتبه على الإطلاق، وهو موسوعة علمية ضافية، وهو خلاصة الفكر اليوناني والعربي. ويمثل القمة التي وصلت اليها الحضارة العربية في فنون الطب تجربة ونقلا. واشتهر القانون في أوربا شهرة عظيمة في القرون الوسطى، وبلغ من المكانة ما بلغته كتابات جالينوس وأبقراط. وكان ابن سينا أول من كشف ووصف عضلات العين الداخلية، وأول من حاول التفرقة بين اليرقان الناشئ من انحلال الكريات الدموية وبين الذي ينشأ من انسداد القنوات الصفراوية، وسبق غيره الى معرفة بعض الأمراض التي تنتقل بوساطة مياه الشرب، وأنه عزاها الى حيوانات دقيقة لا ترى بالعين يتعاطاها الإنسان في الماء دون أن يحس بها، كما وصف بدقة الحالات الإكلينيكية الخاصة بأمراض الجلد والأجهزة البولية والتناسلية والعصبية.

ابن النفيس — كان إماما في عالم الطب الإيضاحي، صنف كتاب الشامل في الطب يدل فهرسه على أنه يكون في ثلاثمائة جزء، وله أيضا شرح القانون لابن سينا وكتاب التشريح. اهتم ابن النفيس بتشريح القلب والحنجرة والرئة ودراستها فتوصل نتيجة ذلك الى ادراك أن عملية تنقية الدم تحدث في الرئتين بسبب اختلاط الهواء الخارجي بالدم عند التنفس، وبذلك يكون قد أشار لأول مرة الى الدورة الدموية الصغرى.

بلغت الحضارة الأندلسية ذروتها بين منتصف القرن الثامن ومنتصف القرن الحادي عشر الميلادي، واشتهر في ذلك العهد عدد من أطبائهم في الصناعة والتأليف، وخاصة في المدة من ابتداء القرن العاشر ونهاية القرن الثالث عشر الميلادي. وأضاف المؤلفون الأندلسيون الى ما اقتبسوه من الحركة العلمية في بلاد المشرق خلاصة تجاربهم، وتحمل بعض مؤلفاتهم أثر الاستقلال والطابع الشخصي. ومن أشهر المؤلفين الأطباء الأندلسيين :

أبو القاسم الزهراوي — اشتهر بممارسة الجراحة في ذلك الحين، وكان كتابه المسمى التصريف لمن عجز عن التأليف موسوعة في الطب والجراحة، يمتاز بكثرة رسومه ووفرة أشكاله للآلات التي كان يستعملها وأكثرها من استنباطه. واستمر كتاب التصريف العمدة في الأمور الجراحية مدى خمسة قرون.

ابن البيطار — كان رئيس العشابين في مصر، وكان أوحد زمانه في معرفة النباتات، وكتابه الجامع في الأدوية المفردة أشهر من أن يذكر، وهو يحتوي على وصف 1400 نوع من العقاقير منها 300 لم يسبقه الى وصفها أحد، يعد ابن البيطار بحق خليفة ديسقوريدس في علم الصيدلة.

وكان العرب لا يعرف المستشفيات في العصر الجاهلي، وكان أول مستشفى في الاسلام بناه الخليفة الوليد في العصر الأموي، وذلك لحبس المجذومين فيه حتى لا يختلطوا بالناس ولعزل المصابين بالعمى. وقيل إن هذا أول محجر شيد في الاسلام.

أما في العصر العباسي فقد انتشرت المستشفيات في بغداد والشام ومصر، وازداد عددها أيام الايوبيين والمماليك، وخاصة أبان الحروب الصليبية، وذلك لما خلفته هذه الحروب من المآسي. وقد اهتم العرب اهتماما بالغا في اختيار الأماكن المناسبة لبناء المستشفيات، ويظهر ذلك فيما فعله الرازي عندما طلب اليه اختيار مكان مناسب لبناء مستشفى في بغداد، إذ لجأ الى تعليق قطع لحم في انحاء متفرقة من شوارع المدينة وأعلن أن المكان المناسب هو الذي يتأخر فساد اللحم فيه.

وكانت هذه المستشفيات تستقبل المرضى من مختلف الأجناس والطبقات دون تمييز ويعامل الجميع على حد سواء، وغالبا ما تتم المعالجة بصورة مجانية اما على حساب الدولة أو المحسنين أو الأوقاف الملحقة ببعضها.

وهناك المستشفيات النقالة أو المحمولة، وهي عبارة عن مستشفيات محمولة على ظهور الجمال والدواب مجهزة بالأدوية والأغذية والأشربة والأطباء والصيادلة والممرضين. كانت ترسل الى المقاطعات النائية حيث لا تتوفر الخدمات الطبية الثابتة، أو الى أماكن انتشار الأوبئة أو الى دور العجزة والسجون، أو لترافق الجنود في المعارك.

وكانت المستشفيات تنقسم بحسب الأمراض، فهناك مستشفيات مختصة بالأمراض العقلية تتم فيها المعالجة بالموسيقى كالمستشفى النوري في حلب، وهناك مستشفيات خاصة بالأمراض المعدية وأخرى بالعمى. وكان المستشفى يتألف من أجنحة خاصة بالنساء وأخرى خاصة بالرجال والأطفال أو بفروع الطب المختلفة.

وجميعها كانت مجهزة بكل ما يلزم من أدوات وأطعمة وأشربة وملابس وأطباء وعقاقير. ولكل منها حمام عام وصيدلة ومكتبة طبية وقاعات لالقاء الدروس في الطب وحدائق لغرس الأعشاب والنباتات الطبية.

اقتبس الأطباء العرب مبادئ الجراحة من الأطباء اليونان والهنود، غير أنهم فاقوا أساتذتهم في هذا المجال، فكانوا يستعينون بالجراحة في علاج العين والأذن والأسنان، كذلك يجرون عمليات جراحية في حالات الولادة المستعصية والولادة القيصرية، وفي حالات الفتق وكسر العظام وخلعها. وكانوا يستخدمون المخدرات أثناء اجراء العمليات الجراحية لتخفيف آلام المريض ويربطون الشرايين في حالات النزف. وأشهر الجراحين العرب الرازي في المشرق والزهراوي الأندلسي في المغرب.

عرف العرب الصيدلة عن طريق الترجمة ولم يكتف بما أخذوه عن غيرهم في علم الصيدلة بل طوروه ونظموه وجمعوا المعلومات حوله وزادوا عليه بحيث أصبحوا المؤسس الحقيقي لعلم الصيدلة. وكان تنظيم العرب للصيدلة من أكبر الإنجازات التي حققوها في هذا المجال، إذ نقلوها من مهنة حرة يعمل فيها من يشاء الى مهنة خاضعة لرقابة الدولة، عندما أمر المأمون لأول مرة بامتحان أمانة الصيدلة، وذلك بعد أن كثر الغش والاحتيال في هذه الصناعة، ثم المعتصم من بعده الذي أمر باعطاء الصيدلي الذي تثبت أمانته منشورا يجيز له العمل، وهكذا دخلت الصيدلة تحت رقابة الدولة.

لقد برع الأطباء والصيادلة العرب في معرفة الأدوية وخصائصها وتركيبها ونسبها وطريقة استعمالها ومراقبة مفاعيلها ومدى استجابة أحوال المريض لها وخاصة بعد أن أعادوا الشفاء الى اثارة تفاعل كيميائي يحدثه الدواء في جسم المريض. وقد أجروا التجارب في الأدوية على الحيوانات والقرود وعلى أنفسهم قبل تجربتها على الإنسان.

كان الرازي وابن سينا وابن البيطار هم من أشهر الصيادلة العرب، ويعد ابن البيطار أعظم عالم نباتي وصيدلي في العصور الوسطى، كان يتنقل بين مصر وبلاد الروم يجمع النباتات ويدرسها، فوضع كتاب الجامع لمفردات الأغذية والأدوية، وهو معجم طبي علاجي مرتب على حروف الهجاء، سرد فيه أسماء الأدوية ومنافعها وطرق استعمالها، وذكر أكثر من ألف وأربعمائة دواء بين معدني ونباتي وحيواني منها أكثر من ثلاثمائة دواء جديد.

本课解题：

阿拉伯医学

医学是阿拉伯人对世界贡献最大的一门科学。

在伊斯兰教产生前的蒙昧时期，阿拉伯人就很注意医药卫生。伊斯兰教诞生后，随着各民族科学文化的交融，加上伊斯兰学者们的独创性的努力，医学迅速发展起来。到阿巴斯王朝时期，由于王室的重视和大力提倡，大量古希腊、波斯和印度的医学典籍被介绍过来，医学成为一门最普及的学问，一大批名医和专家被造就出来，在理论和实践两方面都做出了杰出的贡献。他们的众多医学专著为整个中世纪世界医学的发展奠定了基础。

阿巴斯王朝在各地广建医院。各医院分科很细，除外科、内科、骨科、眼科外，还有专门的神经科和妇科，有些大医院还设有急救中心，各医院均附设药房。此外还根据需要

建立了很多流动医院，以应付瘟疫和战争，或为交通不便的边远地区服务。

自公元十世纪，阿拉伯临床医疗技术已经达到了很高水平。阿拉伯医师首创伤口消毒技术和手术麻醉技术，最早认识到瘟疫可以通过人体接触或血液来传染，并成功制止过瘟疫的蔓延。他们对关节炎和脊椎结核的正确诊断早于西方七百多年。在产科方面，阿拉伯人创造了许多新器械和新方法。

阿拉伯医师是世界外科学的开创者，他们在公元十世纪已经能够做水平很高的外科手术，发明了用猫肠线缝合伤口和绑扎大动脉止血。

阿拉伯人在药物学方面也取得了突出的成就。他们是世界上最早开设药厂，创办药剂学校的人，也是最早实行对医师、药剂师进行考核、颁发行医执照的人。考试不合格者，一律不准行医。

阿拉伯的名医甚多，学者无数，其中最著名的有拉齐、伊本·西那、宰赫拉维、麦久西、伊本·贝塔尔、伊本·纳非斯等人。拉齐著有堪称医学百科全书的《医学集成》和专论《天花和麻疹》，它们都曾被译成欧洲多种文字，成为西方医学不可或缺的参考书。伊本·西那继拉齐后著有另一部更全面更系统的，代表当时世界最高医学成就的医学百科全书《医典》。它一经出版便取代了其他医学著作，成为欧洲各大学的医学教科书。他因而被称为“世界医学之王”。宰赫拉维著有《医学宝鉴》，它是世界外科学的奠基之作。麦久西著有《皇家医书》，最先提出了毛细血管系统概念。伊本·纳菲斯早于西方三百多年发现了血液循环，而伊本·贝塔尔则是公认的继古希腊狄奥斯科里之后世界最伟大的药物学家，以其巨著《药物学集成》和《医方汇编》著称。

难点释疑：

عنى العرب في العصر العباسي بالطب عناية كبيرة، فنشطت الترجمة وتطور الطب تطورا كبيرا حيث برز الجانب العملي فيه وصار الأطباء يهتمون بالملاحظات السريرية والجراثيم والطفيليات كأساس لبعض الأمراض. وأسباب هذا التطور تعود الى تطور الحياة الحضرية وانتشار الرخاء والترف وتنوع مآكل العرب ومشاربهم واختلاف مناخ آراضي الفتوح عن مناخ الجزيرة العربية التي عاشوا فيها واهتمام الدولة العباسية بأمور الصحة العامة وتقريب خلفائها الأطباء اليهم وجعلهم من خاصتهم وبناء العباسيين للمستشفيات الثابتة في المدن وتسييرهم المستشفيات النقالة الى المناطق النائية والأوبئة ومع الجنود في المعارك، كذلك تعود الى اطلاع العباسيين على التراث الطبي في الأمم المختلفة بواسطة الترجمة.

阿巴斯王朝时期，阿拉伯人非常重视医学。那时的翻译活动非常活跃，医学发展很快，从而促进了实践医学的发展。医师们很重视临床观察，重视细菌和寄生虫对一些疾病的作用。那时的医学取得发展的原因可以归于：定居生活的发展；普遍实现安乐富足；饮食更加多样；新征服地区的气候与他们世居的阿拉伯半岛不同所导致的不适；国家对大众卫生保健的重视；王室笼络行医者并把他们纳入上层社会；阿拉伯人在城市大力兴建固定医院，

同时为边远地区、瘟疫发生区和征战将士装备流动医院，此外还可归于那时的阿巴斯人热衷于学习翻译过来的各民族的医学遗产。

وكان ابن سينا أول من كشف ووصف عضلات العين الداخلية، وأول من حاول التفرقة بين اليرقان الناشئ من انحلال الكريات الدموية وبين الذي ينشأ من انسداد القنوات الصفراوية، وسبق غيره الى معرفة بعض الأمراض التي تنتقل بواسطة مياه الشرب، وأنه عزاها الى حيوانات دقيقة لا ترى بالعين يتعاطاها الإنسان في الماء دون أن يحس بها، كما وصف بدقة الحالات الإكلينيكية الخاصة بأمراض الجلد والأجهزة البولية والتناسلية والعصبية.

伊本·西那是发现并描述眼球肌肉的第一人，也是第一个试图区分由于血球溶解产生黄疸和由于胆管阻塞导致黄疸的人。他也是最早认知一些疾病是由于饮水传染的。他把这归于水中人眼看不到的微小动物，这些动物使人在水中受到感染却毫无知觉。他还最早描述了皮肤、泌尿系统、生殖系统、神经系统疾病的临床症状。

اقتبس الأطباء العرب مبادئ الجراحة من الأطباء اليونان والهنود، غير أنهم فاقوا أساتذتهم في هذا المجال، فكانوا يستعينون بالجراحة في علاج العين والأذن والأسنان، كذلك يجرون عمليات جراحية في حالات الولادة المستعصية والولادة القيصرية وفي حالات الفتق وكسر العظام وخلعها، وكانوا يستخدمون المخدرات أثناء اجراء العمليات الجراحية لتخفيف آلام المريض ويربطون الشرايين في حالات النزف.

阿拉伯人从希腊和印度医师那里学习了外科基础，但是他们后来在外科领域超过了老师。他们可以借助外科手术治疗眼病、耳病和牙病，同时还能在难产时实行手术剖腹产，手术治疗疝气、骨折、脱臼。他们还在手术时使用麻醉药物以减轻患者病痛，并且懂得绑扎动脉以止血。

لقد برع الأطباء والصيادلة العرب في معرفة الأدوية وخصائصها وتركيبها ونسبها وطريقة استعمالها ومراقبة مفاعيلها ومدى استجابة أحوال المريض لها، وخاصة بعد أن أعادوا الشفاء الى اثارة تفاعل كيميائي يحدثه الدواء في جسم المريض.

阿拉伯的药物学家精通药理和药性。他们在药剂结构、成分比例、服用方法、有效程度等方面都非常娴熟，尤其是在通过反复用药以引起药物在患者体内产生的化学反应来了解药理方面。

主要人物：

伊姆荷太普（公元前三十纪人），古埃及第三王朝最著名的思想家，医学家，天文学家和建筑学家。主持建造了埃及历史上第一座金字塔—萨卡拉梯形金字塔。被古埃及人尊为"圣人"，"医神"。	امحوتب
左塞（公元前三十纪人），古埃及第三王朝第二位法老。	زوسر
盖伦（公元前201~131），古希腊名医，解剖学鼻祖。	جالنوس

أبقراط	希波格拉底（约公元前 460~377），古希腊医学家，西方医学典基人。
ديوسقوريدس	狄奥斯科里（约公元一世纪），古希腊著名药物学家。
عمر بن عبد العزيز	欧麦尔二世（公元 681~720），倭马亚王朝第八任哈里发。
عيسى بن يحيى بن ابراهيم	伊萨（公元 808~873），阿巴斯王朝时翻译家，古希腊狄奥斯科里、希波格拉底、盖伦等人医学典籍的主要译者。
ابن ماسرجويه	马萨基亚（公元?~720），倭马亚王朝著名医师，翻译家。曾为哈里发御医近四十年，是阿拉伯历史上第一部医学典籍的译者。
أسرة بختيشوع	巴赫提修家族（见第十一课注释）
ابن البطريق	伊本·伯特里格（见第十二课注释）
جبريل بن بختيشوع	吉伯里（公元?~765），巴赫提修家族第一代名医兼翻译家，曾任曼苏尔哈里发御医。
يوحنا بن ماسويه	马赛维（见第十二课注释）
حنين بن اسحاق	侯奈因（见第十二课注释）
اسحاق بن حنين	伊萨克（公元?~911），侯奈因之子，阿巴斯王朝著名医生兼翻译家。欧几里德、托勒密、阿基米德等人名著的翻译者。
ثابت بن قرة	萨比特（见第十二课注释）
ابن يونس	伊本·优努斯（公元 952~1009），法提玛王朝著名天文学家，数学家。生于上埃及。著名的《哈基姆大历表》的编撰者。
سنان بن ثابت	锡南·本·萨比特，翻译家萨比特之子，翻译家
محمد بن زكريا الرازي	拉齐（公元 864~932），中世纪阿拉伯著名医学家，化学家，生于波斯德黑兰。曾任巴格达医院院长和宫廷御医。被誉为"阿拉伯的盖伦"，"穆斯林医学之父"。著有《医学集成》、《曼苏尔医书》、《天花与麻疹》，化学名著《秘典》等200多部。
علي بن العباس المجوسي	麦久西（公元?~994），中世纪阿拉伯著名医学家，生于中亚内沙布尔。所著《医学全书》公认为伊本·西那的《医典》问世前最好的医书。
ابن سينا	伊本·西那（公元 980~1037），中世纪阿拉伯著名哲学家，医学家，生于中亚布哈拉。被誉为阿拉伯最伟大的医哲，科学家的长老，亚里士多德第二。著述多达一百多种，最著名的有《医典》，《治疗论》，《知识论》等。

الدرس الخامس عشر الطب عند العرب

伊本·纳非斯（公元1210~1288），阿拉伯著名医学家，生于大马士革。曾任马穆鲁克王朝第八任苏丹盖拉温宫廷御医兼开罗盖拉温医院院长。鸿篇巨著《医学全书》的作者。在它所著的《医典解剖学注》中首次提出了"血液循环"理论，驳斥了希腊医学家盖伦的错误观点。但他的发现直到二十世纪初才被世界医学界所知。 ابن النفيس

宰赫拉维（公元936~1013），中世纪阿拉伯著名外科学家，生于科尔多瓦，曾任后倭马亚王朝第九任哈里发哈基姆二世宫廷御医。所著的《医学宝鉴》堪称一部综合性医学巨著，其中的外科部分为阿拉伯第一部带插图的外科学专著，为欧洲的外科学奠定了理论基础。被誉为"世界外科学的开创者"。 أبو القاسم الزهراوي

伊本·贝塔尔（公元1197~1248），中世纪阿拉伯著名药物学家，生于安达卢西亚马拉加。所著《药物学集成》是历史上第一部药物学专著，详细记述了1400种药物的名称、性能、制作、用途、产地等。另一名著《医方汇编》收集了阿拉伯名医们的全部医疗验方，包括配方、剂量、疗效、禁忌等。被誉为古希腊狄奥斯科里後世界最伟大的药物学家。 ابن البيطار

瓦利德一世（公元705~715在位），倭马亚王朝第六位哈里发。 الوليد

穆尔台绥姆（公元833~842在位），阿巴斯王朝第八位哈里发。 المعتصم

重点词语：

外科学	الجراحة	解剖	التشريح
器官功能（生理）	وظائف الأعضاء	兽医	الطب البيطري
祭品	القربان ج القرابين	咒语	تعويذ ج تعاويذ
咒符	طلسم ج طلاسم	萨卡拉金字塔，位于开罗近郊萨卡拉村的梯形金字塔。	هرم سقارة
药剂学	الصيدلة	占卜	الكهانة
算命	العرافة	药材	عقار ج عقاقير
灸烤，拔罐，放血	الكي والحجامة والفصد	《眼科十论》（侯奈因著）	كتاب العشر مقالات في العين

كتاب المنصوري	《曼苏尔医书》（拉齐著）	كتاب الحاوي	《医学集成》（拉齐著）
الكتاب الملكي	《皇家医书》（麦久西著）	رسالة في الجدري والحصبة	《天花与麻疹》（拉齐著）
كتاب الشامل	《医学全书》（伊本·纳非斯著）	كتاب القانون	《医典》（伊本·西那著）
كتاب الجامع	《药学集成》（伊本·贝塔尔著）	كتاب التصريف	《医学宝鉴》（宰赫拉维著）
المسالك الشعرية	毛细血管	مرهم ج مراهم	药膏
الدورة الدموية	血液循环	حركة الرحم	子宫运动
تشخيص الأمراض	诊断	النبض	脉搏
الحروب الصليبية	十字军战争	محجر	检疫所，防疫站
		الأمراض المعدية	胃病

讨论思考题：

一、 阿拉伯有哪些著名的医学家？有哪些重要的医学名著？

二、 阿拉伯人领先世界的医学成就是什么？

补充阅读：

1— أبو بكر الرازي : بدأ دراسة الطب بعد أن بلغ الثلاثين من عمره وسرعان ما أصبح " الطبيب الأعلى " انتخب من بين مائة طبيب لرئاسة المستشفى العضدي في بغداد، وكان اول من دون من العرب ملاحظاته علي مرضاه، وراقب تطور المرض وظواهره وأثر العلاج فيه وسجل ذلك كله، وكان يراجع في الوقت نفسه كل ما وقع تحت نظره من كتب طبية فكان كثير الملاحظة عظيم الانتاج، ألف العشرات من الكتب وأشارالي مصادرها اليونانية والهندية والفارسية والعربية ، وهو اول من وصف الجدري والحصبة في كتيب هو خيرما وصلنا من تراث أطباء العرب القدماء، وهو اول من قال بالعدوى الوراثية وأول من استخدم الماء البارد في الحميات المستمرة مما أخذ به علم الطب الحديث. وكان الي جانب ذلك كيماويا وأول من استعمل الزئبق وأملاحه علي القردة ليرى مفعولها فيها. وأخص مؤلفاته : " الحاوي" و" رسالة في الجدرى والحصبة " و" كتاب المنصوري " و " كتاب السرار" و " الكتاب الجامع " و "كتاب طب الفقراء "

2— يعتبر ابن سيناء " جالينوس " العرب، فقد كان كتابه " القانون في الطب " هو المرجع الطبي الوحيد طوال ستة قرون في آسيا وافريقيا وأوربا. ولا غرابة في ذلك فان هذا الكتاب يحتوى علي ما يزيد علي مليون كلمة ويشتمل علي خلاصة طب العرب والاغريق، وفي كل صفحة من هذا الكتاب نجد شيئا يثير الدهشة ويستحق الاعجاب.

كان ابن سيناء موسوعة علمية ضرب بسهم وافرفي شتى العلوم والفنون، وكان حجة في الرياضيات

والفلك والطبيعة والكيمياء والفلسفة والعلوم الدينية والشعر والموسيقى. قد ولد ابن سيناء في عام 980 م بمدينة بخارى حفيدا للوزير الايراني الثرى سيناء، وقد أظهر نبوغا عقليا منذ صغره فحفظ القرآن كله وهو في العاشرة ودرس كتبا كثيرة من الفلسفة والتاريخ الطبيعي حتي أصبح واحدا من أشهر أطباء العرب وهو في السادسة عشرة من عمره، لم تكن حياة ابن سيناء حياة استقرار ودعة اذ بدأ رحلاته وأسفاره منذ أن كان في السابعة عشرة من عمره، ومع ذلك وصل منصب الوزارة ولكنه لم يوفق في أعماله السياسية فعاش فترة طويلة من حياته في السجون أو هاربا يطارده القانون، وبالرغم من هذه الحياة المضطربة فانه لم ينقطع عن التأليف والدراسة. ولقد بلغت مؤلفاته في هذا العمر القصير المضطرب أكثر من مائتي مؤلف في علوم الطب والصيدلة والفلسفة.

ولقد كان ابن سيناء طبيبا يمزج علمه بالفلسفة والحكمة. ولقد قسم أعراض الأمراض وبوبها. وكان أول من وصف الغرغرينا التي تصيب مرض البول السكرى، وكان أول من استعمل القسطرة في علاج الأمراض السرية ناصحا بحقن محلول نترات الفضة داخلها لعلاج نوع خاص من هذه الأمراض كما وصف علاجا للاحتباس البولي. ولم يكن ابن سينا يعتمد في علاج مرضاه علي العقاقير فحسب بل كان يهتم بالناحية النفسية للمريض ويدرك أهميتها في شفائه من مرضه.

3ـــ ولد ابن النفيس في دمشق في أوائل القرن السابع الهجري وتعلم الطب علي يد أستاذه الدخورى ثم انتقل الي القاهرة ليدير المستشفى النورى.

كان ابن النفيس واسع الاطلاع ومن أعلم الناس في عهده، لا بالطب فحسب بل في كافة العلوم، درس الفلسفة اليونانية وطب ابن سينا ونحو الزمخشرى وألف في الفقه عدة رسائل. أما في الطب فكان نابغة عصره ـ كان يحفظ كتاب القانون في الطب لابن سينا عن ظهر قلب كما درس مؤلفات جالنوس. وكانت طريقته في العلاج تعتمد علي الحمية وتنظيم الغذاء أكثر من اعتمادها علي العقاقير، فكان يفضل الأدوية المفردات علي الأدوية المركبة التي كان يصفها معاصروه من الأطباء.

ألف ابن النفيس موسوعة في الطب كان يعتزم اصدارها في ثلاثمائة جزء إلا أن المنية عاجلته فلم يكتب منها سوى ثمانين وجدت بعد وفاته في مكتبته. وله كتاب في الرمد وثان في الغذاء وثالث في شرح فصول أبقراط وكتب أخرى كثيرة مثل " الهداية في الطب".

و" تفاسير العلل وأسباب الأمراض" وقد قام باختصار كتاب القانون لابن سينا وأسماه " موجز القانون" .

واعتمد ابن النفيس علي التشريح فكان أول من فطن الي وجود أوعية داخل عضلة القلب تغذيها، وكذلك كان أول من وصف الشرايين الاكليلية. ومن هذا نرى أن ابن النفيس هو أول من كشف الدورة الدموية وأول من أشار الي مرور الدم في الأوعية الشعرية سابقا " هارفي" بعدة قرون. ولكن مؤرخي الغرب غمطوه حقه في هذا الكشف ونسبوه الي عالم أسباني يدعى سرفيتس عاش في القرن السادس عشر وأعاد وصف ما كشفه ابن النفيس قبل ذلك بأربعة قرون.

4ـــ الزهراوي : هو أبو قاسم القرطبي جعله كتابه " التصريف لمن عجز عن التأليف " من أكبرجراحي العرب وأستاذ علم الجراحة في أوربا في العصور الوسطى وعصر النهضة الأوربية حتي القرن السابع عشر. كان كتابه عبارة عن دائرة معارف طبية تحتوى ثلاثين فصلا مبوبة في ثلاثة أقسام : الطب

الداخلي الأقرباذين والكيمياء والجراحة، وامتازالقسم الثالث وهو الجراحة بذكر جميع المعلومات الجراحية في زمانه بطريقة واضحة مع رسوم آلاتها وآلات خلع الأسنان. ومن دراسة كتبه تبين أنه أول من وصف عملية تفتيت الحصاة في المثانة وبحث في التهاب المفاصل وبالسل واكتشاف مرآة خاصة للمهبل وآلة لتوسيع باب الرحم للعمليات وأشار باستخدام مساعدات وممرضات من النساء في حال اجراء عملية جراحية لامرأة لأن ذلك أدعى إلى الطمأنينة والرقة.

الدرس السادس عشر   الكيمياء والفيزياء عند العرب

يعرف ابن خلدون الكيمياء بأنها علم ينظر في المادة التي يتم بها كون الذهب والفضة بالصناعة ويشرح العمل الذي يوصل الى ذلك. وقد اختلف مؤرخو العلوم حول أصل كلمة كيمياء، فمنهم من ردها الى كلمتي chem kmt المصريتين ومعناهما الأرض السوداء، ومنهم من يرى أنها مشتقة من كلمة كمى العربية أى ستر وأخفى.

لقد تأثرت الكيمياء العربية بالخيمياء اليونانية والسريانية، غير أن علوم اليونان والسريان في هذا المجال لم تكن ذات قيمة لأنهم اكتفوا بالفرضيات والتحليلات الفكرية. فكان الخيمياء تلجأ الى الرؤيا الوجدانية في تعليل الظواهر وتستخدم فكرة الخوارق في التفسير وترتبط بالسحر وبما يسمى بعلم الصنعة وتسعى الى تحقيق هدفين هما: أولا تحويل المعادن الخسيسة كالحديد والنحاس والرصاص ... الى معادن نفيسة كالذهب والفضة عن طريق التوصل الى الحجر الفلسفي. ثانيا تحضير أكسير الحياة وهو دواء يراد منه علاج كل ما يصيب الإنسان من آفات وأمراض ويعمل على إطالة حياة الكائنات أو الخلود.

ومن أجل ذلك قام العلماء العرب بتجارب عديدة أحاطوها بالسرية التامة واستعملوا الرموز في الإشارة إلى المعادن، فأشاروا الى الذهب بالشمس والى الفضة بالقمر... فاكتشفوا مواد جديدة واختبروا أمورا مختلفة وتوصلوا الى قوانين عديدة واستطاعوا أن ينقلوا الخيمياء الى الكيمياء.

توصل العرب بواسطة التجارب التي قاموا بها والعمليات التي مارسوها الى مواد كيميائية متنوعة أهمها: زيت الزاج (حامض الكبريتيك)، ماء الفضة(حامض النتريك)، روح الملح(حامض الكلوردريك)، الماء الملكي(حامض النتر وهيدروكلوريك)، حامض الطرطير، الصودا الكاوية(القطرون) ،الراسب الأحمر(أوكسيد الزئبق)، السليماني (كلوريد الزئبق)، كربونات البوتاسيم، كربونات الصوديوم، كربونات الرصاص، حجر حهنم (نترات الفضة)، النشادر، تميذ، الكحول ماء الذهب، ثاني أوكسيد المنغانيز، المواد القلوية.

وقد استنتج العرب العمليات التي حصلوا بها على المواد الكيميائية المتنوعة واختبروا من خلالها خصائص الأجسام وحضروا أجساما أخرى. ومن هذه العمليات: التخمير والتصعيد والتذويب والتبلر والتبخير والتكليس والتقطير والتشميع.

استفاد العرب من معارفهم الكيميائية في المجال التطبيقي العملي في نواح عديدة، فاكتشفوا وسيلة لفصل الفضة عن الذهب وطريقة لتعيين معيار الذهب في السبائك والحلي التي تتألف من هذين المعدنين بواسطة الحوامض، واستغلوا مناجم الكبريت والنحاس والزئبق والحديد وغيرها من المعادن، وعرفوا صناعة المعادن وتركيبها أوتنقيتها وصقلها، وخاصة صناعة الفولاذ والآلات والأواني.

وتمرس العرب في دباغة الجلود وصباغتها وصناعة الأقمشة وصباغتها. واستخدموا خبراتهم في تركيب العصور وتحضير الأدوية والمواد العازلة غير القابلة للإحتراق كالطلق. وبرعوا في صناعة الصابون والورق. وقد انتشرت صناعة الورق في الدولة العربية بعد أن أنشأ الرشيد أول مصنع للورق في بغداد ثم انتقلت الى بلاد الأندلس ومنها الى أوربا.

وقد صنف العلماء العرب مؤلفات عديدة في مجال الكيمياء، ضمنوها آرائهم وملاحظاتهم واكتشافاتهم، فتحدثوا عن تصنيف المواد الى معدنية وحيوانية ونباتية وقسموا المعدنية الى غازات وأجساد وحجارة وزاجات وبوارق وأملاح، كما تحدثوا عن ضرورة التجربة والبرهان الحسي، وأشاروا الى كيفية العمل في المختبرات، فذكروا الآلات المستعملة وطريقة استعمالها في ممارسة العمليات الكيميائية وتحضير المواد المتنوعة. وكان أهم الكتب الكيميائية التي وضعها العلماء العرب هى: أسرار الكيمياء، أصول الكيمياء، رسالة في الأفران، علم الهيئة، الأسرار... وقد نقل معظم هذه الكتب الى اللغة اللاتينية واللغات المشتقة منها فساهمت في بناء صرح الكيمياء الحديثة. وخير دليل على ذلك المصطلحات العربية التي ما زالت تستعمل حتى اليوم في علم الكيمياء في اللغات الأوربية، ومنها: النطرون natron ، البورق borax، الطلق talc، الأنبيق alambic، الزرنيخ arsenic، الكحول alcool، الصابون savon، القلي alcali...

ترتبط نشأة الكيمياء عند العرب بشخصية أسطورية حينا وتاريخية حينا آخر هى شخصية جابر بن حيان، فقد استنتجنا من خلال الكتب التي تحمل اسمه أنه من أشهر الكيميائيين العرب، بواسطته انتقل العرب من طور الخيمياء الى طور الكيمياء. وتشكل مجموعة كتب جابر موسوعة علمية تحتوى خلاصة ما توصل اليه الكيميائيون العرب حتى عصره، وتنم عن اطلاع واسع واعتماد كبير على التجارب العلمية والمشاهدات الحسية. ومن أهم هذه الكتب: أسرار الكيمياء، أصول الكيمياء رسالة في الأفران، علم الهيئة... وقد ترجم معظمها الى اللاتينية في القرن الثاني عشر، وكانت أساسا لعلم الكيمياء الحديث وسببا من أسباب تقدم الكيمياء الأوروبية وهذا ما دفع البعض الى القول أن لجابر في الكيمياء ما لأرسطو في المنطق.

اعتقد جابر أن لكل عنصر روحا كما هو الحال في الإنسان والحيوان، وأن طبائع العنصر قابلة للتبديل، وكلما كان العنصر أقل صفاء كلما كان أضعف تأثيرا. فلذلك يمكننا جعل العنصر قوي التأثير بتصفيته من العناصر الممزوجة به. ويرى جابر أن الذهب والفضة من أصفى المعادن، لذلك عندما نستخرج روح أى منهما ونعالج بها أى معدن آخر ينقلب هذا المعدن الى ذهب أوفضة.

كذلك أدرك جابر أن للسوائل المختلفة درجات غليان مختلفة، وهذا هوأساس التقطير. واعتمد في أبحاثه على التجربة والبرهان الحسي، ودعا جميع العاملين في الصنائع الى ذلك. وقد توصل عن طريق التجربة الى مركبات وأحماض لم تكن معروفة من قبل، فاكتشف القطرون وحضر زيت الزاج بتقطيره من الشب، كذلك حضر ماء الفضة وكان يسميه أيضا الماء المحلل، واستخرج روح الملح والماء الملكي والسليماني وكربونات البوتاسيوم وكربونات الصوديوم وكربونات الرصاص القاعدي ونترات الفضة والزرنيخ والأتميد أو الكحل، وعرف دور ثاني أوكسيد المنغنيز في إزالة اللونين الأخضر والأزرق من الزجاج أبان صنعه وتوصل الى طريقة لفصل الذهب عن الفضة بواسطة الماء الملكي، ومارس كثيرا من العمليات الكيميائية كالتقطير والترشيح والتذويب والتبلر والتصعيد والتكليس.

كذلك زكريا الرازي وهو برع في الكيمياء كما برع في الطب، اشتهر بمنهجه العلمي في اجراء التجارب

وبعنايته بالتحليل وتنظيم العمل في المختبر، حتى جعل من الكيمياء علما تجريبيا مستقلا بعيدا عن الرمزية والتنجيم. وكان الرازي يتوصل الى تحضير عدد من المواد الكيميائية بطرق مختلفة، فحضر زيت الزاج بتقطير كبريت الحديد، والكحول بتقطير مواد نشوية متخمرة، كما يلجأ الى تحضير العديد من السموم من روح النشادر وبعض الأحماض وتحضير العديد من الأدوية وتطبيق معلوماته في الكيمياء على الطب والصيدلة.

وضع الرازي كتبا عديدة في الكيمياء، من أهمها: الأسرار، سر الأسرار. وكان كتاب الأسرار وموجزه سر الأسرار نالا شهرة واسعة في أوربا. يذكر فيهما كيفية تصنيف العقاقير والآلات التي تستخدم في المختبر وطرائق الاختبارات والتجارب.

لم يعن العرب بعلم الفيزياء عنايتهم بعلم الكيمياء، غير أننا نجد لديهم انجازات في صنع الساعات والموازين وفي استخراج الثقل النوعي لكثير من الأجسام الصلبة والسوائل، واكتشاف مظاهر الجاذبية وعلاقة بين السرعة والمسافة والزمن عند سقوط الأجسام بحيث مهدت الطريق أمام نيوتن. وخاصة في مجال الصوت والضوء والحرارة.

كان الكندي وابن الهيثم من أعظم الفيزيائيين العرب. وقد بحث الكندي في المطر والضباب والصواعق والرعد والمد والجزر، وفي اختلاف سرعة الضوء عن سرعة الصوت، وعلل سبب زرقة السماء قائلا إن اللون الأزرق لا يختص بالسماء بل بالأضواء الأخرى الناتجة عن ذرات الغبار وبخار الماء الموجود في الجو. وله كتاب في البصريات واستنبط أن أوضاع النجوم والكواكب وخاصة الشمس والقمر بالنسبة للأرض وما ينشأ عنها من ظواهر يمكن تقديرها من حيث الكم والكيف والزمان والمكان وربط بين ذلك وبين نشأة الحياة على الأرض. وتركت آرائه التي تتسم بالخطورة والجرأة تأثيرا كبيرا في العالم. وقد وضع ابن الهيثم كتابه المشهور المناظر اهتدى فيه الى مبادئ علم البصريات، فصحح أوهام علماء الإغريق ووضع أسس علم البصريات الحديث. فقد برهن أن النور يسير في خط مستقيم اذا كان الوسط متجانسا، وهو أول من اكتشف انعكاس الأشعة الضوئية وانعطافها والقوانين التي تحكم ذلك. كما هو دقق البحث في تشريح العين وتبيين وظيفة كل قسم منها، وهو أول من برهن خطأ الرأى الشائع منذ بطليموس بأن النور ينطلق من العين الى الجسم المرئي، وقال عكس ذلك بأن النور ينطلق من الجسم المرئي الى العين وبرهن ذلك دحضا الأوهام والأخطاء البصرية. والى جانب ذلك وضع بحوثا قيمة في قوى تكبير العدسات، فمهد السبيل لاستخدامها في معالجة عيوب العين. كذلك بحث ابن الهيثم في أمور ضوئية كل من هالة القمر وقوس قزح والكسوف والخسوف والمرايا والغرفة المظلمة

ويبدو أن أول من اشتغل في علم الميكانيك من العرب هم بنو موسى الذين برعوا في الرياضيات والحيل. وقد وضعوا كتبا في القبان. وعمل بعده العرب مائة تركيب ميكانيكي عدد منها ذو قيمة عملية، منها وعاء يفرغ منها كميات معينة من السوائل ثم يعقب ذلك لحظة استراحة، وآلة من شأنها أن تجعل الأوعية تمتلئ كلما فرغت تلقائيا، وآلة تحدث صوتا كلما ارتفع مستوى الماء في الحقول ارتفاعا معينا ونافورات للماء تشكل مياهها الفوارة شتى الأشكال والصور، وآلة الرقاص المتذبذب التي استعملها الفلكيون العرب لحساب الفترات الزمنية أثناء رصد النجوم والآلات الفلكية الأخرى. كذلك صنعوا أنواعا عديدة من القبابين والموازين والساعات الشمسية التي تمكنوا من خلالها تحديد موقع الشمس في كل حين والساعات التي تسير على الماء أو الزئبق أو الشمع المشتعل. كذلك صنع العرب أنواعا من آلات التسلية القائمة على مبدأ الحركة الذاتية بفضل

توازن السوائل، مثل ما يسمى بقاعة الشجرة في بلاط المقتدر، وهى عبارة عن شجرة من الذهب والفضة تتنقل على أغصانها طيور آلية وهى تغرد.

本课解题：

阿拉伯化学和物理学

阿拉伯人在化学、物理学方面的成就不及数学、医学和天文学，但是也有许多新的贡献。

在阿拉伯人之前，化学是作为医学和物理学的一部分存在的。正是由于阿拉伯化学家的巨大贡献，化学才脱离医学和物理学而发展成为一门独立的学科。阿拉伯科学家在化学研究中，推广了科学实验方法，对于古希腊的模糊思辨方法来说，这是一个突破。他们改良了各种化学器具，熟练运用蒸馏、过滤、升华、溶解、结晶等方法，试验各种碱类与酸类的差别和化合力，制造出酒精、苏打以及硫酸、硝酸、盐酸、硝酸银、氧化汞等化合物，并运用到药品和玻璃制造以及印染方面。沿用至今的许多化学试剂的名称及化学术语很多都来自阿拉伯语。

阿拉伯最著名的化学家是贾比尔·本·哈扬和拉齐。贾比尔是中世纪阿拉伯的化学大师，擅长实验，理论方面亦有建树。他论证了氧化、还原两种化学过程，改良了蒸馏、结晶、升华等实验手段。他在自己的著作中详细介绍了制造硫酸、硝酸和王水的过程。贾比尔还修改了亚里士多德关于金属成分的理论。他的二十多种化学著作，大部分被译成拉丁文，在世界产生了很大影响。

拉齐既是著名的医学家，又是化学家和药物学家。他的化学名著《秘典》于公元十二世纪被译成拉丁文，成为中世纪欧洲化学知识的重要来源。

阿拉伯的物理学家对各种物质的密度进行了深入的研究。他们经过精确测量所列密度表的数据与现代测量的数据十分接近。他们还利用力学原理制造杠杆、天平和各种工具、仪器。阿拉伯的科学家在物理学上取得最突出成就的是在光学研究方面，这应归功于两位著名光学家：肯迪和伊本·海赛姆。肯迪不仅是著名的哲学家，也是成就突出的光学家。他以欧几里德的光学理论为基础写成的《光学》一书，将几何光学与生理光学结合在一起，对东西方产生过影响。肯迪之后，伊本·海赛姆取得了更大的成就。他的名著《论光学》详细解释了人眼的构造及作用，说明被视物体上的光线反射进入人眼才产生了视觉，从而纠正了古希腊托勒密以来认为光线是从眼中射出的错误。这本著作还研究了光的反射和折射问题，球面镜和抛物面镜以及月晕、虹、日食、月食等自然现象。他是最先注意研究玻璃的球面弓形之扩大作用的物理学家。

难点释疑：

أدرك جابر أن للسوائل المختلفة درجات غليان مختلفة، وهذا هو أساس التقطير، اعتمد في أبحاثه على التجربة والبرهان الحسي، ودعا جميع العاملين في الصنائع الى ذلك، وقد توصل عن طريق التجربة الى مركبات وأحماض لم تكن معروفة من قبل.

贾比尔发现，不同液体具有不同的沸点，这是蒸馏的基础。他在研究工作中完全依靠实验和实践证明。他要求所有工作人员也要这样做。他通过实验，配制出了很多不为前人所知的化合物和酸类。

كان الرازي يتوصل الى تحضير عدد من المواد الكيميائية بطرق مختلفة، فحضر زيت الزاج بتقطير كبريت الحديد، والكحول بتقطير مواد نشوية متخمرة، كما يلجأ الى تحضير العديد من السموم من روح النشادر وبعض الأحماض وتحضير العديد من الأدوية وتطبيق معلوماته في الكيمياء على الطب والصيدلة.

拉齐运用不同方法配制出大量化学试剂。他通过硫酸铁蒸馏制出硫酸，通过蒸馏发酵的淀粉制出酒精，同时还使用氨水和酸研制毒药。他还研制出很多其他药物，把化学实验知识运用到医疗和药物开发上去。

لم يعن العرب بعلم الفيزياء عنايتهم بعلم الكيمياء، غير أننا نجد لديهم انجازات في صنع الساعات والموازين وفي استخراج الثقل النوعي لكثير من الأجسام الصلبة والسوائل، واكتشاف مظاهر الجاذبية وعلاقة بين السرعة والمسافة والزمن عند سقوط الأجسام بحيث مهدت الطريق أمام نيوتن، وخاصة في مجال الصوت والضوء والحرارة.

阿拉伯人对物理学不如对化学那样重视，但是我们仍然能够看到他们取得了很多成就。这些成就表现在各式计时器和衡器的制造，表现在推导和计算出很多固体和液体物质的密度，表现在对引力现象的发现，还表现在发现了自由落体的速度、距离和时间的相互关系，从而为牛顿的研究铺平了道路，尤其表现在声学、光学和热学方面。

استنبط الكندي أن أوضاع النجوم والكواكب وخاصة الشمس والقمر بالنسبة للأرض وما ينشأ عنها من ظواهر يمكن تقديرها من حيث الكم والكيف والزمان والمكان، وربط بين ذلك وبين نشأة الحياة على الأرض، وتركت آرائه التي تتسم بالخطورة والجرأة تأثيرا كبيرا في العالم.

肯迪推断，恒星、行星尤其是太阳和月亮相对于地球的形态以及由此形态产生出的相互关系，可以通过数量、质量、时间、空间去衡量，并把它和地球生命的起源相联系。他的这个大胆重要的见解，在世界上留下的极大的影响。

قد وضع ابن الهيثم كتابه المشهور"المناظر" اهتدى فيه الى مبادئ علم البصريات، فصحح أوهام علماء الإغريق، ووضع أسس علم البصريات الحديث، فقد برهن أن النور يسير في خط مستقيم اذا كان الوسط متجانسا، وهو أول من اكتشف انعكاس الأشعة الضوئية وانعطافها والقوانين التي تحكم ذلك، كما هو دقق البحث في تشريح العين وتبيين وظيفة كل قسم منها، وهو أول من برهن خطأ الرأى الشائع من بطليموس بأن النور ينطلق من العين الى الجسم المرئي، وقال عكس ذلك بأن النور ينطلق من الجسم المرئي الى العين

وبرهن ذلك دحضا الأوهام والأخطاء البصرية، والى جانب ذلك وضع بحوثا قيمة في قوى تكبير العدسات، فمهد السبيل لاستخدامها في معالجة عيوب العين.

伊本·海赛姆撰写的著名的《论光学》，确立了光学的基本原则。他纠正了古希腊学者们的空想，奠定了现代光学的基础。他证明，光线在单一物质中是直线传播的。他首先发现了光的反射和折射，并推导出相关定理。他仔细研究了人眼的结构及各部分的功能。他最先论证了自托勒密以来的普遍误解，即认为光是从人眼发出落到被视物体上的。他认为正好相反——“光是从被视物体反射到人眼中的”并证明了这一点，由此批驳了错误的光学观点。与此同时，伊本·海赛姆还极有价值地研究了透镜的放大作用，从而为眼疾的治疗开辟了道路。

主要人物：

ابن خلدون 伊本·海顿（公元 1332~1406），中世纪阿拉伯著名历史学家，社会学家，生于突尼斯。详见第十课。

جابر بن حيان 贾比尔·本·哈扬（公元 720~815），中世纪阿拉伯著名化学家，医生，曾任阿巴斯王朝宫廷御医。被誉为“阿拉伯化学之父”。

زكريا الرازي 拉齐（公元 864~932），中世纪阿拉伯著名医学家，化学家。详见第十五课。

الكندي 肯迪（公元 796~873），中世纪阿拉伯著名哲学家，物理学家，音乐家。详见第九课。

ابن الهيثم 伊本·海赛姆（公元 965~1039），中世纪阿拉伯著名物理学家，数学家。生于伊拉克巴士拉，后移居开罗，在开罗科学馆钻研自然科学，成就突出。他的光学研究奠定了现代光学实验和理论的基础。

بنو موسى 穆萨兄弟，见第十三课注释。

المقتدر 穆格泰迪（公元 1075~1094 年在位），阿巴斯王朝第二十七位哈里发。

重点词语：

معدن خسيس	粗金属	خيمياء	古炼金术和炼丹术
حجر فلسفي	点金石	معدن نفيس	贵金属
زيت الزاج	硫酸	أكسير الحياة	金丹（长生不老药）
روح الملح	盐酸	ماء الفضة	硝酸
حامض الطرطير	酒石酸	ماء ملكي	王水（硝酸与盐酸混合液）

苛性钠（氢氧化钠）	صودا كاوية	氧化汞	راسب أحمر
氯化汞	السليماني	碳酸钾	كربونات البوتاسيوم
碳酸钠	كربونات الصوديوم	碳酸铅	كربونات الرصاص
硫酸铁	كبريت الحديد	硝酸银	حجر جهنم
氨	النشادر	锑	الاتميذ
酒精	الكحول	金水	ماء الذهب
二氧化锰	ثاني اوكسيد المنغنيز	碱化物	مواد قلوية
淀粉	مواد نشوية	发酵	تخمير
升华	تصعيد	溶解	تذويب
结晶	تبلر	蒸发	تبخير
钙化	تكليس	蒸馏	تقطير
上腊	تشميع	白矾	شب
滑石	طلق	绿矾	زاج
硼	بورق	碳酸钠	نطرون
《化学的奥秘》（贾比尔著）	أسرار الكيمياء	《化学原理》（贾比尔著）	أصول الكيمياء
《物性大典》（贾比尔著）	علم الهيئة	《炉火书》（贾比尔著）	رسالة في الأفران
《秘典》（拉齐著）	الأسرار	《光学》（肯迪著）	البصريات
《论光学》（海赛姆著）	المناظر	力学(机械学)	علم الميكانيك

讨论思考题：

一、阿拉伯中世纪最杰出的化学家是谁？他的主要成就是什么？

二、阿拉伯中世纪最杰出的物理学家是谁？它的主要成就是什么？

补充阅读：

1— عني العرب بالكيمياء عناية فائقة واعتمدوا علي التجربة والاختبار في بحوثهم فيها فتقدمت علي أيديهم تقدما عظيما كان له الفضل الأكبر في ارساء الدعائم التي استند اليها تقدم الكيمياء الحديثة، ويعد جابر بن حيان في طليعة العلماء العرب الذين نهضوا بهذا العلم بما قدموه من بحوث وابتكارات واكتشافات.

شهد النصف الأول من القرن الثاني للهجرة مولد هذا العالم العظيم بالكوفة التي نشأ بها وترعرع ودرس ونبغ في علوم ومعارف شتى، ولكن نبوغه في علم الكيمياء كان نبوغا فذا ترك آثاره العظيمة من خلال ما قدمه من نتاج غزير ومن خلال منهجه الذي التزمه من بعده طلابه وتوارثوه لعدة قرون فمهدوا لنهضة الكيمياء

الحديثة.

كان لجابر بن حيان مختبر في قبو داره في ركن من أركان مدينة الكوفة، وكان مختبره هذا يضم ما يحتاج اليه عالم الكيمياء من أدوات وأجهزة، وكان لا ينقطع عن أجزاء تجاربه واختباراته فيه وتدوين ما يتوصل اليه من ابتكارات واكتشافات في تأليفه ومصنفاته التي ضاع معظمها ولم يبق منها غير ثمانين كتابا ورسالة في المكتبات العامة في الشرق والغرب. وقد ترجم قسم منها الي اللاتينية، فكانت ينبوعا لعلماء الغرب استقوا منه واعتمدوا عليه في دراساتهم وبحوثهم فيما بعد.

لقد كان جابر بن حيان علما من أعلام زمانه، وكان علمه صورة من صورعطاء الأمة العربية الذي أغنى الحضارة الانسانية ووضعها علي طريق النهضة والتقدم ومهد بذلك لعصر العلم الحديث .

2— كان ابن الهيثم عالما عربيا طبقت شهرته الآفاق واشتهر بمعرفة العلوم والفلسفة وبالبراعة في الهندسة قبل أن يجاوزسن الشباب.

ولد ابن الهيثم في البصرة سنة 354 هجريا وفيها نشأ ودرس وانقطع الي الاستزادة من العلم والتأليف، واشتهر عنه أنه كان يقول : لو كنت في مصر لعملت في نيلها عملا يحصل به النفع في السيطرة علي تصريف مياه الفيضان. وبلغ ذلك الحاكم بأمر الله الذي تولي الحكم في مصر فاستقدمه وأكرمه وعهد اليه بتنفيذ ما كان يقوله. فدرس ابن هيثم مجرى النيل حتي وصل الي أسوان، فوجد أن أبناء مصر القدماء قد قاموا بكل ما تتيح قدرات الانسان القيام به آنذاك، وكأن ابن الهيثم وقف في خاتمة المطاف علي أسوان يستشرف آفاق حلم كبير لا تقدرعلي النهوض به امكانات البشر وقدراته في زمانه.

وظل ابن هيثم يستزيد من العلم وينصرف الي الدرس ملتزما الدقة والتجربة العلمية للوصول الي الحقيقة العلمية التي كانت هدفه وغاية ما يرمي اليه. ولقد تحدث عن نفسه في ذلك فقال : فلما كملت لادراك الأمور العقلية انقطعت الي طلب معدن العلم ووجهت رغبتي وحرصي الي ادراك ما تنكشف به تمويهات الظنون وتنقشع عيابات المتشكك المفتون.

ولكن شهرة ابن هيثم تقوم علي جهوده في المناظر وعلم البصريات. فقد أوغل في دراسة هذا العلم وبلغ فيه ما لم يبلغه غيره من قبل، والتزم في بحوثه فيه الأسلوب العلمي التجريبي، فدرس المرايا وأنواعها وخصائصها وبحث في البصر بالعين المجردة وبالاستعانة بوسائط النظر وآلاته ، وله تشريح للعين ورسم دقيق لطبقاتها، كما أن له بحوثا في العدسات المكبرة وأنواعها. وهو أول من نفي النظرية الضوئية القديمة القائلة بأن الرؤية تتم بصدور الضوء من العين وسقوطه علي الأجسام وهي نظرية أرسطو، وأقام بدلها نظريته القائلة ان الأجسام هي التي تصدر أو تعكس الأشعة الضوئية التي تتجه الي داخل العين لترسم فيها صور تلك الأجسام.

وأولي ابن هيثم انكسار الضوء عناية خاصة فلاحظ أن احمرار الأفق صباحا يبدأ حينما تكون الشمس علي تسع عشرة درجة تحت الأفق، وأن احمراره عند الغروب يتلاشي حينما تصبح الشمس علي تسع عشرة درجة تحت الأفق، وعلي هذا الأساس حاول ابن هيثم أن يقيس طبقة الهواء.

الدرس السابع عشر الغناء والموسيقى عند العرب

كان العرب هم من الشعوب التي أسهمت بنصيب وافر في تقدم فن الغناء والموسيقى في تاريخ الحضارات العالمية، فقد أشار المسعودي الى أنه لم تكن أمة من الأمم بعد فارس والروم أولع بالملاهي والطرب من العرب. والحقيقة أن أى شعر جاهلي لا يخلو قط من ذكر الشراب والغناء. وكان الشعر يقترن دائما بالغناء كما كانت أسواق العرب في الجاهلية ملتقى الشعراء والمغنين والمغنيات. وكانت الحيرة قبل الاسلام تحتفظ بقدر كبير من الثقافة الفارسية والقحطانية واليهودية. وكان لتفاعل هذه الحضارات وتواصلها في الحيرة أعظم الأثر في ازدهار هذا المركز الحضاري علميا وأدبيا. واشتهرت الحيرة بالغناء الحيري، كما ذاعت شهرة آلاتها الموسيقية كالعود والمزمار والدف. وفي اليمن وحضرموت انتشر الغناء والقيان انتشارا يعبرعنه شعر الأعشي وامرىء القيس. وفي البادية عرف العرب في الجاهلية ألوانا من الغناء، منها الحداء الذي يصحب الإبل في قوافل الصحراء لتغذية السير، ومنها أناشيد الركبان ونواح الثاكلات واراجيز الحروب. وكان الغناء يقسم الى ثلاثة أنواع: النصب وهو ضرب من الغناء الديني، السناد وهو الثقيل الترجيع الكثير النغمات، الهزج وهو الخفيف الذي يرقص عليه ويصحبه عادة النقر بالدف والنفخ بالمزمار.

كانت يثرب من أعظم مراكز الغناء والموسيقى في العصر الجاهلي، وكان شيوع الغناء فيها قبل الاسلام وشغف قومها به مقدمة لانتشاره في عصر الخلافة الراشدة والعصر الأموي الى حد أصبحت في العصر الأخير أهم مراكز الغناء والموسيقى. كذلك انتشرت في مكة قبيل الاسلام القيان بين رجالات قريش وأثريائها. ولما ظهر الاسلام أباح من الغناء والموسيقى ما يستخدم للتعبير عن المشاعر البريئة وحظر كل تبذل وجهالة وتخنث. وهناك من الأحاديث النبوية ما يؤكد على أن رسول الله (ص) كان لا يحرم تلاوة القرآن مع شىء من التطريب ولا يمنع الغناء بالشعر. وكان من الطبيعي أن يتطور فن الغناء والموسيقى في أعقاب عصر الفتوحات الأول. فبعد أن اكتظت المدينة بجماهير الأسرى والسبى، وتدفقت على المسلمين كنوز كسرى وهرقل، فلم يتردد الناس في التخلي عن خشونتهم والإقبال على الترف. وفي ذلك قال ابن خلدون: "فلما جاءهم الترف وغلب عليهم الرفه بما حصل لهم من غنائم الأمم صاروا الى نضارة العيش ورقة الحاشية واستحلاء الفراغ، وافترق المغنون من الفرس والروم فوقعوا الى الحجاز وصاروا موالي للعرب وغنوا جميعا بالعيدان والطنابير والمعازف والمزامير، وسمع العرب تلحينهم للأصوات ولحنوا عليهم أشعارهم". وظهر في المدينة في هذه الفترة نوعان من الغناء يعرفان بالغناء المتقن والغناء الموقع بمعنى الهزج والسناد. فبرز طويس أستاذ لعدد من مشاهير المغنيين والمغنيات. وكان طويس هو أول من غني في المدينة غناء يدخل في الإيقاع يسميه أبو الفرج الغناء المتقن، وأول من ألقى التخنث بالمدينة. كذلك ظهر ابن سريج ومعبد اللذان كانا أول من لحن لأشعار

العرب، وكان معبد هو أول من عزف على العود من المغنين العرب في المدينة زمن الأمويين وهو صاحب الألحان التي عرفت بدارات معبد.

شاع فن الغناء والموسيقى في الأمصار الاسلامية زمن الأمويين، وشجع على ذلك إقبال الخلفاء الأمويين على هذا الفن واستغراقهم في الطرب. ويذكر بعض المؤرخين أن معاوية بن أبي سفيان سمع عنده مغن فحرك رأسه وصفق بيده ودخلته أريحته. ومن أشهر المغنين في العصر الأموي: حنين الحيري وكان نصرانيا من أهل الحيرة تزعم حركة الغناء في العراق، وسعيد بن مسجح صاحب أجمل الألحان في الحجاز وأحسن العازفين على البرباطية، وابن محرز أشهر المغنين للموالي في مكة وأقوى العازفين على صناج العرب لجمال صوته وحسن أدائه، وابن طنبورة اليمني وكان أهزج الناس وأخفهم غناء، والغريض الذي كان تلميذا لابن سريج. كما اشتهرت من المغنيات جميلة وسلامة القيس، وذكروا أن يزيد بن عبد الملك أغرم بسلامة القيس. كذلك اشتهر في العصر الأموي من المشتغلين بفن الغناء يونس الكاتب الذي برع في صناعة الغناء وأول من جمع الآغاني العربية ودونها، والوليد بن يزيد الذي كان عالما بتأليف الألحان حتى غلبت عليه شهرة الغناء في أيامه. فكان ابن سريج ومعبد والغريض وابن مسجح وابن محرز وابن عائشة وطويس وابن دحمان كلهم اشتهروا بألحانه، واليه يرجع الفضل في ارتقاء فن الغناء والموسيقى العربية حتى اقترن اسمه بهذا الفن.

ولقد تأثر فن الغناء والموسيقى في العصر الأموي بفنون الغناء عند الفرس خاصة فيما يتعلق بأسماء بعض الآلات الموسيقية كالجنك والبربط، وبعض الإصطلاحات الموسيقية مثل دستان الفارسية بمعنى حساس أطلقها العرب على مواضع الأصابع في لوحة الأصابع بالعود أو الطنبور. كذلك نقل الخلفاء الأمويون ثم العباسيون عن الفرس بعض عادات ملوك الفرس في مجالس الغناء والطرب.

لما دالت الدولة الأموية وقامت الدولة العباسية اعتمد العباسيون على العناصر الفارسية في تصريف شئون الدولة اعترافا منهم بفضل الفرس عليهم، وأفسحوا لهم المجال في الوظائف الكبرى وفي المناصب القيادية في الدولة. وكان من الطبيعي لذلك أن تشهد في هذا العصر سيطرة العنصر الفارسي في جميع مناحي الحياة أدبيا وماديا، وعلى هذا النحو تسرب الى الموسيقي العربية الكثير من ضروب النغم الفارسي. فازدهر فن الغناء والموسيقى في هذا العصر حتى وصل الى ذروته في عهد الرشيد الذي نمت فيه كل فنون المعرفة، واكتملت كل مقومات النهضة الفنية بتشجيع من الخلفاء بحيث يعتبر هذا العصر العصر الذهبي للموسيقى العربية. فقد كان المهدي من أكثر الخلفاء العباسيين حبا للموسيقى والغناء. وكان بلاطه يكتظ بالمغنين وذوي المواهب الفنية أمثال سياط وابراهيم الموصلي الذي كان أحسن الناس صوتا. وكان ابراهيم بن المهدي من كبار المغنين والموسيقيين في بلاط الرشيد والأمين، وهو يعد زعيم الحركة الموسيقية الإبداعية الفارسية بخلاف اسحق الموصلي الذي تزعم المدرسة التقليدية العربية. وكان عالما بفن الموسيقى والنغم ومألفا كتابا في الغناء.

وكان موسى الهادي رغم قصر عهده مغرما بالغناء والموسيقى، ولهذا فقد قرب اليه موسيقيين منهم ابراهيم الموصلي وابن جامع. أما هارون الرشيد فقد أسرف في عنايته بالمغنين والمغنيات والموسيقيين، وأنفق على ذلك الأموال الطائلة حتى تجمعت لديه من أصحاب المواهب شخصيات عديدة لامعة، منهم ابن جامع وابن دحمان واسحق الموصلي ومخارق. ومن العوامل التي ساعدت على ظهور هذه الأعداد الهائلة من المغنين والمغنيات اشتغال كثير من الناس بتجارة الرقيق والنخاسة في بغداد واتساع ثرواتهم لذلك، وشغف الناس

بالغناء مما استلزم اهتمام النخاسين بتلقين الجواري أصول فن الغناء والموسيقى مع القدرة على العزف على الآلات وتحصيل قدر واف من فنون الشعر والأدب. والى جانب ذلك اهتم العباسيون بتدوين الغناء ومذاهبه. وأول من دون الغناء يونس بن سليمان الكاتب فوضع كتبا في النغم، واسحق الموصلي الذي ألف كتبا في الأغاني وأخبار عزة الميلاء، وكتاب الأغاني لمعبد، وكتاب الأغاني الكبير لابي الفرج، وغيرها من الكتب التي عالج فيها أخبار كبار المغنين.

وفي عصر الدولة العباسية شغف الناس بالغناء ومجالس الطرب حتى أصبح الغناء وكأنه ضرورة في المجتمع العراقي، وفي هذا العصر دخلت أنواع جديدة من آلات النغم، وكان اتخاذ الآلات الجديدة دارجا مألوفا عند العرب، فظهرت التخصصات في طائفة من المغنين والموسيقيين. فمنهم من كان إمام العوادين، ومن كان أبرع الذي عزف بالناى والمزمار، ومن كان خير الذي وقع الطبل والكوبه. وكان ابراهيم الموصلي أول من وقع بالقضيب.

أغرم المصريون منذ أقدم العصور بفن الغناء والموسيقى، يستدل على ذلك من النقوش الكثيرة التي وصلت الينا في المعابد والمقابر، والتي تمثل الموسيقيين بآلاتهم والمغنين والراقصين وغيرهم، فورث أهل مصر في العصر الاسلامي عن أجدادهم هذا الميل، كما يستدل على ذلك من الآثار الباقية من العصر الفاطمي وعلى الأخص اللوحات الخشبية التي كانت تغطي الإفريز العلوي من جدران بعض قاعات القصر الفاطمي. وقد حفرت في بعضها رسوم آدمية تضم صور مطربين ومطربات وعازفات على آلات موسيقية وراقصين وراقصات، ويمكن تمييز بوضوح الآلات الموسيقية المستعملة عليها في ذلك الحين.

وتشير المصادر العربية الى مجالس الأنس والطرب التي كان يعقدها أمراء مصر وملوكها في التاريخ الاسلامي مثل مجالس الطرب والخمر للأمير أحمد بن طولون، ومجالس كافور الإخشيدي الذي يحب الطرب والموسيقى وضرب الطبل. كذلك شاعت حركات موسيقية في عصر دولة المماليك الى حد أن الناس اعتادوا رؤية مواكب موسيقية تجوب الشوارع ويشترك فيها الطبالون والزمارون والمغنون. كما اعتادوا الخروج الى المتنزهات أو يستأجرون قوارب في النيل ويصطحبون معهم المغاني وآلات الطرب لقضاء وقت سعيد في مياه النيل.

تلقى المغرب هذا الفن عن طريق العباسيين، فكان يزيد بن حاتم المهلبي عندما تولى إمارة افريقية ودخل القيروان يصحبه بعض الفنانين يحملون الآلات الموسيقية كالطنابير والبرابط، فشاع فن الغناء والموسيقى في المغرب منذ ذلك الحين. ولم تكن القيروان تخلو من حوانيت تصنع فيها آلات الطرب وتباع مثل المزاهر والشبابات والطنابير. وفي عصر الدولة الأغلبية رسخت التقاليد العربية الشرقية في أرض المغرب، وشجع أمراء الأغالب بميلهم الى الترف على ذلك. وبدأ المغرب يجتذب المغنين والموسيقيين المشارقة ومنهم زرياب المشهور، فكثر وفود المغنين الى افريقية الأغلبية حتى أصبح لهم حى خاص للملاهى والطرب يقصده أهل الخلاعة وقصاد اللهو.

وكان فن الغناء والموسيقى والرقص في الأندلس منذ طليعة القرن الثالث الهجري أكثر وسائل اللهو شيوعا وتفشيا في المجتمع الأندلسي، ولم تكن مجالس الأنس التي يعقدها الكبراء والأعياء بقرطبة مجالس حقيقية ما لم يصحبها غناء على نغم عود أو مزمار وما يتبع ذلك من حركات ايقاعية راقصة بطبيعة الحال. ويعتبر عصر دولة بني أمية في الأندلس العصر المزدهر لفنون الغناء والموسيقى وما يتبعها من فنون اللهو

كالرقص والتهريج والألعاب والفكاهة، وصحب هذا الازدهار الفني ازدهار أدبي لارتباط فن الغناء بالشعر. ولقد عمل الأمويون منذ قيام دولتهم في الأندلس على تجديد ما طمس من رسومهم في المشرق، فاهتموا بفن الغناء والموسيقى، وغرسوا من بذوره المشرقية أدواحا في قرطبة، وحرص مؤسس هذه الدولة وهو عبد الرحمان الداخل على أن يجعل من قرطبة دمشق أجداده وبغداد عصره. فبعث الى الحجاز تجارا يشترون له الجوارى ممن ذاعت شهرتهن في فن الغناء والموسيقى، فأغدق عليهن الأموال وبالغ في اكرامهن مشجعا بذلك على اجتذاب أعداد كبيرة منهن أخذن يتوافدن على قرطبة. وفي عهد الحكم بن هشام فتحت الأندلس أبوابها لكل من ضاق المشرق بمواهبهم من أهل الغناء والموسيقى.

ويرجع الفضل الأعظم في ازدهار فن الغناء والموسيقى بقرطبة الى الأميرعبد الرحمان بن الحكم الذي يعتبر عهده العهد الذهبي للفنون الموسيقية في الأندلس، فقد كان أهم ما يتميز به أنه فنان رقيق المشاعر والأحاسيس شديد التأثر بالفنون الجميلة، على الأخص بفن الموسيقى. ولذلك شغف بسماع الألحان والأنغام، فرفع منزلة المغنين والموسيقيين، وأحسن اليهم وأكرم وفادتهم وأغدق عليهم العطايا والخلع والأموال، وفتح أبواب قرطبة لكل فنان وافد، ورحب بهم في بلاطه، وشجع غيرهم على قصده، والسعي الى ساحته. وعلى هذا النحو أصبحت قرطبة في عصره محط الرحال ومقصد أهل الفن والأدب. وأشهر من قدم الى قرطبة ليستظل برعايته المغني البغدادي المشهور على بن نافع المعروف بزرياب. وبفضل عطائه للفن وأهله وبذله لقصاده سمت الحياة الفنية بقرطبة وتألقت في عهده، وتحول مجتمع قرطبة في أمد قصير الى مجتمع راق يمكن مضاهاته بمجتمعات حواضر الشرق الزاهرة. وقد أحدث دخول زرياب الأندلس في عهده ثورة شاملة على المجتمع القرطبي عامة وعلى فنون الغناء والموسيقى في الأندلس بوجه خاص. فقد أصبح زرياب بما أحدثه من تجديدات في الفنون صاحب مدرسة تسامى مدرسة اسحق الموصلي في بغداد.

وكان زرياب يلحن أشعاره بنفسه، وهو اتخذ مضرابا للعود من قوادم النسر معتاضا به عن مرهف الخشب، وكان لهذا الابتكار آثار هامة في تخريج الألحان والأنغام بسبب ليونة الريشه وخفتها على الأصابع وعلى الأوتار. كما ابتدع وترا خامسا متواسطا للعود وضعه فوق المثنى وتحت المثلث. كذلك أسس زرياب مدرسة لتعليم الغناء ومعالجة الأصوات تبعا لاختلاف طبائعها واكتشاف الموهوبين. وبفضل هذه الجهود الموفقة تألق عدد كبير من تلاميذه. فنجحوا في اتمام رسالته، ونشروا الوعى الموسيقى عند العامة والخاصة، وهذبوا أذواق أهل الأندلس فنيا، وهيئوا المجال لظهور ألوان جديدة من الشعر الغنائي الأندلسي، وهى الموشحات والأزجال. ولم يلبث حب الغناء والموسيقى عندهم أن تحول الى شغف بالطرب وتلهف للسماع، فتعددت مجالس الغناء والأنس والشراب التي كانت تجمع العديد من المغنين والمغنيات حتى قيل أن أحد هذه المجالس ضم ما يقرب من مائتي مغني ومغنية يضربن بمختلف الآلات من عيدان وطنابير ومزامير. وأصبح من الأمور المألوفة في قرطبة أن تتعالى أصوات الموسيقى من الدور الخاصة، ويتردد صدى أنغامها في الليل، فتجتذب الطفيليين ومن شاء السماع والمشاركة من هواة الغناء. وكان ابتكار الموشحات والأزجال من العوامل التي ساعدت على النهوض بفن الغناء والموسيقى في الأندلس. فقد كان المغنون في عصر الإمارة وفترة من عصر الخلافة يقتطفون من القصائد ويغترفون منها ما يتلائم مع الألحان الى أن ابتكرت الموشحات لخدمة الغناء، والموشحات أشعار أكثر موضوعاتها التي تصلح للغناء تدور حول الغزل والخمر ووصف الطبيعة، وكلها موضوعات ترتبط ارتباطا وثيقا بمجالس الطرب.

وكان العرب هم الذين جعل الموسيقى علما له أصوله وقواعده بعد أن كانت فنا يعتمد على الصدفة والموهبة. وقد اهتم مفكرو العرب بالموسيقى كأنها علم من العلوم الطبيعية، فابتدعوا ألحانا جديدة، ووضعوا كتبا عديدة حول تطور الموسيقى وتاريخها وماهيتها وحول الأنغام والأوتار. كذلك اهتموا بنقل الكثير من كتب الموسيقى عن اليونانية والهندية والفارسية واخضعوها للدرس والتحليل والتهذيب ثم زادوا عليها فصارت على أيديهم فنا متميزا خاصا بهم، وقد توصلوا الى وضع السلم الموسيقى منذ القرن السابع. ومن أشهر من برع في الموسيقى وألف فيها :

-- الكندي : أول من كتب في الموسيقى بطريقة علمية وفنية، ووضع كتبا مهمة منها "ترتيب النغم" و"المدخل الى صناعة الموسيقى"، وقد تأثر بالآراء الفيثاغورية في الموسيقى، وأشار الى أثر الموسيقى في شفاء الأمراض.

-- المسعودي: وقد وضع كتاب "مروج الذهب" عرض فيه تاريخ الموسيقى العربية وسير الموسيقيين العرب.

-- الفارابي: وهو يعتبر من أخصب العقول في علم الموسيقى ومن أبرع الموسيقيين في العزف، كان عالما بأصول الموسيقى وفروعها، درس الألحان دراسة نظرية وعملية، من أشهر مؤلفاته الموسيقية "الإيقاعات"، "الموسيقى الكبير" يتحدث فيه عن الآلات الموسيقية، ويذكر الإيقاعات العربية، ويصنف الألحان وغاياتها الى الألحان الملذة وهى التي تكسب النفس لذة دون أى شيء آخر، والألحان المخيلة وهى التي تفيد النفس تخيلات وتأملات مختلفة، والألحان الغنائية وهى التي توافق الغريزة الطبيعية في طلب اللذة أوالتخيل أو الانفعال.

-- ابن سينا: برع في الموسيقى النظرية والعملية، تحدث عن الموسيقى في مؤلفات عديدة له كالنجاة والشفاء والمدخل الى صناعة الموسيقى.

-- صفى الدين الأموي: وضع "كتاب الأدوار الموسيقية" الذي يعتبر من أكبر المراجع في الموسيقى العربية، يستخدم فيه الحروف الأبجدية مع أرقام حسابية لتحديد اللحن.

-- اسحق الموصلي: وضع كتبا عديدة في الموسيقى أهمها "النغم والإيقاع"، "أغاني معبد"،وهو حافظ على الصلة بين الغناء العباسي والغناء الجاهلي.

-- أبو الفرج الأصفهاني: وضع كتاب "الأغاني" الكبير وهو موسوعة في الموسيقى والتاريخ والأدب والنقد والأخبار، كان يقدم فيه الصوت ويترجم لناظمه وملحنه ومغنيه، فحوى معلومات غنية صورت الحياة الاجتماعية والفنية للعرب منذ الجاهلية حتى العصر العباسي.

أخذ العرب الآلات الموسيقية من أمم مختلفة، فاختاروا منها ما يلائم أذواقهم وتركوها كما هى أو عدلوا فيها، وكذلك اخترعوا آلات جديدة طبقا لمبادىء علم الصوت، وهم أدركوا أهميتها العسكرية فأضحت جزءا من التكتيك الحربي، ومن هذه الآلات:

-- الآلات الوترية منها: الأرغن، القيثارة، البربط، الطنبور، القانون، العود، الرباب، المعزفة.
-- آلات القرع منها: الطبلة، الدف، الصنج.
-- الآلات الهوائية منها: الناي، المزمار، البوق، النفير.

لقد تأثرت الموسيقى الأوربية بالموسيقى العربية، اذ ترجمت كتب الكندي والفارابي وابن سينا وصفى

الدين واسحق الموصلي وغيرهم الى اللاتينية، وامتد أثرها الى الإيقاع الذي لم تعرفه أوربا قبل اتصالها بالعرب. وخير دليل على هذا الأثر العديد الوافر من المصطلحات والأسماء الموسيقية التي أخذها الأوربيون بألفاظها العربية الى لغاتهم مثل Luth, Rbec, Canon ... وهلم جرا.

本课解题：

阿拉伯音乐

阿拉伯音乐在世界音乐史上占据重要的地位。她被音乐史学家称为“世界最有影响力的三大音乐体系（欧洲、印度、阿拉伯）之一”或“东方五大音乐体系（中国、印度、南洋、日本、阿拉伯）之一”。

阿拉伯音乐源于阿拉伯半岛的原始音乐。古代阿拉伯人以游牧为生，与驼羊为伍，无限的荒漠和单调的生活使他们经常借助音乐去排遣生活的困扰，抒发内心的感受。据考证，最早的阿拉伯歌曲就是赶驼人按照骆驼行进的节奏吟唱的赶驼调，以后又出现了祭祀调、征战歌、哭丧曲等。这些曲调旋律简单、音域窄小、无限延长、随兴所至。

到了蒙昧时期，阿拉伯半岛成为周围地区必经的商业要道。随着经济的发展和民族交往的增多，文化交流日益频繁起来，音乐的形式和内容开始多样化。当时最为流行的是祭祀音乐和宗教歌曲，其次是商旅民谣和游吟歌谣，宫廷中出现了职业的乐师和歌姬。当时在麦加举行的一年一度的赛诗会同时也是歌咏比赛。很多波斯乐器也开始被引进阿拉伯半岛，增强了歌曲的表现力，吟唱的曲调也开始多样化，但是完整的音乐理论还没有出现。

伊斯兰教诞生后，在四大正统哈里发时期，出现了无伴奏、无乐谱、全靠口传的诵经调。到了倭马亚王朝时期，阿拉伯的音乐产生了质的飞跃。随着阿拉伯帝国版图不断扩展，阿拉伯半岛本土音乐开始与周围比她先进的波斯音乐、希腊音乐、罗马音乐、印度音乐进行真正的渗透和融合，这极大地促进了阿拉伯音乐的发展。这一时期出现了阿拉伯最早的音乐文献，如伊本·卡尔比的音乐专著《论旋律》。在麦地那城出现了最早的音乐学校，还出现了职业歌手和乐团，受到专门音乐教育的歌唱家和乐师大量涌现，如当时极负盛名的以马伯德为首的五人歌手兼乐手。在王室的重视和关心下，当时乐人们的地位也有了提高。

阿拉伯音乐在阿巴斯王朝时期达到了鼎盛。这一时期涌现了一批极有影响的音乐理论家和音乐史家，他们的乐理著述为阿拉伯—伊斯兰音乐体系的形成奠定了基础。据史书记载，在九至十三世纪之间，阿拉伯音乐著述多达二百多种。巴格达音乐家伊斯哈格·穆绥里写了十几部音乐理论著作，总结了乐理和创作经验，论述了旋律和节奏的构成；大音乐家，同时也是大哲学家的肯迪写了《音谱论》、《节奏论》、《作曲法》等理论著作；音乐理论家，同时也是哲学家的法拉比写了《音乐大全》、《节奏分类法》，深入探讨了音乐的结构、曲调和节奏；音乐史家艾布·法拉吉编撰的《歌坛纪》总结了阿拉伯音乐发展的历史，

成为阿拉伯音乐史集大成之作和有关阿拉伯歌手、乐手、诗人资料的百科全书。阿拉伯学者把音乐看做是自然科学理论的一部分，是一门纯粹的理论，而不仅仅是用来消遣娱乐的。因此，阿拉伯的音乐理论家同时又是哲学家或数学家，这是阿拉伯音乐理论较早成型的原因之一。

阿巴斯王朝时期，无论是宫廷还是民间，音乐生活十分活跃，音乐创作也非常繁荣，歌舞吟唱已成为当时人们生活中不可缺少的一部分，著名的作曲家和歌唱家纷纷问世，演奏的乐器也得到了进一步的改进。后倭马亚王朝的音乐大师基亚卜将阿拉伯琵琶由四弦增至五弦，将拨弦器由木制改为鹰翅骨，使其音色更加优美。波斯乐器已全部被引进，弦乐、管乐和打击乐器种类已增至二十多种。

公元八世纪后，阿拉伯世界出现了两大音乐中心，东部中心是阿巴斯王朝的首都巴格达，西部中心是后倭马亚王朝的首都科尔多瓦，主导东部巴格达乐坛的是音乐大师穆绥里父子，主导西部科尔多瓦乐坛的是音乐大师基亚卜。

当阿拉伯音乐生活和音乐创作进入鼎盛时期时，中世纪的欧洲还沉睡在毫无生气的黑夜中，乐坛一片沉寂。西方音乐史家有人认为，欧洲近代音乐是在阿拉伯音乐的影响下起步的，阿拉伯音乐理论研究为欧洲近代音乐的形成准备了条件。与此同时，阿拉伯音乐也极大影响了东亚的音乐发展。汉唐以来，从西域传进中国内地的很多乐器和曲调极大丰富和促进了中华民族音乐的发展。

难点释疑：

وفي البادية عرف العرب في الجاهلية ألوانا من الغناء منها الحداء الذي يصحب الإبل في قوافل الصحراء لتعذية السير، ومنها أناشيد الركبان ونواح الثاكلات وأراجيز الحروب. وكان الغناء يقسم الى ثلاثة أنواع: النصب وهوضرب من الغناء الديني، السناد وهو الثقيل الترجيع الكثير النغمات، الهزج وهو الخفيف الذي يرقص عليه ويصحبه عادة النقر بالدف والنفخ بالمزمار.

在蒙昧时代，生活在荒漠里的阿拉伯人已经懂得吟唱不同形式的小调，包括伴随驼队度过漫漫行程的赶驼调，还有商旅调、哭丧调、征战调等。当时的歌曲主要分三种，一种叫祭祀曲，是一种宗教歌曲；一种叫叙事曲，多调多重复；第三种叫步韵曲，轻歌曼舞，还常有鼓笛伴奏。

فلما جاءهم الترف وغلب عليهم الرفه بما حصل لهم من غنائم الأمم صاروا الى نضارة العيش ورقة الحاشية واستحلاء الفراغ، وافترق المغنون من الفرس والروم فوقعوا الى الحجاز وصاروا موالى للعرب وغنوا جميعا بالعيدان والطنابير والمعازف والمزامير، وسمع العرب تلحينهم للأصوات ولحنوا عليهم أشعارهم.

当他们依靠战胜周围民族的战利品过上奢侈舒适的生活后，开始追求轻松、甜美的生活和殷勤的服务。他们从波斯和罗马人中把能歌善舞者挑出来，带到汉志，把他们变成阿

拉伯人的歌奴，让他们吹拉弹唱。阿拉伯人在欣赏他们演唱的同时，也用这些曲调为自己的诗词谱曲。

لقد تأثر فن الغناء والموسيقى العربية في العصر الأموى بفنون الغناء عند الفرس خاصة فيما يتعلق بأسماء بعض الآلات الموسيقية كالجنك والبربط وبعض الاصطلاحات الموسيقية مثل" دستان" الفارسية بمعنى حساس أطلقها العرب على مواضع الأصابع في لوحة الأصابع بالعود أو الطنبور، كذلك نقل الخلفاء الأمويون ثم العباسيون عن الفرس بعض عادات ملوك الفرس في مجالس الغناء والطرب.

倭马亚时代，阿拉伯的音乐歌曲艺术受到了波斯音乐的影响，尤其表现在钹、五弦琴等大量乐器名称和“指法”等很多音乐术语的使用上。“达斯坦”这一波斯用语的意思是“触感”，阿拉伯人用它来表示琵琶和冬不拉等拨弦乐器指法图中每个手指在弦上的位置。同时，倭马亚王朝以及随后的阿巴斯王朝的哈里发们也从波斯人那里照搬过来诸如歌舞聚会之类的波斯国王们的生活习惯。

ومن العوامل التي ساعدت على ظهور هذه الأعداد الهائلة من المغنيين والمغنيات اشتغال كثيرمن الناس بتجارة الرقيق والنخاسة في بغداد واتساع ثرواتهم لذلك وشغف الناس بالغناء مما استلزم اهتمام النخاسين بتلقين الجوارى أصول فن الفناء والموسيقى مع قدرة على العزف على الآلات وتحصيل قدر واف من فنون الشعر والأدب.

之所以涌现出这一大批男女歌唱家，原因之一是当时巴格达人大多从事奴隶人口买卖，从中聚敛了大量财富；原因之二是当时人们酷爱音乐，从而促使奴隶贩子们必须重视让被买的女奴们学习歌舞基础，具备演奏乐器的能力，掌握足够的诗文知识。

ولذلك شغف بسماع الألحان والأنغام فرفع منزلة المغنيين والموسيقيين وأحسن اليهم وأكرم وفادتهم وأغدق عليهم العطايا والخلع والأموال وفتح أبواب قرطبة لكل فنان وافد ورحب بهم في بلاطه وشجع غيرهم على قصده والسعى الى ساحته، وعلى هذا النحو أصبحت قرطبة في عصره محط الرحال ومقصد أهل الفن والأدب.

因此，他酷爱听曲，并因而提高歌奴和乐奴的地位，善待他们，欢迎他们投奔于他，并慷慨赏赐礼袍、钱物。他为每一个投奔它的艺人敞开科尔多瓦的大门，欢迎他们来到他的宫廷，也鼓励其他艺人奔向他的御园。这样做的结果是，科尔多瓦变成了漂泊者的落脚处，文人、艺人们向往的目的地。

وكان زرياب يلحن أشعاره بنفسه، وهو اتخذ مضرابا للعود من قوادم النسر معتاضا به عن مرهف الخشب، وكان لهذا الابتكار آثار هامة في تخريج الألحان والأنغام بسبب ليونة الريشة وخفتها على الأصابع وعلى الأوتار، كما ابتدع وترا خامسا متواسطا للعود وضعه فوق المثنى وتحت المثلث.

当时基亚卜自己作诗谱曲。他用鹰翅骨取代尖木条做琵琶拨弦器。由于鹰翅比木头柔软，手感轻腻，触弦灵巧，他的这项创造极大地影响了琵琶的音色和音质。同时，他还创造性地为琵琶增加了第五根弦，位于第二、第三弦之间。

الدرس السابع عشر الغناء والموسيقى عند العرب

主要人物：

马斯欧迪，阿拉伯中世纪著名历史学家。见第十课。 المسعودي

伊本·海顿，阿拉伯著名历史学家，社会学家。见第十课。 ابن خلدون

艾尔萨，阿拉伯蒙昧时代著名诗人，见第七课。 الأعشى

乌姆鲁勒·盖斯，阿拉伯蒙昧时代著名诗人。见第七课。 امرء القيس

科斯罗王，古波斯萨珊王朝（公元226~642）国王。 كسرى

希拉克罗王，古拜占庭帝国（公元395~636）国王。 هرقل

图维斯（公元632~711），伊斯兰教初期阿拉伯著名歌手，生活于麦地那。 طويس

艾布·法拉吉·伊斯法哈尼（公元897~967），阿拉伯布韦希王朝时代著名历史学家，音乐史学家，其名著《歌坛纪》是阿拉伯中世纪最著名的音乐史学专著。被公认为有关阿拉伯音乐家、歌唱家、诗人史料的百科全书。 أبو الفرج الأصفهاني

伊本·苏拉吉（公元？~约724），阿拉伯倭马亚时代著名作曲家，歌唱家，生于麦加。他是最先从波斯引进琵琶的人。 ابن سريج

马伯德（公元？~743），阿拉伯倭马亚时代极负盛名的歌唱家，生于麦地那。他创作了大量在当时极为流行的歌曲和乐曲。 معبد

穆阿维叶，倭马亚王朝首任哈里发，见第五课。 معاوية بن أبي سفيان

侯奈因·希里（公元？~约728），倭马亚时代最著名的歌唱家之一，生于伊拉克希拉。据说，一次他应邀赴麦地那与当地歌唱家们相聚，消息传出后，全城百姓蜂拥而来听他唱歌，把屋顶都挤塌了。 حنين الحيري

赛义德·本·密斯吉赫（公元？~704），倭马亚时代最著名的歌唱家和乐师之一，生于麦加，曾远赴波斯和罗马帝国学艺，以其曲调清新闻名。 سعيد بن مسجح

伊本·穆赫里兹（公元？~约757），阿拉伯倭马亚时代著名作曲家，歌唱家，原籍波斯，生于麦加，擅长为阿拉伯诗歌谱曲，被世人誉为“阿拉伯的鼓手”。 ابن محرز

阿里德（公元？~约716），阿拉伯倭马亚时代最负盛名的歌唱家之一，麦加人，死于也门。 الغريض

加密拉（公元？~743），倭马亚时代麦地那地区著名女歌唱家和作曲家，曾在麦地那创建第一所音乐学校，培养了一批歌手和乐手。马伯德曾是他的学生。 جميلة

萨拉玛·盖斯（公元？~约748），倭马亚时代著名女诗人，女歌手和女乐手，加密拉和马伯德的学生。后被哈里发叶齐德二世重金购之为歌姬。	سلامة القيس
伊本·阿伊霞（公元？~743），倭马亚时期著名歌唱家，麦地那人，马伯德的学生，当时被人们誉为歌喉最美之人。	ابن عائشة
优努斯（公元？~约752），阿拉伯倭马亚时期著名作曲家，音乐史家，生于麦地那，曾为马伯德的学生。他是最早收集、编辑阿拉伯歌集的人，是第一部《乐史》的作者。这部书成为后来艾布·法拉吉编撰巨著《歌坛记》的直接参考资料。	يونس الكاتب
瓦利德二世（公元707~744），倭马亚王朝第十一位哈里发，酷爱音乐。	الوليد بن يزيد
伊本·达曼（公元？~约782），阿巴斯王朝初期著名歌唱家，曾是马伯德的学生。	ابن دحمان
马赫迪（公元744~785），阿巴斯王朝第三任哈里发，酷爱音乐。	المهدي
西亚特（公元739~785），阿巴斯王朝时著名歌手和乐师，麦加人，曾为穆绥里之师。	سياط
伊卜拉欣·穆绥里（公元742~804），阿巴斯王朝时极负盛名的作曲家，歌唱家和琵琶演奏家，波斯籍，生于库法，死于巴格达。	ابراهيم الموصلي
伊萨克·穆绥里（公元767~850），阿巴斯王朝时代极负盛名的作曲家，歌唱家，琵琶演奏家和音乐著作家，伊卜拉欣之子。编写音乐著作多种，著名的有《名歌选》，《歌友集》等，以创作阿拉伯传统歌曲闻名。	اسحق الموصلي
伊卜拉欣·本·马赫迪（公元？~839），阿巴斯王朝哈伦·拉施德哈里发之弟，著名音乐家和演奏家。	ابراهيم بن المهدي
哈迪（公元761~786），阿巴斯王朝第四任哈里发。	موسى الهادي
伊本·加米亚（公元？~808），阿巴斯时代最著名的歌唱家和作曲家之一，麦加人。	ابن جامع
穆哈里格（公元？~845），阿巴斯王朝初期著名歌唱家之一，曾为伊卜拉欣·穆绥里之学生。	مخارق
赫里勒，阿拉伯著名语法学家，音乐理论家，见第八课。	الخليل بن أحمد
阿扎·玛伊拉（公元？~733），阿拉伯倭马亚王朝时最著名的女歌唱家和琵琶演奏家。	عزة الميلاء

الدرس السابع عشر الغناء والموسيقى عند العرب

أحمد بن طولون	伊本·图伦（公元 835~884），埃及图伦王朝的创建者，生于巴格达。原为突厥奴隶之子，麦蒙哈里发的奴仆。
كافور الإخشيدي	卡夫尔·伊赫希德（公元 966~968 在位），埃及伊赫希德王朝第四位艾米尔，原为太监，后为摄政王。
يزيد بن حاتم المهلبي	叶齐德·本·穆罕拉比（公元 674~721），倭玛亚王朝中叶呼拉珊地区总督，其父原为朝廷大将。
زرياب	基亚卜（公元？~845），后倭马亚王朝安达卢西亚最著名的音乐家，曾拜师伊萨克·穆绥里。聪慧过人，能背记一千多首曲调，曾对琵琶的演奏技巧和音色进行革命性的改进。他原名阿里·本·纳发，因其歌喉美若鸣禽，人们用一鸟名称呼之，此绰号很快取代了他的本名远播四方。
عبد الرحمان الداخل	阿卜杜·拉赫曼一世（公元 731~788），安达卢西亚后倭马亚王朝的创建者。
الحكم بن هشام	哈凯姆一世（公元 796~822 年在位），后倭马亚王朝第三位艾米尔。
عبد الرحمان بن الحكم	阿卜杜·拉赫曼三世（公元 891~961），后倭马亚王朝第八位艾米尔，第一位哈里发（他于 929 年由艾米尔改称哈里发）。
الكندي	肯迪，阿拉伯中世纪伟大的哲学家，物理学家兼音乐家。见第九课。
الفارابي	法拉比，阿拉伯中世纪伟大的哲学家兼音乐家。见第九课。
ابن سينا	伊本·西那，阿拉伯中世纪伟大的哲学家，医学家，音乐家。见第九课。

重点词语：

الحيرة	希拉古城（位于现伊拉克古巴比伦遗址南）		
حضرموت	哈达拉毛（也门东南部亚丁湾与阿曼之间地区）		
الحجاز	汉志（沙特西海岸地区）		
أناشيد الركبان	商旅曲	الحداء	赶驼调
أراجيز الحروب	征战曲	نواح الثاكلات	哭丧曲
السناد	叙事歌	النصب	祭祀歌
الغناء المتقن	舞步曲歌	الهزج	舞步歌
موالى	轮旋曲	الغناء الموقع	抒情曲歌
القيروان	凯鲁万城（突尼斯古城）		
الدولة الأغلبية	阿格拉布王朝（公元 800~909 年间，统治北非突尼斯及其周边地区的割据王朝）		

قرطبة	科尔多瓦城（西班牙南部古城）			
موشحة	二重韵诗	دولة بني أمية	倭马亚王朝	
		زجل	短长格诗	
الفيثاغورية	毕达哥拉斯主义（毕达哥拉斯，公元前 582~500 年的古希腊数学家）			
عود	琵琶	دستان	弦位，指位	
بربط	五弦琴	جنك	钹	
طنبورة	冬不拉（四弦琴）	كوس	铜鼓	
شبابة	芦笛	مزهر	竖五弦琴	
قيثارة	六弦琴（吉他）	أرغن	管风琴	
رباب	四弦琴	قانون	竖琴	
طبلة	大鼓	معزفة	风琴	
صنج	大镲	دف	铃鼓	
مزمار	横笛	ناى	长笛	
نفير	号角	بوق	喇叭	

讨论思考题：

一、阿拉伯阿巴斯王朝前的音乐有什么特点？有哪些著名的歌手和乐手？

二、阿拉伯阿巴斯王朝后的音乐有什么特点？有哪些著名的音乐家和歌唱家？

三、阿拉伯中世纪有哪些著名的音乐著述家、音乐理论家和音乐史学家？

补充阅读：

1— كان عرب الحجاز يعرف في جاهليتهم الغناء علي صورة حداء للابل وترنيم لطرد وحشة الوحدة وكذلك النقر علي الدف كايقاع موسيقي. وبعد الاسلام عندما استولى العرب علي الكثير من الأقطار وتدفقت عليهم الثروة مالوا الي نضارة العيش ورقة الحاشية واستملاء الفراغ. وادرك الموالي من الفرس والروم ما عند العرب من ميول جديدة فقصدوا الحجاز يطربون أغنيائه بالغناء والعزف علي العيدان والطنابير والمزامير وبرز من بينهم معبد وابن سريج اللذان كانا أول من لحن لأشعار العرب.

ومن الحجاز انتقل الشغف بالموسيقى والغناء الي بلاد الشام في عهد الوليد الثاني بشكل خاص، وأصبحت الأموال تنفق بدون حساب علي مشاهير المغنين والمسيقيين. وقد بلغت صناعة الغناء كمالها علي يد ابراهيم ابن المهدي وابراهيم الموصلي وولديه اسحق وحماد في عهد بني العباس، وخاصة في عهد الرشيد الذي كان أول خليفة يجاهر بوضعها تحت رعايته ويجعل منها مهنة شريفة لا يتورع عن ممارستها الأمراء والأميرات أمثال " علية " وشقيقها " ابراهيم "، كما تبحر الخليفة الواثق بعلم الموسيقى واشتهر بالعزف.

وقد تعددت الآلات الموسيقية وتنوعت، فكان منها الدف والطنبور والعود والرباب والناى والصنوج والقيثار والأرغول والقانون.

ولم يقتصر الاهتمام بالموسيقي والغناء علي بلاد المشرق بل تعداها الي المغرب والأندلس حيث راح الخلفاء والأمراء هناك ينافسون أهل المشرق علي جذب الفنانين الي بلاطهم. وأول من قصد الأندلس كان زرياب غلام الموصليين، وقد أخذ عنهم الغناء فأجاد، فصرفوه عنهم غيرة منه ، فهاجر الي المغرب فالأندلس حيث استقبله الحكم بن هشام وبالغ في تكريمه. والي زرياب يعود الفضل في زيادة وترخامس علي أوتار العود ، كما أنه هو مخترع مضراب العود من قوادم النسر، ومؤسس النهضة الفنية في الأندلس.

2ــ اشتهر العرب منذ القدم بحب الغناء يصحبهم من المهد الي اللحد، ولا غرو في ذلك فان الشعر الجاهلي بما بلغه من تطور ونضج ينم عن تعلق العرب المبكر بهذا الفن ويدل علي أهميته الكبيرة عندهم . إن ما يتميز به هذا الشعر من موسيقى وايقاع بسبب الأوزان والقوافي قد منح الانسان العربي ذوقا رفيعا في الموسيقى والغناء وأذنا تتقبل الايقاعات التي تتفق مع ذوقه الموسيقي. وهكذا كان الجاهلي قبل الاسلام تهزه القوافي ويفعل فيه القصيد فعل السحر فينشد ويطرب وينسي شظف العيش في البادية ووعثاء الرحلة في الفيافي والقفار. وعندما استقرت الحياة بعد الاسلام ومالت الي الدعة والترف احتلت الموسيقى والغناء مكانا هاما في الحضارة العربية، وازدهرت الألحان وتنوعت الأنغام بسبب ما عرف عند الشعوب الأخرى من أنواع جديدة من اللحن والايقاع. وكان لا بد من مواكبة التطور في فن الغناء والموسيقي واستحداث الآلات الموسيقية وتطويرها ، فدونت القوانين وقعدت القواعد الموسيقية في اللحن والأداء. ويرى بعضهم أن أول ما كان من الغناء عند العرب الحداء فهو أصل الغناء كله. والحداء هو سوق الإبل والانشاد لها من بحر الرجز لأنه أبسط أوزان الشعر العربي وأسهلها وأقدمها زمانا وأقربها الي الكلام المنثور، فايقاعاته وتنغيماته فيها ترويح للنفس وتخفيف لما يعانيه الحادي من عناء السفر ولا سيما اذا بعدت عليه الشقة فضلا عن أنها تضرب الإبل وتستحثها علي السير. كان العرب قبل الاسلام عرفوا أنواعا من الغناء وأنهم مارسوه ومنهم من احترفه وجعله سبيلا الي التكسب والنشب. وكان عندهم بعض أدواته كالدف والطبل والمزمار وكانت القينة ضرورية في بيوت الأثرياء من دمشق فقد احتلت نفس المكانة التي يحتلها البيانو والراديو وجهاز تسجيل الصوت اليوم.

وفي العصر الأموي تطور الغناء إذ تأثر بالموسيقى الفارسية والرومية، وتنافس المغنون من افاضة الألحان علي الأصوات. واشتهر من هؤلاء أحمد بن أسامة الهمداني (المتوفي 701 م) انه نقل الغناء من الحداء الي النصب وتفنن في ذلك حتي لقد عرف باسم أحمد النصبي، واشتهر أيضا سائب بن خاثر (المتوفي 701 م) وكان يقرع بالقضيب للايقاع وتقسيم الزمن ويغني مرتجلا. وتذكر الروايات أنه أول من أخذ الألحان الفارسية وغني بها، وأول من أدخل العمل الفني علي الغناء وزاوج بينه وبين الألحان الفارسية. ومن الذين اشتهروا في هذا العصر أيضا مسحج الذي مزج بين الألحان العربية وبين ما يلائمها من الحان الفرس والروم وصار ذلك له طريقة ومذهبا، وقد وصف بأنه مغن متقدم من فحول المغنين وأكابرهم، ومنهم ابن محرز الذي كان فارسي الأصل، ووصف بأنه من فحول المغنين القدماء وأنه كان يشخص الي فارس فيتعلم ألحان الفرس، والي الشام فيتعلم ألحان الروم، ويسقط ما لا يستحسن من نغم الفريقين ويمزج بين محاسنهما فصنع غناء لم يسمع مثله حتي لقد كان يقال له صناج العرب. وكان أعظم المغنين والملحنين في العصر الأموي هو ابن سريج الذي نضج واستوفى جميع مقومات الغناء الفحل. ورغم تعدد مراكز الغناء في العصر الأموي فانه يبدو أن الحجاز ظل قلب هذه الحركة في عهود الاسلام الأولي، وكانت مكة والمدينة مسرحها الرئيسي كما كان غذاؤها شعر الشعراء الغزليين الذين ينتمون الي هاتين المدينتين المقدستين. وفي كتاب " الأغاني" روايات كثيرة عن

دعوة خلفاء بني أمية للمغنين في الحجاز أثناء رحلاتهم الي الحج وعن احضارهم المغنين من الحجاز الي دمشق ، مما يدل علي أن بلاد الحجاز ظلت صاحبة السبق والتفوق في مضمار الغناء . فان انعزال الحجاز عن الحياة السياسية والعسكرية علي عهد الأمويين جعل شبابه ينصرفون الي حياة اللهو والترف ويقبلون علي الطرب والشدو والغناء و الموسيقى. وهناك سبب آخر ساعد علي تعزيز الحركة الفنية في المدينتين المقدستين وهو ترتيل القرآن التغني به. فلما اتسعت علوم الغناء و الموسيقى اتسع القراء في التغني وجعل كل منهما يعزز الآخر ويشد في أزره .وبدلا من الأصوات الفطرية غير المدربة ظهرت أصوات مدربة مصقولة تتغني بأحكام ومعرفة بمواقع النغم مع الحفاظ علي جلال ما يتغنون به فلم يستعملوا قط الآيات للايقاع أو الضرب أو العزف وتركوا ذلك لفنون الشعر والموسيقى. وهكذا انثالت من أوتار حناجرهم الذهبية مقامات الموسيقي الموسيقى مصوغا بها ذلك التغني الجميل المؤثر الذي لا يزال بعضه محفوظا في تسجيلات ذات أهمية كبيرة للموسيقى العربية فضلا عن أهميتها الدينية الخاصة.

وكان شيخ المغنين في زمانه اسحق الموصلي الذي كان مجددا وصاحب مذهب ومخترع ايقاعات، كان أعلم رجال زمانه بالغناء وأكثرهم اطلاعا عليه، لذلك كان حريصا علي بقاء الغناء العربي وثيق الصلة بالغناء الجاهلي، فقد تولي الدفاع عن الغناء القديم وتجريح الجديد صنف الكثير من الكتب مثل " النغم والايقاع " و" أغاني معبد " وغيرهما. ولد وتوفي ببغداد وأصابه العمي قبل موته بسنتين. ولما مات نعاه الخليفة قائلا : ذهب صدر عظيم من جمال الملك وزينته وبهائه. ونبغ ببغداد أيضا زرياب تلميذ الموصلي، فانتقل منها الي قرطبة حاضرة الأندلس. زاد أوتار عوده وترا خامسا وسطا من حيث المكان ومن حيث القوة سماه الأوسط وجعله في وسط الأوتارالأربعة، إذ كان للعود قبله أربعة أوتار فقط بعد العناصر الربعة والطبائع الأربع والجهات الأربع، وهو الذي اخترع مضراب العود من قوادم النسر معتاضا به من مرهف الخشب، كما اتخذ المثلث والبم من امعاء شبل الأسد والباقي من حرير لم يغمس قبل غزله في ماء ساخن كيلا يلين أو يرتخي.

الدرس الثامن عشر   فن العمارة عند العرب

كلما ذكرت عمارة العرب خطر ببال الناس الأهرام أوالمعابد التي يفتخر العرب بها افتخارا، فبرع المصريون القدامى في بناء المعابد والمقابر الراسخة والحوائط السميكة القليلة الفتحات المغطاة بنقوش تصويرية وهيروغليفية ملونة، وذلك لاعتقادهم بالحياة بعد الموت. ولذلك كان لهذه العمارة خصائصها التي تميزت بالمهابة والعظمة وبالتأثير البالغ في النفوس. ولكن العرب البداوي عندما انطلق من الحجاز في فتوحاتهم بعدا لاسلام لم يكن لديهم من الفنون سوى الشعر خلافا لإخوانهم عرب الجنوب والشمال، وكانت حياتهم البدوية وتجارتهم المحدودة لم تمكنهم من الوصول الى النضوج الفني. غير أن الانفتاح العربي دفعهم الى الاستعانة بخبرة الشعوب التي اتصلوا بها بدون أي حرج. وعندما أطل التاريخ القرن الثاني من الحكم العربي كان العرب قد برعوا في اقتباس الفنون وعدلوها بما يتفق مع طبيعة بلادهم وتعاليم ديانتهم.

برزت ملامح فن العمارة العربي في بناء مساكن الأحياء من قصور ومنازل، وتجلت في مساجد الصلاة، وتميزت في تشييد المدن والأمصار. فشيد العرب في عصورهم المختلفة العديد من القصور والمباني. وقد استخدموا في بنائها الحجارة أحيانا والطين والآجر في معظم الأحيان، ولذلك فقد أتى الزمن على معظمها، والباقى تولت يد الانسان تهديمه وتخريبه أو تحويله عن طرازه الأصلي. ولم يبق الى اليوم من هذه القصور سوى بقايا قصير عمرة الأموي في صحراء شرقي الأردن والقصر في أشبيلية والحمراء في غرناطة. وأما قصور العباسيين كالقبة الخضراء وقصر الخلد وقصر الرصافة التي بناها المنصور وقصر الثريا للمعتضد ودار الشجرة للمقتدر وكثيرغيرها، فلم يبق منها شيء. وقد اعتمد العرب في تشييد هذه القصور على فن العمارة عند الفرس والبيزنطيين.

أما المساكن العادية فكانت عند الفقراء مستطيلة الشكل مقامة من اللبن والطين، سقفها خليط من طين وأغصان وقش؛ وعند الأغنياء يشتمل البيت على فناء داخلي مكشوف ذي فسقية وشجرة في بعض الأحيان، ويتضمن في معظم الأحيان طائفة من العمد الخشبية ورواقا مسقوفا بين الفناء والحجرات، ونادرا ما كانت البيوت تطل على الشارع إلا بمشربيات، غير أن أكثرها كان له أبواب سرية وأجنحة خاصة بالنساء.

وخلافا للقصور التي اندثرت معالمها بقيت المساجد التي شيدها المسلمون في مختلف عصورهم تعاند الدهر، وتنطق بما توصل اليه الفن الاسلامي من روعة ودقة وانسجام في هذا المجال. وكان المسلمون يحرصون على بناء المسجد بالقرب من سوق المدينة ليتاح للجميع الوصول اليه بسهولة وقت الصلاة. ولم يهتم مشيدوه بمظهره الخارجي. ولو لا واجهته الأمامية ومئذنته لتعذر تمييزه عما يجاوره ويلتصق به من مبان. وقد حدد شكل المسجد الغرض الذي أقيم من أجله : فهو يتألف من بهو رباعي الشكل يتسع للمصلين، في وسطه

حوض ونافورة ماء للوضوء، تحيط بهذا البهو إيوانات ذات بواك لوقاية المصلين واظلالهم ولتلقي الدروس في القرآن. وفي ناحية البهو المتجهة الى مكة يقام المسجد الأساسي، وهو في العادة قسم مسور من الرواق رباعي الشكل تعلوه قبة مستديرة ترتكز على أكتاف مثلثة الشكل بين عقود متعامدة. فأهم ما تمتاز به عمارة المساجد هوالقبة والمئذنة. والراجح ان المسلمين في بلاد الشام أخذوا فكرة المئذنة عن برج الجرس في الكنائس، بينما استوحى مسلمو العراق فكرتها عن زقورات البابليين. واعتمد مسلمو الهند الشكل الاسطواني الشائع في بلادهم. وتأثر مسلمو أفريقية والأندلس في تخطيطها بمنارة الاسكندرية. وعلى العموم كان بناء المسجد يجمع بين المتانة والبساطة في الخارج والرشاقة والدقة والروعة في الداخل.

منذ اتساع حركة الفتوح في عهد الخليفة الثاني عمر بن الخطاب برزت الحاجة الى ايجاد أماكن يستريح فيها الجند من عناء السفر، فكان لا بد من بناء المعسكرات التي سرعان ما تحولت الى مدن، ومنها البصرة والكوفة والفسطاط والرملة والقيروان. وفيما بعد وبسبب تضخم عدد السكان، وحرص بعض الخلفاء كالمنصور والمعتصم وعبد الرحمان الثالث على أن تكون لهم عواصمهم الفريدة، شيدت المدائن الكبرى مثل بغداد والقاهرة وقرطبة وغرناطة. ومن أبرز مظاهر فن عمارة المدن الاسلامية : أن تكون المدينة محاطة بسورمنيع فيه أبواب يمكن اغلاقها؛ وأن تكون في وسطها ساحة كبرى وقع في أحد أطرافها أكبر مساجدها؛ وأن تكون مقسمة الى أحياء وفقا للمهنة التي يمارسها أبناء كل حي؛ وأن تكون في موقع قريب من الماء ويسهل الدفاع عنه.

لم يكن قبل الاسلام طراز معماري واضح المعالم، وتعتبر المساجد أهم العمائر الاسلامية التي بدأت تظهر فيها خصائص معمارية عربية مستمدة من الطرز المحلية لكل اقليم، وذلك بعد الفتوحات العربية. فكان منها الطراز الأموي في سورية والطراز العباسي في العراق وايران والطراز الآخر في المغرب والأندلس. فلم تظهر القباب الكبيرة إلا في القرنين 12و13، وزادت العناية بالمداخل الشاهقة وبناء المآذن الرشيقة في العصر المملوكي، وظهرت منذ القرن 15 بعض المآذن ذات الرؤوس المزدوجة، وفي القرن 16 ظهر الطراز التركي. وكان الفنانون العرب يبدون ابداعهم ومهارتهم في تصميم وزخرفة هذه العمائر الاسلامية منذ العصر الأموي.

وكانت عمارة المسجد الذي بناه الرسول في المدينة بسيطة ساذجة تعبر في بساطتها عن بساطة الاسلام، فقد أقيم على قطعة مربعة من الأرض أحيطت بجدران من اللبن، وكانت القبلة تتجه الى الشمال نحو بيت المقدس، فأقيم بيت الصلاة في هذه الجهة بحيث كان يتخذ شكل ظلته من جريد النخل المغطي بالطين، تعتمد على عمد من جذوع النخل. وظلت القبلة على هذا الإتجاه نحوا من 17 شهرا، ثم تحولت نحو الكعبة، وأقيمت ظلة أخرى عليها تتجه نحو الجنوب، فأصبح للمسجد ظلتان، وبقيت الظلة القديمة يستظل تحتها فقراء أهل المدينة من المسلمين، وعرفت لذلك بظلة أهل الصفة، وكان يفصل بين الظلتين رحبة واسعة سميت بالصحن. وتطور هذا النظام فيما بعد، بحيث اتصلت الظلتان من الشرق والغرب بمجنبتين أورواقين جانبيين. وجاءت عمارة المسجد على هذا النحو تعبيرا عما وضعه الاسلام من تعاليم دينية، فنظام النسب فيه يقوم على أساس إنساني هو الوضع الأفقي ترجمة لما هو ثابت في الطبيعة كالسهل والبحر والكتلة البشرية المتماسكة الساكنة في نظام يتسق ونظرية المساواة في المجتمع الاسلامي، حيث لا يوجد من النظام الطبقي الوحيد سوى الإيمان المشترك، فهنالك غابة من الأعمدة المتراصة في نظام وامتداد لا يحده البصر تحت سقف مسطح، هذه الغابة هى التعبير المعماري الذي يمثل جماعة المصلين تحت السماء المهيبة. ولم يتغير هذا النظام منذ أسس الرسول

مسجده الأول في المدينة.

كان المسجد الأموي في دمشق هو أعظم اللآثار الأموية في الشام ومن أشهر المساجد الجامعة في العالم الاسلامي زخرفة وبنية وتنميقا. شيده الخليفة الوليد بن عبد الملك في سنة 705 م، وتم العمل فيه سنة 714 م. استقدم الوليد لبناء الجامع عددا من الصناع والبنائين من مختلف أنحاء العالم الاسلامي. وقد أصيب جامع دمشق بكوارث عديدة، فقد أحرق خمس مرات وأعيد بناؤه، ولكنه لايزال يحتفظ بمعظم عناصره التخطيطية التي بنى عليها في عهد الوليد. كان بيت الصلاة للمسجد يتألف من ثلاثة أروقة موازية لجدار القبلة عرض كل منها 12 مترا، وتفصلها فيما بينها ثلاثة صفوف من الأعمدة تعلوها أقواس، ويقطع الأروقة عند منتصفها رواق عمودي على جدار القبلة يبلغ طوله 22 مترا، يحف به على كل من جانبيه صف من الأقواس القائمة على الدعامات، ويتجاوز بلاط المحراب في ارتفاعه الأروقة الأخرى العرضية الممتدة من الشرق الى الغرب. وكانت القبة تعلو بلاط المحراب وتقوم في وسطه. أما بقية أسقف المسجد فكانت منشورية الشكل على صورة جمالونات ثلاثة تمتد موازية لجدار القبلة. وصحن المسجد مستطيل الشكل فسيح تحف به من كل جوانبه الثلاثة مجنبة من رواق واحد تطل عليه عقود متجاوزة تشبه حدوة الفرس تعلوها صفوف من النوافذ المستطيلة الشكل التي رؤوسها نصف دائرية، وتقع كل نافذتين منها على عقد من العقود. وكانت جدران المسجد مغطاة بلوحات الرخام، وفوق هذه اللوحات كانت تزدان بزخارف من الفسيفساء الملونة والمذهبة.

وكانت قبة الصخرة تعتبر من أروع العمائر الدينية التي أقيمت في بيت المقدس في العصر الأموي، أنشأها الخليفة عبد الملك بن مروان في سنة 691م في وسط الحرم الشريف، وكانت هذه البقعة موضع احترام المسيحيين واليهود والمسلمين على السواء. وقد وضع تخطيطها على شكل مثمن من الخارج، وبداخلها دائرة من الأعمدة لتلائم الطواف حول الصخرة المقدسة التي أسرى عندها النبي(ص) ليلة الاسراء، فسميت القبة لذلك بقبة الصخرة. وأقيمت فوق المثمن قبة عالية تغطيها الفسيفساء المزينة باللون الأخضر والذهبي يبلغ قطرها 5 ر20 مترا، وحملت على دائرة من العقود أو الأقواس نصف الدائرية التي تقوم على الأعمدة والأكتاف، وارتبطت فيما بينها عند رؤوس التيجان بأوتار خشبية ضخمة. ويفصل بين الصف الدائري للعقود التي تقوم عليها القبة والمثمن الخارجي للبناء كله مثمن من العقود التي تقوم على الأعمدة والأكتاف. ولا شك أن قبة الصخرة تتمتع بمكانة ممتازة بين العمائر الاسلامية لجمالها وابداع زخارفها وبساطة تصميمها وتناسق أجزائها. وقد ظل تصميم قبة الصخرة فريدا في العمارة الاسلامية في عصورها المختلفة. لأن تصميمها يطابق الغرض الذي أقيمت من أجله، وهو تحويط الصخرة المقدسة بالحرم الشريف. وكانت عمارة القبة وعناصرها الزخرفية تشهد بتأثر الفن الأموي بالعمارة السورية الرومانية والبيزنطية.

وفي المغرب كان جامع القيروان يعتبر أقدم مساجد المغرب الاسلامي والمصدر المعماري الأول الذي اقتبست منه العمارة الأندلسية عناصرها، ومنه انبثقت الأفكار المعمارية والزخرفية العربية فتطورت في العصور المختلفة. وهذا الجامع اختطه عقبة بن نافع الفهري في سنة 672 م. وكانت زخارفه تغلب عليها البساطة، حيث استمدت مقوماتها من عناصر البناء نفسه. وتكسو المحراب غلالة رقيقة من الرخام نقشت فيها زخارف نباتية مخرمة يتسرب الضوء بين خرومها. وقوام زخارف هذه الكسوة الرخامية من التوريقات والزخرفة الهندسية القائمة على المربعات والدوائر والخطوط. وأهم العناصر النباتية ورقة العنب التي نقشت في صور مختلفة، فهى طورا مقصوصة وطورا ملفوفة وطورا منكمشة، وكثيرا ما يتفرع من السيقان الملتفة

أوراق وأزهار تشغل الفراغ أو تتفرع هذه الأوراق النباتية من ساق متوسطة منحنية في تموجات.

وكذلك يعتبر جامع الزيتونة بتونس من أهم جوامع افريقية لقدم عهده واحتفاظه بعناصره المعمارية والزخرفية الأولى منذ نشأته، ثم لشهرته كجامعة علمية قديمة ما زالت تدرس فيها علوم اللغة والتاريخ والفقه. وكان الجامع مربع الشكل منتظم الأضلاع، وجدرانه كلها مبنية من الحجر الجيري المصقول يصل ارتفاعها الى ما يقرب من 9 أمتار وسمكها 2ر1 مترا. وترتفع مئذنة الجامع في ركنه الشمالي الغربي. وللجامع قبتان واحدة أمام المحراب والثانية على مدخل البلاط الأوسط المطل على الصحن. وتشبه هاتان القبتان نظيرتيهما في جامع القيروان، ولكنهما تفوقاهما جمالا بالهيئة وتناسقا في التخطيط ودقة في التفاصيل المعمارية واتساقا في النسب وثراء في الزخرفة. ويتميز جامع الزيتونة بظهور عنصر زخرفي جميل يقوم على تناوب اللونين الأبيض والرمادي في كتل الحجارة التي تؤلف الأقواس أو مداميك البناء داخل قبة المحراب، ثم اتبعت هذه الظاهرة في زخرفة عقود قبة البهو وفاضت في داخل القبة وخارجها، وغمرت كل بنائها، حتى غطت العقود وامتدت على الجدران نفسها.

أما في الأندلس فكان جامع قرطبة يعتبر أعظم آثار المسلمين بها وأروع أمثلة العمارة الاسلامية والمسيحية على السواء في العصور الوسطى. وكان هذا الجامع يشتمل في عهد عبد الرحمان الداخل على تسعة أروقة عمودية على جدار القبلة، وتتألف الأروقة من صفوف متوازية من 11 قوسا على شكل حدوة الفرس وظيفتها ربط الأعمدة فيما بينها. ويتناوب في هذه الأقواس الآجر الأحمر وقطع الحجارة الصفراء مما يكسب الجامع مظهرا زخرفيا بسيطا. وتقوم هذه الأقواس على أعمدة رخامية وردية اللون، وتعلو الأقواس صفوف أخرى من أقواس نصف دائرية وظيفتها حمل الأسقف. وحين يتخذ المرء طريقه داخل بيت الصلاة مارا بين الأعمدة التي تحمل الأقواس أو العقود توحي اليه هذه العقود المتكررة الممتدة المحمولة على عمد بالطبيعة الحية تحت ظلال في لون الشفق، بحيث تمثل غابة من النخيل، وينبعث من ضوء الصحن الذي يغشي البصر ضوء شاحب. كما تتسلل من شبكات النوافذ الخارجية خيوط رفيعة من الضوء لا تفي باضاءة سقف المسجد، ولكنها تعمل على احداث تأثير قوى ناشىء من ظلام خفيف يثير الرهبة. وهنا يستشعر المرء نفسه بعيدا عن نطاق الحقيقة، ويظل مستغرقا مهيئا للتطلع الى ما وراء الحس في صلاة خاشعة. ولا سبيل الى أن يكون الخلق المعماري أكثر كمالا مما يوحي به هذا المثل الديني في بساطته وتجرده. وكان فناء المسجد مغروسا زمن عبد الرحمان الداخل بأشجار البرتقال، واتبع خلفاء المسلمين بعد ذلك هذا التقليد في الأندلس. فيحتفظ جامع قرطبة اليوم بصورته الاسلامية رغم ما أصابه من تغيير منذ سقوطها في أيدى المسيحيين، وتتمثل الأصالة المعمارية في قباب المسجد وقوامها الهيكلي من الأقواس البارزة التي تتقاطع فيما بينها بحيث يترك فراغا مركزيا تشغله قبة مفصصة. وقد انتشر نظام الأقواس المتقاطعة في القباب المسيحية بإسبانيا وفرنسا بعد ذلك واستمد منه المهندسون الفرنسيون نظام القبوات القوطية.

بنى ابن طولون مسجده الجامع في سنة 889 م على جبل يشكر من مال وجده في أحد الكنوز الفرعونية، وكان جامع ابن طولون من أكبر المساجد الاسلامية يتألف من بيت للصلاة وصحن ومجنبات. وكان تخطيطه مربع الشكل يميل الى الاستطالة، يحيط به من الجهة الشمالية والشرقية والغربية زيادات مكشوفة تكمل المربع، أقيمت رغبة في ابعاد الضوضاء الناشئة من الأسواق المحيطة بالجامع. وتتوسط الصحن فوارة فوقها قبة عالية. ويعتبر جامع ابن طولون من أجمل الآثار الاسلامية عامة إذ أنه أقدم جامع في مصر يحتفظ بعناصره الأولى

ويحتوى على أغنى مجموعة من الزخارف الجصية المتنوعة، كما كانت نوافذه التي يبلغ عددها 128 نافذة تنوعت أشكالها وزخارفها. وكانت عقود الجامع لا تحملها أعمدة ولكنها تستند على دعائم الآجر من صميم مميزات العمارة العراقية التي تأثر بها ابن طولون نظرا لنشأته الأولى في سامراء التي استعمل الآجر في أبنيتها وزخارفها الجصية. كذلك مئذنة الجامع التي تسترعى النظر بشكلها العجيب الذي ظل فريدا في العمارة المصرية، فهي من النوع الحلزوني يدور درجها حول ساق اسطوانية. فلا شك أن ابن طولون تاثر أثناء حياته الأولى في سامراء بهذا النوع من البناء، فطبقه على جامعه.

تعددت آراء المستشرقين واختلفت في تحديد المصدر الذي اشتق منه المسجد الجامع نظامه التخطيطي، ومن بين هذه الآراء نظرية الاشتقاق من المعابد المصرية القديمة، ونظرية الاشتقاق من الكنائس، ونظرية الاشتقاق من قاعات الاستقبال في القصور الفارسية، ونظرية الاشتقاق من الهياكل اليهودية. وكانت هذه النظريات كلها مزاعم لا أساس لها من الصحة، وفي الحقيقة أن نظام التخطيطي للجوامع العربية لم يقتبسه المسلمون من الأبنية القديمة السابقة على الاسلام كالقصور الفارسية والهياكل والكنائس، وإنما استمد أصوله من الاسلام. وكانت عناصره تهدف الى غرض معين تنسجم مع الظروف التي أحاطت ببنائه، فتخطيطه نظام أصيل في تاريخ العمارة الاسلامية، الا أنه لم يكن معروفا قبل الاسلام.

本课解题：

阿拉伯建筑

阿拉伯建筑艺术是世界建筑艺术的组成部分之一。它同印度建筑、中国建筑并称为东方三大建筑体系。它包括清真寺、伊斯兰学府、哈里发宫殿、陵墓以及各种民居等等。它以阿拉伯民族传统的建筑形式为基础，借鉴吸收了周围各民族的建筑艺术精华，以其独特的风格和多样的型制，创造了一大批具有历史意义和艺术价值的建筑物。

清真寺是阿拉伯建筑的中心部分。它设计巧妙、手法新颖、装饰独特。阿拉伯的优秀建筑师们创造了一种朴素而庄严的清真寺建筑格调，以表达伊斯兰教的精神和教义。

先知穆罕默德在麦地那修建的极端朴素的清真寺成为后人修建清真寺的标本。这座清真寺实际上只是一个有棚的土坯庭院，用椰枣树干做柱，树枝和泥做屋顶，四周是土坯砌成的围墙，一棵椰枣树根固定在地上成为讲台。这座清真寺虽然简陋，但却包括了满足宗教活动需要的三个基本要素：宽敞的庭院、遮风避雨的房顶和宣讲台。

阿拉伯人在西亚和北非的胜利，使他们占有了许多精美雄伟的建筑物，尤其是掌握了被征服民族的高度发达的建筑技巧。其他民族的建筑艺术和阿拉伯固有的建筑技术相结合，最终形成了具有独特风格的阿拉伯—伊斯兰建筑艺术。

倭马亚王朝时期，国富民殷，阿拉伯人开始修建清真大寺。公元691年，第五任哈里发阿卜杜·马立克在耶路撒冷修建了岩石清真寺，这是伊斯兰教早期最著名的清真寺之一。整个建筑呈八角形，全部用石砌成，一圈大方石柱和圆柱撑起一个巨大的圆顶，圆顶表面及八角檐梁铺满彩色瓷砖，镶嵌装饰图案，并刻有精美的《古兰经》经文，圆顶下面放着

"圣石"。整个大殿金碧辉煌，壮丽无比，世所罕见，被认为是保存至今的最古老的伊斯兰教遗迹。公元705年，第六任哈里发瓦立德在罗马神庙的基础上修建了大马士革清真寺。这座清真寺气势雄伟，正面为凯旋门似的拱形大门，门两旁是巨石圆柱，柱顶为皇冠形，圆柱大殿由三个本堂和一个袖廊组成。殿内墙壁和圆柱都用大理石和金银镶嵌装饰。正墙有四个精致的大理石圣龛和一个大理石宣讲台。全寺有三座宣礼塔，它成为后来清真寺宣礼塔的典范。大马士革清真寺被公认为倭马亚时代伊斯兰建筑艺术的代表，是中世纪的世界奇迹之一。

随着几个举世闻名的清真大寺的建成，阿拉伯——伊斯兰建筑艺术已经形成了自己的特色。正如同西方基督教精神产生了罗马和哥特式建筑风格一样，东方伊斯兰教精神产生了阿拉伯的建筑风格，即巍峨的圆顶和高耸入云的尖塔以及华丽精巧的拱廊，它既体现了伊斯兰教的威严，又反映了穆斯林们的轻松自信。

由于气候条件、建筑材料、建筑技术以及所占领土地原住民族的文化背景不同，阿拉伯各地的清真寺亦各有特色，逐渐形成了建筑艺术的不同流派：受希腊和罗马影响的叙利亚——埃及流派、受波斯和古巴比伦影响的伊拉克流派、受基督教影响的北非流派以及受中印影响的东亚流派。

难点释疑：

ولذلك فقد أتى الزمن على معظمها والباقي تولت يد الانسان تهديمه وتخريبه أو تحويله عن طرازه الأصلي، ولم يبق الى اليوم من هذه القصور سوى بقايا قصير عمرة الأموي في صحراء شرقي الأردن والقصر في أشبيلية والحمراء في غرناطة، أما قصور العباسيين كالقبة الخضراء وقصر الخلد وقصر الرصافة التي بناها المنصور وقصر الثريا للمعتضد ودار الشجرة للمقتدر وكثير غيرها فلم يبق منها شيء.

因此，它们其中的大部分已随岁月而去，剩下的一些又遭到人为的破坏，改变了其本来面貌。今天还能看到的只有一些断壁残垣，如约旦东部沙漠中的倭马亚时代的阿姆拉宫、安达卢西亚的塞维利亚宫、格林纳达红宫。至于阿巴斯时代的宫殿，如绿宫、永恒宫、曼苏尔哈里发所建的卢萨法宫、穆尔台迪德哈里发所建的昂宿宫、穆格泰迪尔哈里发所建的异树宫等等，都已荡然无存。

وخلافا للقصور التي اندثرت معالمها بقيت المساجد التي شيدها المسلمون في مختلف عصورهم تعاند الدهر وتنطق بما توصل اليه الفن الاسلامي من روعة ودقة وانسجام في هذا المجال.

与容貌尽扫的宫殿不同，穆斯林们在各个时期所建的清真寺却仍然与日月争辉，向世人诉说着伊斯兰艺术所达到的精美、细腻和协调。

وجاءت عمارة المسجد على هذا النحو تعبيرا عما وضعه الاسلام من تعاليم دينية، فنظام النسب فيه يقوم على أساس انساني هو الوضع الأفقي ترجمة لما ثابت في الطبيعة كالسهل والبحر والكتلة البشرية المتماسكة الساكنة في نظام يتسق ونظرية المساواة في المجتمع الاسلامي حيث لا يوجد من النظام الطبقي الوحيد سوى

الدرس الثامن عشر فن العمارة عند العرب

الإيمان المشترك. فهناك غابة من الأعمدة المتراصة في نظام وامتداد لا يحده البصر تحت سقف مسطح، هذه الغابة هى التعبير المعماري الذي يمثل جماعة المسلين تحت السماء المهيبة. ولم يتغير هذا النظام منذ أسس الرسول مسجده الأول في المدينة.

按这种体例建造起来的清真寺，表达了伊斯兰教所确定的宗教教义。它的协调关系是建立于人文基础上的。这是一种平行伸展结构，表现了大自然中一些永恒的事物，如平原、海洋和生活于伊斯兰社会与平等观念相协调的体系中的人群。这是唯一建立在共同信仰基础上的体系。集中在一个平面屋顶下整齐排列起来的、望不到尽头的石柱林，表达了天下伊民是一家的建筑思想。自从先知在麦地那建造了他的第一座清真寺后，这种体例就从未改变过。

كان بيت الصلاة للمسجد يتألف من ثلاثة أروقة موازية لجدار القبلة، عرض كل منها 12 مترا، وتفصلها فيما بينها ثلاثة صفوف من الأعمدة تعلوها أقواس، ويقطع الأروقة عند منتصفها رواق عمودي على جدار القبلة يبلغ طوله 22 مترا، يحف به على كل من جانبين صف من الأقواس القائمة على الدعامات، ويتجاوز بلاط المحراب في ارتفاعه الأروقة الأخرى العرضية الممتدة من الشرق الى الغرب. وكانت القبة تعلو بلاط المحراب وتقوم في وسطه، أما بقية أسقف المسجد فكانت منشورية الشكل على صورة جمالونات ثلاثة تمتد موازية لجدار القبلة. وصحن المسجد مستطيل الشكل فسيح تحف به من كل جوانبه الثلاثة مجنبة من رواق واحد تطل عليه عقود متجاوزة تشبه حدوة الفرس تعلوها صفوف من النوافذ المستطيلة الشكل التي رؤوسها نصف دائرية، وتقع كل نافذتين منها على عقد من العقود، وكانت جدران المسجد مغطاة بلوحات الرخام، وفوق هذه اللوحات كانت تزدان بزخارف من الفسيفساء الملونة والمذهبة.

清真寺的礼拜厅是由三列平行于正墙的柱廊组成的，每列宽 12 米。柱廊由三行石柱分隔开，石柱上托拱弧。柱廊中央由一垂直于正墙的中廊分隔。中廊长 22 米，两边被立于基座上的一行拱弧环绕着。圣龛厅高出东西横向延伸的其他袖廊，圣龛上方是拱顶。其余屋顶是棱柱式结构，是由平行于正墙的三个人字形顶架组成的。中堂为长方形，很宽敞，三面各有一个翼廊，上托高大的马蹄形拱架。拱架上方是一排排的窗户，窗户为长方形，其顶部为半圆形，每两扇窗户坐落在一个拱架上。寺内墙壁为大理石贴面，上面镶嵌彩色和金色的马赛克。

وحين يتخذ المرء طريقه داخل بيت الصلاة مارا بين الأعمدة التي تحمل الأقواس أو العقود توحي اليه هذه العقود المتكررة الممتدة المحمولة على عمد بالطبيعة الحية تحت ظلال في لون الشفق بحيث تمثل غابة من النخيل، وينبعث من ضوء الصحن الذي يغشي البصر ضوء شاحب، كما تتسلل من شبكات النوافذ الخارجية خيوط رفيعة من الضوء لا تفي باضاءة سقف المسجد ولكنها تعمل على احداث تأثير قوي ناشئ من ظلام خفيف يثير الرهبة. وهنا يستشعر المرء نفسه بعيدا عن نطاق الحقيقة، ويظل مستغرقا مهيئا للتطلع الى ما وراء الحس في صلاة خاشعة.

当有人走进礼拜大厅，经过那一排排上托拱架的石柱时，那些延续不断的石拱会对他产生一种感应力，使他觉得如同走进暮霭中充满生机的大自然中。那些石柱就好像是椰枣

树林。微弱的光线从厅堂中射出，使人眼晕。从外窗格中潜入的纤细的光丝虽然不能完全照亮厅顶，但它却造成一种氛围，使人在微暗中感到恐惧，好像自己已远离世间，在肃穆的礼拜仪式中完全沉浸于一种虚幻的情绪中。

主要人物：

المنصور 曼苏尔（公元 707~775），阿巴斯王朝第二任哈里发。

المعتضد 穆尔台迪德（公元 892~902 在位），阿巴斯王朝第十六任哈里发。

المقتدر 穆格泰迪尔（公元 908~932 在位），阿巴斯王朝第十八任哈里发。

المعتصم 穆尔台绥姆（公元 833~842 在位），阿巴斯王朝第八任哈里发。

عمر بن الخطاب 欧麦尔（公元 634~644 在位），伊斯兰公社时第二位正统哈里发。

عبد الرحمان الثالث 阿卜杜·拉赫曼三世（公元 912~961），后倭马亚王朝第八任艾米尔，首任哈里发。

الوليد بن عبد الملك 瓦利德一世（公元 705~715 在位），倭马亚王朝第六任哈里发。

عبد الملك بن مروان 阿卜杜勒·麦利克（公元 685~705 在位），倭马亚王朝第五任哈里发。

عقبة بن نافع الفهري 欧格白（公元 621~683），倭马亚王朝大将，王朝驻北非总督，凯鲁万城的建造者。

عبد الرحمان الداخل 阿卜杜·拉赫曼一世（公元 756~788 在位），后倭马亚王朝第一任艾米尔。

ابن طولون 伊本·图论（公元 868~884 在位），埃及图论王朝第一任艾米尔。

重点词语：

لبن	土坯	طين ج أطيان	泥土
فسقية ج فساقى	喷泉	آجرة ج آجر	砖
ظلة ج ظلل	草屋，棚屋	مشربية	带棚阳台
بهو ج أبهاء	大厅	رواق ج أروقة	门廊，柱廊
باكية ج بواك	拱门	ايوان ج ايوانات	殿堂
كتف ج أكتاف	承重墙	قبة ج قباب	半圆屋顶
مئذنة ج مآذن	宣礼塔	عقد ج عقود	拱型结构
زقورة	神坛	كنيسة ج كنائس	基督教堂
عمدة ج عمد	支柱	قوس ج أقواس	拱弧
منشور	棱柱	محراب ج محاريب	圣龛
صحن ج صحون	庭院，中堂	جملون	人字形屋脊
حدوة الفرس	马蹄	مجنبة	翼廊

الدرس الثامن عشر فن العمارة عند العرب

فسيفساء	马赛克	رخام	大理石
وتر ج أوتار	弦梁	تاج ج تيجان	柱头
جص	石膏	حجر جيري	石灰石

讨论思考题：

一、 阿拉伯建筑艺术突出的特点和风格是什么？

二、 阿拉伯建筑艺术的成就主要体现在哪些建筑上？其中最著名的有哪些？举例说明。

补充阅读：

1—تعتبر المساجد أهم الآثار العمرانية التي اهتم بها المسلمون، ولقد ظهر علي المساجد الأولي البساطة في البناء والأثاث، ثم أخذ المسلمون يعتنون بها فيوسعون مساحتها ويبنون بالحجارة والأعمدة ويزينونها لتلائم ما وصلوا اليه من غني وقوة وسعة، فكان مسجد قباء الذي بناه الرسول عام الهجرة في المدينة لا يتجاوز باحة مربعة صغيرة تحيط به جدران مبنية من الآجر والحجارة، يرتكز سقفه المصنوع من الجريد والأغصان علي جذوع النخل، وهو أول نموذج للمساجد الاسلامية، بني المسجد الثاني في الكوفة بعد سبعة عشر عاما، ورفع سقفه علي أعمدة من الرخام أخذت من أنقاض القصور القديمة ، ثم بنيت المساجد في الجزيرة وفي الممالك المفتوحة. وكانت مساجد الحجاز النموذج الذي تحاكيه مساجد البلدان الأخرى، وساعد علي ذلك مجيء الحجاج في كل عام الي مكة والمدينة، وقد أدخل علي بناء المسجد في عهد الرسول المتبر ليقف عليه أثناء الخطابة، واتخذ معاوية مقصورة في المسجد ليحتجب عن المصلين، لأنه خشي أن يحل به ما حل بعمر وعلي من اغتيال، واقتدي به الخلفاء ، وأدخل علي المساجد زيادات أخرى مع الزمن فاتخذت المآذن لأول مرة في دمشق حين أذن المسلمون فيها للصلاة من ابراج المعبد الوثني القديم الذي قام علي أنقاضه المسجد الأموى. وأقيمت مآذن عمرو في الفسطاط بأمرمن معاوية، واتخذ المحراب المجوف للإمام في الصلاة وللدلالة علي جهة القبلة. وأول محراب كان في مسجد المدينة ثم في الفسطاط ثم في دمشق وتعمم بعد ذلك، ثم أدخلت الايوانات وهي الأروقة التي تحيط بصحن المسجد ولها أقواس مرفوعة علي أعمدة او دعائم، وألحق بكثير من المساجد غرف خاصة للمؤذن وللإمام، أو لايواء طلبة العلم الأغراب أو لحفظ مكتبة المسجد. وفي العالم الاسلامي اليوم آلاف مؤلفة من المساجد بعضها قديم وبعضها حديث العهد وهي جميعها اقتدى تقريبا ما ذكرنا من حرم وفناء ومنبر ومحراب وأماكن للوضوء ومآذن للآذان ولكنها تختلف بطراز بنائها وتزييناتها ومحرابها وشكل مآذنها. ويغلب علي كل اقليم نظام معمارى خاص متأثر بالفنون المعمارية السائدة فيه. زمن أهم المساجد التي بنيت في العصور الاسلامية كانت ذات ظواهر معمارية أثرت في فن العمارة للمساجد هي : قبة الصخرة في القدس والمسجد الأموي بدمشق وجامع القيروان ومسجد قرطبة ومسجد سامراء وجامع ابن طولون.

2— أخذ العرب بعد الفتح يميلون الي حياة الترف والنعيم وتقليد غيرهم باتخاذ القصور المنيفة واقتناء الجوارى والأثاث الفاخر. ولقد ظهر في الحجاز في عصر الراشدين قصور شيدت من طبقتين، وفي العهد الأموي استعمل الخلفاء والأمراء بعض القصور الرومانية الموجودة في دمشق وغيرها، كما بنوا قصورا كثيرة اندثرت جميعها. وكل ما نعرفه عن هذه القصور من الكتب التي تذكرها. فقد ذكروا أن معاوية اتخذ قصر

خضراء، ومن اسمه نستدل علي لون زخرفته ونقوشه. ولما كان الأمويون حديثي العهد بالصحراء، فقد كانوا يحنون اليها فاستخدموا كثيرا من القصور القديمة التي كان الرومان قد بنوها لتكون قلاعا يتخذونها لصد غارات البدو قبل الاسلام. وما لبث الأمويون أن أمروا بانشاء قصور وحمامات في البادية سواء في بادية الشام أو في أقاليم شرق الأردن. وكانوا يخرجون اليها لتمضية بعض أيام راحة وهدوء في كل عام بعيدين عن العاصمة ومشاغلها وضوضائها، واسوارها التي تجعلهم كأنهم في حصار، وتمنع عنهم أفق الطبيعة اللانهائي الذي اعتادوا عليه. ومن أشهر هذه القصور القصر الذي عثر عليه قريبا من تدمر ونقل الي متحف دمشق وتحتوى قصر الحير. وهناك في شرقي الأردن بقايا قصير عمرة وهو عبارة عن حمام وقصر صغير للصيد ويقع علي بعد خمسين ميلا شرقي عمان ويرجع عهده الي الوليد ابن عبد الملك. وقد تسابق خلفاء بني العباس في انشاء القصور من المرمر في بغداد حتي دعيت بمدينة القصور. وكانت قصورهم تتألق بالجواهرالبراقة وتزدان بشتى أنواع الرياش الفاخر المجلوب من أطراف الدنيا. ومن أشهرها قصر الأخيضر الذي تقع بقاياه علي بعد 120 كم الي الجنوب الغربي من بغداد ويشكل بمخططه حلقة الاتصال بين طراز قصر المشتي من منشآت الأمويين وبين قصور سامراء التي هدمت وبدد آثارها المنقبون خلال عدة قرون يبحثون عن الآجر لاعادة استعماله، وأهمها الجوسق الخاقاني بناه عام 836 م المعتصم بن هارون الرشيد ويشرف علي نهردجلة وله جناح مرتفع سمي بقصر الخلفاء أو طيسفون العرب تشبيها له بايوان كسرى في طيسفون.

ويمكن أن نلحق بالقصور الخانات التي أقامها العرب والمسلمون علي طول الطرق تقف عندها القوافل، وكثيرا ما كانت تزود بدواب الصدقة حيث تعطي لكل من نفقت راحلته أثناء السفرر احلة غيرها من أموال الزكاة كما كانت مكانا لتبادل التجارة . وأيضا نلحق بها " الرباطات" وهي نوع من العمارات العسكرية والدينية معا، لذلك شبهها بعض الغربيين بالأديرة المحصنة، وأكثرما نشأت في شمال افريقيا لصد محاولات الغزو البحرى الأوربي واعداد حملات المجاهدين، ويجتمع في الرباط أتباع طريقة دينية يعبدون الله ويستعدون للجهاد. وأكثر الرباطات كان في تونس.

الدرس التاسع عشر   فن الزخرفة عند العرب

إن الجزيرة العربية كانت المصدر الأول لعناصر الفنون العربية الاسلامية ومصدر الإلهام الأول الذي استمدت منه تلك الفنون تعبيراتها. وقد ظلت التقاليد السبئية والحميرية راسخة في فنون اليمن في العصر الاسلامي، والتقاليد الحيرية متأصلة في فنون العراق في العصرين الأموي والعباسي. فكان الطراز الحيري في الزخرفة واضحا في المنشآت الاسلامية في الكوفة وبغداد والرافقة وسامراء وامتدت اشعاعاته الى باديتي الشام والأردن في العصرين الأموي والعباسي، ويتمثل ذلك في قصور الحير و المشتى والقسطل والأخيضر وقصير عمرة.

وبظهور الاسلام تجلت ملكات العرب الفكرية الكامنة فقد عرف المسلمون أثر الصوت الجميل في الترنم بالشعر الذي هو مذهبهم، وفي تلاوة القرآن الكريم وترجيعه وفي الأذان للصلاة. وفي العصر الأموي اتسعت ثروات أهل المدينة على نحو لم يألفها العرب من قبل، وشارك الموالي في حياة المدينة، فعرف الناس ألوانا من الأطعمة والأشربة، وأكلوا في صحاف الذهب والفضة، ولبسوا رفيع الخز وفاخر الوشى، وتفنن الناس في التطيب والتخلق، وبالغت النساء في التزين بقلائد الذهب والحلى واللآلئ، وقلدهن الرجال فاتخذوا الحلى والجوهر. وصحب هذه الموجة الجارفة من الترف والجاه فراغ هائل ملأه الناس باللهو، فلهوا بطيران الحمام واللعب بالنرد والشطرنج، كما شاع الغناء والطرب بعد أن غصت المدينة بالمغنين الموالى والملهين والمضحكين.

عندما استولى العرب الفاتحون على أخائذ الروم في الشام ومصر وأقاموا فيها أحسوا بجمال هذه القصور بما تحتويه من تحف وروائع فنية، فاستمتعوا بزخارفها وانتشوا بتنميقاتها كما كانوا يطربون لسماع الغناء والتلاحين. وكان من الطبيعي أن يقبلوا على انشاء قصور تتمثل فيها الصور الجميلة التي ارتسمتها مخيلاتهم، واقتناء التحف الرائقة الجمال برسومها وزخارفها، كما كان من الطبيعي أن تمتد عنايتهم الى المساجد بعد القصور، فيهتمون بعمارتها ويحتفلون بزخارفها اجلالا لها وتعظيما لقدرها وبعدا بها عن مواطن الاستهانة اذا ما قورنت بالكنائس والأديرة، فشرعوا في اعادة بنيان هذه المساجد ورفع سموكها من جديد على أساس معماري سليم مع الاهتمام باكتسابها مظهرا جماليا يتناسب مع روعة الدور التي تقوم بها هذه البيوت المكرمة. فبدىء بتجديد بنيان جامع الرسول بالمدينة في أيام الخليفة عثمان، ثم أمر الوليد بن عبد الملك ببنائه من جديد في سنة 700 م، وأدخلت في المسجد لأول مرة بعض العناصر الجديدة في العمارة العربية الاسلامية كالمحراب المجوف والمآذن العالية. ومنذ ذلك الحين بدأ الفنانون والمهندسون يلتمسون العناصر الزخرفية تجميلا لعناصر البناء في المساجد والقصور، وبدأت منابت الفن الاسلامي تنمو وتترعرع.

اعتمد الفنانون العرب في تزيين مسطحات البناء وتنميق التحف والمنقولات على عناصر الزخرفة النباتية والهندسية والكتابية. والزخرفة في معظم الاحوال حلية سطحية تكسو العنصر المراد تجميله، ولا تدخل هذه الحلية في تركيب البناء أو في صياغة شكل التحف، لأنها لا تسهم في اتزانه واستقرانه. فالإفريز المنقوش في واجهة من الواجهات الأثرية لا يضيف شيئا الى صلابته وقوة احتماله، والنقش الذي يزين تحفة من التحف لا يزيدها شيئا من متانتها واتزانها، والغرض منها مجرد احداث تأثير جمالي في النفس. وتنحو الزخرفة الاسلامية نحو التجريد، ولا تتمثل التصوير الطبيعي أو الواقعية في الكائنات الحية، وإنّما السعى الى تجريدها من حيويتها أو تحريرها من طبيعتها. وقد طبق هذا المبدأ لا على الرسوم الآدمية والحيوانية فحسب بل على الزخرفة النباتية أيضا. فأصبح يحور في الأوراق والفروع تحويرا يبعدها عن مظهرها الأصلي في الطبيعة.

أما المساجد فقد تجردت زخارفها من كل ما هو مادي، حيث سادت الزخرفة النباتية والهندسية والكتابية جميع عناصرها المعمارية. وكانت الزخرفة النباتية تنحو بادئ ذى بدء نحو تقليد الطبيعة ولكنها لم تلبث أن تجردت بحكم التطور من مظاهر الحياة وأصبحت مجرد توريقات متشابكة اتخذت لها أشكالا غريبة أبعدتها عن خصائصها الأولى وأصبح تمييز الفصائل النباتية أمرا من العسير تحقيقه. فكانت ورقة الأقنثوس وورقة العنب ومراوح النخيل هى المقومات التي تعتمد عليها الزخرفة النباتية الاسلامية والتي لم تعد تربطها بعلم النبات سوى صلات بعيدة. وكان الفنان يميل في هذا النوع من الزخرفة الى الناحية الخطية، فلم يلجأ الى التمثيل الطبيعي أو الواقعي وإنّما اتخذ في أدائها سبيلا آخر عرض فيه الفكرة في خطوط واضحة على أساس هندسي. وقد انتشر في فن العمارة الاسلامية ثلاثة أنواع من الزخرفة النباتية: الأول قوامه الغصن النباتي المتموج، والثاني قوامه الفروع المضفورة، والثالث يمثل مرحلة انتقالية بين هذه الزخرفة والزخرفة الهندسية. وهو يتألف من خطوط قائمة تمتزج فيها المنحنيات. وكان نوعها الثالث ينتشر بسرعة في العالم الاسلامي، فوجد في مصر في الآثار الطولونية والفاطمية، ووجد في المغرب في آثار بني زيري وبني حماد، كما وجد في جامع قرطبة وفي قصر الجعفرية بسرقسطة.

واستمر الفنانون العرب يطبقون خيالهم الهندسي في الزخرفة النباتية فتداخت في التشبكات النباتية عناصر هندسية والعكس بالعكس. وقد لجأوا خاصة في العصر الفاطمي الى تشكيل التوريق تشكيلا لا حدود له، فلم يقف حد الخيال لديهم عند تحرير الأغصان والأزهار والأوراق وسعف النخيل والثمار الى مجموعات ممتدة تتجاوز نطاقها الطبيعي، بل عند تجميع وريقات ثنائية أوثلاثية مع أوراق العنب وسعف النخيل وأنواع مختلفة من الأزهار والثمار والبراعم، بحيث ظهرت جميع هذه التوريقات متحدة مع الفروع والأغصان المفردة والمزدوجة أو تفرعت منها في حركة متصلة متكررة أو ممتدة وفي ايقاع لا حدود له. حتى تطورت زخارف التوريق الى ما يعرف في الفن الاسلامي باسم التوشيح الذي يقصد بمجموعات متكررة من التوريق تملأ الفراغات في داخل شكل هندسي وخارجه يتوسطه التشكيل الزخرفي العام.

ويراعى في التكوين النباتي بالتوشيح أن يكون قائما على أساس مضلعات هندسية ثم يتوزع من تموجات وانحناءات ومداخل ومخارج في الأشكال الهندسية توزيعا ايقاعيا يصحبه نوع من التناسق، أما ما يتبقى بعد ذلك من فراغات فتملأ بوريقات أو براعم أو زهيرات. فيتمثل في التوشيح أصول الزخرفة العربية من تكرار وتماثل وتعانق وتقابل. وهكذا يبدو لنا التوشيح زخرفة معقدة التكوين مكتظة العناصر متشابكة الخطوط بحيث يقف الناظر أمامه حائرا لا يميز بداية التكوين من نهايته. ومن أروع أمثلة التوشيح الفاطمي زخارف افريز

المئذنة الغربية بجامع الحاكم بأمر الله بالقاهرة. ولا شك أن أسلوب التوشيح الاسلامي هو ابتكار اسلامي ينبع من صميم الفكر العربي الاسلامي، كأنه موشحة شعرية تتماثل أسماطها وتتكرر على مدار الموشحة في الوقت الذي تختلف قوافيها.

كذلك تطورت التوريقات ذات الطابع الموحدي في الأندلس حيث حفرت الأوراق فيها على طبقتين محدثتين نوعا من التباين الشديد بين الظلمة والنور، وقد سمى هذا النوع من الزخرفة النباتية باسم الزخرفة الكثيفة التي تتمثل في باطن العقد الداخلي للباب المطل على صحن جامع إشبيلية.

أما الزخرفة الهندسية فقد تطورت في الفنون الاسلامية تطورا عظيما بفضل خصب خيال الفنانين العرب، فشملت جميع الأشكال المعروفة مبسطة أو مركبة متداخلة أومتشابكة، وأصبحت تتمثل فيها كل أصول الجمال الفني من تكرار وتنوع وتشعع. وكان من أخص مميزاتها استخدام الشكل النجمي متعدد الرؤوس، وأكثر هذه الأشكال شيوعا وقدما النجمة مثمنة الرؤوس. لقد انتشرت الزخرفة الهندسية في مجالات واسعة منذ طليعة القرن السابع الهجري حتى غمرت الفنون الاسلامية من بلاد فارس الى الأندلس. أما الزخرفة الكتابية فقد افتتن بها الفنانون العرب واتخذوها أداة لاحداث التأثير الجمالي، وأصبحت هذه الزخرفة تتضمن سواء على الجدران أو على التحف كل معانى الجمال. ولم تلبث أن تطورت وتنوعت ثم تداخلت معها الأزهار والفروع النباتية فتشعبت وتعقدت وتعانقت، حتى أصبح الناظر يضطرب حائرا بين ابداع مظاهرها ومعانيها. وقد بلغت الكتابة الكوفية على التحف والآثار الفاطمية درجة عالية من التطور، فتداخلت فيها التوريقات والأزهار وانتصبت أسنان الحروف وانفتحت المحاجر، واستدارت العروق ونبتت السيقان في تشكيلات متناسقة من الرؤوس والأطراف، وتناول الخطاط الأطراف بالتطويل والتقويس. وقد بلغ خطاط الأندلس ذروة التطور في الزخرفة الكتابية الى حد الإسراف الجنوني في قصر الحمراء بغرناطة، واستطاعوا أن يخلقوا بمهارتهم من الحروف العربية طرازا زخرفيا ينطق بنضوجهم الفني ويستثير في النفس نشوة طاغية، فتعانقت في الحروف ورؤوسها وتضافرت سيقانها وتشابكت خواصرها، وامتلأت أرضيتها بين السيقان والرؤوس بباقات من الورود والثمار والوريقات والأزهار، وتكونت من أعناق حروفها أقواس وفصوص تشابكت وتجدلت وامتدت أطرافها في ايقاع موسيقى الى قمة التكوين.

ومع أن المسلمين العرب كانوا يتجنبون الصور والتماثيل في فن الزخرفة ويتحرجون منها حتى لا يتشبهوا بعبدة الأوثان، إلا أن بعض علماء الدين تساهلوا وأجازوا تصوير الجماد، وتغاضوا عن تصوير الحيوان والإنسان على الأشياء التي لا تستعمل إلا في الأغراض الدنيوية. ومنذ 712 م تمرد الوليد على هذا التحريم وزين قصره الصيفي في قصير عمرة بلوحة تمثل رجالا يطاردون الوحوش، وفتيات يرقصن، ونسوة يغتسلن، وهو جالس على عرشه يراقب كل هذا. كما أن الكثيرين من خلفاء بني العباس زينوا قصورهم الخاصة بصور مختلفة تمثل مناظر الصيد ورجال الدين وراقصات وغيرهن، واستخدموا لهذه الغاية عددا من الفنانين المسيحيين. ولكن لا بد من الإشارة الى أن ذلك بقى محدودا.

وكان لتحريم التصوير والنحت أثره الكبير عند الفنانين المسلمين العرب الذين استعاضوا عن الصورة بفيض من الأشكال غير البشرية أو الحيوانية. فقد بحثوا في أول الأمر عن منفذ لمواهبهم الفنية في الأشكال الهندسية مثل الخط والزاوية والمربع والمكعب ومتعدد الأضلاع، وكرروا هذه الأشكال ومزجوها وأخرجوا منها مئات التراكيب، وأنشأوا منها الدوامات والأربطة والخطوط المتشابكة والنجوم، ثم انتقلوا الى النبات

واستخدموه لإخراج الزخرفة العربية الذائعة الصيت. ولما تحلل الناس بعض الشيء من القيود والمحرمات الدينية، أدخل الفنانون أنواعا جديدة من الزينة برسم الطيور والحيوانات، فابتدعوا أشكالا عن الحيوانات من منبت خيالهم. واستطاعوا بفطنتهم وشغفهم بالزينة أن يسموا بكل شكل من أشكال الفن الزخرفي مثل الفسيفساء والنقش على العاج والحفر على الخشب وتطعيمه ومثل تلوين الخزف والأقمشة والبسط والسجاد وتخريم المعدن وخاصة الشبه والنحاس وطلاء الزجاج بالميناء والخ. وكانوا في كل هذا يحرصون على أن يألفوا بين أجزاء عملهم وحدة منظمة، تسيطر عليها صورة رئيسية أو موضوع رئيسي، ينمو ويتطور من الوسط الى الأطراف، أو من البداية الى النهاية. وقد استعانت العمارة الاسلامية بهذا الفن الزخرفي لتجميل عماراتها واضفاء رونق جمالي عليها تنفرد به من بين سائر العمارات في العالم.

ومن خصائص الفن الزخرفي العربي الاسلامي :

أولا : التنوع – يتميز الفن الزخرفي العربي بتنوع كبير في الأشكال والصياغة شمل كل ناحية من نواحيه، وبلغ من الشدة حدا يتعذر معه أن نلقي فيه تحفتين متماثلتين، فجامع ابن طولون يشتمل على 128 نافذة فتحت في جدرانه الأربعة، قد عقدت بعقود مدببة، وكسيت جميعا بستائر من الجص مفرغة بالزخارف الهندسية التي تختلف تكويناتها من نافذة الى أخرى بحيث لا يمكن أن نلقي في مجموع هذه النوافذ نافذتين متماثلتين. فلقد تنوعت هذه الزخارف تنوعا كبيرا من حيث تكويناتها، وإن اتفقت جميعا من حيث الأسلوب والمظهر باستثناء بضع شبابيك جصية مخرمة تظهر فيها مجموعات من أشكال التوريق. هذا وقد استطاع الفنان العربي في جامع ابن طولون أن يخلق بخياله الخصب من التلاحم بين الأشكال الهندسية والنباتية أشكالا زخرفية لا حصر لها نوعا وعددا منها أشكال فريدة لا نظير لها كالمضلعات النجمية المتداخلة مع مضلعات سداسية تتمثل بصورة واضحة في بواطن العقود والحنايا التي تختلط بعناصر زخرفية تتلاحم معها. كذلك التنوع واضح في نظام القباب بجامع قرطبة وبطليطلة، فكانت القبتان اللتان تطوقان قبة المحراب بجامع قرطبة تختلفان عن القبتين الأخريين من حيث الشكل العام للضلوع المتقاطعة وما يترتب على تقاطعها من أشكال هندسية ومن حيث الأسلوب، أما القباب التسع لمسجد الباب المردوم في طليطلة فيختلف كل قبة منها عن أخرى من حيث الشكل الهندسي الناتج من تقاطع ضلوع .

ثانيا : الوحدة – ومع هذا التنوع الشديد الذي يتميز به الفن الزخرفي العربي هناك خاصية ثانية يتميز بها الفن من الخليج العربي الى المحيط الأطلسي هى وحدة متماسكة في المظهر والجوهر تطبعه بسمات واحدة الى حد يصعب على الباحث المدقق أن يميز صناعة بلد عربي من صناعة بلد عربي آخر على الرغم من تباين عناصرها وتنوع أشكالها واختلاف صناعتها، واذا عرضت على أى شخص تقتصر معرفته بالفنون على المبادئ العامة صور مختلفة لتحف عربية منها صورة لتحفة من العاج الأندلسي وصورة لقطعة من النسيج المصري وثالثة لتحفة معدنية من ايران، فانه لا يتردد في الحكم بانتمائها جميعا الى الفن العربي. والواقع أن الفن العربي سواء ما يتعلق بالعناصر المعمارية أو الزخرفية يمثل وحدة قوية متماسكة تتميز بمظاهر واحدة مهما تباينت عناصرها وصناعتها وأشكالها. ومرجع الوحدة التعبيرية التي اتسم بها الفن العربي والتي لا تتعارض قط مع تنوعها في الأساليب، أنها تستمد روحها من الهام واحد هو الروح الاسلامية، وهى لهذا تتفق في طابعها العام، وهو طابع تسود فيه روح الخيال التي تسود البيئة العربية والفكر العربي الاسلامي. وكانت العامل الرئيسي في تنوع زخارفه والميل الى التكرار الذي لا يبعث على الملل، وإنّما هو تعبير عن الصفوف

المؤمنة المتراصة من المسلمين في وقت الصلاة والتي تمتد امتدادا لا يحده البصر. وأخيرا الخط العربي الذي كان عاملا رئيسيا من عوامل وحدة الفن العربي، فقد استخدم الفنان العربي في جميع أنحاء العالم العربي الخط العربي أداة للزخرفة لجماله ومرونته، إما لملء الفراغات بين الزخارف الهندسية والتوريقات أو للربط بين التكوينات الزخرفية، لأن الخط العربي يحمل في حروفه تعبيرا كامنا يحرك المشاعر ويثير الايمان ويحمل الناظر اليه على الخشوع والإعجاب.

ثالثا : النفور من الفراغ – يعتبر النفور من الفراغ من الخصائص البارزة في الزخرفة العربية سواء على الآثار المعمارية أو التحف المنقولة، ففي جميع ما وصل الينا من آثار وتحف نلاحظ أن الزخارف تملأ المسطحات ولا تترك في الأثر أو التحفة أى فراغ. وتتجلى هذه الظاهرة بوجه خاص في واجهات المحراب في كثير من مساجد الاسلام وفي جدران القاعات بقصور الزهراء والجعفرية بسرقسطة والحمراء بغرناطة وقصر الجوسق الخاقاني بسامراء وفي مداخل الآثار المملوكية في مصر والشام وفي مآذن الشام ومصر والمغرب والأندلس. فالزخارف في جميع هذه الآثار تغمر الجدران وتغطيها من أدناها الى أعلاها كما لو كانت أبسطة تسبح في زخارفها وتنميقاتها الأبصار. ومعظم هذه الزخارف تجزأ المسطحات الكبرى الى تقاسيم تحتشد في كل منها من الزخرفة ما يتلائم مع موقعه من العين. وبذلك عرف الفنان العربي كيف يجعل من البناء عملا فنيا يفيد الالحاظ في كل جانب من جوانبه ويحبس العيون عن الترقى عن جزء منه الى أن تستكمل متعتها من جماله وروعته.

رابعا : التطور المتواصل – يمتاز الفن العربي بقدرته الخارقة على التطور الذاتي، فلقد اقتبس أشكالا عديدة من العناصر المعمارية والزخرفية في المعابد القديمة والكنائس كالعقود والتيجان والقباب، ومثل أوراق العنب والأقنثوس ومراوح النخيل كعناصر نباتية. ولكن العرب لم يقلدوها على نفس أشكالها القديمة وانما اشتقوا عناصر أخرى أضافوا اليها وجددوا فيها، ولم تلبث هذه العناصر الجديدة المقتبسة والمبتكرة أن خضعت لقانون التطور، وتركزت الطاقة الحيوية للفنان العربي على الأشكال المرئية فتمتصها وتخرج منها ألوانا من الصور والأشكال التي فقدت الصلة بأصولها، وترتب على هذه العملية المتصلة أن استبانت خصائص الفن العربي وتأكدت شخصيته واتضحت أصالته.

ومن الأمثلة الدالة على ذلك ورقة العنب التي اتخذت موضوعا رئيسيا في الزخرفة العربية، فانها لم تستقر قط في الفن العربي على صورة واحدة وانما تعرضت لسلسلة طويلة من التطور، وخضعت لعملية الاستنباط الاسلامية التي تعتمد على حيوية الملكات الفكرية عند العرب، فظهرت بادئ ذى بدء متفتحة ثم ظهرت منكمشة ثم بدت مجردة من صفات الحيوية وأصبحت مثقوبة مفرغة أو متشققة أو مضرسة، واتخذت أشكالا غريبة أبعدتها تماما عن مظهرها الأصلي. كذلك ورقة الأقنثوس التي مرت أيضا بتجارب عديدة في الزخرفة العربية، فظهرت في البداية مشرشرة الأطراف معرقة تتفجر بالحياة ثم ظهرت خطوطا معرقة ثم بدت مطوية حينا ومتفتحة حينا آخر، ففقدت أخيرا بحكم التطور صلاتها بماضيها القديم.

وقد شملت ظاهرة التطور جميع الصناعات والفنون العربية الاسلامية، ويتمثل ذلك في العناصر المعمارية كالعقود والقباب وواجهات المساجد، كما يتمثل في صناعة النسيج والحلى والزجاج وغير ذلك من الصناعات الفنية العربية الاسلامية.

本课解题：

阿拉伯装饰艺术

阿拉伯人不仅在诗歌、音乐、书法方面达到了艺术上的高水平，为人类文化宝库增添了极有价值的艺术珍品，在装饰艺术和绘画艺术方面也取得了巨大的成就，形成了独特的民族风格。

阿拉伯的装饰绘画艺术是伊斯兰教精神的集中体现。它的风格和审美情趣形成了鲜明的宗教特色。它随着伊斯兰教的发展而发展，历经近一个世纪后逐渐定型。

阿拉伯的装饰艺术主要由三部分内容组成。

一、 植物图案：它以植物的花、叶和枝茎形态为基本构图形式，使树叶、花卉、攀缘植物和藤蔓植物互相缠绕，创造出或工整对称、或夸张变形的连续不断的图案。

二、 几何图案：它采用各种几何图形，如方形、矩形、圆形、椭圆形、菱形、圆锥形、半圆形、多边形、螺旋形和波纹形，或单用一种，或数种套用，或与植物图案结合使用，后来又在简单的几何图形基础上发展出涡卷形、星形和格子形。

三、 文字图案：它以艺术化的阿拉伯字母作花边装饰。由于阿拉伯字母形状各异，加以夸张变形，就能变化出无数独具魅力的图案。以文字作图案装饰，是阿拉伯装饰艺术的一大特色。

随着装饰艺术的发展，阿拉伯人又将这三种图案互相组合搭配，使之融为一体，连绵不断，色彩纷呈。

由于伊斯兰教严禁偶像崇拜，不准以物配主，人和动物的形象是不能入画的。这也就是阿拉伯的装饰图案中没有人物鸟兽，只有花叶饰、几何饰和书法饰的原因，在阿拉伯地区也见不到伊斯兰时期的人物，动物浮雕和立体雕塑，这是阿拉伯装饰艺术最突出的特点。但在伊斯兰教初期，由于基督教的残余影响，人物入画仍然存在，这在今天仍残存的倭马亚王朝初期宫苑壁画上仍能见到。另外在文学作品插图方面，并不禁止人物入画。因此，在公元十四、十五世纪时出现了价值极高的文学绣像插图和类似于中国工笔画的巴格达细微画派所作的人物画。这一画派的杰出代表是叶海亚·本·马哈茂德。他于公元1237年为文学名著《玛卡梅骈文故事集》所作的99幅插图，无一雷同，堪称绝代佳作。

阿拉伯装饰艺术处处可见，最明显的是在清真寺里，其壁龛上刻着各种花纹和图案，地毯上编织着精美的花边图案，墙壁上镶着各种色彩的大理石或马赛克构成的图案，艺术化的文字饰带悬挂在大厅内，随风飘动，这一切都构成了一个美的世界。各种图案还被织进纺织品中，烧在陶器上，描绘在各种建筑物的墙壁和门窗上，雕刻在水晶和玻璃制品上，镶嵌在金银铜等金属工艺品上。尤其是那些精美的手工艺品，制作过程本身即是伊斯兰艺术的描绘表达，"工"和"艺"做到了完美结合，令人称奇。

الدرس التاسع عشر فن الزخرفة عند العرب

难点释疑：

وتنحو الزخرفة الاسلامية نحو التجريد، ولا تتمثل التصوير الطبيعي أو الواقعية في الكائنات الحية، وإنّما السعي الى تجريدها من حيويتها أو تحريرها من طبيعتها. وقد طبق هذا المبدأ لا على الرسوم الآدمية والحيوانية فحسب بل على الزخرفة النباتية أيضا، فأصبح يحور في الأوراق والفروع تحويرا يبعدها عن مظهرها الأصلي في الطبيعة.

伊斯兰的装饰趋于抽象。它不表现生物界的现实景观或自然形象，而是去掉它的自然性和活性，只留下图形。这个原则不仅运用在人物画和动物画上，而且运用在装饰中。在植物性装饰里，枝叶被处理得完全远离了其在自然界中的本来形态。

وقد انتشر في فن العمارة الاسلامية ثلاثة أنواع من الزخرفة النباتية : الأول قوامه الغصن النباتي المتموج، والثاني قوامه الفروع المضفورة، والثالث يمثل مرحلة انتقالية بين هذه الزخرفة والزخرفة الهندسية، وهو يتألف من خطوط قائمة تمتزج فيها المنحنيات.

在伊斯兰建筑中，普遍运用三种植物装饰。第一种以波浪形的枝条为主；第二种以发辫形的枝条为主；第三种是一种过渡形，由植物饰过渡到几何饰，它是由许多垂直线条混以曲线组成。

ويراعى في التكوين النباتي بالتوشيح أن يكون قائما على أساس مضلعات هندسية ثم يتوزع من تموجات وانحناءات ومداخل ومخارج في الأشكال الهندسية توزيعا ايقاعيا يصحبه نوع من التناسق، أما ما يتبقى بعد ذلك من فراغات فتملأ بوريقات أو براعم أو زهيرات، فيتمثل في التوشيح أصول الزخرفة العربية من تكرار وتماثل وتعانق وتقابل، وهكذا يبدو لنا التوشيح زخرفة معقدة التكوين مكتظة العناصر متشابكة الخطوط بحيث يقف الناظر أمامه حائرا لا يميز بداية التكوين من نهايته.

植物组合中的绶带形饰经常是垂直于多个几何多边形，然后分散于波浪形和曲线形图案中，与几何图形的前后端相接。这种分割带有节奏感，伴随某种程度的协调。留下的空间则用各种叶、苞、花形图案填充。绶带饰体现出阿拉伯装饰艺术连续、类比、协调、对称的基本规则。绶带饰展现的是一种具有复杂结构、丰满的图案、相似的线条的装饰图。它会使观者感到困惑，分不清头尾。

وقد بلغت الكتابة الكوفية على التحف والأثار الفاطمية درجة عالية من التطور، فتداخلت فيها التوريقات والأزهار وانتصبت أسنان الحروف وانفتحت المحاجز واستدارت العروق، ونبتت السيقان في تشكيلات متناسقة من الرؤوس والأطراف، وتناول الخطاط الأطراف بالتطويل والتقويس.

库法体的文字饰在法提玛王朝时期的文物和工艺品中达到了发展的高峰。它与花叶饰交错插接，字端竖起，字框打开，字根旋转，字干延伸于由起笔和收笔协调组合的结构中。书法家们在收笔时经常将字尾延长弯曲。

لقد تنوعت هذه الزخارف تنوعا كبيرا من حيث تكويناتها وإن اتفقت جميعا من حيث الأسلوب والمظهر باستثناء بضع شبابيك جصية مخرمة تظهر فيها مجموعات من أشكال التوريق. وقد استطاع الفنان العربي في جامع ابن طولون أن يخلق بخياله الخصب من التلاحم بين الأشكال الهندسية والنباتية أشكالا زخرفية لا حصر

لها نوعا وعددا، منها أشكال فريدة لا نظير لها كالمضلعات النجمية المتداخلة مع مضلعات سداسية تتمثل بصورة واضحة في بواطن العقود والحنايا التي تختلط بعناصر زخرفية تتلاحم معها.

除去为数不多的几个带孔石膏窗户上透出多组花叶饰图案外，这些装饰虽然从形式和外观上看是统一的，但从结构上看，它却是五花八门、种类繁多的。阿拉伯艺术家以他们丰富的想象力，通过花叶饰图案和几何图案的相互配合，创造出不计其数的装饰图形，其中包括举世无双的诸如星状多边形与六边形相互交错的花样图形。这种图形与各种装饰成分相互穿插并融为一体，并非常清楚地描绘在拱廊内面上。

يمتاز الفن العربي بقدرته الخارقة على التطور الذاتي، فلقد اقتبس أشكالا عديدة من العناصر المعمارية والزخرفية في المعابد القديمة والكنائس كالعقود والتيجان والقباب، ومثل أوراق العنب والأقنثوس ومراوح النخيل كعناصر نباتية، ولكن العرب لم يقلدوها على نفس أشكالها القديمة وإنّما اشتقوا عناصر أخرى أضافوا اليها وجددوا فيها، ولم تلبث هذه العناصر الجديدة والمقتبسة والمبتكرة أن خضعت لقانون التطور. وتركزت الطاقة الحيوية للفنان العربي على الأشكال المرئية فتمتصها وتخرج منها ألوانا من الصور والأشكال التي فقدت الصلة بأصولها، وترتب على هذه العملية المتصلة أن استبانت خصائص الفن العربي وتأكدت شخصيته واتضحت أصالته.

阿拉伯艺术的特点，是它具有不可思议的自我发展的能力。它曾经借鉴了古代神庙与教堂的各种建筑形式和各种装饰成分，如拱廊、柱头、圆顶等建筑式样，和葡萄叶、莨菪、枣椰枝等植物形态。但他们并没有原封不动的照搬原物，而是从中派生出其他形式加以补充和更新。而这些借用和创造的新形式又很快向前发展了。阿拉伯艺术家把活力集中在视觉图像上。他们先吸收它的营养，进而培育出五彩缤纷的新花样。这些培养出的新花样已经与它的本源毫无联系。正是通过这种持续不断的工作，才显现出阿拉伯艺术的特征，强调出它的性格，明确了它的根本。

重点词语：

سبأ　塞伯邑部族，也门古代部族。

حمير　希木叶尔部族，也门古代部族。

الحيرة　希赖城，伊拉克古城。

قصر الحير　哈伊尔宫，倭马亚王朝第十任哈里发所建行宫，遗址在今叙利亚代尔祖尔附近。

قصر المشتى　穆夏台宫，倭马亚王朝冬宫之一，建于公元七~八世纪，遗址在今约旦境内通往麦加路上。

قصر القسطل　卡斯塔勒宫，倭马亚王朝瓦利德二世哈里发之行宫，遗址在今约旦东部。

الدرس التاسع عشر فن الزخرفة عند العرب

قصر الأخيضر　乌赫堆尔宫，阿巴斯王朝一王子宫，有说是古希拉国王宫，遗址在今伊拉克卡尔巴拉城附近。

قصير عمرة　阿姆拉宫，倭马亚王朝瓦利德一世哈里发之行宫，遗址在今约旦首都安曼东100公里附近。

تحفة ج تخف	工艺品	دير ج أديار	修道院
حلية ج حلى	装饰品	منقولة	可动物品，动产
تجريد	抽象	الإفريز	建筑腰线
		توريق	叶形饰，类叶图案

بنو زيري　宰里家族，法提马王朝时，被授权统治北非地区的柏伯尔人家族。

بنو حماد　哈马德家族，公元十一世纪统治摩洛哥地区的柏柏尔人家族。

جامع الحاكم بأمر الله　哈基姆清真寺，法提马王朝第六任哈里发所建。

قصر الجعفرية　贾发尔宫，西班牙后倭马亚王朝行宫，遗址在现西班牙萨拉戈萨城。

قصر الحمراء　红宫，西班牙后倭马亚王朝格林纳达王宫。

سرقسطة　萨拉戈萨，西班牙安达卢西亚时代古城。

غرناطة　格林纳达，西班牙安达卢西亚时代古城。

طليطلة　托莱多，西班牙安达卢西亚时代古城。

مروحة النخيل	枣椰树枝	الأقنثوس	莨菪（骆驼刺）
التوشيح	绶带饰（长形连续图案）	سعف النخيل	枣椰树叶
الزخرفة الهندسية	几何饰	الزخرفة النباتية	植物饰
شبه	黄铜	الزخرفة الكتابية	文字饰
		حنية ج حنايا	拱

180

讨论思考题：

一、 阿拉伯装饰艺术突出的特点和风格是什么？

二、 具体说明阿拉伯装饰艺术的构成要素及其每种要素的特点。

补充阅读：

1— تجنب المسلمون الصور والتماثيل وتحرجوا منها حتي لا يتشبهوا بعبدة الأوثان، إلا أن بعض علماء الدين تساهلوا وأجازوا تصوير الجماد وتغاضوا عن تصوير الحيوان والانسان علي الأشياء التي لا تستعمل إلا في الأغراض الدنيوية. ومنذ 712 م تمرد الوليد علي هذا التحريم وزين قصره الصيفي في قصير عمره بلوحة تمثل رجالا يطاردون الوحوش وفتيات يرقصن ونسوة يغتسلن وهو جالس علي عرشه يراقب كل هذا. كما أن الكثيرين من خلفاء بني العباس زينوا قصورهم الخاصة بصورمختلفة تمثل مناظر صيد ورجال دين ورقصات ... واستخدموا لهذه الغاية عددا من الفنانين المسيحيين. ولكن لا بد من الاشارة الي أن ذلك بقي

محدودا.

وكان لتحريم التصوير والنحت أثره عند الفنانين المسلمين الذين استعاضوا عن الصورة بفيض من الأشكال غير البشرية أو الحيوانية، فقد بحث الفنان المسلم في أول الأمر عن منفذ لمواهبه الفنية في الأشكال الهندسية : الخط ـ الزاوية ـ المربعة ـ المكعبة ـ متعدد الأضلاع ... وكرر هذه الأشكال ومزجها وأخرج منها مئات التراكيب، وأنشأ منها الدوامات والأربطة والخطوط المتشابكة والنجوم، ثم انتقل الي النبات واستخدمه لإخراج الزخرف العربي الذائع الصيت. ولما تحلل الناس بعض الشيء من القيود والمحرمات الدينية أدخل الفنان أنواع جديدة من الزينة بأن رسم الطيور والحيوانات وابتدع أشكالا عن الحيوانات من نبت خياله واستطاع هذا الفنان بفطنته وشغفه بالزينة أن يسمو بكل شكل من أشكال الفن الزخرفي : الفسيفساء ـ النقش علي العاج ـ الحفرعلي الخشب وتطعيمه، تلوين الخزف والأقمشة والبسط والسجاد، تخريم المعدن وخاصة الشبه والنحاس ـ طلاء الزجاج بالميناء ... وكان الفنان في كل هذا يحرص علي أن تؤلف بين أجزاء عمله وحدة منظمة تسيطر عليها صورة رئيسية أو موضوع رئيسي ينمو ويتطور من الوسط الي الأطراف أو من البداية الي النهاية. وقد استعانت العمارة الاسلامية بهذا الفن الزخرفي لتجميل عماراتها واضفاء رونق جمالي عليها تنفرد به من بين سائر العمارات في العالم.

2ـــ لا يكاد يخلو أثر من الآثار الاسلامية من زخرفة أو نقش تزييني فقد كانت من لوازم العمل الفني الاسلامي، لأن الفنانين المسلمين كانوا يكرهون الفراغ ويرغبون في تغطية السطوح والمساحات بالزخارف. وقد اقتبس المسلمون عناصر زخرفتهم من الكتابة العربية أو من الخطوط الهندسية أو من عناصر نباتية وحيوانية. ولعل البدء في زخرفة الكتابة بدأت في مصر في نهاية القرن الثاني الهجري ولكنها ازدادت شيوعا منذ القرن الرابع وبلغت الذروة في القرنين الخامس والسادس، واعتمدت خاصة علي الخط الكوفي بسبب خطوطه المستقيمة فكان لزخرفته أشكال منها : المورق والمشجر وهناك المضفر الذي يربط الفنان ما بين كلماته لتأليف اطار أو شكل هندسي معقد والكوفي المربع وهو هندسي الشكل قائم الزوايا. وأما الزخارف الهندسية فقد أضحت في الفن الاسلامي دون باقي الفنون العالمية عنصرا رئيسيا فيه. ويهمنا منها بصورة خاصة تلك التراكيب الهندية ذات الأشكال النجمية المتعددة الأضلاع التي ذاعت في المباني وفي التحف الخشبية والنحاسية وزخارف السقوف. وان براعة المسلمين فيها لم يكن اساسها الشعور الفني والموهبة الطبيعية فحسب بل تدل علي علم وافر بالهندسة العملية . وقد ظهر الاهتمام بالزخرفة الهندسية في فنون الشام ومصر خاصة ولا تزال لها سيطرتها في المباني الحديثة التي تبني في الشام. وأما العنصر النباتي في الزخرفة الاسلامية فقد تأثر كثيرا بانصراف المسلمين عن استيحاء الطبيعة وتقليدها فاستخدم الجذع والورقة لصنع زخارف تمتاز بما فيها من تكرار وتقابل وتناظر وتبدو عليها مسحة هندسية تميت العنصر الحي فيها وتدل علي سيادة مبدأ التجريد والرمز في الفنون الاسلامية. أما الرسم الحيواني فقد استخدم المسلمون رسوم الأسد والفهد والفيل والغزال والأرنب والطيور الصغيرة وغير ذلك من حيوانات الصيد خاصة وقد اقتبسوا بعضها عن الصين. لكننا يمكن أن نرجع معظم رسوم الحيوان الي الفن الساساني بما كان فيه من أتباع التماثل والتوازن والتقابل وفي رسم الحيوانات متقابلة أو متدابرة أو بينها شجرة الحياة وفي رسمها متتابعة علي شكل شريط زخرفي، ولم تكن رسوم الحيوانات بالطبع مقصودة لذاتها ولهذا لم يهتم الفنانون المسلمون لمطابقتها للواقع.

الدرس العشرون   الكساء والغذاء عند العرب

كان ثوب العرب قبل الاسلام بسيطا جدا يتألف عادة من قميص وسروال وصدرية وقفطان وحزام وجبة وبنش وعمامة. وتمتاز الأقمصة العربية بفرط الطول والعرض واتساع الكم واسترساله الى كاحل القدم، فهي إما من الكتان أو التيل وإما من الحرير لأصحاب اليسر. ويمتاز السروال بالسعة حتى ليخيل لرائيه أنه الجزء الأسفل من الجبة بحيث يترك فتحتين لخروج القدمين، وهو سابل الى الركبتين ويثبت حول الجسم بتكة تجري في باكية وغالبا ما تحلى التكة بالزركشة. أما الصدرية فتتخذ عادة من الجوخ أو القماش الحريري أو القطني. وفوق هذه الثياب القفطان وهو لباس سابل الى القدمين عريض الكمين. وفوق المجاسد كلها توضع الجبة التي تبطن بالفرو، واذا كانت للبس الشتاء يكون كماها أقصر من كمى القفطان وتلبس فوقه مشقوقة من الأمام. ويحمل بعض الناس فيما عدا الجبة ثوبا أعرض منها يسمونه البنش له كمان واسعان جدا طويلان مشقوقان في نهايتيهما. وهو لا يلبس الا في الحفلات ويختص رجال الشرع والعلماء دون غيرهم من الناس. أما العمامة فهى لازمة كل اللزوم ولا غنى عنها لأى رجل من رجال العرب.

تخلى العرب بعد الفتوحات عن ثيابهم البدوية الخشنة وأقبلوا على التأنق في اللباس متأثرين في ذلك بالحياة الحضارية في البلاد المفتوحة وازدهرت صناعة النسيج في البلاد الاسلامية وأصبحت بحق من أهم الصناعات، وعرفت مصانع النسيج بدور الطراز، والطراز كلمة فارسية الأصل بمعنى التطريز وعمل المدبج أو الزخرفة التي تزين ثوبا لاسيما اذا كانت هذه الزخرفة شريطا من الكتابة منسوجا في لحمة الثوب وسداه أو مطرزة عليه أو مثبتة فوقه.

وقد تطورت كلمة الطراز فأصبحت تطلق على المصنع الحكومي الذي تنسج فيه الثياب، وكان المصنع الذي تصنع فيه المنسوجات معروفا قبل الاسلام، فكان في عصر البطالسة والرومان يسمى جنسيوم يمد الإمبراطور بما يحتاج اليه هو ورجال بلاطه من أقمشة، وكانت مصر قبل الاسلام مشهورة بصناعة النسيج، وكان الأقباط يحملون لواء هذه الصناعة مدة طويلة لدرجة أن العرب كانوا يطلقون على المنسوجات المصرية اسم قباطي نسبة الى أقباط مصر الذين تفوقوا في هذا الميدان، ولذلك عمد العرب الى الاستفادة من هذه الشهرة في كسوة الكعبة ومنح الخلع، وأدى ذلك الى سيرهم بهذه الصناعة خطوات الى الأمام. وكانت أهم دور الطراز بمصر في تنيس ودمياط والاسكندرية، فاختصت تنيس بنسج المقصب الملون ودمياط بالمقصب الأبيض والاسكندرية بالشروب الكتانية الرقيقة والفروج. وفي العراق شاعت صناعة نوع من النسيج الحريري اختصت بصناعته بغداد، كما اشتهر نوع من الحرير الرقيق الشفاف يسمى الموصلي اختصت بصناعته مدينة الموصل، واشتهرت مالقة بصناعة الموشى المذهب، وغرناطة بصناعة الملبد المخمل، ومرسية بالموشى والمرية

بالديباج والحرير والحلل النفيسة، وعرفت في بلاد المغرب الثياب والعمائم السوسية المشهورة التي كانت تحمل الى الآفاق، كما اختصت الصنعاء وعدن بصناعة الشروب والجريب والبرود، ودمشق بصناعة الموشى بالذهب، وبيروت بصناعة الحرير.

وقد اتخذ المسلمون الثياب الداخلية من الكتان الخفيف وارتدوا فوقها من نسيج الديباج الموشى، وأصبح الناس يرتدون جبابا وأردية وسراويل وعمائم وقلانس من أفخر أنواع المنسوجات. وشاع في عصر الدولة الأموية وخاصة في عصر سليمان بن عبد الملك نوع من الترف والتأنق في الزي بتوجيه من الخليفة نفسه، فقد فرض على رجاله وأهل بيته وخدمه ارتداء الموشى لشدة ولعه بهذا النوع من النسيج الذي تدخل في لحمته وسداه خيوط الذهب، فيعرف أيضا بالمقصب، وفي أيامه عمل الموشى الجيد باليمن والكوفة والاسكندرية، ولبس الناس جميعا الموشى جبابا وأردية وسراويل وعمائم وقلانس. وذكر المسعودي أنه كان لا يدخل عليه رجل من أهل بيته ومن خدمه الا في الوشى، وكذلك عماله وأصحابه ومن في داره حتى الطباخ، وكان لباسه في ركوبه وجلوسه على المنبر.

كان الزي الشائع عند العرب في العصر الاسلامي الأول لا يعدو بالنسبة للرجال الجبب الصوفية والأقبية الطويلة المربوطة في وسطها بالزنانير والصابرات التي يرتدونها فوق الأقبية، أما لباس الرأس فالعمامة. وفي العصرالعباسي تأثر العرب بالتقاليد الفارسية في الزى فكان من رسم ملوك الفرس القدامى أن يلبس أهل كل طبقة ممن في خدمتهم لباسا لا يلبسه أحد ممن في غير تلك الطبقة، فإذا مثل رجل أمام الملك عرف صنعته من لباسه وزيه. وعلى هذا النحو تعددت الأزياء في العصر العباسي في أشكالها وأنواعها وطرق صناعتها تبعا لاختلاف الوظائف وحتى الأديان، وكذلك اختلفت العمائم على اختلاف المراتب والوظائف. وكان اللون الأسود هو اللون السائد في الأزياء العباسية ومع ذلك فقد اتخذت للمنادمة ثياب مصبوغة زاهية بالألوان الحمراء والصفراء والخضراء وهى ثياب خز معلم عادة.

183

وتنقسم الأزياء الرجالية الى ثياب للرأس وأخرى للبدن، فلباس الرأس يقتصر على العمامة والقلنسوة. وكانت العمائم لباس الرأس عند العرب منذ عصر الجاهلية، ولهذا قال عمر بن الخطاب " العمائم تيجان العرب". كذلك امتدح أبوالأسود الدؤلي العمامة فقال : " جنة في الحرب ومكنة من الحر ومدفأة من القر ووقار في الندى وواقية من الأحداث وزيادة في القامة، وهى بعد عادة من عادات العرب". وكانت العمامة تتخذ من الشروب الرقيقة أو القطن أو الموشى المذهب، ومن حيث اللون كانت العمائم في العصر العباسي عادة سوداء، أما إذا كانت صوفية فتكون مصبوغة.

وإذا كانت العمائم تيجان العرب وعادة من عاداتهم فإن القلانس كانت تعتبر مظهرا من مظاهر كمال الرجولة عند العرب، ولهذا تفنن الناس في أشكالها ومادتها، وأصبحت القلانس تتسمي بأسماء البلاد التي تصنع فيها. فمن حيث الشكل وجدت في العصر العباسي قلانس مستديرة تعرف بالدنية لأنها تشبه الدن، والقلانس الطاقية التي تطوق الرأس وتمسك به، والقلانس الدورقية لشبهها بالدورق، ومن حيث المواضع التي اشتهرت بصناعتها وجدت القلانس الرصافية، والقلانس السود الشاشية نسبة الى بلاد الشاش، والقلانس المكية.

أما ثياب البدن فمنها الداخلية كالقمصان والسراويل، وكانت القمصان تصنع من الكتان الناعم ويغلب عليها اللون الأبيض. أما السراويل فكانت بيضاء في العادة ومذيلة، وفي بعض الأحيان يلبسون الغلائل الرقاق. أما الثياب الخارجية التي تلبس فوق القمصان والسراويل فمنها :

1. الدراريع وهى جباب مشقوقة من الصدر، وتصنع من الصوف أو الديباج الموشى أو الدبيقي، وكانت اللباس الرسمي للكتاب ثم شاع استخدامها حتى لبسها الخلفاء والوزراء وعامة الناس.

2. الطيالسة وهى ثوب معين يتخذ بأشكال مختلفة، فقد يلبس على الكتف وقد يحيط بالبدن.

وكان للطيلسان نوعان: طيلسان مربع يجعل على الرأس كالعمامة أو القلنسوة ويغطي به أكثر الوجه ثم يدار طرفان منه تحت الحنك الى أن يحيطا بالرقبة جميعا ثم يطرحان على الكتفين، وسمى هذا النوع بالطيلسان المحنك وهو نوع شاع استخدامه في صلوات الجمعة والمحافيل، والنوع الثاني هو الطيلسان المقور الذي اعتبر لبسه مكروها وكان على أشكال منها المدور والمثلث والمربع المسدول، ويختلف هذا الطيلسان عن المحنك في كونه يوضع على الرأس ويرسل طرفاه على الصدر من دون أن يدار من تحت المحنك، كما أن طرفيه الملفوفين يرسلان من وراء الظهر. والسبب في كراهة لبس هذا النوع من الطيلسان في رأى بعض الفقهاء يرجع الى كونه من شعار اليهود، ولأن فيه السدل المكروه في الصلاة. وكان الطيلسان يصنع إما من الخز ويعرف في هذه الحالة بالبت، أو من الديباج المزرر أوغير المزرر ويعرف بالكردي. وتختلف ألوان الطيالسة فمنها الأخضر وكان يسمى ساجا، ومنها الأبيض والأزرق.

3. الجباب وهى ثياب أشبه بالمعاطف تحيط بالبدن ولها كمان. وكانت الجباب تصنع من الديباج الموشى والصوف، وكان الخلفاء العباسيون يقبلون على لبس الجباب، وذلك أثر عن المنصور أنه كان يكثر من لبس جباب هروية، كما كان أبوه السفاح يكثر من لبس الجباب حتى أنه ترك بعد وفاته منها تسعا. فقد أصبحت نموذجا لسائرالر جال في العالم الاسلامي وشاعت في مصر والشام وفارس والمغرب والأندلس بعد أن كان زيا بغداديا.

وكان المسلمون ينتعلون النعال ويتركون للنساء الحفاف، واعتبروا النعل مظهرا من مظاهر الزينة للرجال، وكان العرب يلهجون بذكر النعال في حين كان الفرس يلهجون بذكر الخفاف، وكان صحابة الرسول ينهون نساءهم عن لبس الخفاف الحمر والصفر. وفي العصر العباسي شاع انتعال الخفاف الحمر على عادة الفرس.

أما ملابس النساء فكانت داخلية وخارجية بالإضافة الى الثياب الخاصة بالرأس، فمن ملابس الرأس : العصابة المكللة بالجوهرة، ويرجع الفضل في انتشارها الى عليه بنت المهدي التي ابتكرتها، وكانت ترصعها بالجوهرة ومنها البرنس الأسود المنظوم بالجوهرة ويعرف اليوم في العراق بالفوطة وفي مصر مدورة أومنديل الرأس، وفي الأندلس بنيقة. واستخدمت نساء الأندلس المعاجر وهو نسيج من الحرير الشفاف كى يتخذنه لتغطية وجوههن أو لشد رؤوسهن وتنسدل على الوجه فتغطيه، واشتهرت المرية بصناعته. أما الملابس الداخلية فلا تعدو الغلائل الرقيقة والسراويل والأقمصة الإسكندرانية، وفوقها الملابس الخارجية فهى ملاحف أو أردية يقال لها الرشيدية أو الطبرية وكلها ملونة ومرقومة. وأما نعالهن فكانت حمراء اللون كى يلبسنها فوق جوارب صوفية أو حريرية، وقد يرصعنها بالجوهرة، وكانت بعض مسلمات يتنقبن بمقنعة حتى لا تبدو وجوههن سافرة، أو يعمدن الى التقنع.

وترتب على ازدهار الحضارة الاسلامية في القرن الرابع الهجري شيوع لون من الإنحلال الإجتماعي والإسراف في الزينة والتبهرج وبالتالي تطورت سريعا فنون الزينة كالحلى وفنون الترصيع، فلقد كان طبيعيا

في مجتمع يروج فيه بيع الإماء أن يهتم النخاسون بتنمية أذواقهن واحساسهن الجمالي ومظهرهن ابرازا لمفاتنهن بقصد رفع أثمانهن، فاتخذن الخلاخل والأساور والخواتم المرصعة بالياقوت والفصوص وعقود اللؤلؤ وغيرها من الجوهرات.

يتناول العرب أنواعا كثيرة من الأطعمة، فهم يحبون من اللحوم لحم الضأن ويفضلونه على كل لحم سواه، ويأكل أصحاب اليسار غير هذا اللحم اللحم البقري والفقراء اللحم الجاموسي وسكان الصحراء لحم الجمل أحيانا. ويمسك المسلمون جميعا عن أكل اللحوم المحرمة كلحم الخنزير والخيل والحمير الخ. أما لحم العجول وصغار الصأن فانهم لا يتغذون به الا نادرا، لأن الشريعة الاسلامية توصي نصوصها بالامتناع عن ذبح صغار الماشية دفعا لما يخشى من انقراض أنواعها. أما الطيور فمن النادر مثولها على موائدهم لأنهم لا يميلون الى الصيد والقنص لتعذر ذبح الحيوانات المصيدة بعد صيدها. وهم شديدو العناية باستنزاف دماء الحيوانات المذبوحة للتغذي بها.

ويكثر العرب من أكل الطيور الداجنة والسمك ولكنهم لا يعرفون من خيرات البحر غير السمك شيئا من الأنواع الأخرى كالمحار والأصداف مع أنها لم تكن محرمة عليهم. كما هم يحبون الألبان والبيض حبا جما ويستنفدون المقادير الوافرة من البقول والخضر والحشائش على اختلاف أنواعها ولا سيما الخبيزة والباميا والملوخيا والباذنجان والطماطم والقرع والكرنب والعدس والفول والفاصوليا والترمس والبسلة، ومن البقول ما اعتادوا تناوله نيئا كالبصل والخيار والشمام والخس والرجلة الخ، وتدخل الفواكه بنسبة عظيمة ضمن الأغذية التي يتناولونها. وهم يطهون الأطعمة بالزبدة ويكثرون من ألوانها، والبهارات شائعة الاستعمال في مطابخهم فان الفلفل الأسود والشطة والقرفة والقرنفل والحبهان يستنفد فيها بمقادير كبيرة، كما يكثر استعمال الليمون في الأطعمة اذ هم يعصرونه على جميع ألوان الطعام تقريبا. أما الخبز فهو عندهم أساس التغذية الذي تقوم عليه.

ومن ألوان الطعام عند العرب الحساء وهو يعمل على طريقة تكاد لا تتغير منذ القدم. فانه عبارة عن الماء الذي سلقت فيه دجاجة أو بعض أفراخ الحمام أو قطعة من اللحم، وقد يضيفون اليه بعض الحشائش أو البقول، وأحيانا نوعا من العجين المجفف الطويل يسمونه بالشعرية. ومن الأطعمة التي يميل اليها العرب ويفضلونها على غيرها شواء اللحم الذي أتقنوا هذا اللون وأجادوا فيه كل الاجادة. واذا شووا اللحم فلا يشوونه في الأسياخ بل في الأفران، وقد يشوون على هذه الطريقة خروفا بأكمله، حيث يربطه بعض الناس بحبل الى قائمة منصوبة يخرجون أحشاءه ثم يشوونه بتقليبه على جوانبه المختلفة فوق النار. كما يهيئون نوعا آخر من الشواء يسمونه الكباب وهو عبارة عن قطع صغيرة من اللحم تسلك في أسياخ صغيرة، فانهم يرتبون تلك القطع في الأسياخ بحيث تتخلل قطع اللحم الأحمر قطع من اللحم الدهني. أما الطيور فتجهز بالزبدة في طوة أو في الفرن.

يميل العرب كثيرا الى الأطعمة المحشوة حيث يضعون الحشو في الطيور بل وفي الخراف نفسها أو في أجزاء منها ومن لحم البقر، ويحشون أيضا القرع الصغير أو الخيار. ومن الأطعمة الوطنية عندهم الأرز يأكلونه مفلفلا ويسمونه بالأرز المفلفل ويطهونه إما بالزبدة أو في عصير اللحم، أو يخلطون الأرز باللحم المفروم ثم يحشون به ورق العنب فيسمونه بالورق المحشي والضلمة. والنوع الآخر من الأطعمة الوطنية الفطائر، فعندهم شراهة عظيمة اليها. وهم يصنعونها على طرق مختلفة وأصناف متعددة منها فطائر مسطحة مستديرة يضعون بداخلها اللحم أحيانا أو القشدة أو الجبن الأبيض أوالمربى أحيانا أخرى ويحب العرب

بالمربيات التي يصنعونها من العسل المتوافر في أنحاء البلاد.

لا يشرب العرب على الطعام سوى الماء صرفا لأن الدين الاسلامي يحرم عليهم الخمر وجميع الشربة المسكرة فيسعون الى أنواع أخرى من شربات، أكثرها شيوعا العرقى والبوظة والقهوة والشاي الأحمر، والعرقى هو عصير مستخرج من البلح أو من العنب، أما البوظة فهى عصير الشعير المتخمر.

إن قهوة البن هى الشراب المختار عند العرب، لأنهم اذا ذاقوها شعروا ببواعث الارتياح والسعادة والهناءة وتلذذوا بطعمها رويدا متمطقين، وكان البن الذي يهيئون به قهوتهم في غاية الجودة لأنهم يجلبونه من مخا باليمن فيحمصونه ويدقونه في الهاون كى يستخرجوا منه الزيت الذي هو الأصل الفعال فيه.

وبالنسبة الى الحلويات العربية تعد النيدة من أشهر أنواعها فيقبل العرب عليها كثيرا، وطريقة عملها هى أن يطبخ القمح حتى يخرج نشاه في الماء ثم يصفى ويطبخ ذلك الماء حتى يغلظ ثم يذر عليه الدقيق، وعندما يتماسك قوامه يرفع عن النار. كذلك الزلابية التي تصنع من الدقيق بعد عجنه وتخميره ثم تقلى بزيت الشيرج وتأكل بالعسل أو السكر.

كان العرب حتى عصر الفتوحات يقنعون بالقليل من الطعام إما زهدا وتقشفا و إما مراعاة لقواعد الصحة، وكان أفضل أطعمتهم الثريد وهو الخبز يفت في المرق، كذلك كانوا يأكلون اللمزة وهى الخبز يكسر على السمن والقديد والشواء، والبسيسة وهىا لدقيق يلت بالسمن والسكر ثم يؤكل دون طبخ، وكذلك العصيدة. فلما اختلط العرب بالأمم المغلوبة عرفوا أنواعا جديدة من الأطعمة، وأقبل المسلمون على الاستمتاع بالطعام والشراب والتلذذ بالأطعمة المتنوعة والتفنن في مظهر الطعام وفي تهيئة الجو المناسب لكل وجبة، فكانوا يبدأون يومهم بتناول طعام مؤلف من اللبن الممزوج بالعسل حتى اذا ما أشرقت الشمس تناولوا الفطور في إحدى الغرف الداخلية، وفي الظهيرة يقدم الغذاء في غرفة الاستقبال، أما العشاء فكانوا يتناولونه بعد صلاة العصر على مائدة مغطاة بفرش أبيض تصف حولها المقاعد، فتقدم أولا كؤوس اللبن الممزوج بالعسل أو غير ذلك من أنواع الشراب، ثم تقدم صحون الشواء، وبعد العشاء ينتقل الجميع الى غرفة يقضون فيها أمسيتهم يتسامرون. وفي العصر العباسي أسرف الخلفاء في تنوع الطعام فكانت مائدة الرشيد تحفل بألوان الطعام حتى قيل ان الطهاة كانوا يطهون له ثلاثين لونا من الطعام. وكان الأمراء يبالغون في ذلك حتى قيل ان عيسى بن على استضاف الخليفة فقدم له ولأتباعه من ألوان الطعام الخبز ولحم الجدي والدجاج والبيض واللحم البارد وألسنة السمك وأكباد الدجاج وصدورها والحلويات. وبلغ الترف بسكان المدن حدا بعيدا فكان الناس يشربون الماء المثلج في الصيف، وكان الكبراء يحملون الثلج في حراقاتهم، وكان الثلج يرد عادة من بلاد الشام.

ولقد انتقلت الى الأندلس من التقاليد العراقية والفارسية كثير من التأثيرات في الأطعمة والأشربة على يد زرياب المغني، ورسخت هذه التأثيرات في الأندلس حتى الوقت الحاضر.

وكان الفلاحون العرب يعرفون بالقناعة في المأكل والمشرب والاكتفاء منهما بما يسد الرمق، وكان خبز الذرة قاعدة غذائهم بل وكثيرا ما يكون الغذاء الوحيد الذي يعتمدون عليه. وقل ما يحدث أن يضيفوا اليه اذا استطاعوا الفول المدمس الموضوع فيه بعض السمن والملح أو الأرز أو البلح أوالخيار أوالشمام أوالكرنب أوالبسلة أو الجبن المالح أو اللبن المخضود أو الفسيخ أو لحم الجاموس الخ، ولا يتعاطون من السوائل سوى الماء القراح وقهوة البن.

本课解题：

阿拉伯人的服饰和饮食

阿拉伯服饰种类式样繁多。各阿拉伯国家穿着习惯虽各有不同，但传统的阿拉伯人在服饰上有其跨地域的一致性。

阿拉伯男子一般穿长袖长袍或东方敞袍，内穿长袖衬衫，头戴缠头巾。农民大都穿白色长袍，戴缠头巾，少数人穿斗篷。中上层妇女一般都穿各种颜色的用丝线或金银线绣花的长衫。衬衣宽肥，短袖，裤子肥大，下部扎腿，然后下垂地面，外面再穿贴身长至脚面的长袍，然后再套上两边开口的黑斗篷。阿拉伯妇女一般赤脚无袜。

阿拉伯人的长袍大都由棉、麻、毛或丝织成，袖子长而宽松，有的还绣上花边，装饰美观大方。男女款式基本相同，只是妇女的长袍比男子的更肥更长。夏季的袍子略薄，冬季的稍厚，以白色和黑色居多，棕黄色的多为男子外出放牧、耕种时穿用，黑色的则专为妇女穿用。保守的妇女外出时还要加盖头，罩面纱，以躲避男子的目光。

阿拉伯人喜欢全身装饰。男子腰间往往佩戴腰刀，妇女则喜欢穿金戴银、染发、涂指、四肢刺花。

阿拉伯人的饮食也别具特色。由于伊斯兰教的宗教禁忌，他们的食谱中绝没有用猪、驴、狗肉等做成的菜肴，他们还禁吃动物血以及非正式宰杀的自死的动物肉和内脏，水产品除鱼外皆不食，并禁喝酒类及一切酒精饮料。即使牛羊屠宰时，也必须由穆斯林诵"以大慈大悲真主之名"这句话，否则也不能食用。

阿拉伯人常食用的主食是发酵大饼，配上鲜西红柿丁、生洋葱、辣椒或青豆等。早餐一般为一块夹奶酪的大饼，外加牛奶或羊奶，或红茶或咖啡；午餐常吃一块长圆形的发酵饼，里面夹上烤肉和生黄瓜丁、生西红柿丁或半只烤鸡，配上几块泡菜。阿拉伯人没有炒菜、煮肉、蒸面食的习惯，主要的烹饪方法是烧烤。他们不吃白米饭，而是把黄油、葡萄干、烤肉等和米饭掺在一起。蔬菜一般生吃或做泡菜。

他们的名贵菜肴有油炸乳鸽、烤肉、烤鱼、烤全羊等。烤全羊是把一只肥嫩的羔羊宰杀后，去掉头、蹄和内脏，把用米饭、葡萄干、杏仁、橄榄、松子等配成的佐料塞进膛内，放在火上转动烘烤。烤熟的羔羊外焦里嫩、味美可口。

阿拉伯人自古习惯用手抓食，但只用右手，因为他们认为右手是洁净的。因此，与人握手时也只能使用右手，否则被认为是对人不恭。阿拉伯人酷爱红茶、咖啡和甜食，一日三餐，顿顿不离。大街小巷遍布咖啡馆，是阿拉伯人生活的一大特色。

难点释疑：

وكانت مصر قبل الاسلام مشهورة بصناعة النسيج، وكان الأقباط يحملون لواء هذه الصناعة مدة طويلة لدرجة أن العرب كانوا يطلقون على المنسوجات المصرية اسم قباطي نسبة الى أقباط مصر الذين تفوقوا في

هذا الميدان، ولذلك عمد العرب الى الاستفادة من هذه الشهرة في كسوة الكعبة ومنح الخلع، وأدى ذلك الى سيرهم بهذه الصناعة خطوات الى الأمام.

伊斯兰教兴起前的埃及曾以纺织工业闻名，而埃及的科卜特人曾长期高举此项工业的大旗。阿拉伯人把埃及的纺织品称为"科卜特布"，充分说明了埃及的科卜特人在这一领域的领先地位。因此，阿拉伯人利用埃及纺织品的知名度，用它做天房的帷幕和荣誉礼服，从而促使埃及纺织工业大踏步前进。

وفي العصر العباسي تأثر العرب بالتقاليد الفارسية في الزي، فكان من رسم ملوك الفرس القدامى أن يلبس أهل كل طبقة ممن في خدمتهم لباسا لا يلبسه أحد ممن في غير تلك الطبقة، فإذا مثل الرجل أمام الملك عرف صنعته من لباسه وزيه، وعلى هذا النحو تعددت الأزياء في العصر العباسي في أشكالها وأنواعها وطرق صناعتها تبعا لاختلاف الوظائف وحتى الأديان.

在阿巴斯王朝时代，阿拉伯服饰受到了波斯传统服饰的影响。从古波斯国王的绘画中可看出，古波斯各阶层不同职业的人穿戴各不相同。如果有人站在国王面前，从他的穿戴上即可知道他从事的职业。在此影响下，阿巴斯王朝时期的衣着式样、剪裁方式依职业不同而出现色彩纷呈、花样繁多的局面，甚至宗教信徒也不例外。

وكانت العمائم لباس الرأس عند العرب منذ الجاهلية، ولهذا قال عمر بن الخطاب : "العمائم تيجان العرب"، كذلك امتدح أبو الأسود الدولي العمامة فقال : "جنة في الحرب ومكنة من الحر ومدفأة من القر ووقار في الندى و واقية من الأحداث و زيادة في القامة، وهي بعد عادة من عادات العرب".

从蒙昧时代起，缠头巾就是阿拉伯人的头饰。因此，欧麦尔（穆圣后第二位正统哈里发）说："缠头巾乃阿拉伯人之王冠。"艾布·阿斯倭德·杜瓦里（阿拉伯早期语法学家）也称赞说："它是作战时的盾牌，是避热的遮阳篷，是防寒的取暖炉，是避雨洞，是防险墙，是增高器，总之，它是阿拉伯人的传统穿戴。"

وكان المسلمون ينتعلون النعال ويتركون للنساء الحفاف، واعتبروا النعل مظهرا من مظاهر الزينة للرجال، وكان العرب يلهجون بذكر النعال في حين كان الفرس يلهجون بذكر الخفاف، وكان صحابة الرسول ينهون نساءهم عن لبس الخفاف الحمر والصفر، وفي العصر العباسي شاع انتعال الخفاف الحمر على عادة الفرس.

穆斯林男人穿鞋，却让女人赤脚。他们把凉鞋看作是男人的一种足饰。在古波斯人赞颂软底靴的时候，阿拉伯人在赞颂凉鞋。当年穆罕默德的门弟子们曾禁止他们的女人穿红黄色的软底靴，但到了阿巴斯王朝时期，按照波斯人的习惯，脚穿红软底靴已经成为风尚。

وترتب على ازدهار الحضارة الاسلامية في القرن الرابع الهجري شيوع لون من الانحلال الاجتماعي والاسراف في الزينة والتبهرج، وبالتالي تطورت سريعا فنون الزينة كالحلى وفنون الترصيع، فلقد كان طبيعيا في مجتمع يروج فيه بيع الإماء أن يهتم النخاسون بتنمية أذواقهن واحساسهن الجمالي ومظهرهن ابرازا لمفاتنهن بقصد رفع أثمانهن، فاتخذن الخلاخل والأساور والخواتم المرصعة بالياقوت والفصوص وعقود اللؤلؤ وغيرها من الجوهرات.

回历四世纪时伊斯兰文明的繁荣导致了某种程度的社会放纵，使人们过分讲究虚荣和打扮，从而促使美容及饰品加工艺术快速发展起来。这顺理成章的使那些社会上的奴隶贩子们重视包装所贩卖的女奴，提高她们的文雅程度，增加面容和身段的美感，显示她们的妖艳，以抬高身价。女奴们足套脚镯，腕戴手镯，指箍镶宝石的戒指，颈挂珍珠项链，全身珠光宝气。

ومن ألوان الطعام عند العرب الحساء، وهو يعمل على طريقة تكاد لا تتغير منذ القدم، فانه عبارة عن الماء الذي سلقت فيه دجاجة أو بعض أفراخ الحمام أو قطعة من اللحم، وقد يضيفون اليه بعض الحشائش أو البقول، وأحيانا نوعا من العجين المجفف الطويل يسمونه بالشعرية. ومن الأطعمة التي يميل اليها العرب ويفضلونها على غيرها شواء اللحم الذي أتقنوا هذا اللون وأجادوا فيه كل الاجادة. واذا شووا اللحم فلا يشوونه في الأيساخ بل في الأفران، وقد يشوونه على هذه الطريقة خروفا بأكمله حيث يربطه بعض الناس بحبل الى قائمة منصوبة يخرجون أحشاءه ثم يشوونه بتقليبه على جوانبه المختلفة فوق النار. كما يهيئون نوعا آخر من الشواء يسمونه الكباب، وهو عبارة عن قطع صغيرة من اللحم تسلك في أسياخ صغيرة، فانهم يرتبون تلك القطع في الأسياخ بحيث تتخلل قطع اللحم الأحمر قطع من اللحم الدهني.

阿拉伯人的食谱之一是汤，它的做法古来有之，几乎一成不变。它实际上是在水中煮鸡、鸽子或肉块，有时可能加一些青菜，有时加一些他们称之为面条的长形干面。阿拉伯人最喜欢吃的一种食品是烤肉，对此味的加工，他们是精通熟练至极。他们不是把肉串在铁钎上烤，而是在锅里烤。用这种方法他们能烤全羊。烤全羊时，先是一些人把羊拴在一根柱子上，清除内脏，然后在火上翻转烘烤。他们还会做另外一种叫做肉串的烤肉，它是指一种串在铁钎上的小肉块。他们在铁钎上串肉块的时候，会把瘦肉块和肥肉块交叉排列。

إن قهوة البن هى الشراب المختار الأول عند العرب، لأنهم اذا ذاقوها شعروا ببواعث الارتياح والسعادة والهناءة وتلذذوا بطعمها رويدا متمطقين. وكان البن الذي يهيئون به قهوتهم في غاية الجودة لأنهم يجلبونه من مخا باليمن، فيحمصونه ويدقونه في الهاون كى يستخرجون منه الزيت الذي هو الأصل الفعال فيه.

咖啡是阿拉伯人的首选饮料。他们在慢慢品尝它的滋味的时候，会有一种轻松、舒适和愉快的感觉。他们加工咖啡所用的咖啡豆，都是上好品种的，是从也门穆哈地区运来的。他们把它烘干，在钵中磨碎，以提取其中的有效成分——油脂。

重点词语：

衬衣	قميص ج قمصان	裤子	سروال ج سراويل
马甲	صدرية	长衫	قفطان ج قفطين
腰带	حزام ج أحزمة	敞袍	جبة ج جباب
斗篷	رداء ج أردية	长袖礼服袍	بنش ج بنشات
缠头巾	عمامة ج عمائم	外套	قباء ج أقبية
亚麻	كتان	亚麻布	تيل

الدرس العشرون الكساء والغذاء عند العرب

باكية ج بواك	洞眼	تكة ج تكات	活带
مشقوقة	开襟	جوخ ج أجواخ	呢绒
لحمة ج لحمات	纬线	مذيلة	开气
كسوة الكعبة	天房罩帷	سداة ج أسدية	经线
مقصب	金银线绣	خلعة ج خلع	荣誉礼服
شرب ج شروب	缨带	فرج ج فروج	童衫
لبد ج لبود	毛毡	موشى ج موشيات	绣品
قلنسوة ج قلانس	礼帽	ديباج ج دبابيج	绸缎
خز	丝毛混纺品	زنار ج زنانير	束腰
دراعة ج دراريع	羊毛衫	غلالة ج غلائل	内衣
عصابة ج عصائب	盖头	طيلسان ج طيالسة	围巾
		برنس ج برانس	带帽斗蓬

تنيس 坦尼斯，埃及中世纪古城，遗址位于今塞德港西地中海边。

دمياط 杜姆亚特，埃及古城，位于埃及北部尼罗河东入海口。

مالقة 马拉加，西班牙古城，位于西班牙南部地中海边。

مرسية 穆尔西亚，西班牙古城，位于西班牙东南地中海边。

المرية 阿尔梅里亚，西班牙古城，位于西班牙东南地中海边。

صنعاء 萨那，也门首都。

عدن 亚丁，也门最大港口城市，位于也门南部印度洋西岸。

سليمان بن عبد الملك 苏莱曼（公元 674~717），倭马亚王朝第七任哈里发。

الشاش 夏西国，中亚古国，位于现撒马尔罕东南，公元 701 年被阿拉伯人所灭。

هراة 赫拉特，阿富汗古城，位于该国西北，为亚历山大帝所建。

المهدى 马赫迪（公元 744~785），阿巴斯王朝第三任哈里发。

نخاس	奴隶贩子	أمة ج إماء	女奴
أسوار ج أساور	手镯	خلخل ج خلاخل	脚镯
ياقوت ج يواقيت	宝石	خاتم ج خواتم	戒指
عقد ج عقود	项链，串珠	فص ج فصوص	镶在戒指上的宝石
باميا	秋葵	خبيزة	天竺葵
خس	莴笋	ملوخيا	锦葵
شطة	红辣椒	بهارة	调料
قرنفل	红花	قرفة	桂皮
شواء اللحم	烤肉	حبهان	小豆蔻

ضلمة	菜馅	كباب	肉串
عرقى	蒸馏葡萄酒	فطيرة ج فطائر	馅饼，烤饼
بن	咖啡豆	بوظة	埃及啤酒
زلابية	油煎饼	مخا	穆哈城（位于也门西南，濒临曼德海峡）
ثريد	肉汤泡馍	هريسة	肉丸子
قديد	肉干	لمزة	点心
عصيدة	面粥	بسيسة	甜食
فسيخ	咸鱼	فول مدمس	焖蚕豆

讨论思考题：

一、 试说明阿拉伯民族传统男女服饰的着装习惯。

二、 阿拉伯民族饮食的主要特点是什么？举例说明其传统风味与佳肴。

补充阅读：

اهتم العباسيون بالطعام وتفننوا في طهيه وتصنيفه وترتيب تقديمه علي موائدهم، وقد عنى العباسيون بوضع المؤلفات التي تصف الطعام وطريقة تقديمه. وممن ألف في هذا الباب : محمد بن الحسن بن عبد الكريم الكاتب البغدادي الذي ألف كتابه " الطبيخ" في سنة 1226 م ويصف لنا هذا الكتاب الطعام في عصر المؤلف وفيما سبقه من العصور العباسية. وقد قسم هذا المؤلف الطعام علي أساس طبقات المجتمع في عصره وذكر طعام طبقة الأغنياء وطبقة الفقراء والطعام الشعبي. ويتألف طعام الأغنياء من الدجاج، وكانت الدجاجة تسلق وتقطع ثم تعرق بالشيرج (زيت السمسم) المضاف اليه الكزبرة والمستكة والدار الصيني، ويعتبر الدجاج أساس المائدة ولذلك كان سعره مرتفعا. وهناك ألوان أخرى من أطعمة الأغنياء تذكر من بينها المشهيات كالسلاطة والحصرمية والسكسكية والعدسية والمهلبية.

وتتألف الأطعمة الشعبية من اللحم والخبز والدبس والخل والسمك ومنه المشوي والمقلي والمطبوخ، وكان المحتسب يشرف علي باعة السمك بصفة خاصة لئلا يخلط السمك الطازج بالسمك الفاسد. وقد اعتاد أهل العراق عدم شرب الماء بعد أكل السمك كما كانوا لا يشربون اللبن بعده ولا يأكلون البيض أو اللحم إذ يعتبرون ذلك ضارا بالصحة. وكذلك من الأكلات الشعبية الباقلاء والهريسة وهي نوع من الحلوي تباع في الأسواق في الصباح، وهي من الأنواع القديمة بالعراق، فتطبخ في البيوت أو تباع في الأسواق. ومنها أيضا العصيدة والثريد تعمل العصيدة من التمريضاف اليه السكر والعسل، ويعمل الثريد من المرق واللحم وقد يضاف اليه الحمص ويؤكل في الغداء والعشاء. ومن الأكلات الشعبية أيضا الأرز ويؤكل مع اللبن أو السمن والسكر ويقدم مع غيره من الأطعمة. وكذلك الكباب وهو اللحم المقطع الي شرائح ومشوى الآن من اللحم المفروم، والكباب من الأكلات المتوفرة المفضلة والرخيصة الي اليوم. كما يذكر من بين الأكلات الشعبية الرؤوس والأكارع وتباع في الأسواق مطبوخة ونيئة. ويزيد في قيمة الطعام ما يضاف اليه من المسك والعنبر والعود والزعفران

الدرس العشرون الكساء والغذاء عند العرب

والقرنفل والكبابة (الصيني) والفواكه اليابسة كالجوز واللوز والفستق والبندق والعنب والزبيب والتمر والتفاح والرمان والموز وغيرها. وكان الطعام في مصر ذا الوان شتى منها : الدجاج ولحوم الجدي والضأن الفالوذج واللوزينج والقطائف والهرائس من العصيدة التي كانت تعرف علي عهد المقريزى باسم المأمونية، وبلغ من وفرة هذه الأطعمة أنها أصبحت في متناول العامة حتي كانت القطعة من الدجاج أو لحوم الضأن أو الجدي أو الحلوى الكبيرة تباع بدرهم واحد أو درهمين.

كانت الملابس العامة في العصر العباسي تختلف باختلاف الحياة الاجتماعية للناس، فكان الأغنياء يعنون بملابسهم أكثر من فقرائهم ، والملابس ثلاثة أنواع : ملابس للرأس وملابس للبدن وملابس للأرجل والقدمين بلاضافة الي الحلي. فملابس الرأس هي العمامة التي تميز الرجل، وقد أخذ العرب العمامة عن آبائهم منذ أيام الجاهلية حتي اليوم فكان لا يجوز خلع العمامة وكشف الرأس إلا في مناسك الحج، وكانت العمامة السوداء تلبس في الاحتفالات والمواسم وعند مقابلة الخليفة لأن السواد كان شعار العباسيين الرسمي. أما ملابس البدن فكانت تختلف باختلاف طبقات الناس، فالزهاد يلبسون الملابس الصوفية الخشنة أو الممزقة والفقراء يلبسون المدرعة وهي نوع من الجباب وتكون عادة من الصوف، وكان عمال الحمامات يلبسون التبان وهي سراويل صغيرة تستر العورة. ويلبس الفلاحون الملابس الغليظة المصنوعة من القطن، ويلبس الأغنياء الملابس الحريرية والإبر يسمية وهي نوع من الحرير. وكان الناس يلبسون في أرجلهم الجوارب وفي أقدامهم النعال.

وكانت القاهرة في عهد الفاطميين من أهم مراكز النسيج، وقد بلغ نظام الطراز الذي يصنع بدار الكسوة مبلغا عظيما من الرقي، كما اشتهرت مصر بأنواع خاصة من الثياب الحريرية والقطنية والكتانية والصوفية، وكان يصنع بدار الكسوة كسي مختلفة يصلح كل منها في مناسبة معينة كالاحتفال بآخر الرمضان وبالعيدين والجلوس الي السماط في أول أيام العيد. وكانت هذه الملابس موشاة بخيوط الذهب والفضة حتي لقد بلغ ثمن بعض الكسي خمسمائة دينار وثمن المنديل خمسة دنانير. كما كانت الحلل المزركشة بالذهب تقدم الي الوزراء والأمراء والأشراف وكبار رجال الدولة في أول رمضان وفي الاحتفال بالجمع الثلاث الأخيرة منه وفي عيد الفطر والأضحى وفي الاحتفال بوفاء النيل وغيرها يمنحون في هذه المناسبة حللا حريرية أو مزركشة بالذهب. وكان لباس الناس قبل ذلك شيئا واحدا لا يتميز أحد عن أحد بلباسه، وكان الكتاب يلبسون الدراعات وهي ثياب مشقوقة من الصدر، ويلبس القواد الأقبية الفارسية القصيرة واما غير العلماء فيلبسون في داخل بيوتهم القلنسوة وحدها فوق كلونة من الحرير الأبيض ثم استعاضوا عنها بكلونة خفيفة بنفسجية اللون، وكان اللباس العادي للطبقة الراقية يتألف من سراويل فضفاضة وقميص ودراعة وقفطان وقباء وقلنسوة وعباءة أو جبة. وكان الأغنياء من الرجال والنساء يلبسون الجوارب المصنوعة من الحرير والصوف أو الجلد ويسمونها الموزج وثمة فروق ملحوظة في ملابس أصحاب المهن المختلفة. أما لباس العامة فيشتمل علي إزار وقميص ودراعة وسترة طويلة وحزام يسمي قمربند، وكانوا ينتعلون الأحذية والنعال. أما الجنود فيلبسون الأحذية علي حين ينتعل بعض الأعيان كليهما في وقت واحد ويخلعون الحذاء الخارجي المسمي الجرموق عند دخول المساجد أو القصور. كانت ملابس المرأة تتكون من ملاءة فضفاضة وقميص مشقوق عند الرقبة عليه رداء قصير ضيق يلبس عادة في البرد. وكانت المرأة العربية اذا خرجت من بيتها ترتدي ملاءة طويلة تغطي جسمها وتقي ملابسها من التراب وتلف رأسها بمنديل يربط فوق الرقبة. وقد تطورت ملابس النساء في العصر العباسي تطورا ظاهرا عما كان عليه في العصر الأموي إذ اتخذت سيدات الطبقة الراقية غطاء الرأس (البرنس)

مرصعا بالجواهر محلي بسلسلة ذهبية مطعمة بالأحجار الكريمة ، ويعزى ابتكار هذا الغطاء الي علية بنت المهدي وأخت الرشيد. وكانت النساء تلك الطبقة يعلقن الحجب بزنار البرنس للزينة. أما نساء الطبقة الوسطى فكن يزين رؤوسهن بحلية مسطحة من الذهب يلففن حولها عصابة منضدة باللؤلؤ والزمرد ويلبسن الخلاخل في أرجلهن والأساور في معاصمهن وأزنادهن ولم يجهلن فن التجميل الذي أخذنه عن الفارسيات. وكان طابع الحسن الصناعي مما يتحلى به الأعرابيات.

الدرس الحادي والعشرون
الأعياد وعادات الزواج والمآتم عند العرب

كان العرب بعد الفتوحات يتمتعون بثراء عريض لم يعرفوه من قبل، وانعكاس هذا الثراء الى بذخ واسراف في مظاهر احتفالها بالأعياد والمواسم التي أبدعوا في تنظيمها وانفقوا عليها دون حساب، حتى يخيل لمن يزورهم أن أيامهم كانت كلها أعيادا وأعراسا، فلم يترك العرب مناسبة دينية أو مذهبية خاصة أو عامة الا وأطلقوا فيها العنان لبذخهم وتأنقهم معتمدين على ثرائهم كأنهم أرادوا أن يظهروا لأعدائهم مدى ما هم عليه من ثراء وقوة، فأكثروا من الاحتفالات التي كانت تنثر فيها الأموال على العامة وتقام فيها الموائد الضخمة والمواكب المهيبة التي تجذب إليها الأنظار والقلوب. وكان الشعب العربي بمختلف طبقاته يشارك في هذه الاحتفالات وينغمس في جو المرح الذي تضفيه هذه المناسبات على الحياة مغرقا في اللهو وتناول مختلف أصناف الطعام والشراب مستمتعا بالمواكب الخلافية التي تتسم بكل مظاهر العظمة والجمال والمآدب الرسمية التي تحوى أجود أصناف الأطعمة والحلوى، وتمتلئ الأسواق بالناس في ملابسهم الزاهية يشترون لأولادهم اللعب من الدمى الملونة والعرائس والتماثيل من الحلوى كما كانت الأعياد مناسبة للفقراء والسوقة للحصول على الصدقات والهبات من القادرين، فكان يمربعضهم على التجار وأصحاب الحوانيت في الأسواق ويعلنون عن أنفسهم بالطبل والزمر والنفخ في الأبواق والرقص، فيتصدق عليهم التجار. ولا شك أن الأعياد والاحتفالات مؤشر هام وصادق على مدى تقدم المجتمع ودرجة ما يتمتع به من استقرار اقتصادي وسياسي وتماسك اجتماعي، وهى مرتبطة بالشعوب تنبع من تراثهم أو تتصل بدياناتهم ومن ثم تحظي باهتمامهم.

والواقع أن مصر في ذلك الزمان قد عرفت عددا كبيرا من الأعياد والاحتفالات التي اهتم الناس باحيائها. ومن الطبيعي أن عددا من هذه الأعياد كان يتصل بعقائد المصريين ودياناتهم، فقد كانت للمسلمين أعيادهم ومواسمهم التي اتخذ احتفالهم بكل منها مظهرا محددا وارتبطت بعادات المصريين وتقاليدهم الاجتماعية. كذلك كان لأهل الذمة من اليهود والنصارى أعيادهم الخاصة بهم، وثمة من الأعياد ما كان يتخذ شكل الاحتفال القومي العام ذلك لارتباطه بحياة المصريين جميعا أو لارتباطه بالتراث الموروث عن قدماء المصريين.

وجدنا أن أهم احتفالات المسلمين وأعيادهم كانت تتركز حول شهر رمضان واحياء لياله، ثم الاحتفال بعيد الفطر في نهاية شهر رمضان، ويأتي بعد ذلك الاحتفال بعيد الأضحى المبارك. وعلى مدار السنة الهجرية كانت هناك مواسم ومناسبات دينية حرص المسلمون على احيائها واتخذ بعضها شكل الاحتفال العام مثل دوران المحمل والمولد النبوي.

الاحتفال بشهر رمضان :

ويبدأ الاحتفال بشهر رمضان باستطلاع هلال الشهر الجديد، وقد شهد الرحالة ابن بطوطة الاحتفال بهذه المناسبة في مدينة أبيار(بالقرب من المحلة الكبرى) ووصفه وصفا دقيقا فقال : "... وعادتهم أن يجتمع فقهاء المدينة ووجوهها بعد العصر من اليوم التاسع والعشرين لشعبان بدار القاضى ويقف على الباب نقيب المتعممين وهو ذو شارة وهيئة حسنة، فإذا أتى أحد الفقهاء أو أحد الوجوه تلقاه ذلك النقيب ويقوم القاضى ومن معه ويجلسه في مجلس يليق به. فإذا تكاملوا هناك ركبوا جميعا وتبعهم جميع من بالمدينة من الرجال والنساء والصبيان وينتهون الى موضع مرتفع خارج المدينة، وهو مرتقب الهلال عندهم. وقد فرش ذلك الموضع بالبسط والفرش، فينزل القاضى ومن معه فيرقبون الهلال ثم يعودون الى المدينة بعد صلاة المغرب وبين أيديهم الشمع والمشاعل والفوانيس. ويوقد أهل الحوانيت بحوانيتهم الشمع، ويصل الناس مع القاضى الى داره ثم ينصرفون. هكذا فعلهم في كل سنة".

ولا شك في أن هذه الصورة التي ترسمها كلمات "ابن بطوطة" لاحتفال الناس برؤية هلال شهر رمضان كانت متكررة في جميع أنحاء البلاد. وفي ليالى شهر رمضان كانت الأسواق والشوارع تزدهر احتفالا بهذه المناسبة. وقد لاحظ بعض الرحالة الأجانب أن المطاعم والمطابخ في العاصمة كانت تظل مفتوحة طوال الليل لكى تستقبل زبائنها. والواقع أن العرب في المدن معظمهم كانوا لا يطهون الطعام في بيوتهم وكانت غالبيتهم من رواد المطاعم، كما كان بعضهم يرسل ما يحتاج طهيه من طعام الى حوانيت الشرائحية لتجهيزه. ومن ثم فقد من الطبيعي أن يعولوا على هذه المطابخ والمطاعم في وجبتي الفطور والسحور,

ومن ناحية أخرى كانت بعض الأسواق ترتبط بموسم شهر رمضان ومنها سوق الحلاويين وسوق الشماعين. ففي هذا الشهر كان سوق الحلاويين يمتلئ بكافة أصناف التماثيل السكرية تعرف باسم " العلاليق"، لأنها كانت تعلق بخيوط على أبواب الحوانيت. ويتراوح وزن " العلاقة" ما بين ربع رطل وعشرة أرطال. وكانت أسواق الحواضر والأقاليم تمتلىء بهذه الحلوى التي يحرص الناس على شرائها لأطفالهم وأقاربهم. كذلك كان سوق الشماعين من الأسواق التي ارتبطت بشهر رمضان، ففي ليالى هذا الشهر كانت حوانيت السوق تفتح أبوابها الى ما بعد منتصف الليل، وقد تلألأ السوق بأضواء مختلف أنواع الشموع الموكبية والفانوسية والطوافات. وكانت الواحدة من الشموع الموكبية تصل في وزنها الى عشرة أرطال، أما الشموع الضخمة التي كانت تصل في وزنها الى ما يزيد على قنطار، فكانت تؤجر لكى تستخدم في موكب صلاة التراويح. فقد كان هذا الموكب يتجمع حول إحدى الشموع الضخمة التي يجرها الأولاد على عجلات، وقد أمسك كل منهم بفانوسه وهم يهزجون بأغنيات دينية جميلة، ويطوف الموكب المضىء دروب البلد وأزقته من بعد المغرب حتى موعد صلاة العشاء والتراويح.

وكانت الموائد الرسمية التي تنفق عليها الدولة تقام داخل القصر وفي الجوامع الكبرى ليفطر عليها الناس على اختلاف طبقاتهم طوال شهور رجب وشعبان ورمضان وتباح محتوياتها لمن يرغب. أما سماط شهر رمضان في القصر فكان يمد كل ليلة بقاعة القصر ويحضره قاضي القضاة ليالى الجمع، أما الأمراء وكبار رجال الدولة فكان حضورهم السماط بالتناوب، فيخرج كتاب بأسماء من عليه النوبة منهم الى صاحب الباب حتى لا يحرموا من الافطار مع أسرهم. وكان السماط يجهز بأجود أصناف الطعام ويقوم الفراشون بخدمة الحاضرين، ويقدم لهم أثناء الطعام الماء المبخر في كيزان من الخزف، وكان يسمح للحاضرين بحمل ما

يرغبون من الطعام بعد انتهائهم من تناول الافطار.

وبعد انتهاء سماط الافطار يبدأ احتفال ديني كبير يحضره الخليفة ويتبارى القراء في تلاوة القرآن بأصوات فيها تطريب ويتبعهم المؤذنون بالتكبير وذكر فضائل السحور ويختمون بالدعاء للخليفة، ويأتي بعدهم دورالوعاظ فيذكرون فضائل شهر رمضان ويسهبون في مدح الخليفة وكرمه، ثم يأتي دور الصوفية فتقوم جماعاتهم بالرقص والمديح وذكر مناقب الرسول وأهل البيت. ويستمر الاحتفال الديني الى بعد منتصف الليل وتوزع أثناءه على الحاضرين أطباق كبيرة بها أصناف الحلوى والقطائف وأكواب الماء المعطر فيأكلون ويحملون ما يستطيعون حمله منها فيأخذ الفراشون ما بقى منهم، ثم تبدأ مائدة السحور التي يحضرها الخليفة وشهود الاحتفال الديني ويباح للجميع الطعام الخاص بالخليفة فيوزع عليهم منه، وكل من أخذ شيئا من طعام الخليفة قام وقبل الأرض وحمل بعضه على سبيل البركة لأهله وأولاده، وينتهى السحور بتوزيع الحلوى والقطائف على الحاضرين. وكانت الدولة بالاضافة الى الأسمطة تنفق أموالا طائلة خلال هذا الشهر على الصدقات التي تعم أهل الحاجة والفقراء.

وكان عامة الناس وخاصتهم يستقبلون شهر رمضان بالبهجة والانطلاق فتزدحم المساجد بالمتعبدين وتمتلئ الاسواق بالحركة والنشاط وتعم البيوت أنواع الحلوى والأطعمة التي يتميز بها هذا الشهر مثل القطائف والكنافة، وكان سوق الشماعين في شهر رمضان يكتظ بالمشترين الذين يقبلون على شراء الشموع ذات الأحجام المختلفة، وكانت الفوانيس المضاءة بالشموع منتشرة في كل مكان ويحملها الصبية في ليالى رمضان في الطرقات وهم في طريقهم الى الجوامع للصلاة ومشاهدة الاحتفالات الدينية. وكان للفانوس وظيفة مهمة في ذلك الوقت فكان يوضع فانوس مضاء على مئذنة الجامع وعند حلول موعد الامساك عن الطعام يقوم المؤذن باطفاء الفانوس فيكون علامة للناس عن بداية صوم يوم جديد.

الاحتفال بعيد الفطر :

وفي ليلة عيد الفطر كان بعض الناس يسهرون لتجهيز ملابسهم الجديدة حتى الصباح، على حين يسهر الأتقياء منهم في الاستماع الى القرآن الكريم والأذكار، ومع طلوع النهار يتوجه الرجال لأداء صلاة العيد في موكب كبير وهم يهللون ويكبرون حتى يصلوا الى المسجد، ثم تتبادل البيوت التهنئة بالعيد كما يتبادلون أطباق الكعك الذى كان تجهيزها يتم خلال الأيام الأخيرة من شهر رمضان. ويبدو أن البعض كان يفضل شراء الكعك جاهزا. وكانت الوجبة الأولى لغالبية الناس في عيد الفطر من السمك المملح المشقوق. وكان من عادة الناس أن يشتروا الحلوى والتماثيل السكرية ويهادون بها أقاربهم وأصهارهم لا سيما اذا كانت المصاهرة جديدة أو اذا لم يكن العريس قد دخل بعروسه بعد.

وفي أيام العيد يخرج الناس لزيارة القبور ويجتمعون في القرافة التي كانت من أشهر أماكن التنزه والفرجة. وكانت النساء تركب الدواب في الذهاب والرجوع من القرافة، وهناك يجتمع الكل رجالا ونساء يمزحون ويغنون، كما كان القراء يقرأون القرآن، كذلك كان الوعاظ يعظون الناس من فوق الكراسى والمنابر التي أقيمت بين القبور، كما كان المحدثون من القصاص يروون القصص الدينية للناس الذين يتحلقون حولهم. وفي مصر كان البعض يتوجهون الى شاطئ النيل يستأجرون القوارب وتكتسى صفحة النهر بهذه القوارب وبها الناس يلهون ويطربون ومعهم نساؤهم وأطفالهم.

كان أهم مظاهر الاحتفال بعيد الفطر توزيع الحلوى على جميع موظفي الدولة واقامة الأسمطة الضخمة

التي تحوى كل طريف في القصر، وقد أنشىء لهذا الغرض مطبخ ضخم لصنع الحلوى أطلق عليه " دار الفطرة " ويبدأ العمل في هذه الدارمنذ النصف من رجب فيخزن داخلها كميات كبيرة من السكر والعسل وقلوب اللوز والجوز والفستق والبندق والدقيق والتمر والزبيب والمواد العطرية، ويستمر العمل استعدادا لحلول عيد الفطر في صنع أصناف الحلوى المختلفة مثل الرقاق المحشو بالفستق واللوز وحلوى تصنع من الدقيق والبلح وكعب الغزال وغيرها وتخزن هذه الأصناف في مخازن داخل دار الفطرة، وكان الخليفة يحضر بنفسه بصحبة الوزير للاطمئنان على سير العمل في النصف الثاني من شهر رمضان، ثم يبدأ من هذا التاريخ توزيع الحلوى على جميع أرباب الرتب في الدولة والموظفين كبيرهم وصغيرهم في صواني تحمل كل صينية اسم صاحبها ويختلف حجم الصينية وكمية الحلوى حسب مكانة كل فرد، ويحمل هذه الحلوى فراشون مخصصون لهذا العمل وهم في أتم زينة ويرتدون الثياب الفاخرة.

وكان يقام في القصر سمطان كبيران بمناسبة عيد الفطر، السماط الاول يباح للناس ولعامة موظفي القصر من أرباب الوظائف الصغيرة، وكان يبدأ في اعداد هذا السماط من ليلة العيد في الايوان الكبير المطل على الشباك الذي ينظر منه الخليفة، ويحتشد السماط بأصناف الأطعمة والحلوى التي صنعت في دار الفطرة، فإذا صلى الخليفة صلاة الفجر جلس في الشباك المطل على الايوان وحضر اليه الوزير، وأمر بأن يسمح للناس بالطعام، فيقبل الجميع على السماط فيأكلون كفايتهم ويسمح لهم بحمل ما يستطيعون حمله حتى أن بعضهم كان يبيع من هذه الحلوى ما لا حاجة له بها.

أما السماط الثاني فكان يقام في قاعة القصر بعد عودة الخليفة من صلاة عيد الفطر، فتوضع أمام سرير الملك الخاص بالخليفة مائدة ضخمة من الفضة تسمى " المدورة " عليها أطعمة في أوان من ذهب وفضة وصيني وهى خاصة بالخليفة فلا تحوى من الأطعمة إلا الخاصة الفائحة الطيب من غير خضروات سوى الدجاج الفائق المسمن المعمول بالأمزجة الطيبة. كما يمد سماط أمام مائدة الخليفة بطول القاعة وقد رصت عليه الأطعمة الفاخرة من الخراف المشوية والدجاج والفراريج وفراخ الحمام وأصناف الحلوى ويزين السماط بالزهور. وكان هذا السماط مخصصا لكبار رجال الدولة والأمراء. وخلال الأكل يقرأ القراء ويكبر المؤذنون وينشد المنشدون ويتبارى الشعراء بإلقاء قصائدهم في هذه المناسبة ويتقدم كبار رجال الدولة من الشيوخ والقضاء والشهود والأمراء والكتاب والفقهاء والعلماء والأعياء بالسلام على الخليفة، ويوزع على الجميع خلال ذلك الحلل والهبات حسب العادة المتبعة.

وكان عيد الفطر من المناسبات التي ترسل فيها المكاتبات المعطرة الى أنحاء الدولة والأقطار الخاضعة لها تصف عظمة موكب الخليفة وعودته سالما الى قصره وانتهاء الاحتفالات بسلام دون فتن أو قلاقل لتذاع هذه الأخبار في الجوامع ليعلم الجميع ذلك.

الاحتفال بعيد الأضحى :

وفي عيد الأضحى كان البعض يجهزون الأضاحى منذ ليلة العيد، كما كان بعضهم يقضى تلك الليلة في تجهيز ثيابهم الجديدة، وربما يسهر أحدهم عند الخياط حتى ينتهى من اعداد ثياب العيد. وجرت عادة بعض الناس على عدم ذبح الضحية في العيد على الرغم من قدرتهم على ذلك، وكانوا يكتفون بشراء اللحوم من الجزارين ويطبخون منها عدة أصناف. وبعد صلاة العيد التي كان الخروج لأدائها يتم في موكب يشبه موكب صلاة عيد الفطر، كان الناس يخرجون لزيارة القبور والتجمع في القرافة أيضا. وكانت النساء تتزين وتتجمل

بغاية الزينة، وتسير العربات التي تجرها الدواب في شوارع المدينة وفوقها مجموعة من البنات والنساء وهن يغنين وينقرن على الدفوف.

وكان يوم التاسع من ذى الحجة هو " يوم الهناء بعيد النحر" فيجلس الوزير في داره عند آذان الصبح يستقبل وفود المهنئين على طبقاتهم من أرباب السيوف والأقلام والأمراء والأساتذة المحنكين والشعراء، بعدها يتوجه الوزير الى القصر ليقدم التهانى للخليفة ويتبعه الأمراء ورؤساء الدواوين وكبار رجال الدولة، ثم يدخل الشعراء لتقديم القصائد في هذه المناسبة. وكانت الرسوم المتبعة في موكب صلاة عيد الأضحى لا تختلف كثيرا عن مثيلتها في عيد الفطر. وكانت العادة أن يستريح الخليفة بعض الوقت داخل القصر بعد عودته من صلاة عيد الأضحى ثم يخرج فيجد الوزير في انتظاره ويمشى في خدمته وهو في طريقه الى المنحر الذي يقع في فضاء متسع خال من البناء بجوار القصر، ويسير خلف الخليفة المؤذنون وهم يجهرون بالتكبير. وكان في المنحر مصطبة واسعة مفروشة، يصعد اليها الخليفة والوزير وقاضى القضاة وبعض الأساتذة المحنكين وأكابر الدولة، وقد أعدت النحائر ليقوم الخليفة بنفسه بذبحها، فيمسك الخليفة بالحربة وقاضى القضاة بنصلها فيضع القاضى النصل في نحر الذبيحة ويقوم الخليفة بطعنها، وكلما نحر الخليفة رأسا كبر المؤذنون. وجرت العادة أن ينحر الخليفة بيده ثلاثة أيام متوالية. وكانت هذه اللحوم توزع على أرباب الدولة وكبار موظفيها، وينال منها الجميع نصيبا ابتداء من الوزير فما دونه تحمل اليهم في أطباق مع الفراشين، وكان قاضى القضاة وداعى الدعاة يقوم بتفريق بعض اللحوم على الطلبة المتصدرين بالجوامع. كما كانت هذه الأضحيات تصل الى أيدى الفقراء والمحتاجين، فكان يتصدق بناقة كل يوم على الضعفاء والمساكين. وفي اليوم الثالث تحمل ناقة مذبوحة لتوزع على الفقراء بالقرافة، كما كان يتصدق بسقط ما يذبح من النوق والبقر على المحتاجين.

وكانت توزع على كبار رجال الدولة الكسوات والخلع بهذه المناسبة كما كانوا يمنحون الهبات المالية، وكان يطلق على هذه الكسوات " كسوة عيد النحر". وكان سماط عيد الأضحى يبدأ بعودة الخليفة من المنحر في اليوم الأول للعيد ويستمر السماط لمدة ثلاثة أيام بالاضافة الى ما كان يعمل من أسمطة خاصة بالحريم في دار الوزير، وكانت تقدم على هذه الموائد أنواع فاخرة من المأكولات والحلوى المصنوعة في دار الفطرة.

الاحتفال برأس السنة الهجرية :

ففي أول شهر المحرم من كل سنة كان العرب يحتفلون بعيد رأس السنة الهجرية. ويبدو أن الاحتفال بهذه المناسبة كان يقتصر على تبادل التهانى وتوزيع العطايا على الفقراء. ومن العادات المصرية التي ارتبطت بهذه المناسبة أن النساء كن يشترين اللبن حتى تكون السنة بيضاء لا شرفيها.

كان الاستعداد لهذا الاحتفال يبدأ في الأيام العشرة الأخيرة من شهر ذى الحجة باخراج الأسلحة والنفائس واعداد الخيول المشتركة في الموكب الكبير الذي يخرج صبيحة يوم الاحتفال.

ومن جهة أخرى فان مطابخ القصر كانت تعد لهذه المناسبة أصنافا متعددة من الأطعمة في ليلة رأس السنة من الخراف والرؤوس وأنواع الحلوى والخبز والألبان، وكانت هذه الأطعمة توزع طبقا لرسوم محددة على جميع رجال الدولة وحاشية الخليفة وأرباب الرتب والوظائف. كما يصل الكثير منها الى عامة الناس.

وفي صبيحة يوم الاحتفال يجتمع كبار رجال الدولة من أرباب السيوف والأقلام في ميدان القصر حيث احتشدت طوائف الجند طبقا لترتيب محدد في الميدان والجميع في أبهى زينة من الثياب ونفيس السلاح. وبمجرد ظهور الخليفة من باب القصر يعزف بوق خاص وتتبعه بقية البوق في الموكب. وكان الخليفة في هذه

المناسبة يرتدى ملابس رسمية على رأسه عمامة كبيرة تعرف بشدة الوقار، وتعلو جبهته جوهرة عظيمة القيمة تعرف باليتيمة وبجانبه حامل المظلة التي تشبه في لونها لون ملابس الخليفة ويحيط به نحو ألف رجل من صبيان الركاب وعشرون رجلا من صبيان الخاص يحمل كل منهم راية من الحرير على رماح طويلة بالاضافة الى حاملى المباخر التي تنبعث منها روائح البخور العطرة. ويسير الموكب في طريقه المرسوم طبقا لنظام محدد لطوائف الأمراء والجند في رفق يتقدمه والى العاصمة لافساح ما قد يعترض طريق الموكب. وتصاحب الموكب دقات الطبول والصنوج وغيرها من الآلات في صوت قوى. وقد احتشد الناس على جانبي الطريق لمشاهدة الموكب يعمهم السرور. وقد زين التجار حوانيتهم وعرضوا بضاعتهم حتى تعمها البركة بنظر الخليفة اليها. وبعد ذلك يعود الموكب في نهاية الأمر الى ميدان القصر.

وكانت العادة المتبعة أن يقوم السقاءون برش الطريق الذي يسلكه الموكب بهدف منع إثارة الغبار على الراكبين في الموكب الذي يشترك فيه عدد كبير من الخيول والجمال. كما كان من عادة الخلفاء في هذه المناسبة أن يأمروا دار السكة بضرب عملة جديدة يتم ضربها في العشرة الأيام الأخيرة من ذي الحجة وتحمل تاريخ السنة الجديدة وتوضع في "صناديق الانفاق"، وكانت هذه العملة توزع على جميع رجال الدولة.

الاحتفال بليلة الإسراء والمعراج :

وفي ليلة اليوم السابع والعشرين من رجب الهجري حيث كان الرسول يسرى ويعرج الى السماء يحتفل العرب بليلة الإسراء والمعراج، فيجتمع الناس في أكبر مساجد المدينة رجالا ونساء، وتعلق في أرجاء المدينة المشاعل والفوانيس والشموع، كما يفرشون البسط والسجادات داخل المساجد وعليها الأوانى والأباريق التي امتلأت بالمشروبات التي اعتاد الناس احتساءها في هذا الموسم، ويستمعون الى مشاهير قراء عصرهم وهم يرتلون آيات القرآن الكريم. وفيها كانت تسطع المساجد بالأضواء ويتحول ليل المدينة الى نهار لأن الناس كانوا يربطون الحبال بالشرفات والأعمدة ويعلقون بها عددا كبيرا من القناديل المضاءة، وتمتلىء الجوامع بالرجال والنساء والأطفال الذين يحتفلون بهذه المناسبة.

الاحتفال بالمولد النبوى :

كان عيد المولد النبوي يبدأ مع مطلع شهر ربيع الأول ويستمر حتى الثاني عشر منه، وكان الاحتفال به يتخذ شكلا من الفخامة والعظمة يتناسب مع ما عرفته الحياة الاسلامية، وكان الخلفاء يحرصون على مشاركة رعاياهم في الاحتفال بهذه المناسبة. ويتميز الاحتفال بكثرة ما يوزع فيه من الصدقات والأطعمة والحلوى، وكانت دار الفطرة تستعد للاحتفال بهذا اليوم باعداد كميات كبيرة من الحلوى اليابسة يستخدم في استعمالها عشرون قنطارا من السكر وتعبأ في ثلاثمائة صينية من النحاس ويجرى توزيع هذه الحلوى على رجال الدولة من أول النهار الى الظهر طبقا لرسوم محددة، فيبدأ بقاضى القضاة وداعى الدعاة ثم القراء بالقصر والخطباء والمتصدرين للتدريس بالجوامع وقومة المشاهد، كما يخرج من دار الفطرة أربعون صينية من الحلوى برسم المشرفين وخدام المشاهد الشريفة لآل بيت رسول الله.

أما الاحتفال الرسمي بالمولد النبوى فكان يبدأ بعد صلاة ظهر اليوم الثاني عشر من شهر ربيع الأول، فيخرج قاضى القضاة على رأس موكب الاحتفال وبصحبته الشهود العدول والمكلفين بحمل صوانى الحلوى ويتجه الجميع الى الجامع الأكبر حيث يجلس القاضى مدة لسماع القرآن حتى يتم ختم المصحف الشريف، ثم يعود الموكب الى القصر وقد احتشد الناس على جانبي الطريق لمشاهدته وكذلك حول منظرة القصر للتطلع الى

الخليفة. وبعد فترة تفتح احدى طاقات المنظرة ويظهر منها وجه الخليفة وحوله المقربون من الأساتذة المحنكين ورجال الحاشية، ويخرج أحد الأستاذين المحنكين يده من طاقة أخرى ويشير بكمه قائلا: أمير المؤمنين يرد عليكم السلام، ثم يبدأ بعدها الاحتفال في القصر بقراءة القرآن ويتبارى خطباء الجوامع الكبرى في الخطابة وذكر مناقب الرسول وما يناسب هذه الذكرى الجليلة ويختمون خطاباتهم بالدعاء للخليفة، فإذا انتهى الاحتفال أخرج الأستاذ يده من الطاقة للقاضي وجماعته مشيرا برد السلام الخليفة كما تقدم، ثم تغلق الطاقتان وينصرف الجميع الى دورهم.

هذا هو الاحتفال الرسمي ولكن الناس كانوا يحتفلون بالمولد النبوي على طريقتهم. فكان من المعتاد أن يقيم الناس الحفلات بهذه المناسبة في بيوتهم أو أمامها. ويبدأ الاحتفال بالقرآن الكريم الذي يتلوه مشاهير القراء المعروفون بالتطريب وحسن الصوت. ثم يعقب ذلك المنشدون الذين تصاحبهم الآلات الموسيقية، ويصدحون بالقصائد والأغاني في مدح النبي، فاذا ما انتهى المنشدون أقيمت حلقات الذكر فيقوم الواحد منهم ويعيط وينادي ويبكي ويتباكى ويتخشع وربما مزق ثيابه وعبث بلحيته على حين تطل النساء من أسطح البيوت المجاورة لمشاهدة الاحتفال المقام أمام المنزل. كذلك كانت تقام في داخل البيوت حفلات نسائية احتفالا بهذه المناسبة وتلتف النساء حول إحدى محترفات الوعظ لسماع حديثها الديني.

وما عدا تلك الأعياد العامة في مصر هناك عيد مشهور آخر متعلق بالنيل يوجد منذ عصر الفراعنة، ألا وهو عيد شم النسيم في نصف شهر نيسان حيث يخرج الناس منطلقين الى شواطئ النيل أو المنتزهات أو أية بقعة خضراء جالسين تحت النخلات يأكلون ويشربون ويلعبون وهم يستمتعون بمناظر الربيع منشر حين الصدر، وفي هذا اليوم يتبادل الناس بالبصل الأخضر أمانا من الأذى.

احتفالات الزواج :

كان نظام التسري بالإماء ظاهرة اجتماعية شائعة في العصور الاسلامية، ولم يكن قاصرا على الخلفاء وكبار رجال الدولة من القادرين اقتصاديا بل كان يشمل من يملك ثمن الأمة من عامة الناس، إلا أن الزواج من حرة كان من الأمور المستحسنة لإقامة الأسرة العربية.

وكان الزواج يتم طبقا لعقد مكتوب يوقع عليه عدد من الشهود قد يزيد على العشرة في بعض الأحيان ويتولى عقد زواج العامة أحد رجال الدين أو الشهود العدول ولا يحق له ممارسة هذا العمل إلا بأمر من القاضي أو نوابه في الأقاليم. وينص عقد الزواج على قيمة الصداق الذي كان يتناسب وحالة الزوج الاجتماعية. وكان الزوج يحصل على ايصال من زوجته بقيمة ما دفع لها من صداق يوقع عليه عدد من الشهود، كما كانت الزوجة بدورها تحصل على سند بقيمة ما تأخر لها من الصداق.

وكان عقد الزواج غالبا ما ينص على أمور تشترطها الزوجة على زوجها أثناء حياتهما المشتركة، ومن هذه الشروط التي وردت في الوثائق القديمة نجد الزوجة تلزم الزوج في حالة اقترانه بزوجة أو أكثر غيرها أن تكون لها اليد العليا في شئون الدار ولها الأمر والتدبير، كما تشترط احدى الزوجات على زوجها في حالة اتخاذه لجارية أو حظية يكون أمرها بيدها إن شاءت عتقت وإن شاءت بيعت، فعتقها وبيعها جائز عليه ولازم له. كما كانت هناك شروط أخرى لصالح الزوجة مثل اشتراطها على زوجها ألا يمنعها من زيارة أهلها ولا يمنع أهلها من زيارتها وأن يتقى الله فيها ويحسن عشرتها ويعاملها بالمعروف. وكانت التقاليد الاجتماعية تقضى بعدم اختلاط الأشراف بغيرهم عن طريق المصاهرة حفاظا على نقاء الدم الشريف، كما كان من غير

اللائق أن يشاهد الرجل المرأة التي يرغب الزواج منها قبل عقد الزواج.

وكان الصداق يختلف باختلاف الحالة الاجتماعية للزوج، فإن قيمة ما تجهز به العروس كان خاضعا لحالة أسرتها المالية، ويبدو أن الزوج كان يتكفل بدفع قيمة المهر واعداد دار الزوجية، وعلى أسرة الزوجة اعداد الجهاز اللازم للدار. ويروى المقريزي أن جهاز العروس كان غالبا ما يحتوى على دكة مثل السرير مصنوعة من النحاس المكفت، أو من الخشب المطعم بالعاج والأبنوس، أو من خشب مدهون، وهذه الأنواع تختلف أثمانها طبقا لجودة خامتها ودقة صناعتها، بالإضافة الى سبع أوان من النحاس الأصفر المكفت بالفضة مختلفة الأحجام بعضها أصغر من بعض، وسبعة أطباق مختلفة الأحجام أيضا وغير ذلك من الملابس الجديدة والطشت والابريق والمبخرة، وتقدر قيمة هذا الجهاز بما يزيد على مائتى دينارا ذهبا، وهذا على ما يبدو كان جهاز العروس من الطبقة المتوسطة والعامة. أما اذا كانت العروس من طبقة الخاصة من بنات الوزراء والأمراء وأعيان الكتاب أو طبقة أثرياء التجار فان جهازها كان يتكون من سبع دكك على أشكال مختلفة أى أنها كانت تتجهز بما قيمته سبعة أضعاف مثيلتها من بنات العامة وأواسط الناس.

وللزواج في مصر اتفاق خاص لا يحتاج فيه الى مصادقة من السلطة الدينية ولا الى اجراءات ما من جانب السلطة المدنية. فاجتماع الزوجين هناك يتم بتبادل الرضا والقبول من الزوجين أمام شاهدين، وتعلن الزوجة رضاها وقبولها في هذا العقد بلسان وكيل تختاره بنفسها اذا كانت بالغة أو بلسان والدها أو وصيها اذا لم تكن كذلك. فالذي يؤدى الوكالة عنها يخاطب الخطيب المتقدم للزواج بقوله "زوجتك اياها" فيجاوب هذا "قبلت"، ومنهم من يستغنون عن هذه الصيغة الرسمية.

وكانت توجد دور مخصصة لإقامة حفلات الزفاف تستأجر من أصحابها لهذا الغرض، وكان على ملاك هذه الدور التزام جانب الأخلاق الحميدة والمحافظة على حرمة أصحاب الحفل وعدم تسور أسطح الدور للتطلع الى النساء المجتمعات في الحفل، وكانت الدولة تأخذ عليهم عهدا بذلك ويوقع صاحب الدار وثيقة بعدم التعرض لمؤجرى داره للافراح، وإلا حرم من تأجيرها لهذا الغرض.

ويرى المسلمون في الزواج أنه من الفروض التي لا يحسن بالمرء محاولة التنصل من القيام بها، فهم يريدون من الرجل الاقتران بالمرأة متى بلغ السن الملائمة لذلك، وبلغت شدة الوهم بهم في هذا الموضوع الى حد لا يمكن لاحد معه السكنى بأحد الاحياء في بيت خاص به ما لم يكن متزوجا أو عنده في خدمته جارية أو جملة من الجوارى، فالعازب مضطر الى السكنى في الوكائل أى الفنادق العامة المعدة لاقامة الغرباء. والحقيقة أن لا سن معينة للزواج عند العرب، فان منهم من يزوجون بناتهم في التاسعة والعاشرة من عمرهن، أى في الوقت الذي لم يتوافر للمرأة فيه النمو البدني والأدبي ما يجعلها أهلا للتزوج. كما كثيرا ما يرى المرء رجالا في الثلاثين أو الأربعين من أعمارهم، وقد تزوجوا بفتيات صغيرات يصح أن يكونوا لمثلهن آباء أو أجدادا، فهم لا يلتمسون من الزواج سوى شفاء الغليل من الشهوات البدنية، وعلى أن الدافع الى عقد عقدة الزواج لم يكن العقل ولا العاطفة.

ولا يسمح لمسلم أن يتزوج بابنته أو أخته أو بنت الأخ أو بنت الأخت أوالأخت في الرضاع أو أخت الزوجة ما لم تكن قد توفيت أو طلقت، وفيما عدا هذا من طبقات القرابة يباح الزواج. والشريعة الاسلامية لا تحرم زواج المسلم بالنساء من أهل الذمة أى اليهوديات والمسيحيات ولكنها تحرمه بالمشركة من أديان آخر غير هذين الدينين. ومما يكاد يدخل في حكم العدم أن مسلما يستفيد بهذه الاباحة فيتزوج بمسيحية أو يهودية.

تقام حفلات الزفاف بعد تبادل القبول والرضا من الخطيبين، وعلى كل حال فالمدة التي تنقضى بين تحرير العقد وحفلة الزفاف لا تتجاوز ثمانية أيام الى عشرة يقوم أهل العروس خلالها بتجهيز شوارها. وقد يقدم العريس اليها بعض الهدايا أثناء ذلك. والأيام السعيدة الطالع الموافقة للاحتفال بالزفاف هى الاثنين والجمعة على الأخص. وفي مصر فأفضل أوقات السنة للزواج هى المنحصرة بين فيضان النيل وشهر رمضان. وفي الليلتين السابقتين على يوم الزفاف أو الثلاث ليالى السابقة تضاء الأنوار والمصابيح في بيت العريس والمسالك المؤدية اليه من الحى الذي يسكنه، وتقام المآدب يدعى اليها أقرباؤه وأصدقاؤه. أما بيت العروس فيكون أثناء ذلك مظهرا لحفلات باهرة وأفراح عظيمة تشترك فيها النساء من أهلها وقريباتها وجاراتها.

ويعد من الأعياد الكبيرة وبواعث السرور والابتهاج اليوم المعين لذهاب العروس الى الحمام حيث تمشط وتضمخ بالروائح العطرية ويزال شعربدنها للمرة الأولى في حياتها. ويرافقها الى الحمام عادة قريباتها وصديقاتها. ويكون الذهاب اليه قبل الزفاف بيومين مجملة بأحسن ما تتجمل به امرأة من ضروب الزينة والبهرج ومتوجة بتاج جميل تحت ظلة يرفع قوائمها أربعة من أشداء الرجال ويتقدمها المسيقيون والراقصات والعالمات. وقبيل المساء تعود الى بيت أهلها في مثل هذا الموكب الجميل. أما العريس فيقصد الى الحمام العام أيضا في مثل هذا المظهر ويقضى به بأكمله مع لفيف من أخص أصدقائه. وفي اليوم الذي يذهب فيه العروسان الى الحمام يخصص هذا المكان لهما بالأجرة فلا يغشاه أحد من جمهور الناس.

ومتى أقبل اليوم الموعود للزفاف سارت العروس الى بيت عريسها في موكب حافل يشبه الذي سارت فيه يوم ذهابها الى الحمام. وتسير فيه أيضا جواريها بعضهن حاملات أو عية تتضمن أدوات زينتها وبهرجها ومصوغاتها، والبعض الآخر يقمن باحراق البخور في المباخر بينما تبث نساء غيرهن في الفضاء صيحات حادة تسمى بالزغاريد. ويوالى الموكب السير على هذا النظام متمهلا متوخيا أبعد السبل عن بيت العرس لاذاعة خبر الزفاف واشراك الجمهور في بهجة احتفاله.

ولدى عودة العروس الى الحرم المعد لاقامتها تجد فيه مائدة فخمة جمعت الصنوف العديدة من أشهى الأطعمة فتجلس اليها للأكل مع صويحباتها قريبات وجارات. أما العريس فلا يحضر هذه المائدة بل يقصد مع بعض أفراد أسرته وأصدقائه الى المسجد لأداء الصلاة ثم يعودون جميعا الى المنزل لتناول الطعام معا. وبعد الطعام يستأذن منهم في الانصراف ليدخل على عروسه في حجرتها. عندئذ يرفع النقاب عن وجه هذه العروس التي لم يكن قد رآها من قبل. وهذه الآونة من الظروف الرئيسية الباتة في حياة الانسان. لأنه يتأكد بعينى رأسه اذا كانت الأحلام التي ما فتئت تناوشه وتداعبه منذ تحرير عقد القران فيما يختص بمحاسن عروسه قد تحققت أو لم تتحقق. وعقب رفع النقاب يباشر بنفسه العملية التي يقوم بها الدليل على بكورة عروسه من عدمها على مشهد من الأمهات وبعض كبار السيدات.

الاحتفال بالوفاة :

يحترم المسلمون موتاهم ويعظمون سيرتهم ولهذا كانت الجنازات عندهم من أهم المظاهر الدينية، غير أن هذه المظاهر لا تنهض في هذا الأمر كما في كثير من الأمور غيره دليلا على الشعور الحقيقي بالحزن والتأسى. لأن الدين الاسلامي يدعو أهله الى التلطيف من الحزن على موتاهم باعتبار أن الموت قضاء ساقه الله وارادة لا رد لها وحكم يجب الانقياد اليه والرضا به فاذا استسلموا الى الحزن وبالغوا فيه أتوا ما يخالف أو أمر الله وذهبوا الى عكس مشيئته. وهذا ما هو سر في قولهم أثناء كلامهم على موتاهم متى هدأت نارحزنهم

الأول : إن الله عز وجل قد اختارهم لجواره ودعاهم اليه فلبوا دعوته وانهم انتقلوا من دار الشقاء الى دار البقاء، لا حول ولا قوة الا بالله ، انا لله وانا اليه راجعون. ويقولون لمن يجيء لعيادتهم والاستفسار عن حالتهم : الحمد لله، هو أرحم الراحمين، واذا انسوا في أنفسهم بعض القوة هموا بالوضوء كما كانوا يفعلون قبل كل صلاة ليكونوا في انتقالهم من الحياة الدنيا الى الحياة الأخرى على طهارة تامة. فاذا أشرفوا على الموت وجهوا صوب القبلة.

ان اللحظة التي يلفظ المسلم فيها النفس الأخير تتلوها في العادة النواح والولولة وغيرهما من مظاهر الحزن تبتدئ منذ ساعة الاحتضار، فانه ما دام بالمحتضر رمق من الحياة يظل الحاضرون حوله من أهله وذوى قرابته ملازمين للسكون ومتمسكين بأهداب الصبر، ولكنه متى لفظ النفس الأخير ولبى نداء ربه سرعان ما يأخذهم الانزعاج وينتابهم الحزن والأسى فيصيحون ويبكون وترى النساء يضربن صدورهن ويخمشن وجوههن ويجذبن شعورهن ويحثين التراب على رؤوسهن ويولولن بأصوات محزنة على ايقاع معلوم منهن. واذا كان المتوفى رب الأسرة انبعثت من صدورهن ألفاظ تدل على مبلغ الحزن والأسى لوفاته من نفوسهن فيقلن : يا سيدي! يا جملي! انت الذي كان يجى بقوتنا! أنت الذي كان يحمل عبء حياتنا! يا سبعي! يا ركني! يا عزيزي! يا وحيدي! وا مصيبتاه! لماذا تركتنا! ماذا كان ينقصك بيننا! أما كانت طاعتنا لك لا حد لها! أما أحس قلبك بحبنا واحترامنا! الخ ما هنالك من عبارات الشجو وصيحات الحزن. ولا يكاد ينتشر خبر الوفاة حتى تقبل نساء الجيران على بيت المتوفى ويضفن صراخهن وعويلهن الى صراخ صاحباتهن وعويلهن. وغالبا ما يدعين اليهن الندابات الضاربات على الاطارات ويصحن صيحات يتكلفن فيها اظهار الحزن واليأس ويعددن صفات الفقيد الجسمانية ومناقبه النفسية متوخيات في ايرادها المبالغة التى لا معنى لها.

ذلك شأن النساء في المآتم، أما الرجال فيحتفظون غالبا فيها وفي الحوادث المكدرة والكوارث النازلة بالسكون والجلد والصبر وقلة الاكتراث، ويحرصون كل الحرص على كتمان شعور الألم والحزن الذي يحسون به شديدا في قلوبهم، ويتحامون اظهار شيء من العلامات والاشارات التي تنم على ما ينتابهم من ذلك وغاية ما يشاهد منهم حب الانزواء والانجماع عن الناس، كأنهم يودون الانفراد بالحزن بدون أن يشاركهم أحد فيه. وهذا ولا شك أحد مظاهر فضيلة الصبر عندهم في الشدائد والمحن.

ولا قانون عند المسلمين يعين المدة التي ينبغى انقضاؤها بين الوفاة والدفن، والمجمع عليه بمقتضى نصوص الدين التعجيل بتجهيز الميت وتشييع جنازاته ودفنه. وهم يعجلون بذلك حتى أنه ليحدث أحيانا أن تنقل الجثة الى القبر بعد الوفاة بنصف ساعة أو ساعة، ونادرا تمتد هذه المدة الى بضع ساعات. والمقصود بهذه العجلة منع التأذى من تعفن الرمة السريع الحصول في الاقاليم الحارة. ويكون تشييع الجنازات في النهار عادة، فإذا توفى الميت ليلا فانه لا يكفن الا بعد شروق الشمس، ولذلك يبيت أهله في بكاء وعويل لا يكفون عنهما الا بعد زمن طويل تفنى فيه قواهم وتبح أصواتهم. وبمجرد أن تغمض عينا المحتضر وينبعث النفس الاخير من صدره يذهب أهله في طلب المغسلين والحانوطيين الذكور منهم للذكور، والاناث للاناث. وبعد غسل الجثة فوق لوحة الغسل يزال شعره وتسد فتحات جسمه جميعا لصيانته من التدنس بالمواد التي لا يبعد أن تسيل من باطنه بعد غسله، ثم يلف في كفن من قماش أبيض جديد. وبعد ادراج الموتى في أكفانهم يوضعون في نعش على شكل صندوق مقفل يغطى بقطعة من القماش الفاخر أو المزخرف بالوشى.

وبعد ايداع الجثة النعش تحمل الى أحد المساجد بحيث تكون الرأس في المقدمة بالنسبة لوضعها منه.

ويتقدم مشهد الجنازة طائفة من العميان يسيرون على ثلاثة صفوف صائحين صيحات موزونة مشجية ناطقين بالشهادتين وهما " لا اله الا الله، محمد رسول الله"، ثم يليهم خدم الفقيد فالنادبات مرتديات بأردية طويلة زرقاء ومؤتزرات بأزار أبيض فالأربعة الرجال الذين يحملون النعش على أعناقهم فأعضاء أسرة الفقيد فشيوخ المساجد يتبعهم في بعض الاحيان جماعة من عامة الشعب. وبعد نقل النعش الى المسجد يتقدم أحد رجال الدين فيصلى عليه ويستأنف مشهد الجنازة بعد ذلك سيره الى المقبرة وفيها يستخرج الميت ليغيب في القبر الذي أعد له متجه الرأس نحو مكة المكرمة. ان قبور العرب عبارة عن أقبية مستطيلة مبنية أو محفورة بحيث يتمكن الموتى الذين يودعونها من القيام لتلقى سؤال الملكين منكر ونكير والاجابة عليه. وأحد وجهى القبر يكون باتجاه مكة والوجه الآخر المقابل له في المدخل يحميه مربع صغير من البناء ويمكن أن يحتوى كل قبر أربع جثث لا أكثر. ومن النادر أن تدفن النساء في نفس القبر الذي يدفن الرجال فيه. وفوق القبر الذي يكون سطحه الأعلى بمستوى سطح الارض يقام أثر مستطيل مكعب الشكل يثبت بطرفيه لوحان من الحجر يعلوهما شكل قلنسوة تدل على ما اذا كان القبر مخصصا لدفن الرجال أو النساء. وعادة يحمل المسلمون الحداد فيصبغون أيديهم بالنيلة أو بالسواد، ولا يزيلونهما الا اذا زالا بنفسهما. واذا توفى الازواج تصبغ النساء بالنيلة أيديهن وسواعدهن الى المرافق وفعلن مثل ذلك بثيابهن وقناعهن وتركوا شعورهن شعثة وعطلوا أنفسهن من الحلى، وفي حالة وفاة رب المنزل قلبوا الحصر والسجاجيد والمساند وأغطية المفروشات ظهرا لبطن.

本课解题：

阿拉伯人的节日和婚丧习俗

阿拉伯民族是个能歌善舞的民族，自古喜聚庆游乐。他们善于把各种场合变成他们的喜庆之日，一年四季节日不断。

阿拉伯人的大部分节日是与宗教有关的，既有伊斯兰教的节日（它占据了节庆日的大部分），也有基督教的节日。在埃及，还有一些与尼罗河有关的节日。很多基督教的节日，穆斯林们也参与庆贺。

伊斯兰教的重大节日每年有三个，一是伊斯兰教历的十月一日为开斋节。每年伊历九月为穆斯林的斋月，在斋月中，每日黎明至日落禁饮食和房事，称为“把斋”，斋月最后一日看到新月后即可开斋。禁食一月，终于结束，喜悦之情，溢于言表，因此大开食欲，尽情吃喝，携带食品，走亲访友，互祝问候。家家户户，喜气洋洋，连日欢庆。

二是宰牲节，在伊历十二月十日。伊历十二月是穆斯林赴麦加朝觐的圣月，十二月十日正是大朝觐的最后一天，穆斯林们家家都要宰牲献祭。据传说，先知伊卜拉欣为表示对真主的忠诚，曾按真主之令宰杀其子易司马仪献祭。当其子俯首待杀时，真主又派天神改用绵羊代替。宰牲的习俗就是为纪念伊卜拉欣而沿袭下来的，成为伊斯兰教的重要节日。这一天，各地穆斯林都要在清真寺聚礼，宰牛、羊、驼互相赠送，家家张灯结彩，连续几天尽情游乐。

三是圣纪。伊历三月十二日为教主穆罕默德诞生纪念日，又是他逝世纪念日。该日，

各地穆斯林在清真寺聚礼，赞忆先知穆罕默德的生平事迹，户户聚餐设宴，为先知祝福。

此外，伊斯兰教什叶派把伊历一月十日定为哀悼日，纪念阿里之子侯赛因于公元680年1月10日殉难于伊拉克卡尔巴拉。此即"阿舒拉"节。届时，在伊拉克的圣城库姆、开罗的侯赛因清真寺都要举行隆重的哀悼仪式和游行。自阿尤布王朝起，逊尼派穆斯林将此哀悼日变为喜庆节日。人们普遍在这一天吃一种甜食，此甜食即叫"阿舒拉"。

伊斯兰教的其他纪念日还有伊历新年，在每年伊历元月一日；先知登宵节，在每年伊历七月二十七日；白拉台夜，在每年伊历八月十五日；盖德尔夜，在每年伊历九月二十七日。这些节日都有相应的传说。在这些夜晚，阿拉伯各地灯火通明，人们纷纷制作各种动物造型的甜食，聚餐欢庆，逛街观灯，其乐融融。

在埃及，各地穆斯林也和信仰基督教的科卜特人一起欢度传统的基督教节日，如内鲁兹节（科历元旦）、圣诞节、复活节、主显节等等。

此外，埃及的阿拉伯人，不分穆斯林还是基督徒，每年八月下旬都要隆重庆祝尼罗河泛滥节。这一天人们倾城出动，大街小巷张灯结彩，尼罗河里彩船云集，鼓乐长鸣，笑语欢歌。每年四月十五日，人们又都涌向尼罗河边，家家在河边椰树下、绿地上围坐聚餐，欣赏大好春光。这就是全民欢庆的闻风节。

阿拉伯人的传统婚俗比较落后，普遍实行早婚、近亲通婚和一夫多妻，并索要巨额彩礼。洞房之夜，新郎要先验明新娘是处女之身后才能圆房，丈夫可随意休妻，陋俗甚多。阿拉伯人的丧葬习俗相比婚俗较进步。他们实行土葬、简葬、速葬，不备专门的棺材，不搞随葬殉葬，这些都比汉民开明。

难点释疑：

ويبدأ الاحتفال بشهر رمضان باستطلاع هلال الشهر الجديد, وقد شهد الرحالة ابن بطوطة الاحتفال بهذه المناسبة في مدينة أبيار(بالقرب من المحلة الكبرى) ووصفه وصفا دقيقا : " ... وعادتهم أن يجتمع فقهاء المدينة ووجوهها بعد العصر من اليوم التاسع والعشرين لشعبان بدار القاضي، ويقف على الباب نقيب المتعممين وهو ذو شارة وهيئة حسنة، فإذا أتى أحد الفقهاء أو أحد الوجوه تلقاه ذلك النقيب، فيقوم القاضي ومن معه ويجلسه في مجلس يليق به، فإذا تكاملوا هناك ركبوا جميعا وتبعهم جميع من بالمدينة من الرجال والنساء والصبيان، وينتهون الى موضع مرتفع خارج المدينة وهو مرتقب الهلال عندهم، وقد فرش ذلك الموضع بالبسط والفرش، فينزل القاضي ومن معه فيرقبون الهلال، ثم يعودون الى المدينة بعد صلاة المغرب وبين أيديهم الشمع والمشاعل والفوانيس، ويوقد أهل الحوانيت بحوانيتهم الشمع، ويصل الناس مع القاضي الى داره ثم ينصرفون. هكذا فعلهم في كل سنة."

斋月的庆祝是从观寻新月开始的。旅行家伊本·白图泰曾亲眼看到过阿比亚城（临近大迈哈莱）的观月仪式。他详细地叙述道："……九月二十九日，当地的绅士、要人通常都要聚集到法官家里。管家站在门口，他佩戴徽标，笑容可掬。某位要人到来，他先前往

迎接。然后法官和其他人站起来，让来人坐到他应坐的地方。人到齐后，他们一起骑马出城。全城的大人孩子也跟在他们后面出城，一直来到城外一处高地，那是他们望月的地方，地毯已经事先在那儿铺好了。法官及其各位要人一齐下马，抬头望月。昏礼结束后返城。他们每人都手举蜡烛和灯笼。店铺老板也纷纷在店门前上灯。人们相随返回法官家里，然后告辞。他们每年都要这样做一遍。"

وبعد انتهاء سماط الافطار يبدأ احتفال ديني كبير يحضره الخليفة، ويتبارى القراء في تلاوة القرآن بأصوات فيها تطريب، ويتبعهم المؤذنون بالتكبير وذكر فضائل السحور ويختمون بالدعاء للخليفة، ويأتي بعدهم دور الوعاظ فيذكرون فضائل شهر رمضان ويسهبون في مدح الخليفة وكرمه، ثم يأتي دور الصوفية فتقوم جماعاتهم بالرقص والمديح وذكر مناقب الرسول وأهل البيت.

　　早饭过后，盛大的庆典活动开始了。哈里发亲自参加。先是诵经师们拿腔拿调地争相吟诵《古兰经》，然后宣礼师们连呼"大哉真主"，赞颂封斋饭的好处，为哈里发祝福。随之训道师们登场，他们大谈斋月之妙，细数哈里发之德。最后神秘派教徒亮相，他们一对接一队上场，边舞边赞颂先知及圣属的美德和圣迹。

وكان عيد الفطر من المناسبات التي ترسل فيها المكاتبات المعطرة الى أنحاء البلاد والأقطار الخاضعة لها تصف عظمة موكب الخليفة وعودته سالما الى قصره وانتهاء الاحتفالات بسلام دون فتن أو قلاقل لتذاع هذه الأخبار في الجوامع ليعلم الجميع ذلك.

　　开斋节在那时是属于需发香照通告庆典盛况的节日之一，此照会发往帝国各辖区及藩国，通告国王仪仗的威严及平安返宫、庆典平安结束、未出现骚乱等，以晓谕各方。

وكان في المنحر مصطبة واسعة مفروشة، يصعد اليها الخليفة والوزير وقاضي القضاة وبعض الأساتذة المحنكين وأكابر الدولة، وقد أعدت النحائر ليقوم الخليفة بنفسه بذبحها. فيمسك الخليفة بالحربة وقاضي القضاة بنصلها فيضع القاضي النصل في نحر الذبيحة ويقوم الخليفة بطعنها. وكلما نحر الخليفة رأسا كبر المؤذنون. وجرت العادة أن ينحر الخليفة بيده ثلاثة أيام متوالية.

　　屠宰场摆放着一巨大台案，上面备好了各项用具。哈里发率首相、大法官、各业老技师及要人登上台案。已备好待宰牲畜供哈里发亲自操刀。只见哈里发紧握刀柄，大法官捏住刀身，大法官引刀向宰畜，哈里发刺杀。每杀死一头，宣礼师们就齐呼"大哉真主"。按惯例，哈里发应连续宰牲三天。

وكان الزواج يتم طبقا لعقد مكتوب يوقع عليه عدد من الشهود قد يزيد على العشرة في بعض الأحيان. ويتولى عقد الزواج العامة أحد رجال الدين أو الشهود العدول، ولا يحق له ممارسة هذا العمل إلا بأمر من القاضي أو نوابه في الإقليم. وينص عقد الزواج على قيمة الصداق الذي كان يتناسب وحالة الزوج الاجتماعية. وكان الزوج يحصل على ايصال من زوجته بقيمة ما دفع لها من صداق يوقع عليه عدد من الشهود، كما كانت الزوجة بدورها تحصل على سند بقيمة ما تأخر لها من الصداق.

　　婚姻要通过书面婚约。婚约要有见证人签字，有时证人可达十人以上。一般平民百姓的婚约签字须由一宗教人士或公正的人主持。主持人主持婚约签字仪式须经地区审判官或其代

表批准。婚约应规定奁资的数量，它应与婚约双方的社会地位相符。男方应就付给女方的奁资数获得女方的收据，此收据要由证人签字；女方同样应拿到由男方开出的奁资支票。

يحترم المسلمون موتاهم ويعظمون سيرتهم ولهذا كانت الجنازات عندهم من أهم المظاهر الدينية، غير أن هذه المظاهر لا تنهض في هذا الأمر كما في كثير من الأمور غيره دليلا على الشعور الحقيقي بالحزن والتأسى، لأن الدين الاسلامي يدعو أهله الى التلطيف من الحزن على موتاهم باعتبار أن الموت قضاء ساقه الله وارادة لا رد لها وحكم يجب الانقياد اليه والرضا به، فاذا استسلموا الى الحزن وبالغوا فيه أتوا ما يخالف أوامر الله وذهبوا الى عكس مشيئته.

穆斯林尊重死者，尊崇其名，盛赞其生，因此，葬礼被认为是最重要的宗教活动。但是，这种宗教活动并不像其他宗教活动那样表达他们真实的思想感情，证明他们的悲哀。因为伊斯兰教主张节哀减痛，这基于他们认为死亡是真主的天意，是其不可违抗的意志，是应绝对服从的判决的思想。如果听任悲痛情绪表露，将其升级，就将导致对抗真主意志的结果，走向反面。

重点词语：

أهل الذمة	被保护人，指基督教徒和犹太教徒。	صدقة ج صدقات / صداق ج أصدقة	奁资，彩礼，聘礼
عيد الفطر	开斋节	رمضان	斋月（伊历九月）
دوران المحمل	（天房帷幕）驼轿夸街	عيد الأضحى（عيد النحر）	宰牲节
فطور	开斋饭	المولد النبوي	先知诞辰
ترويحة ج تراويح	间歇拜，斋月期间晚上自由举行的礼拜，每四拜休息一次。	سحور	封斋饭
شعبان	伊历八月	رجب	伊历七月
صوم / صيام	把斋	سماط ج أسمطة / سمط	庆宴，会餐
صهر ج أصهار	女婿	تقى ج أتقياء	虔敬真主者
قرافة	公墓	مصاهرة	姻亲
رقاق	薄饼	دار الفطرة	膳房
الكسوات والخلع	官服，礼服	ضحية ج ضحايا / أضحية ج أضاحى	祭物，牺牲
دار السكة	铸币局	عيد رأس السنة الهجرية	伊历元旦
الحداد	居丧	عيد عاشوراء	阿舒拉节

الدرس الحادي والعشرون الأعياد وعادات الزواج والمآتم عند العرب

登宵节	ليلة الاسراء والمعراج	天房帷幕	كسوة الكعبة
两圣地，麦加和麦地那。	الحرمان الشريفان	灯火之夜	ليالي الوقود
天使报喜节，基督教节日。	عيد البشارة	科历七月	برمهات
橄榄节，基督教节日。	عيد الزيتونة	复活节，基督教节日。	عيد الفصح
升天节，基督教节日。	عيد خميس الأربعين	圣灵降临节，基督教节日。	عيد الخميس (عيد العنصرة)
科历九月	بشنس	圣诞节，基督教节日。	عيد الميلاد
科历四月	كيهك	主显节，基督教节日。	عيد الغطاس
科历五月	طوبة	施洗的约翰，基督教节日。	يوحنا المعمدان
尼罗河泛滥节	وفاء النيل وكسر الخليج	科历十月	بؤونة
尼罗河殉难节	عيد الشهيد	内鲁兹节，科历元旦。	عيد النيروز
闻风节	عيد شم النسيم	科历一月	توت

讨论思考题：

一、阿拉伯民族历史上都有哪些传统节日？庆祝这些节日的目的是什么？各在什么时间？

二、埃及阿拉伯人（包括穆斯林和科卜特人）都有哪些传统节日？各在什么时间？

三、阿拉伯人的传统婚丧习俗有什么特点？

补充阅读：

الاحتفال بيوم عاشوراء : وفي عاشر شهر محرم كان المسلمون في مصر يحتفلون بيوم عاشوراء، وقد جرت عادتهم في هذا الموسم على ذبح الدجاج وطبخ حبوب القمح التي ما يزال المصريون يجهزونها حتى اليوم باسم " عاشوراء" ويتهادون بها. كذلك كان من عادة الناس في ذلك اليوم أن يتبخروا بالبخور الذي يخزنونه طوال السنة لهذه المناسبة. وكانوا يعتقدون أن السجين اذا بخر بهذا البخور خرج من سجنه وأن هذا البخور يبرىء من العين والحسد. وفي هذا اليوم تتزايد أعداد زوار مشهد زين العابدين، كما تخصص مسجد عمرو بن العاص للنساء اللاتي يمكثن به طوال اليوم ويتمسحن بالمصاحف والمنبر والجدران وتحت اللوح الأخضر.

وكان عيد عاشوراء للاحتفال بذكرى مقتل الحسين في مذبحة كربلاء في العاشر من المحرم سنة 680 م، فكان من المناسبات الحزينة في الدولة الفاطمية. لذا كان الخلفاء الفاطميون يحتجبون في ذلك اليوم عن الظهور تعبيرا عن حزنهم وجزعهم، فتعطل الأسواق وتقف حركة التعامل وتخرج جماعات الشيعة والمنشدين في الطرقات يتصايحون بالبكاء وانشاد المراثى وتتجه الجموع الى الجامع الأزهر حيث يجرى الاحتفال

الرسمي الذي يرأسه قاضي القضاة، وقد غيروا زيهم وارتدوا ثياب الحداد. ويكون بالجامع حشد من الأمراء والأعيان وقراء الحضرة والعلماء. ثم يحضر الوزير فيجلس في صدر المجلس وبجانبه قاضي القضاة وداعي الدعاة. ويبدأ الاحتفال بقراءة القرآن ثم يتبارى الشعراء والمنشدون في ذكر المراثي في الحسين وأهل البيت، فيضج الحاضرون بالبكاء والنحيب. وعند الظهر يتوجه المجتمعون الى القصر الذي يجرد في هذا اليوم من مظاهر الزينة وتخلى دهاليزه من البسط وتفرش بالحصر، فيجلس القاضي والداعي وكبار رجال الدولة على الحصر أو الدكك الخشبية، ويستمع الحاضرون الى القراء والمنشدين مرة أخرى. ثم يفرش سماط الحزن الذي يحتوى على أنواع خاصة من الطعام تتفق مع الذكرى الحزينة في هذا اليوم، فلا يقدم فيه غير العدس والملوحات والمخللات والأجبان والألبان الساذجة والأعسال النحل والفطير والخبز المغيرلونه بالقصد، ولا يوضح هذا الطعام على خوان مرتفع بل على سفرة كبيرة من الجلد تفرش على الأرض والطعام فوقها مباشرة بدون مرافع، ثم يدعى الحاضرون الى تناول الطعام، ولا يجبر أحد على تناوله وقد أظهر الجميع الحزن، فإذا ا انتهت المائدة خرج الجميع الى دورهم.

الأعياد النصرانية :

الاحتفال بدوران المحمل :

كان موسم الحج مظهرا اجتماعيا جعل منه مناسبة هامة في حياة أبناء العرب في ذلك الحين. فقد كان هذا الموسم محط اهتمام الجميع سواء كانوا على كراسى الحكم أم كانوا من عامة الناس. وفي هذا الموسم كانت تسرى الحركة والنشاط في أوصال المجتمع العربي فتزدهر الأسواق المخصصة لبيع لوازم الحجاج ويستعد أهل الدولة للسفر في ركب الحاج، على حين ينتظر الأبناء المصريون هذا الاحتفال بشوق وشغف.

وكان الاحتفال بهذا الموسم عند مصر في عصر المماليك يعرف بدوران المحمل. والجدير بالذكر أن سلاطين المماليك قد اهتموا اهتماما كبيرا بكسوة الكعبة في إطار حرصهم على الواجهة الدينية لحكمهم والظهور بمظهر حماة الحرمين الشريفين. وكانت كسوة الكعبة توضع على جمل مزين يطوف القاهرة والفسطاط، وكان المحمل يدور مرتين في العام، حيث يحرص المصريون على اختلاف مشاربهم على المشاركة في الاحتفال بدوران المحمل. وكانت المرة الأولى لدوران المحمل في نصف رجب، أما المرة الثانية فكانت في شوال. وفي رجب يظل المنادون يجوبون شوارع القاهرة والفسطاط وينادون في الأسواق بموعد دوران المحمل، وذلك قبل الموعد بثلاثة أيام يتكرر النداء خلالها ودعوة الناس الى المشاركة في الاحتفال. ويقوم أصحاب الحوانيت التي سيمر بها المحمل بتزيينها. وهناك تبيت النسوة والأطفال حتى يتمكنوا من مشاهدة موكب الاحتفال في اليوم التالي. ويكون دوران المحمل في يوم الإثنين أو الخميس. وعلى طول الطريق تحتشد الجموع لمشاهدة موكب المحمل الذي يشق طريقه من باب النصر حتى ميدان الرميلة تحت القلعة. ويسير جمل المحمل وهو يتهادى وعليه الحرير الملون وفوقه المحمل قد غطى بالحرير تعلوه قبة فضية. وأمام هذا الموكب تركض كوكبة من فرسان المماليك بملابس الميدان الزاهية ومعداتهم وأسلحتهم تخطف الأبصار ببريقها، وهم يقفون على ظهور الخيل يستعرضون مهاراتهم في القتال بالرماح،وتختلط أصوات الجماهير الصاخبة بدقات الطبول والموسيقى النحاسية. ويمضى الموكب الصاخب الى ميدان الرميلة حيث يطل السلطان عليه من القلعة، وتشتد جلبة الاحتفال والمحتفلين ويقوم المماليك باستعراض مهاراتهم أمام السلطان. ثم تتجه الجموع الى الفسطاط حيث يخترق الشوارع الرئيسية ليعود مرة ثانية الى ميدان الرميلة. وكان هذا الاحتفال

الصاخب يتكرر مرة أخرى في شهر شوال. وفي هذه المرة لا يتوجه الى الفسطاط وإنّما يخرج الى الريدانية مباشرة في طريقه الى الحجاز. ويخرج موكب الحاج على هذا الشكل المهيب يقوده أحد كبار أمراء المماليك ويلحق به من يريد الحج من الناس. وكان من الضروري لركب الحاج أن يضم بين أفراده عددا من الأطباء والأدلة والمؤذنين والقاضي والشهود والأمناء وحتى مغسل الموتى.

الاحتفال بليالي الوقود :

كان الاحتفال بليالى الوقود الأربع في أول شهر رجب ونصفه وأول شهر شعبان ونصفه، وكان أهم مظاهر هذا الاحتفال إضاءة الجوامع والمساجد من الداخل والخارج كما تضاء المآذن والأسطح فتتلألأ بالأضواء الساطعة وتصبح كأنها شعلة من نور، ويحتشد فيها الناس على مختلف طبقاتهم للتعبد ومشاهدة الزينات والاستمتاع بما يوزع عليهم من أصناف الطعام والحلوى وما يطاف عليهم به من مجامر البخور المعطرة المصنوعة من الذهب والفضة.

وكان كبار رجال الدولة بتصدقون في هذه الليالى على المساجد ويقدمون الى الناس كميات كبيرة من الأطعمة والحلوى، كما كانت هذه الاحتفالات من المناسبات التي يحتفل بها العامة ويدخلون السرور على أنفسهم وعيالهم ويجتمعون في الخلاء للعب والمزاح. وكانت الأسواق تكتظ بالناس وقد عمرت بأنواع الأطعمة والحلوى التي تعلق على الحوانيت بخيوط ليشاهدها الجميع وخاصة أنواع الحلوى الجافة المصنوعة من السكر على أشكال تماثيل الحيوانات.

أما الاحتفال الرسمي بليالى الوقود فهو يشبه الى حد بعيد الاحتفال بالمولد النبوي، وكان يرأسه قاضي القضاة فيخرج الموكب من داره بعد صلاة المغرب حيث يركب القاضى ومن حوله صفين من حملة الشموع الموقدة في كل صف ثلاثين شمعة تزن الواحدة سدس قنطار صنعت خصيصا لهذه المناسبة ويحملها رجال مندوبون لهذا العمل، وبين صفي الشموع يسير مؤذنو الجوامع يبتهلون الى الله ويدعون للخليفة والوزير بعبارات مقررة، وخلف الموكب القراء يجهرون بآيات القرآن الكريم ويحيط بالقاضى الشهود العدول. وقد احتشد على جانبي الطريق من دار القاضي الى القصر الآلاف من الرجال والنساء والأطفال لمشاهدة الموكب الذي ينتهي عند باب القصر حيث يكون الخليفة جالسا في المنظرة المطلة على ميدان القصر وقد أضيئت حوله الشموع. ويستمر الاحتفال داخل القصر بحضرة الخليفة بقراءة القرآن من قراء القصر ثم يتقدم خطباء الجوامع الكبرى فيلقي كل منهم خطبة في هذه المناسبة، وبعد انتهائها ينتهى الاحتفال كما حدث في المولد النبوي. وتكرار هذه الرسوم في باقي الليالي الأربع الا أنه في ليلة النصف من رجب يأما النصارى فقد عددت المصادر لهم سبعة أعياد كبيرة وسبعة أعياد صغيرة. وأول الأعياد الكبيرة هو عيد البشارة في التاسع والعشرين من برمهات في ذكرى البشارة التي ساقها غبريال (جبريل عليه السلام) الى مريم العذراء بمولد المسيح عليه السلام. والعيد الثاني هو عيد الزيتونة (أو الشعانين ومعناها التسبيح) في ذكرى دخول المسيح الى القدس، ثم دخوله الهيكل. وفي عصر المماليك كان المسيحيون يخرجون الى الأماكن الخلوية والمتنزهات لا سيما في ضاحية المطرية حيث كان يوجد بئر البلسم التي يعتقد المسيحيون أن مريم العذراء غسلت فيه ثياب المسيح. وكان العيد الثالث هوعيد الفصح الذي يفطرون فيه، ويحتفلون فيه بذكرى قيام المسيح من قبره – حسب اعتقادهم – واجتماعه مع حوارييه وتناول الطعام معهم. أما العيد الرابع فيتصل بالتراث الديني المسيحي الذي يقول إن السيد المسيح صعد الى السماء بعد أربعين يوما من قيامه وذلك بعد أن أكمل ثلاثا وثلاثين سنة وثلاثة

أشهر، ويسمى هذا العيد "خميس الأربعين". والعيد الخامس هو"عيد الخميس" أو"عيد العنصرة" في السادس والعشرين من شهر بشنس. ويعتقد المسيحيون أن في هذا اليوم حلت روح القدس في حوارييى المسيح بعد أن تجلى لهم روح القدس في شبه ألسنة من نار، وتفرقت عليهم ألسنة الناس فتكلموا بجميع اللغات، وذهب كل منهم الى البلد التي يعرف لغتها للدعوة الى دين المسيح. وفي "عيد الميلاد" الذي يحل في التاسع والعشرين من كيهك كان النصارى يوقدون المصابيح بالكنائس ويزينوها ويلعبون بالمشاعل وتباع فيه الشموع المصبوغة بالألوان الرائعة ويشتريها الناس جميعا، ويزدهر سوق الشماعين لهذا السبب. وقد عرفت هذه الشموع باسم الفوانيس، وقد بالغ الناس في الإنفاق على تزيينها. وكان العيد السابع من أعياد النصارى الكبيرة هو عيد الغطاس الذي كان النصارى يحتفلون به في حادي عشر طوبة في ذكرى تعميد المسيح عليه السلام على يد يوحنا المعمدان (النبي يحيى بن زكريا عليه السلام) في مياه الأردن. وفي هذا العيد كان النصارى يغمسون أولادهم في المياه على الرغم من شدة البرد اعتقادا منهم أن ذلك يقيهم شر المرض طوال حياتهم.

فقد احتفل المسلمون مع المسيحيين ببعض الأعياد المسيحية ذات الطابع الديني البحت مثل عيد الميلاد الذي كان المصريون يصنعون فيه نوعا من العصيدة ويزعمون أن من يأكلها يتقى البرد طوالة السنة. وفي هذا العيد كان الناس يتنافسون على شراء الفوانيس المصبوغة ويعلقونها في الأسواق وعلى أبواب الحوانيت. وفي عيد الغطاس كان بعض المسلمين يشاركون المسيحيين عادة غمس أطفالهم في المياه الباردة لاعتقادهم أن ذلك يمنع عنهم المرض في حياتهم. وفي خميس العهد كان المسيحيون يهدون الى المسلمين أنواع العدس المصفى والسمك المقلي والبيض الملون. وكان من عادة النساء أن تخرجن في هذا اليوم الى الأسواق لشراء الخواتم والبخور الذي يطلقنه في بيوتهن حتى يصرف عنها العين والحسد والكسل والأمراض. وكان هذا العيد المسيحي من المواسم المصرية الهامة في زمن المماليك، وكانت تباع في الأسواق كميات هائلة من البيض الملون مما كان يغرى العبيد والصبيان والغوغاء بأن يقامروا بها، فينتدب المحتسب بعض أعوانه لكى يعاقبوهم على ذلك. وكان الناس من كافة الشرائح الاجتماعية يشتركون في الاحتفال ببعض الأعياد المسيحية، ويزيدون النفقة في تلك الأعياد لإدخال السرور على أهلهم، كما كانوا يتبادلون الهدايا مع أهل الذمة في أعيادهم. وفي سنة 1432 م حدثت مصادفة غريبة إذ توافقت بداية السنة الهجرية مع السنة القبطية والسنة اليهودية، وهكذا احتفل أبناء الديانات الثلاث بأعيادهم في وقت واحد.

الاحتفال بعيد وفاء النيل وكسر الخليج :

ومن أشهر الأعياد التي اتخذت طابعا عاما في عصر المماليك عيد وفاء النيل وكسر الخليج. فقد كان فيضان النيل السنوي محط اهتمام المصريين على اختلاف مشاربهم، يرقبون موعده ويحسبون حسابه، ولا غرو فقد كان النيل، ولا يزال، هو قوام الحياة المصرية وعليه مدارها. وكان المصريون يهتمون بقياس مقدار الزيادة التي يسببها فيضان النهر يوما بيوم. ففي السادس والعشرين من شهر بؤونة القبطي كان يؤخذ قاع النهر(أى يقاس ارتفاع منسوب الماء القديم في النهر ليكون أساسا تحسب عليه الزيادة) ويبدأ اعلام الناس بمقدار الزيادة منذ اليوم التالي مباشرة. وفي عصر كل يوم يقيس المشرف على مقياس النيل في جزيرة الروضة مقدار زيادة مياه النيل، لكى يعلنها المنادون في الطرقات والأسواق حتى يطمئن عليها الناس. وحين يكمل النهر ستة عشر ذراعا (علامة الوفاء) يبدأ "مناديو البحر" في التصريح بعدد الأذرع. وعلامة الوفاء أن يسدل الستار الخليفتي على الشباك الكبير في صدر مبنى المقياس بجزيرة الروضة، فإذا شاهده الناس

استبشروا بالوفاء. ويكون ذلك ايذانا ببدء المهرجان الشعبي الضخم احتفالا بهذه المناسبة التي يشارك الجميع في احيائها باعتبارها عيدا قوميا عاما.

ويبدأ الاحتفال بتعليق الستار الخليفتي بلونه الأصفر على الشباك الكبير في الجهة الشرقية من دار المقياس. وتكون تلك الليلة من الليالي البهيجة في القاهرة والفسطاط، إذ يوقد الناس عددا هائلا من القناديل والشموع فيتحول ليل القاهرة الى نهار من كثرة الأضواء. ثم يحضر كبار الأمراء وتوزع الخلع على من له عادة في هذا الموسم. وبعد ذلك يحضر المقرئون ويتناوبون قراءة القرآن الكريم في دار المقياس طوال الليل. ويعقبهم المغنون والمنشدون الذين يغنون طوال الليل. وفي صباح اليوم التالي تمد مائدة حافلة بأنواع اللحوم المشوية والحلوى والفاكهة فيحضر السلطان أو من ينوب عنه من أمراء المماليك، ويتخاطف العامة أنواع المأكولات ولا يمنع أحد من ذلك. وبعد الانتهاء من الأكل يبدأ الاحتفال وهو مرحلتان : تخليق المقياس وكسر سد الخليج. وكانت المرحلة الثانية من الاحتفال تتم في اليوم الثالث أو الرابع من المرحلة الأولى في العصر الفاطمي، ولكن الاحتفال صار يتم بمرحلتيه في يوم واحد أيام المماليك.

ويبدأ الاحتفال بنزول السلطان من قلعة الجبل، وفي خدمته كبار الأمراء من قادة الجيش وخواص الدولة. ثم ينزلون الى النهر ويركبون المراكب التي تزينها الأعلام الملونة والشارات الزاهية وغيرها من الزينات، وتدق الطبول وتطلق الألعاب النارية من المراكب حتى يصل الموكب النهري الى دار المقياس. وبعد الفراغ من الطعام يذاب الزعفران في ماء الورد بإناء فضي، ويعطى السلطان هذا الإناء للمسئول عن المقياس الذي يلقى بنفسه بكامل ملابسه في فسقية المقياس ومعه ذلك الإناء الفضي فيخلق عمود المقياس. ثم يخرج السلطان فيجلس بالشباك الكبير تحت الستار ويفرق الخلع والتشاريف على من له عادة بذلك مثل والى الفسطاط وقائد مركب السلطان ورؤساء مراكب الأمراء. ثم يركب السلطان وحول مركبه مراكب الأمراء المزينة بكافة أنواع الزينات، وقد اختفت صفحة النهر تحت عشرات المراكب والقوارب المليئة بالمتفرجين يسيرون خلف مركب السلطان ومراكب الأمراء. وفي موقع سد الخليج يكون نائب السلطنة أو حاجب الحجاب منتظرا ومعه بعض كبار الأمراء فوق قنطرة السد. وهناك يتوجه السلطان بفرسه من فم الخليج حتى موقع السد البراني ويمسك بمعول من الذهب الخالص ويضرب السد ضربات ثلاث ثم يركب ثانية، فيأتى جمع غفير من الناس بفئوسهم فيحفرون هذا السد حتى يجرى الماء في الخليج، ثم ينصرف السلطان الى القلعة.

الاحتفال بعيد الشهيد وعيد النيروز:

ولم تكن احتفالات وفاء النيل هو المظهر الاجتماعي الوحيد المرتبط بنهر النيل بل إن من الأعياد الدينية الطابع ما ارتبط بالنهر ارتباطا مباشرا مثل عيد الشهيد وعيد النيروز.

وقد اتخذ الاحتفال بعيد الشهيد طابعا دينيا وعاما في آن واحد، وكان موعده السنوي في ثامن شهر بشنس القبطي. ويتم الاحتفال على شكل مهرجان كبير على ساحل النيل بناحية شبرا. وهو يرتبط بما كان أقباط مصر آنذاك يزعمونه من أن النيل لا يزيد في موسم الفيضان إلا بعد غسل أصبع أحد القديسين في مائه. وكان هذا الأصبع يحفظ في تابوت بكنيسة في شبرا، وقيل إنه أصبع أحد أسلافهم من الشهداء. وفي هذا العيد يتوافد الأقباط من شتى أنحاء البلاد، كما يخرج أهل العاصمة على اختلاف أديانهم واهتماماتهم الى ساحل شبرا لمشاهدة هذا المهرجان الضخم، حيث تقام الخيام بأعداد هائلة على ساحل النيل وفوق الجزر، ويحفل المهرجان بشتى صنوف اللهو والمرح، فيجتمع الفرسان بخيولهم التي يرقصون بها على ايقاعات الطبول وأنغام الزمور،

ويجتمع المطربون من البدو وغيرهم من كل أنحاء البلاد. وفي بعض الأحيان كانت الاحتفالات بهذا العيد تمتد الى يومين بثلاث ليال.

وثمة عيد عام آخر هو عيد النيروز، وهوعيد رأس السنة القبطية في أول شهر توت. ويغلب على الظن أن عادة الاحتفال بهذا العيد متوارثة عن قدماء المصريين على الرغم من اسمه الفارسي (ومعناه اليوم الجديد)، فقد كان المصريون في عصر الفراعنة يحتفلون بهذا اليوم إكراما لنهر النيل. وقد اعتبر هذا العيد عيد الربيع الذي تبدأ بعده زيادة مياه النيل الذي يستكمل مياهه في الخريف أو أواخر الصيف. ولعل هذا هو ما يفسر لنا السبب في أن المصريين جميعا بغض النظر عن دياناتهم كانوا يشاركون في الاحتفال بهذا العيد. وفي عصر المماليك كان الاحتفال بعيد النيروز يأخذ شكل الاحتفالات القومية العامة، إذ اعتبر ذلك اليوم بمثابة عطلة عامة، فكانت الأسواق تغلق في ذلك اليوم كما كانت المدارس تعطل.

واذا ما حل عيد النيروز دبت الحركة والنشاط في الشوارع والطرقات. ففي شوارع القاهرة وأزقتها كان بعض العامة يتجمعون في موكب يطوف القاهرة حول شخص يركب حمارا، وقد دهن وجهه بالدقيق أو الجير ووضع عليه لحية مستعارة، ويرتدى ثوبا أحمر أو أصفر، وعلى رأسه طرطور طويل، ويمسك كل من المحيطين به بالجريد الأخضر وسعف النخيل وشماريخ البلح وفي يد الشخص دفتر وقلم. ويجول ذلك الموكب الصاخب العابث في شوارع المدينة وأزقتها ويطرق أبواب البيوت ويدخل الأسواق ويمر على الحوانيت لتحصيل النقود على شكل الإتاوات. واذا امتنع أحد عن اعطائهم ما يريدون صبوا عليه وابلا من الشتائم والكلام الفاحش وربما رشوه بالماء القذر، أما من يغلق بابه دونهم فكان يتعرض لما هو أكثر من ذلك. وفي الطرقات يقف بعض الناس يتراجمون بالبيض ويتضاربون بأنطاع الجلود ويتراشون بالماء، فلا يجسر أحد على الخروج من بيته. بل إن بعض كبار القوم كانوا يفعلون ذلك في بساتينهم وداخل بيوتهم. ويبدو أن ذلك اليوم قد اعتبر بمثابة راحة عامة يتحرر الناس فيها من جميع قيود حياتهم اليومية وتقاليدهم بما في ذلك سطوة القانون، فلم يكن الوالي يحكم لأحد ممن ينالهم الضرر من جراء الجرائم والحوادث التي كانت تحدث في يوم النيروز.

وارتبط بالاحتفال بعيد النيروز بعض الأطعمة والحلوى التي كان المعاصرون يحرصون على توفيرها في هذا اليوم حتى صارت من لوازم ذلك الاحتفال، وربما نشأت المشاكل بسببها داخل البيوت. ومن هذه الأطعمة والحلوى الزلابية والهريسة التي كان البعض يحضرون الناس الصانع ليبيت عندهم ليجهزها قبل طلوع النهار. وفي هذا العيد كان المصريون يتهادون بهذه الحلوى. كذلك جرت العادة على أن تؤكل في هذا اليوم أنواع معينة من الفواكه مثل البطيخ والخوخ والبلح وغير ذلك مما تلزمه النساء لأزواجهن.